2013年
固定资产
投资统计 年 报

STATISTICAL YEARBOOK OF THE CHINA INVESTMENT IN FIXED ASSETS

国家统计局

经济管理出版社
ECONOMY & MANAGEMENT PUBLISHING HOUSE

图书在版编目（CIP）数据

2013 年固定资产投资统计年报/国家统计局编 . —北京：经济管理出版社，2015.3

ISBN 978-7-5096-3562-9

Ⅰ.①2… Ⅱ.①国… Ⅲ.①固定资产投资—统计资料—中国—2013—年报 Ⅳ.①F832.48-54

中国版本图书馆 CIP 数据核字（2014）第 290333 号

组稿编辑：高小霞
责任编辑：诸立安
责任印制：司东翔
责任校对：陈　颖

出版发行：经济管理出版社
　　　　　（北京市海淀区北蜂窝 8 号中雅大厦 A 座 11 层　100038）
网　　　址：www. E-mp. com. cn
电　　　话：（010）51915602
印　　　刷：三河市文阁印刷有限公司
经　　　销：新华书店
开　　　本：787mm×1092mm/16
印　　　张：29.5
字　　　数：663 千字
版　　　次：2015 年 3 月第 1 版　2015 年 3 月第 1 次印刷
书　　　号：ISBN 978-7-5096-3562-9
定　　　价：280.00 元

编者说明

《2013 年固定资产投资统计年报》资料来源于 2013 年全国固定资产投资统计报表基层数据库和综合报表。本年报分全社会投资、固定资产投资（不含农户）和农户投资三个部分。

第一部分为全社会固定资产投资。包括全社会固定资产投资主要指标，各地区按各种经济类型（国有经济、集体经济、联营经济、股份制经济、外商投资经济、港澳台投资经济和私营个体经济）分组的总投资规模、本年投资、新增固定资产及有关建筑面积等指标。

第二部分为固定资产投资（不含农户）。包括计划总投资 500 万元以上项目（单位）投资和房地产开发投资。

第三部分为农户固定资产投资。农户投资数据来源于国家统计局住户办抽样调查资料。

使用本年报资料时请注意以下几点：

1. 自 2013 年起，三产划分按《国家统计局关于印发〈三次产业划分规定〉的通知》（国统字〔2012〕108 号）执行，增速按可比口径计算。

2. "固定资产投资（不含农户）"等于原口径的城镇固定资产投资加上农村企事业组织项目投资。

3. 本年报各部分项目个数中不含房地产开发投资。

4. 由于房地产自筹资金来源中只下设"企事业单位自有资金"，故自筹资金来源各分项之和不等于总计。

5. 不分地区固定资产投资数据包括跨省、市、区项目和各部门统一购置的设备、铁路机车、车辆、飞机等，以及用军费和人防经费安排的基本建设工程完成的投资。

6. 本年报资料凡小数点后各项相加不等于总计者，均由于四舍五入的缘故。

7. 本年报资料是直接由全国固定资产投资统计基层报表数据库及综合表加工而来，由于篇幅所限，只能编印部分内容。各资料使用单位若有特殊的资料加工需求，可与国家统计局固定资产投资统计司联系。

二〇一四年十二月

目　录

第一部分　全社会固定资产投资

第二部分　固定资产投资（不含农户）

第三部分　农户固定资产投资

第一部分
全社会固定资产投资

全社会固定资产投资主要指标及增长速度

指 标 名 称	2013 年	2012 年	增 长（%）
一、投资总额（亿元）	**446294.09**	**374694.74**	**19.1**
其中：住宅	74870.67	64412.80	16.2
1. 按构成分			
建筑安装工程	298424.17	243617.52	22.5
设备工器具购置	91074.44	77724.15	17.2
其他费用	56795.47	53353.07	6.5
2. 按产业分			
第一产业	11186.65	10996.44	21.6
第二产业	184814.30	158262.50	17.2
第三产业	250293.14	205435.80	20.4
二、全部建设规模（亿元）			
建设总规模	1346947.74	1135913.17	18.6
自开始建设至本年底	876505.54	723388.41	21.2
累计完成投资			
在建总规模	1009988.80	870228.70	16.1
在建净规模	465637.61	407020.29	14.4
三、新增固定资产（亿元）	**279765.75**	**231788.01**	**20.7**
四、房屋建筑面积（万平方米）			
施工面积	1336287.60	1167238.42	14.5
其中：住宅	673163.29	614990.59	9.5
竣工面积	349895.79	335503.55	4.3
其中：住宅	193328.47	195102.89	-0.9
五、投资实际到位资金小计（亿元）	**491612.52**	**409675.65**	**20.0**
国家预算资金	22305.26	18958.66	17.7
国内贷款	59442.04	51593.50	15.2
利用外资	4319.44	4468.78	-3.3
自筹资金	334280.02	277792.36	20.3
其他资金	71265.76	56862.35	25.3

　　注：自 2013 年起，三产划分按《国家统计局关于印发〈三次产业划分规定〉的通知》（国统字［2012］108 号）执行，增速按可比口径计算。

全社会固定资产投资主要指标（一）

指标名称	合计	国有经济	集体经济	农村	私营个体经济	农村
一、投资总额（亿元）	446294.09	120874.22	15347.22	4689.49	133637.25	31977.97
其中：住宅	74870.67	8276.18	1903.65	543.58	27190.94	7642.29
1. 按构成分						
建筑安装工程	298424.17	90935.67	12160.57	3804.03	84460.93	19835.81
设备工器具购置	91074.44	14352.91	1610.75	348.21	34652.52	9534.47
其他费用	56795.47	15585.64	1575.90	537.25	14523.80	2607.68
2. 按产业分						
第一产业	11186.65	2002.72	619.44	357.13	5638.25	4003.79
第二产业	184814.30	27385.56	2949.86	618.34	71165.97	16132.36
第三产业	250293.14	91485.94	11777.93	3714.02	56833.03	11841.82
二、全部建设规模（亿元）						
建设总规模	1346947.74	394914.25	31793.69	8739.59	320869.96	47182.55
自开始建设至本年底	876505.54	252720.59	22720.49	6231.52	218023.91	36724.89
累计完成投资						
在建总规模	1009988.80	306892.37	18905.05	4711.17	214859.08	18717.81
在建净规模	465637.61	137109.37	8816.59	2438.21	104379.45	10212.38
三、新增固定资产（亿元）	279765.75	72984.36	11621.34	3751.91	92063.06	26837.03
四、房屋建筑面积（万平方米）						
施工面积	1336287.60	211477.08	47759.40	15392.61	505943.93	147319.35
其中：住宅	673163.29	83265.64	16390.79	5062.85	282957.20	103134.11
竣工面积	349895.79	42308.78	15784.42	5965.66	184173.56	110051.80
其中：住宅	193328.47	19632.79	5932.41	2178.19	118794.84	87742.28

全社会固定资产投资主要指标（二）

指　标　名　称	联营经济	股份制经济	外商投资经济	港澳台投资经济	其他经济
一、投资总额（亿元）	**598.18**	**134432.93**	**11130.33**	**11027.65**	**19246.30**
其中：住宅	44.29	31552.85	1601.22	3367.91	933.63
1. 按构成分					
建筑安装工程	448.42	85083.08	5861.92	6526.31	12947.27
设备工器具购置	86.38	29455.80	3975.60	2496.44	4444.06
其他费用	63.39	19894.05	1292.81	2004.91	1854.97
2. 按产业分					
第一产业	40.27	1667.72	79.72	36.86	1101.67
第二产业	212.61	62645.55	7233.26	4292.29	8929.21
第三产业	345.30	70119.66	3817.35	6698.50	9215.42
二、全部建设规模（亿元）					
建设总规模	1330.36	470745.87	41133.85	49466.72	36693.04
自开始建设至本年底	945.32	296713.14	26884.06	32848.61	25649.42
累计完成投资					
在建总规模	794.27	374664.60	31698.84	40609.00	21565.59
在建净规模	379.12	173211.61	13893.09	16724.63	11123.75
三、新增固定资产（亿元）	**490.36**	**76128.19**	**6591.90**	**6175.71**	**13710.83**
四、房屋建筑面积（万平方米）					
施工面积	1899.96	465050.86	27316.28	42464.60	34375.50
其中：住宅	928.65	249495.86	10587.25	20662.10	8875.80
竣工面积	462.56	84755.38	5434.95	6972.05	10004.10
其中：住宅	325.98	40446.40	1529.53	3022.85	3643.66

按结构分全社会固定资产投资情况

指 标 名 称	2013 年	2012 年	增长（%）
投资总额（亿元）	**446294.09**	**374694.74**	**19.1**
一、固定资产投资（不含农户）			
完成投资	435747.43	364854.15	19.4
建筑安装工程	290333.98	236601.07	22.7
设备、工器具购置	89296.38	75938.32	17.6
其他费用	56117.07	52314.76	7.3
建设总规模	1336401.08	1126072.58	18.7
自开始建设至本年底	865958.87	713547.82	21.4
累计完成投资			
本年新增固定资产	269780.28	222399.81	21.3
其中：房地产			
完成投资	86013.38	71803.79	19.8
建筑安装工程	63919.25	52036.26	22.8
设备、工器具购置	1250.03	1019.39	22.6
其他费用	20844.10	18748.13	11.2
建设总规模	430922.15	358819.77	20.1
自开始建设至本年底	275881.28	223645.54	23.4
累计完成投资			
本年新增固定资产	37400.56	33541.42	11.5
二、农　户			
完成投资	10546.66	9840.59	7.2
建筑安装工程	8090.19	7016.45	15.3
设备、工器具购置	1778.07	1785.82	-0.4
其他费用	678.41	1038.32	-34.7
建设总规模	10546.66	9840.59	7.2
自开始建设至本年底	10546.66	9840.59	7.2
累计完成投资			
本年新增固定资产	9985.47	9388.20	6.4

各地区全社会固定资产投资建设规模

单位：亿元

地　　区	建设总规模	累计完成投资	在建总规模	在建净规模
全国总计	**1346947.74**	**876505.54**	**1009988.80**	**465637.61**
北　京	34761.65	23211.90	31441.13	10877.72
天　津	32427.88	22127.48	26713.71	10418.76
河　北	66795.22	42498.00	47082.46	24103.58
山　西	32000.94	20689.98	24173.89	11060.35
内　蒙　古	39603.37	25101.41	29029.94	12756.46
辽　宁	68152.40	46880.13	48197.63	21039.93
吉　林	21502.19	15513.21	13073.56	5558.23
黑　龙　江	26029.09	18081.98	16969.24	7087.11
上　海	30730.77	19191.88	28625.78	10051.81
江　苏	97449.30	67229.96	67522.47	30918.76
浙　江	73910.03	47768.86	58174.28	26204.74
安　徽	52626.13	34441.21	38639.18	18442.50
福　建	45446.96	32207.09	35053.40	13874.24
江　西	28454.57	19697.77	18292.37	8901.75
山　东	88385.85	59928.11	60346.61	28726.63
河　南	74632.40	43569.40	53881.21	30898.88
湖　北	56190.16	35837.22	42604.16	20433.48
湖　南	43250.03	30520.89	29836.28	12850.32
广　东	92027.18	55727.66	73356.38	34972.76
广　西	34035.75	23334.13	24141.43	11182.18
海　南	12538.27	6753.11	11162.27	5829.43
重　庆	37212.61	24147.71	29319.97	13228.53
四　川	58101.79	40138.56	41465.78	18637.77
贵　州	28017.96	15516.96	22479.88	12522.49
云　南	32670.57	21046.21	26677.12	11921.02
西　藏	2041.06	1443.88	1387.37	562.65
陕　西	43166.84	27226.85	32610.86	15944.30
甘　肃	17099.34	10412.39	12246.23	6725.17
青　海	8417.06	4812.82	7033.65	3577.64
宁　夏	9803.52	5523.04	8264.36	4031.24
新　疆	28709.91	13444.52	23766.40	13886.16
不分地区	30756.95	22481.24	26419.80	8411.02

注：建设总规模为所有施工项目（含本年没有工作量的投资项目）的计划总投资。

各地区全社会按经济类型分固定资产投资建设规模（一）

单位：亿元

地　区	合　计	国有经济	集体经济	农　村	私营个体经济	农　村
全国总计	**1346947.74**	**394914.25**	**31793.69**	**8739.59**	**320869.96**	**47182.55**
北　京	34761.65	10385.91	543.39	302.81	1256.56	143.03
天　津	32427.88	11313.27	1283.73	225.65	4974.75	261.97
河　北	66795.22	11256.08	2745.32	583.84	22519.50	4084.86
山　西	32000.94	12246.22	1211.28	258.08	7226.68	1044.74
内蒙古	39603.37	12374.72	424.17	20.22	6822.42	227.75
辽　宁	68152.40	14226.92	571.16	64.75	22254.45	2540.48
吉　林	21502.19	5538.62	105.16	46.35	4799.14	813.24
黑龙江	26029.09	8507.30	273.26	42.90	5728.03	613.90
上　海	30730.77	8492.93	228.65	74.37	5673.21	509.16
江　苏	97449.30	20112.33	3358.09	1370.06	33934.21	6977.19
浙　江	73910.03	22733.96	1989.89	1146.17	17369.85	4745.13
安　徽	52626.13	13298.94	596.76	120.91	15560.96	1423.54
福　建	45446.96	13866.74	751.50	198.12	10574.67	886.78
江　西	28454.57	6045.49	410.29	140.05	10488.00	1425.48
山　东	88385.85	11454.88	5391.59	1176.29	27312.02	5491.09
河　南	74632.40	10815.49	3579.38	1084.68	21302.95	3558.27
湖　北	56190.16	16265.32	1359.15	164.01	14361.01	1953.55
湖　南	43250.03	12785.75	933.90	170.96	11251.54	1565.02
广　东	92027.18	26146.92	2346.19	698.74	14948.01	2354.99
广　西	34035.75	11395.03	411.22	89.53	9565.31	781.22
海　南	12538.27	2793.51	96.23	11.70	1429.86	85.76
重　庆	37212.61	13042.04	292.46	83.94	8964.32	712.26
四　川	58101.79	22375.07	578.94	255.00	10343.62	1932.40
贵　州	28017.96	12251.61	112.72		4212.70	270.82
云　南	32670.57	12295.22	389.59	141.37	6576.55	956.05
西　藏	2041.06	1389.15	29.18	2.96	267.35	42.70
陕　西	43166.84	15822.32	1074.32	89.39	7271.10	573.14
甘　肃	17099.34	7755.56	506.66	124.72	3155.95	312.37
青　海	8417.06	3450.21	64.84	29.53	1139.50	107.56
宁　夏	9803.52	3852.83	49.07	7.69	4018.57	310.81
新　疆	28709.91	9866.96	85.57	14.79	5567.15	477.29
不分地区	30756.95	30756.95				

各地区全社会按经济类型分固定资产投资建设规模（二）

单位：亿元

地　　区	联营经济	股份制经济	外商投资经济	港澳台投资经济	其他经济
全国总计	1330.36	470745.87	41133.85	49466.72	36693.04
北　京	2.48	18910.49	1656.20	1893.90	112.72
天　津	28.74	12119.34	1330.51	916.01	461.53
河　北	116.16	25787.57	998.64	883.05	2488.89
山　西	43.34	10076.47	233.92	277.02	686.01
内　蒙　古	3.61	18956.59	224.58	159.19	638.08
辽　宁	31.47	21156.40	3786.26	5109.97	1015.77
吉　林	11.66	9769.32	246.50	364.18	667.62
黑　龙　江	28.40	9895.69	501.78	237.64	856.98
上　海	30.61	10400.94	3461.38	2431.08	11.98
江　苏	175.30	26411.76	5830.76	5912.97	1713.87
浙　江	35.45	24750.21	2632.76	3837.60	560.30
安　徽	32.37	19790.77	1011.04	1171.54	1163.76
福　建	30.30	14908.17	1704.98	2857.22	753.38
江　西	73.11	9369.00	417.22	908.87	742.59
山　东	41.34	34763.79	1730.22	2365.33	5326.69
河　南	105.41	30547.80	795.03	857.22	6629.11
湖　北	68.09	19391.29	1250.49	1315.42	2179.39
湖　南	39.04	14620.27	946.85	1058.06	1614.61
广　东	43.49	32247.18	6044.71	8937.48	1313.19
广　西	77.90	9434.52	871.21	753.28	1527.27
海　南	2.80	6113.98	522.48	1390.47	188.94
重　庆	84.72	9928.35	1588.83	2724.72	587.16
四　川	52.61	19291.40	1654.07	1565.53	2240.55
贵　州	16.72	10548.74	117.73	428.60	329.12
云　南	35.38	12699.02	243.06	237.15	194.60
西　藏	7.80	167.13	0.96	10.50	168.99
陕　西	60.74	15894.92	1077.83	624.01	1341.61
甘　肃	41.50	4743.71	44.42	39.24	812.29
青　海	0.98	3544.54	47.56	70.71	98.72
宁　夏		1718.41	61.36	64.03	39.25
新　疆	8.85	12788.10	100.52	64.71	228.04
不分地区					

各地区全社会按经济类型分全部累计完成投资（一）

单位：亿元

地 区	合 计	国有经济	集体经济	农 村	私营个体经济	农 村
全国总计	876505.54	252720.59	22720.49	6231.52	218023.91	36724.89
北 京	23211.90	6529.30	304.77	153.61	912.55	102.39
天 津	22127.48	7716.09	1052.75	187.69	3326.50	238.00
河 北	42498.00	7211.42	2039.39	481.65	14511.09	2991.01
山 西	20689.98	8122.11	922.02	181.92	4544.25	708.93
内 蒙 古	25101.41	8327.04	284.86	19.46	4296.28	197.80
辽 宁	46880.13	9312.15	461.04	44.09	15966.71	1924.99
吉 林	15513.21	3793.29	71.36	24.01	3779.71	738.41
黑 龙 江	18081.98	6172.62	165.93	38.19	4299.67	537.83
上 海	19191.88	4803.19	127.37	33.25	3704.21	254.82
江 苏	67229.96	12766.68	2434.18	992.80	24347.22	5701.39
浙 江	47768.86	13238.92	1252.97	764.43	11814.50	3385.34
安 徽	34441.21	8418.78	391.61	76.45	10877.97	1194.00
福 建	32207.09	9600.52	588.08	177.42	7682.59	780.71
江 西	19697.77	4086.62	299.47	78.46	7385.63	1137.29
山 东	59928.11	7983.15	4225.19	971.07	18662.24	4202.62
河 南	43569.40	6450.48	2012.45	593.57	13060.42	2417.51
湖 北	35837.22	10339.17	957.07	124.48	9340.27	1464.60
湖 南	30520.89	9202.00	749.65	124.56	8663.67	1425.74
广 东	55727.66	13631.50	1747.05	533.48	10385.93	1881.77
广 西	23334.13	7050.87	319.38	79.72	7300.06	722.71
海 南	6753.11	1506.50	49.57	7.27	744.97	82.74
重 庆	24147.71	8676.34	232.17	66.62	6056.31	610.91
四 川	40138.56	14145.35	411.23	167.26	7477.45	1482.02
贵 州	15516.96	6836.81	50.97		2503.41	270.82
云 南	21046.21	8088.88	283.45	121.00	4304.45	726.59
西 藏	1443.88	1061.67	25.86	2.63	129.68	34.44
陕 西	27226.85	10774.78	820.51	76.42	4559.13	519.80
甘 肃	10412.39	4878.66	326.49	79.67	1808.89	246.19
青 海	4812.82	2255.34	37.63	13.51	672.91	101.80
宁 夏	5523.04	2094.76	34.88	4.15	2223.82	229.33
新 疆	13444.52	5164.40	41.14	12.68	2681.40	412.37
不分地区	22481.24	22481.24				

各地区全社会按经济类型分全部累计完成投资（二）

单位：亿元

地　　区	联营经济	股份制经济	外商投资经济	港澳台投资经济	其他经济
全国总计	**945.32**	**296713.14**	**26884.06**	**32848.61**	**25649.42**
北　京	2.08	12937.37	1100.93	1343.19	81.71
天　津	21.95	8042.83	920.57	654.39	392.41
河　北	75.36	15847.41	713.10	457.58	1642.65
山　西	38.05	6228.93	163.68	175.59	495.34
内 蒙 古	2.92	11483.53	97.67	122.59	486.52
辽　宁	26.73	14310.62	2593.26	3491.35	718.27
吉　林	9.02	6901.94	181.86	274.04	501.99
黑 龙 江	25.22	6358.72	239.51	126.43	693.87
上　海	14.97	6913.37	1989.03	1632.06	7.68
江　苏	142.74	18084.92	4134.09	3954.13	1365.99
浙　江	18.05	16817.54	1832.24	2405.92	388.72
安　徽	23.70	12361.03	723.47	801.09	843.55
福　建	24.99	10391.19	1162.24	2157.04	600.45
江　西	49.42	6407.75	318.09	590.17	560.61
山　东	38.52	22332.53	1244.15	1572.80	3869.53
河　南	62.33	16881.17	635.63	562.31	3904.62
湖　北	62.88	12032.10	821.43	799.99	1484.30
湖　南	23.58	9497.96	462.91	605.63	1315.48
广　东	23.25	19600.07	3492.13	6007.53	840.19
广　西	60.96	6468.60	441.28	489.65	1203.33
海　南	2.23	3261.27	335.86	709.57	143.14
重　庆	74.39	6048.83	908.20	1700.22	451.26
四　川	37.32	13965.18	1348.23	1213.33	1540.48
贵　州	3.20	5565.53	97.73	289.57	169.75
云　南	15.25	7912.76	150.39	142.10	148.93
西　藏	4.64	113.77	0.72	4.08	103.46
陕　西	34.24	9140.37	598.19	400.26	899.37
甘　肃	21.92	2762.96	31.69	32.45	549.32
青　海	0.42	1699.89	24.01	53.97	68.65
宁　夏		1063.73	45.55	36.13	24.16
新　疆	4.99	5279.24	76.20	43.46	153.70
不分地区					

各地区全社会按主要行业分的固定资产投资（一）

单位：亿元

地 区	合 计	农、林、牧、渔业	采矿业	制造业	电力、热力、燃气及水生产和供应业	建筑业	批发和零售业
全国总计	446294.09	13478.82	14650.76	147704.96	19634.74	3669.76	12720.46
北 京	6847.06	175.47	9.10	451.74	259.90	7.75	51.41
天 津	9130.25	226.12	328.41	2548.66	326.96	139.61	299.45
河 北	23194.23	901.32	690.98	9566.45	785.78	17.42	848.73
山 西	11031.89	766.16	1475.01	2538.76	686.98	11.69	248.89
内 蒙 古	14217.38	799.69	1587.18	4516.01	1296.37	93.77	388.57
辽 宁	25107.66	575.50	650.27	8632.10	823.53	253.02	1040.45
吉 林	9979.26	472.45	414.48	4410.16	447.86	117.74	424.10
黑 龙 江	11453.08	922.27	634.10	3518.38	451.28	383.56	620.13
上 海	5647.79	18.45	0.16	1072.19	164.00	5.67	52.00
江 苏	36373.32	253.30	91.02	17320.45	960.30	44.53	836.33
浙 江	20782.11	269.44	45.13	6150.55	845.97	37.60	413.93
安 徽	18621.90	481.23	338.56	7272.91	523.33	119.26	470.72
福 建	15327.44	323.39	235.96	4648.25	747.25	83.39	295.14
江 西	12850.25	337.84	252.17	6561.33	325.97	77.27	502.27
山 东	36789.07	1064.44	592.45	15308.37	978.23	450.21	1624.15
河 南	26087.46	962.03	602.91	11810.51	725.59	15.86	724.34
湖 北	19307.33	538.81	306.97	8050.50	495.32	103.82	434.72
湖 南	17841.40	604.49	585.82	6289.96	565.70	149.40	546.83
广 东	22308.39	398.45	157.46	5622.78	1061.78	71.62	615.51
广 西	11907.67	562.78	345.17	3890.05	549.59	41.56	381.64
海 南	2697.93	26.49	22.22	225.19	107.83	79.84	32.80
重 庆	10435.24	410.70	203.35	2671.45	446.18	4.34	177.89
四 川	20326.11	527.56	443.19	4940.71	1378.95	14.38	449.11
贵 州	7373.60	88.29	328.63	1077.04	323.53	0.61	90.02
云 南	9968.30	338.44	458.93	1454.93	953.51	7.46	253.70
西 藏	876.00	39.29	63.24	47.39	170.60		18.83
陕 西	14884.15	682.52	1268.72	2882.83	579.67	290.35	449.23
甘 肃	6527.94	253.01	453.55	1110.43	770.32	875.73	219.93
青 海	2361.09	98.46	134.03	631.90	307.07	82.77	17.38
宁 夏	2651.14	88.93	171.72	789.52	245.98	20.06	51.16
新 疆	7732.30	271.48	899.87	1693.49	1225.08	69.46	141.07
不分地区	5655.37		860.01		104.35		

各地区全社会按主要行业分的固定资产投资（二）

单位：亿元

地　　区	交通运输、仓储和邮政业	住宿和餐饮业	信息传输、软件和信息技术服务业	金融业	房地产业	租赁和商务服务业	科学研究和技术服务业
全国总计	36790.12	6041.11	3084.88	1241.97	118809.40	5893.24	3133.21
北　京	656.84	78.18	191.43	48.21	3880.55	50.49	108.05
天　津	603.15	72.76	70.76	41.18	2207.95	590.06	74.84
河　北	2123.59	272.95	115.63	44.69	4888.47	338.96	150.65
山　西	956.27	82.22	63.27	3.92	2480.72	58.33	39.28
内　蒙　古	1272.29	123.89	110.92	28.32	2043.25	57.36	61.35
辽　宁	1582.39	498.25	122.53	159.48	6910.35	400.48	194.94
吉　林	586.66	82.59	60.20	20.85	1507.16	69.81	80.41
黑　龙　江	544.79	138.14	136.04	26.22	2136.63	165.60	122.64
上　海	499.01	34.06	112.43	15.16	2835.09	161.06	41.46
江　苏	1685.87	508.40	381.62	116.60	9165.90	691.87	369.22
浙　江	1454.70	229.28	136.00	94.84	8003.92	340.15	86.71
安　徽	830.20	273.33	114.91	90.09	5360.41	201.09	149.84
福　建	1572.63	219.89	136.48	55.08	4656.69	180.91	36.99
江　西	488.87	271.81	48.38	31.43	2086.71	160.19	51.27
山　东	2055.85	384.24	107.53	61.75	8418.70	533.68	663.84
河　南	1201.46	286.02	74.72	21.26	6719.36	179.08	109.80
湖　北	1634.91	215.13	96.38	75.94	4498.84	276.39	85.05
湖　南	1251.20	223.09	84.60	51.87	3796.15	342.12	129.25
广　东	2444.35	440.73	301.84	75.20	8180.01	252.05	155.62
广　西	1121.22	232.99	109.70	39.14	2450.90	151.83	50.28
海　南	278.68	175.67	28.13	5.48	1405.26	8.64	8.15
重　庆	1012.65	106.21	87.00	3.54	3708.69	91.92	17.54
四　川	2131.66	356.37	103.28	62.45	6479.11	135.55	38.23
贵　州	1019.99	73.88	8.03	2.08	2518.26	36.91	20.47
云　南	1135.22	182.19	76.34	6.25	3529.99	58.61	36.32
西　藏	164.98	25.04	4.53	9.17	79.93	10.17	9.59
陕　西	900.77	266.31	85.60	34.35	4655.01	174.91	162.15
甘　肃	434.16	78.91	49.75	9.58	1176.62	57.99	39.06
青　海	290.40	20.06	3.55	3.24	385.51	71.11	3.52
宁　夏	154.18	19.88	12.37	1.73	789.22	12.47	5.90
新　疆	551.60	68.61	50.92	2.85	1854.03	33.48	8.49
不分地区	4149.59						22.35

各地区全社会按主要行业分的固定资产投资（三）

单位：亿元

地 区	水利、环境和公共设施管理业	居民服务、修理和其他服务业	教 育	卫生和社会工作	文化、体育和娱乐业	公共管理、社会保障和社会组织
全国总计	37663.86	2099.29	5432.97	3139.29	5231.11	5874.13
北 京	463.78	14.65	142.74	60.89	111.64	84.24
天 津	1146.22	109.23	97.97	62.88	103.38	80.69
河 北	1496.40	56.80	206.07	149.62	342.92	196.79
山 西	1246.57	23.25	152.22	56.22	87.30	54.84
内 蒙 古	1216.94	36.30	93.90	70.16	127.62	293.51
辽 宁	2233.35	208.13	236.20	144.80	280.69	161.19
吉 林	825.98	55.46	76.00	71.65	92.81	162.90
黑 龙 江	949.90	76.62	185.98	130.88	114.61	195.32
上 海	421.46	4.92	71.86	39.93	86.84	12.04
江 苏	2571.41	140.32	330.12	207.34	424.35	274.38
浙 江	1759.15	30.59	253.33	148.18	270.13	212.49
安 徽	1539.72	65.04	229.91	130.84	185.68	244.83
福 建	1356.12	38.22	185.91	109.25	207.09	238.81
江 西	1028.90	70.36	176.42	86.93	143.32	148.81
山 东	1837.12	416.72	452.87	244.59	699.37	894.95
河 南	1688.83	167.70	290.44	166.98	262.21	78.37
湖 北	1593.90	93.52	136.66	144.69	177.05	348.74
湖 南	1984.71	81.28	262.94	151.34	189.55	551.07
广 东	1688.52	45.69	308.79	169.89	226.17	91.93
广 西	1237.88	72.06	250.95	116.56	127.71	175.66
海 南	186.26	1.56	23.09	13.29	60.60	8.73
重 庆	1033.44	44.45	134.64	71.76	91.47	118.01
四 川	2361.64	37.22	301.85	167.25	194.37	203.24
贵 州	1526.05	7.03	123.56	20.02	74.60	34.61
云 南	847.06	41.24	208.75	83.94	147.79	147.62
西 藏	81.85	4.22	30.60	6.95	21.43	88.20
陕 西	1640.42	54.19	201.78	181.40	146.72	227.23
甘 肃	481.00	72.11	92.60	52.37	121.04	179.80
青 海	112.00	2.75	49.59	10.90	36.22	100.61
宁 夏	179.09	13.17	28.90	16.86	16.29	33.72
新 疆	523.32	14.49	96.34	50.92	60.17	116.64
不分地区	404.87					114.19

各地区全社会固定资产投资

单位：亿元

地 区	合 计	固定资产投资（不含农户）	房地产开发	农 户
全国总计	446294.09	435747.43	86013.38	10546.66
北 京	6847.06	6797.54	3483.40	49.52
天 津	9130.25	9103.01	1480.82	27.24
河 北	23194.23	22629.77	3445.42	564.46
山 西	11031.89	10745.35	1308.63	286.54
内 蒙 古	14217.38	14072.39	1479.01	144.99
辽 宁	25107.66	24791.40	6450.75	316.26
吉 林	9979.26	9725.76	1252.43	253.50
黑 龙 江	11453.08	11121.28	1604.83	331.80
上 海	5647.79	5644.13	2819.59	3.66
江 苏	36373.32	35982.52	7241.45	390.81
浙 江	20782.11	20194.07	6216.25	588.04
安 徽	18621.90	18091.21	3946.23	530.69
福 建	15327.44	15045.81	3702.97	281.63
江 西	12850.25	12434.95	1174.58	415.30
山 东	36789.07	35875.86	5444.53	913.22
河 南	26087.46	25188.06	3843.76	899.40
湖 北	19307.33	18796.85	3286.02	510.48
湖 南	17841.40	17225.19	2628.32	616.21
广 东	22308.39	21795.52	6489.59	512.87
广 西	11907.67	11383.93	1614.63	523.74
海 南	2697.93	2625.59	1196.76	72.34
重 庆	10435.24	10290.95	3012.78	144.28
四 川	20326.11	19755.29	3853.00	570.82
贵 州	7373.60	7102.78	1942.54	270.82
云 南	9968.30	9621.83	2488.33	346.47
西 藏	876.00	876.00	9.68	
陕 西	14884.15	14533.51	2240.17	350.63
甘 肃	6527.94	6407.20	724.65	120.74
青 海	2361.09	2285.30	247.61	75.79
宁 夏	2651.14	2577.79	558.97	73.35
新 疆	7732.30	7371.24	825.69	361.07
不分地区	5655.37	5655.37		

各地区全社会按经济类型分的固定资产投资（一）

单位：亿元

地　区	合　　计	国有经济	集体经济	农　村	私营个体经济	农　村
全国总计	446294.09	120874.22	15347.22	4689.49	133637.25	31977.97
北　京	6847.06	2260.58	124.22	64.48	298.93	77.35
天　津	9130.25	2702.92	691.51	129.25	1990.47	188.60
河　北	23194.23	3664.48	1268.86	334.46	9039.75	2489.15
山　西	11031.89	4175.34	619.36	141.70	2501.74	638.37
内　蒙　古	14217.38	4965.21	170.73	19.01	2425.26	190.22
辽　宁	25107.66	5105.17	319.78	40.67	10218.66	1644.45
吉　林	9979.26	2453.77	59.14	22.77	2720.80	690.70
黑　龙　江	11453.08	3554.48	148.80	36.60	3211.00	517.21
上　海	5647.79	1764.28	70.79	27.27	1058.63	163.06
江　苏	36373.32	6734.29	1610.72	689.75	15219.80	4894.64
浙　江	20782.11	5421.40	745.29	520.04	6160.08	2595.62
安　徽	18621.90	4600.50	288.12	69.60	6637.83	1057.99
福　建	15327.44	4462.90	451.22	163.73	4345.34	746.55
江　西	12850.25	2499.71	190.68	61.22	5393.40	993.77
山　东	36789.07	4659.83	3063.88	816.38	12881.13	3717.45
河　南	26087.46	3681.96	1348.33	442.53	8772.30	2084.94
湖　北	19307.33	4440.89	705.96	108.76	6341.76	1321.56
湖　南	17841.40	5124.85	559.92	106.36	5958.97	1338.87
广　东	22308.39	4976.32	1125.86	390.85	5224.69	1636.73
广　西	11907.67	3373.27	243.57	71.12	4281.40	700.88
海　南	2697.93	751.43	20.32	1.35	337.69	80.42
重　庆	10435.24	3899.60	170.03	53.05	2967.17	536.87
四　川	20326.11	7440.39	245.84	118.32	4414.62	1266.62
贵　州	7373.60	3343.79	32.32		1431.73	270.82
云　南	9968.30	3918.27	223.24	98.93	2414.90	681.78
西　藏	876.00	634.21	10.14	2.43	87.58	31.93
陕　西	14884.15	6102.92	522.95	65.12	2766.91	498.97
甘　肃	6527.94	3117.03	242.02	71.05	1234.64	228.20
青　海	2361.09	1139.88	20.08	7.71	391.87	98.11
宁　夏	2651.14	970.24	22.52	3.14	1176.54	192.13
新　疆	7732.30	3278.94	31.03	11.85	1731.65	403.99
不分地区	5655.37	5655.37				

各地区全社会按经济类型分的固定资产投资（二）

单位：亿元

地 区	联营经济	股份制经济	外商投资经济	港澳台投资经济	其他经济
全国总计	598.18	134432.93	11130.33	11027.65	19246.30
北　京	0.95	3372.44	311.48	451.43	27.03
天　津	12.58	2953.80	330.01	189.01	259.94
河　北	30.88	7404.50	390.82	216.19	1178.76
山　西	14.05	3170.33	60.45	72.47	418.16
内 蒙 古	0.30	6243.94	50.96	52.41	308.56
辽　宁	23.23	6773.13	930.49	1169.82	567.38
吉　林	8.20	4117.65	106.64	72.73	440.33
黑 龙 江	23.90	3811.62	64.55	49.60	589.13
上　海	9.56	1827.65	611.29	301.89	3.71
江　苏	79.92	7860.08	2314.38	1605.50	948.63
浙　江	9.37	6294.66	757.64	1126.59	267.07
安　徽	18.32	5828.78	300.34	287.86	660.15
福　建	22.36	4328.72	461.96	821.29	433.65
江　西	37.61	3833.97	152.87	240.63	501.39
山　东	22.10	11736.73	642.52	617.33	3165.55
河　南	51.64	8976.59	245.44	212.65	2798.56
湖　北	34.06	6097.92	376.53	241.07	1069.15
湖　南	18.42	4784.22	179.09	184.68	1031.25
广　东	17.62	7449.61	1292.54	1590.70	631.06
广　西	39.71	2742.10	167.76	183.41	876.45
海　南	0.81	1191.27	89.06	207.64	99.71
重　庆	42.22	2247.70	325.49	453.06	329.97
四　川	28.75	6294.04	430.48	337.76	1134.22
贵　州	1.22	2335.01	27.51	84.73	117.28
云　南	11.61	3125.06	89.74	77.08	108.40
西　藏	1.47	72.56	0.72	1.29	68.05
陕　西	17.19	4310.14	348.74	113.87	701.42
甘　肃	15.78	1538.02	10.44	7.27	362.75
青　海	0.42	735.69	4.26	28.32	40.58
宁　夏		447.32	10.75	12.51	11.27
新　疆	3.96	2527.69	45.41	16.89	96.73
不分地区					

各地区全社会建筑安装工程投资（一）

单位：亿元

地　区	合　计	国有经济	集体经济		私营个体经济	
				农　村		农　村
全国总计	**298424.17**	**90935.67**	**12160.57**	**3804.03**	**84460.93**	**19835.81**
北　京	3462.05	1480.64	90.58	45.15	161.17	62.28
天　津	6336.94	1926.62	573.56	103.76	1233.09	120.01
河　北	15256.57	2656.99	987.06	269.06	5590.16	1474.22
山　西	7815.96	3074.30	525.65	127.09	1818.39	456.63
内 蒙 古	9623.55	3740.68	123.25	17.48	1733.63	121.28
辽　宁	17262.71	3817.79	202.72	29.26	6446.46	1002.74
吉　林	5914.12	1797.61	37.56	15.89	1437.46	273.89
黑 龙 江	8065.82	3014.72	105.87	27.97	1998.74	218.36
上　海	3440.39	1009.10	60.00	23.71	747.02	107.59
江　苏	21189.39	4986.62	1345.10	593.14	7972.07	2238.15
浙　江	12260.10	3815.03	598.93	424.54	3504.58	1526.98
安　徽	12771.42	3708.68	228.96	56.10	4251.63	707.33
福　建	10501.95	3373.92	380.08	142.30	2925.84	550.92
江　西	8795.26	1947.44	136.03	45.84	3652.26	767.43
山　东	23450.77	3386.06	2456.02	659.64	7785.63	2115.11
河　南	16008.51	2664.61	1008.14	342.94	4995.60	1431.94
湖　北	13333.90	3291.00	527.00	79.75	4208.31	905.43
湖　南	12405.11	3971.52	375.37	66.51	3997.58	950.18
广　东	14933.28	3481.92	918.57	297.04	3601.28	1045.67
广　西	7712.03	2571.01	174.40	57.87	2601.01	490.30
海　南	1840.76	542.40	16.70	0.80	256.57	74.90
重　庆	7513.25	3052.96	135.72	44.61	2063.29	396.33
四　川	15318.11	6150.16	203.41	98.96	3178.42	968.20
贵　州	5727.95	2656.47	22.31		1121.71	210.52
云　南	7438.31	3077.62	201.64	90.64	1809.47	499.12
西　藏	764.98	570.94	7.44	1.72	79.03	26.68
陕　西	11679.27	4949.74	451.69	55.44	2120.55	402.06
甘　肃	5024.81	2542.62	208.95	65.03	892.68	167.25
青　海	1755.25	932.37	16.09	7.52	287.71	78.17
宁　夏	1844.18	725.73	14.00	3.13	800.61	129.40
新　疆	5568.16	2609.13	27.76	11.14	1189.00	316.76
不 分 地 区	3409.30	3409.30				

各地区全社会建筑安装工程投资（二）

单位：亿元

地　区	联营经济	股份制经济	外商投资经济	港澳台投资经济	其他经济
全国总计	448.42	85083.08	5861.92	6526.31	12947.27
北　京	0.86	1494.90	130.82	78.84	24.25
天　津	9.89	2094.01	181.09	137.34	181.33
河　北	14.32	4911.43	228.15	121.44	747.01
山　西	10.81	2015.66	36.99	32.96	301.21
内 蒙 古	0.30	3782.52	28.84	32.33	182.00
辽　宁	18.22	4932.94	577.47	842.66	424.46
吉　林	5.71	2306.09	38.10	51.69	239.89
黑 龙 江	22.47	2528.96	36.13	27.59	331.33
上　海	8.57	1138.48	293.00	180.87	3.36
江　苏	52.96	4499.06	904.61	834.31	594.66
浙　江	6.04	3244.43	385.32	522.65	183.15
安　徽	14.20	3705.81	199.80	165.86	496.48
福　建	21.67	2721.75	287.50	481.35	309.83
江　西	36.32	2414.74	101.47	140.77	366.23
山　东	14.93	7002.84	360.53	385.63	2059.14
河　南	37.31	5301.93	138.29	118.10	1744.53
湖　北	19.97	4125.96	185.17	163.07	813.43
湖　南	7.52	3117.42	113.58	143.58	678.54
广　东	13.18	4743.89	679.72	1032.67	462.04
广　西	28.82	1628.51	85.06	115.64	507.58
海　南	0.48	820.78	58.60	132.44	12.79
重　庆	38.03	1477.59	162.45	311.30	271.90
四　川	23.25	4440.24	268.18	221.47	832.99
贵　州	1.22	1741.56	18.85	75.62	90.22
云　南	9.51	2145.12	65.33	57.73	71.89
西　藏	1.47	43.57	0.53	1.29	60.72
陕　西	12.90	3252.63	259.32	81.28	551.17
甘　肃	13.94	1074.85	6.68	4.17	280.92
青　海	0.34	470.51	1.65	11.57	35.02
宁　夏		276.51	8.76	8.46	10.12
新　疆	3.22	1628.40	19.92	11.62	79.11
不分地区					

各地区全社会设备、工器具购置投资（一）

单位：亿元

地 区	合 计	国有经济	集体经济	农 村	私营个体经济	农 村
全国总计	91074.44	14352.91	1610.75	348.21	34652.52	9534.47
北 京	705.68	194.82	3.20	1.18	19.14	8.31
天 津	1292.29	122.88	47.18	6.86	569.54	53.96
河 北	5367.97	525.83	105.66	29.31	2537.13	798.37
山 西	2030.64	593.16	50.24	6.94	429.89	136.57
内 蒙 古	3674.15	850.29	39.04	0.65	513.51	53.78
辽 宁	5469.56	871.95	82.06	2.26	2869.12	521.20
吉 林	3251.79	516.93	16.62	3.27	1016.96	358.07
黑 龙 江	2764.86	390.16	35.85	7.69	1044.57	290.17
上 海	787.56	360.40	2.42	1.58	95.42	36.30
江 苏	10915.15	822.18	135.06	40.91	5670.10	2359.75
浙 江	3372.62	263.91	31.71	23.33	1363.40	832.30
安 徽	3953.97	461.15	34.25	7.11	1727.73	269.32
福 建	2471.43	423.20	27.51	11.30	884.61	157.11
江 西	2728.20	229.34	33.33	6.19	1214.78	137.46
山 东	9639.09	791.09	334.56	76.56	3894.18	1228.19
河 南	7285.86	590.48	185.61	39.40	3014.27	483.90
湖 北	3506.76	550.36	102.98	15.26	1413.54	302.59
湖 南	2932.35	402.19	80.02	13.35	1310.80	283.34
广 东	3647.29	634.53	72.54	21.48	818.89	386.15
广 西	2877.08	387.01	51.21	8.48	1235.10	137.81
海 南	276.94	40.15	0.62		15.36	3.67
重 庆	1030.01	272.94	19.89	3.00	380.55	90.87
四 川	2644.76	509.03	28.08	10.47	719.13	214.81
贵 州	487.82	162.73	7.03		145.95	26.71
云 南	921.31	262.48	9.67	2.98	293.86	111.35
西 藏	79.15	40.39	0.75	0.71	6.96	5.03
陕 西	1986.69	665.89	40.75	5.14	441.28	68.48
甘 肃	955.93	352.38	20.96	2.05	221.09	43.35
青 海	432.42	118.83	1.60	0.16	73.60	17.00
宁 夏	601.50	170.92	7.86		290.67	52.02
新 疆	1665.75	457.45	2.48	0.60	421.38	66.52
不分地区	1317.87	1317.87				

各地区全社会设备、工器具购置投资（二）

单位：亿元

地　　区	联营经济	股份制经济	外商投资经济	港澳台投资经济	其他经济
全国总计	86.38	29455.80	3975.60	2496.44	4444.06
北　　京	0.07	207.13	92.34	187.32	1.67
天　　津	1.01	385.25	95.32	20.18	50.94
河　　北	4.79	1715.51	145.19	61.19	272.66
山　　西	2.95	843.67	16.76	35.40	58.57
内　蒙　古		2125.57	10.92	17.46	117.35
辽　　宁	1.25	1138.28	275.59	132.84	98.47
吉　　林	1.63	1434.95	65.00	11.47	188.22
黑　龙　江	1.08	1021.65	21.34	10.78	239.41
上　　海	0.26	93.84	210.71	24.19	0.30
江　　苏	20.41	2228.29	1209.96	536.44	292.71
浙　　江	2.63	1140.84	277.64	241.92	50.58
安　　徽	3.39	1451.11	84.91	78.42	113.01
福　　建	0.27	707.63	132.61	223.61	71.99
江　　西	0.22	1041.02	39.62	76.58	93.31
山　　东	5.53	3466.07	239.10	139.21	769.34
河　　南	5.92	2557.90	81.38	68.91	781.41
湖　　北	11.52	1082.12	154.34	35.81	156.09
湖　　南	3.50	877.46	39.93	18.73	199.71
广　　东	2.32	1305.23	409.15	319.03	85.62
广　　西	7.63	806.55	64.13	49.85	275.61
海　　南	0.19	102.84	23.41	13.16	81.20
重　　庆	0.54	212.81	68.17	51.85	23.26
四　　川	2.68	994.56	86.70	94.25	210.33
贵　　州		148.50	6.66	4.07	12.88
云　　南	1.84	329.47	9.23	7.22	7.53
西　　藏		24.93	0.19		5.92
陕　　西	3.39	631.77	82.13	14.37	107.12
甘　　肃	1.30	294.81	3.69	2.86	58.83
青　　海	0.08	219.40	2.36	12.79	3.77
宁　　夏		127.41	1.89	1.74	1.00
新　　疆		739.23	25.21	4.78	15.22
不分地区					

各地区全社会其他费用投资（一）

单位：亿元

地　区	合　计	国有经济	集体经济	农　村	私营个体经济	农　村
全国总计	56795.47	15585.64	1575.90	537.25	14523.80	2607.68
北　京	2679.33	585.12	30.45	18.16	118.61	6.76
天　津	1501.02	653.41	70.78	18.63	187.85	14.63
河　北	2569.69	481.66	176.14	36.08	912.47	216.56
山　西	1185.28	507.89	43.47	7.67	253.46	45.18
内　蒙　古	919.68	374.25	8.43	0.89	178.12	15.15
辽　宁	2375.39	415.44	35.00	9.15	903.08	120.50
吉　林	813.36	139.24	4.95	3.61	266.37	58.74
黑　龙　江	622.41	149.61	7.07	0.94	167.68	8.68
上　海	1419.84	394.78	8.37	1.98	216.19	19.17
江　苏	4268.79	925.50	130.56	55.69	1577.63	296.74
浙　江	5149.39	1342.47	114.66	72.18	1292.11	236.34
安　徽	1896.50	430.67	24.92	6.40	658.47	81.35
福　建	2354.06	665.78	43.63	10.13	534.90	38.52
江　西	1326.79	322.93	21.32	9.19	526.35	88.88
山　东	3699.21	482.67	273.30	80.18	1201.33	374.15
河　南	2793.08	426.87	154.58	60.18	762.44	169.10
湖　北	2466.67	599.53	75.98	13.76	719.90	113.54
湖　南	2503.93	751.14	104.53	26.50	650.59	105.36
广　东	3727.82	859.86	134.76	72.33	804.51	204.91
广　西	1318.56	415.25	17.97	4.77	445.29	72.78
海　南	580.23	168.89	3.00	0.55	65.76	1.85
重　庆	1891.98	573.70	14.42	5.43	523.34	49.68
四　川	2363.24	781.21	14.35	8.89	517.07	83.61
贵　州	1157.82	524.59	2.98		164.08	33.59
云　南	1608.68	578.17	11.92	5.31	311.57	71.31
西　藏	31.86	22.87	1.94		1.59	0.22
陕　西	1218.18	487.30	30.50	4.54	205.08	28.42
甘　肃	547.20	222.03	12.11	3.96	120.87	17.60
青　海	173.42	88.68	2.38	0.02	30.57	2.94
宁　夏	205.46	73.58	0.67	0.01	85.25	10.70
新　疆	498.39	212.36	0.79	0.12	121.27	20.72
不分地区	928.20	928.20				

各地区全社会其他费用投资（二）

单位：亿元

地　　区	联营经济	股份制经济	外商投资经济	港澳台投资经济	其他经济
全国总计	**63.39**	**19894.05**	**1292.81**	**2004.91**	**1854.97**
北　　京	0.02	1670.41	88.32	185.27	1.12
天　　津	1.68	474.54	53.60	31.49	27.67
河　　北	11.76	777.56	17.47	33.56	159.08
山　　西	0.29	311.00	6.69	4.11	58.38
内　蒙　古		335.86	11.20	2.61	9.21
辽　　宁	3.77	701.92	77.43	194.31	44.45
吉　　林	0.86	376.61	3.53	9.58	12.21
黑　龙　江	0.34	261.01	7.08	11.22	18.39
上　　海	0.73	595.32	107.58	96.83	0.05
江　　苏	6.55	1132.73	199.81	234.75	61.26
浙　　江	0.70	1909.39	94.68	362.03	33.35
安　　徽	0.72	671.85	15.62	43.57	50.67
福　　建	0.42	899.33	41.85	116.32	51.84
江　　西	1.07	378.21	11.78	23.28	41.85
山　　东	1.64	1267.83	42.89	92.49	337.07
河　　南	8.41	1116.76	25.76	25.64	272.63
湖　　北	2.58	889.84	37.02	42.19	99.63
湖　　南	7.40	789.34	25.57	22.37	153.00
广　　东	2.12	1400.49	203.67	239.00	83.41
广　　西	3.26	307.04	18.57	17.92	93.26
海　　南	0.14	267.65	7.05	62.03	5.72
重　　庆	3.65	557.30	94.86	89.90	34.81
四　　川	2.83	859.24	75.60	22.04	90.90
贵　　州	0.00	444.95	2.00	5.04	14.18
云　　南	0.26	650.47	15.18	12.12	28.98
西　　藏		4.07			1.41
陕　　西	0.91	425.74	7.29	18.22	43.14
甘　　肃	0.54	168.36	0.06	0.24	22.99
青　　海		45.79	0.25	3.96	1.80
宁　　夏		43.40	0.10	2.31	0.15
新　　疆	0.74	160.05	0.28	0.49	2.40
不分地区					

各地区全社会住宅建设投资（一）

单位：亿元

地　区	合　计	国有经济	集体经济	农　村	私营个体经济	农　村
全国总计	**74870.67**	**8276.18**	**1903.65**	**543.58**	**27190.94**	**7642.29**
北　京	2026.75	350.74	34.14	12.00	147.72	41.78
天　津	1262.47	346.39	94.94	23.59	166.04	17.24
河　北	3231.34	112.81	129.66	44.50	1438.23	433.91
山　西	1688.96	305.05	187.58	47.16	792.63	191.52
内 蒙 古	1289.78	175.90	14.46	1.41	550.03	74.13
辽　宁	4875.22	231.94	17.23	0.30	1845.72	182.02
吉　林	1053.53	67.03	3.90	0.29	394.13	65.75
黑 龙 江	1419.85	292.62	2.36	0.78	467.36	91.00
上　海	1626.95	194.33	13.37	0.04	345.24	3.29
江　苏	5990.33	722.98	156.08	60.32	2291.74	372.34
浙　江	5039.94	482.30	84.19	63.37	1910.17	506.63
安　徽	3284.39	540.11	29.29	9.50	1274.63	358.00
福　建	2814.25	313.11	41.50	6.25	912.90	225.31
江　西	1471.06	211.30	4.33	0.90	717.10	391.97
山　东	5242.33	360.96	482.21	132.01	1745.76	503.00
河　南	3975.68	209.25	165.35	51.74	1541.08	748.98
湖　北	2833.12	188.63	64.00	19.95	1128.94	364.32
湖　南	2486.32	169.50	13.40	0.32	1145.86	500.94
广　东	5210.59	177.74	90.46	13.51	1735.55	409.82
广　西	1617.19	118.89	8.69	0.17	879.47	367.48
海　南	1082.86	126.53	3.59	0.02	195.81	66.03
重　庆	2374.36	326.94	18.04	7.55	942.39	131.72
四　川	3551.59	463.02	29.57	8.67	1322.66	445.18
贵　州	1549.22	124.57	0.19		508.59	205.03
云　南	2244.40	314.35	48.11	22.63	781.18	239.97
西　藏	28.10	10.40	0.64		12.61	9.23
陕　西	2627.67	414.36	134.89	2.88	780.79	275.12
甘　肃	858.14	200.66	19.07	4.80	281.89	70.37
青　海	295.73	77.69	5.23	4.50	145.20	58.42
宁　夏	461.44	107.98	1.30		264.74	45.01
新　疆	1354.54	535.51	5.90	4.42	524.78	246.79
不分地区	2.58	2.58				

各地区全社会住宅建设投资（二）

单位：亿元

地　区	联营经济	股份制经济	外商投资经济	港澳台投资经济	其他经济
全国总计	**44.29**	**31552.85**	**1601.22**	**3367.91**	**933.63**
北　京		1397.71	13.88	75.89	6.67
天　津		536.79	58.25	33.16	26.90
河　北		1455.25	22.62	38.32	34.46
山　西		304.34	2.27	2.59	94.48
内　蒙　古		545.14	1.60		2.66
辽　宁		1938.51	249.83	585.04	6.96
吉　林	1.16	540.59	1.62	37.40	7.70
黑　龙　江		635.22	6.13	11.01	5.14
上　海		887.85	94.30	91.86	
江　苏		2057.05	265.24	457.26	39.98
浙　江		2110.08	88.73	342.91	21.56
安　徽	1.38	1267.70	38.03	76.23	57.02
福　建		1267.83	54.10	192.64	32.17
江　西	18.30	437.54	16.03	33.41	33.06
山　东	0.00	2268.86	48.82	194.82	140.91
河　南	0.58	1908.72	28.07	37.62	85.02
湖　北	0.30	1324.49	29.53	65.83	31.39
湖　南	7.23	1050.83	28.51	53.12	17.87
广　东	1.99	2457.64	233.81	463.54	49.87
广　西	0.31	518.86	17.95	60.23	12.79
海　南		610.25	35.54	109.16	1.98
重　庆	3.11	809.00	74.53	162.34	38.02
四　川	1.73	1464.74	104.66	105.94	59.28
贵　州		868.44	1.69	34.10	11.65
云　南	0.36	996.42	29.10	37.93	36.95
西　藏	1.00	3.10			0.35
陕　西	0.24	1154.89	47.53	55.63	39.35
甘　肃	6.14	329.26	2.07	0.35	18.70
青　海	0.07	62.10		0.21	5.23
宁　夏		74.46	6.81	6.13	0.02
新　疆	0.40	269.20		3.25	15.50
不分地区					

各地区全社会新增固定资产（一）

单位：亿元

地 区	合 计	国有经济	集体经济	农 村	私营个体经济	农 村
全国总计	279765.75	72984.36	11621.34	3751.91	92063.06	26837.03
北 京	2980.44	1008.41	35.26	19.12	150.01	78.23
天 津	5595.53	1241.14	511.76	87.61	1573.92	185.29
河 北	18050.94	2943.87	1121.62	361.43	7241.62	2345.23
山 西	6508.28	2182.78	528.32	127.92	1507.96	518.92
内 蒙 古	9308.12	3782.06	142.56	17.59	1697.07	180.43
辽 宁	14979.55	3123.36	228.09	14.76	7051.55	1287.82
吉 林	7685.72	1896.45	53.01	20.59	2269.21	684.76
黑 龙 江	8167.71	2578.52	128.27	32.10	2325.35	471.52
上 海	2664.81	842.55	43.57	14.83	562.54	85.77
江 苏	26744.76	4102.38	1353.28	654.44	11749.12	4312.33
浙 江	11330.56	3183.75	459.72	368.82	3418.52	1902.12
安 徽	11634.22	2738.03	225.48	49.02	4702.71	941.92
福 建	8537.51	2063.31	381.38	144.31	2806.08	622.37
江 西	8278.90	1472.04	155.46	42.22	3680.12	768.02
山 东	23897.16	2790.21	2243.80	635.21	8801.41	2884.06
河 南	16437.60	2526.81	811.54	295.27	5718.08	1741.33
湖 北	10708.57	2156.75	467.31	76.67	4200.71	1140.47
湖 南	11607.27	3085.15	410.63	70.89	4264.06	1086.83
广 东	14446.11	3674.72	988.55	348.66	3432.37	1365.78
广 西	7626.15	1882.76	192.58	64.40	3127.58	653.19
海 南	1001.45	309.77	12.76	6.00	127.88	61.27
重 庆	6706.10	2669.83	148.12	48.78	1949.93	437.28
四 川	13354.45	5059.70	157.43	59.78	2912.75	1006.13
贵 州	3567.25	1824.22	24.35		735.92	254.88
云 南	4980.19	1965.83	197.51	87.15	1422.64	574.91
西 藏	596.71	429.58	22.33	2.39	58.57	26.20
陕 西	8605.54	3975.36	408.86	53.88	1768.93	458.04
甘 肃	4190.24	2175.20	125.19	31.04	738.76	176.00
青 海	1248.43	620.15	10.31	4.35	273.78	90.48
宁 夏	1560.09	557.70	11.62	2.66	717.61	148.40
新 疆	4841.03	2197.59	20.68	10.03	1076.31	347.04
不分地区	1924.35	1924.35				

各地区全社会新增固定资产（二）

单位：亿元

地　区	联营经济	股份制经济	外商投资经济	港澳台投资经济	其他经济
全国总计	**490.36**	**76128.19**	**6591.90**	**6175.71**	**13710.83**
北　京		1335.52	143.51	271.28	36.46
天　津	1.11	1754.14	151.33	196.99	165.13
河　北	42.64	5301.99	188.88	147.18	1063.14
山　西	9.70	1932.58	33.23	45.31	268.39
内　蒙　古	0.09	3409.10	52.09	37.75	187.39
辽　宁	11.32	3311.06	444.37	429.85	379.96
吉　林	6.74	2983.24	92.76	36.98	347.35
黑　龙　江	21.16	2544.96	32.56	24.76	512.13
上　海	0.50	733.33	380.37	101.37	0.59
江　苏	88.14	5614.07	1688.50	1364.51	784.76
浙　江	1.76	3105.92	536.52	430.87	193.51
安　徽	15.71	3215.69	171.29	121.38	443.93
福　建	13.89	2251.93	251.16	470.71	299.05
江　西	30.47	2356.32	96.79	146.74	340.95
山　东	14.60	6967.77	443.85	342.36	2293.15
河　南	39.91	5189.76	143.99	97.02	1910.47
湖　北	27.67	2987.05	127.65	104.43	637.01
湖　南	6.59	3001.49	58.69	119.14	661.53
广　东	16.39	4068.18	811.39	962.31	492.19
广　西	25.24	1569.90	99.38	103.72	624.99
海　南	0.85	429.72	9.59	97.14	13.74
重　庆	43.91	1219.97	197.06	233.31	243.97
四　川	26.72	3924.91	295.52	177.66	799.75
贵　州	1.30	883.74	8.05	22.57	67.10
云　南	3.82	1279.94	16.01	27.61	66.84
西　藏	0.20	47.71	0.35		37.98
陕　西	11.09	1827.30	65.24	25.99	522.78
甘　肃	27.59	880.88	4.24	6.58	231.80
青　海	0.19	297.87	5.46	8.62	32.07
宁　夏		241.14	8.18	15.38	8.47
新　疆	1.05	1461.02	33.90	6.20	44.27
不分地区					

各地区全社会投资实际到位资金

单位：亿元

地　区	本年实际到位资金小计	国家预算资金	国内贷款	利用外资	自筹资金	其他资金
全国总计	491612.52	22305.26	59442.04	4319.44	334280.02	71265.76
北　京	10452.51	841.27	2512.39	23.49	3547.61	3527.75
天　津	10446.04	119.02	2161.45	84.20	6642.39	1438.99
河　北	23431.78	559.04	1550.96	88.82	19349.18	1883.78
山　西	9883.23	636.85	777.78	26.42	7590.47	851.71
内 蒙 古	14146.27	534.41	1525.50	8.79	11384.93	692.64
辽　宁	27321.30	1251.73	3726.49	372.94	19247.81	2722.32
吉　林	10373.99	298.40	587.18	27.90	8677.05	783.47
黑 龙 江	12286.85	417.72	480.91	10.44	10368.87	1008.91
上　海	7828.22	368.25	1782.39	172.52	3284.39	2220.67
江　苏	43403.08	529.19	5092.82	1127.55	29797.69	6855.83
浙　江	23966.83	1187.82	3199.83	244.21	14290.59	5044.38
安　徽	20466.24	939.54	1510.45	107.37	14851.20	3057.69
福　建	17234.59	1282.70	1894.54	256.08	10374.60	3426.67
江　西	14431.90	513.05	941.85	85.95	11166.99	1724.06
山　东	40328.99	706.96	3960.68	378.90	31136.99	4145.45
河　南	26530.58	578.32	3275.76	86.88	20361.56	2228.06
湖　北	20641.62	730.75	2700.34	63.34	14884.03	2263.15
湖　南	19582.32	924.52	1760.63	120.07	14173.57	2603.53
广　东	26850.82	1073.47	3884.00	655.40	14829.23	6408.71
广　西	12717.25	704.64	1598.66	15.20	8716.75	1682.01
海　南	4743.80	148.03	829.37	31.46	2084.36	1650.57
重　庆	12667.88	701.45	2333.74	94.10	6588.45	2950.13
四　川	22188.85	1674.71	2360.89	96.65	14416.95	3639.65
贵　州	7834.91	401.09	1256.26	4.50	4742.85	1430.21
云　南	9499.52	717.89	1389.29	24.21	5912.00	1456.13
西　藏	1016.77	575.39	16.12	1.85	360.15	63.26
陕　西	15414.20	817.91	1037.17	45.83	11755.24	1758.04
甘　肃	7392.99	928.50	901.68	30.32	4718.49	813.98
青　海	2343.55	377.33	537.35	9.12	1231.07	188.68
宁　夏	2639.69	240.54	555.74	2.93	1476.32	364.16
新　疆	8218.88	924.10	1033.11	3.71	5248.45	1009.50
不 分 地 区	5327.09	600.68	2266.69	18.26	1069.77	1371.69

各地区全社会房屋施工面积（一）

单位：万平方米

地　区	合　计	国有经济	集体经济	农　村	私营个体经济	农　村
全国总计	**1336287.60**	**211477.08**	**47759.40**	**15392.61**	**505943.93**	**147319.35**
北　京	21242.32	4967.43	760.68	532.12	1666.21	474.50
天　津	21518.65	4368.21	2052.48	444.70	4571.25	430.79
河　北	78002.04	17545.27	3191.84	1202.08	26958.43	7929.23
山　西	29493.52	5109.48	2435.58	529.85	13734.47	3378.78
内 蒙 古	27175.49	3890.87	225.42	15.42	11523.54	937.50
辽　宁	71452.53	6057.08	614.53	99.21	33776.18	7029.92
吉　林	19753.38	1829.08	140.41	78.09	6451.04	1094.54
黑 龙 江	28689.41	5650.61	1493.58	430.73	7615.38	1125.29
上　海	17180.27	2253.96	263.78	48.19	5101.70	728.62
江　苏	104192.93	15206.24	4832.14	2076.27	44065.06	10737.71
浙　江	89577.41	15633.94	3832.21	2520.65	33064.56	13392.23
安　徽	62430.75	11655.12	871.76	239.69	23155.49	5544.58
福　建	52204.95	8890.27	1138.25	235.93	18232.11	3667.30
江　西	36075.37	5036.81	256.85	58.84	16253.58	7069.59
山　东	107221.81	9265.81	9717.82	2634.79	41539.82	14701.83
河　南	96791.45	7557.14	5527.69	2153.44	41181.71	14824.68
湖　北	50275.35	5475.89	1548.72	293.82	22775.76	6935.38
湖　南	41881.36	6923.90	488.39	33.66	17195.10	6290.05
广　东	76528.60	6060.24	4388.27	735.61	23901.26	6338.48
广　西	35070.37	9063.11	358.31	29.54	16430.45	5781.98
海　南	7823.37	1243.56	24.01	20.00	1736.64	645.72
重　庆	36233.47	6593.47	210.47	76.20	15819.06	1855.74
四　川	67141.69	12872.86	708.36	244.11	22246.60	7310.83
贵　州	26932.35	4195.11	63.06		9184.26	2767.00
云　南	36250.63	6523.44	885.70	328.96	16133.29	6990.70
西　藏	678.60	353.21	9.10	0.74	260.07	203.28
陕　西	35501.25	7492.08	1126.72	76.10	10297.61	3704.53
甘　肃	15408.96	4744.37	289.06	113.16	4527.04	1309.49
青　海	5562.86	1563.37	98.72	58.74	2357.87	817.60
宁　夏	10107.23	1831.72	97.56	17.59	5274.32	449.43
新　疆	27192.71	10926.91	107.92	64.40	8914.08	2852.05
不分地区	696.52	696.52				

各地区全社会房屋施工面积（二）

单位：万平方米

地　　区	联营经济	股份制经济	外商投资经济	港澳台投资经济	其他经济
全国总计	1899.96	465050.86	27316.28	42464.60	34375.50
北　京	4.34	12379.81	644.68	653.81	165.36
天　津	5.03	8666.47	768.67	768.19	318.34
河　北	14.60	27401.53	473.49	507.86	1909.02
山　西	1.78	6849.81	151.36	135.11	1075.94
内　蒙　古		11340.02	94.30	29.22	72.12
辽　宁	201.52	22704.34	2870.75	4457.05	771.07
吉　林	15.47	10577.22	154.45	292.23	293.49
黑　龙　江	3.70	12446.56	427.58	374.71	677.29
上　海	31.07	7443.40	1049.94	1028.01	8.41
江　苏	60.28	29060.95	4102.58	5558.98	1306.71
浙　江	75.06	28579.97	3009.52	4344.34	1037.81
安　徽	10.14	22736.11	1203.83	906.78	1891.54
福　建	12.22	18054.24	1343.18	3696.76	837.91
江　西	762.71	11250.41	394.84	1258.88	861.30
山　东	38.26	37799.03	1765.45	2254.55	4841.08
河　南	138.27	32852.09	469.03	991.75	8073.76
湖　北	9.21	17589.74	373.24	888.75	1614.05
湖　南	32.68	15269.95	402.52	927.14	641.69
广　东	52.11	30801.42	3314.70	6539.12	1471.48
广　西	10.33	7660.92	300.08	672.41	574.76
海　南	0.19	4204.31	91.67	492.38	30.61
重　庆	228.61	10322.52	1006.21	1618.90	434.23
四　川	33.76	25384.60	1926.33	1689.46	2279.71
贵　州	22.50	12818.55	141.55	189.47	317.84
云　南	18.29	11882.18	127.02	402.39	278.32
西　藏	3.84	28.65			23.72
陕　西	10.16	14264.32	573.82	434.00	1302.54
甘　肃	81.41	5258.48	66.62	21.43	420.55
青　海	1.38	1271.69	25.75	6.47	237.63
宁　夏		1615.06	32.76	1253.83	1.97
新　疆	21.04	6536.53	10.33	70.62	605.28
不分地区					

各地区全社会住宅施工面积（一）

单位：万平方米

地　区	合　计	国有经济	集体经济	农　村	私营个体经济	农　村
全国总计	673163.29	83265.64	16390.79	5062.85	282957.20	103134.11
北　京	9445.11	2319.57	242.64	152.19	920.52	345.08
天　津	8830.54	2258.70	427.43	82.00	1403.93	143.08
河　北	30799.83	1110.21	1252.86	520.20	14346.88	4676.90
山　西	17921.89	2794.04	1488.96	391.31	9477.13	2533.68
内　蒙　古	15258.57	1584.03	178.66	9.42	7113.87	823.80
辽　宁	35972.25	2393.36	141.36	2.33	16221.72	4019.49
吉　林	10675.39	589.29	39.78	0.50	4047.53	811.28
黑　龙　江	12979.72	2756.15	12.67	4.05	4178.13	856.50
上　海	8188.56	956.14	85.32	2.50	1906.06	19.84
江　苏	45399.79	5552.64	1438.81	490.92	18828.79	3313.90
浙　江	35547.69	5479.56	921.44	661.84	15260.03	6237.54
安　徽	30548.66	5802.63	344.73	103.74	12208.28	4649.79
福　建	21931.18	2598.69	485.00	55.56	8190.73	2651.37
江　西	18708.15	2453.42	76.25	26.95	9547.93	6109.16
山　东	53246.16	2950.41	3284.16	954.23	22761.28	9241.97
河　南	45799.52	2399.37	2264.70	700.96	21096.14	11877.66
湖　北	23940.91	1916.20	442.37	137.85	11666.99	5148.49
湖　南	29224.11	4567.62	191.71	2.14	12982.08	5515.80
广　东	40213.49	1684.05	653.71	129.93	14779.88	4224.36
广　西	18963.23	1566.89	85.02	2.79	11760.62	5506.95
海　南	6111.85	850.41	21.17	19.59	1417.98	596.00
重　庆	22864.29	4418.40	155.29	58.28	9672.19	1532.86
四　川	35956.97	5746.46	423.19	144.12	14240.01	5479.27
贵　州	16375.74	1551.40	7.95		6386.58	2697.00
云　南	22533.30	3018.91	661.87	275.18	10944.85	5965.68
西　藏	367.83	109.62	2.49		229.45	203.14
陕　西	22491.05	3781.40	797.11	21.32	7658.76	3348.97
甘　肃	8561.90	1911.29	125.33	33.36	3231.54	1128.47
青　海	3416.08	729.73	78.59	51.40	1723.70	725.61
宁　夏	5097.89	1159.21	8.25		2919.84	294.23
新　疆	15627.12	6091.34	51.94	28.21	5833.77	2456.26
不分地区	164.51	164.51				

各地区全社会住宅施工面积（二）

单位：万平方米

地 区	联营经济	股份制经济	外商投资经济	港澳台投资经济	其他经济
全国总计	928.65	249495.86	10587.25	20662.10	8875.80
北　京		5649.61	84.21	158.61	69.95
天　津		4049.52	314.72	251.66	124.58
河　北		13446.82	158.50	224.83	259.73
山　西		3314.40	48.35	58.98	740.02
内 蒙 古		6309.22	54.80		17.98
辽　宁		12622.87	1520.03	3039.50	33.41
吉　林	10.16	5708.45	30.77	228.64	20.77
黑 龙 江		5772.46	96.06	117.45	46.79
上　海		4640.64	305.83	294.57	
江　苏		14742.77	1524.10	2980.74	331.96
浙　江		11824.57	484.44	1289.25	288.40
安　徽	2.33	10764.53	320.53	529.37	576.25
福　建		8442.91	490.30	1550.71	172.84
江　西	746.58	4882.04	180.23	540.40	281.31
山　东	0.02	21480.24	365.03	1247.94	1157.08
河　南	5.33	17965.03	275.36	332.83	1460.76
湖　北	1.49	9053.35	144.58	509.84	206.10
湖　南	25.70	10389.44	268.23	637.59	161.74
广　东	13.00	17945.24	1602.24	3204.99	330.38
广　西	0.38	4772.89	161.85	418.10	197.48
海　南	0.19	3370.81	74.32	359.59	17.38
重　庆	30.94	6834.28	520.47	913.85	318.87
四　川	14.08	12571.99	1021.29	948.85	991.10
贵　州		8108.83	76.22	100.31	144.44
云　南	2.77	7378.37	50.71	310.74	165.07
西　藏	3.84	21.79			0.64
陕　西	0.84	9331.42	346.64	304.00	270.89
甘　肃	66.59	3057.29	38.13	16.61	115.14
青　海	1.38	756.67	6.50	3.07	116.44
宁　夏		937.52	22.83	50.19	0.05
新　疆	3.04	3349.89		38.89	258.25
不分地区					

各地区全社会房屋竣工面积（一）

单位：万平方米

地　　区	合　　计	国有经济	集体经济	农　村	私营个体经济	农　村
全国总计	349895.79	42308.78	15784.42	5965.66	184173.56	110051.80
北　京	3989.68	831.11	35.81	25.20	551.58	386.88
天　津	4904.36	697.79	415.00	37.35	1504.16	281.83
河　北	16644.93	786.75	1277.40	667.37	9438.77	5603.11
山　西	8308.12	1335.36	979.67	188.41	4134.04	2597.58
内　蒙　古	6322.36	1442.28	102.13	10.00	2425.96	893.14
辽　宁	18807.63	1238.75	153.25	0.62	12265.47	5126.81
吉　林	5673.92	562.05	15.23	0.71	2341.05	961.73
黑　龙　江	10642.10	2458.08	1431.05	427.85	2890.38	971.86
上　海	2698.55	299.49	59.07	11.76	950.59	109.94
江　苏	36562.59	4672.61	2270.41	1204.71	18687.51	8286.34
浙　江	22789.55	2923.81	1247.87	998.82	10540.08	7093.81
安　徽	14650.65	2093.71	127.58	47.60	7939.90	4327.18
福　建	12332.56	1407.53	428.66	120.65	5767.99	2282.67
江　西	11948.83	1113.88	108.30	25.30	7672.12	5484.34
山　东	28385.66	1394.50	2699.90	822.58	16347.91	11154.36
河　南	24856.36	1698.26	920.84	460.83	14809.54	11001.18
湖　北	16794.00	1606.95	793.07	197.34	9593.86	5365.18
湖　南	11171.89	781.88	106.10	2.50	7354.33	5045.30
广　东	18185.61	1432.18	1284.57	325.97	7293.87	4313.56
广　西	9159.07	785.68	66.11	9.84	6999.89	5193.04
海　南	1174.41	117.51			569.28	471.30
重　庆	6429.28	683.34	66.86	38.42	3486.58	1415.10
四　川	17117.95	3088.22	185.05	76.86	8268.34	5309.16
贵　州	6101.03	1180.05	8.76		3197.32	2452.00
云　南	10519.76	1582.04	489.02	195.29	7035.79	5611.26
西　藏	246.29	56.14			178.55	170.83
陕　西	7824.96	1346.12	402.07	22.61	4187.53	3188.35
甘　肃	3602.43	747.87	49.00	14.98	1715.64	1210.89
青　海	1817.87	350.38	16.37	7.48	1066.17	739.96
宁　夏	1791.47	339.32	5.97		1224.28	336.49
新　疆	8102.14	2915.36	39.30	24.61	3735.09	2666.64
不分地区	339.79	339.79				

各地区全社会房屋竣工面积（二）

单位：万平方米

地 区	联营经济	股份制经 济	外商投资经济	港澳台投资经济	其他经济
全国总计	462.56	84755.38	5434.95	6972.05	10004.10
北 京		2286.29	99.88	111.39	73.62
天 津	0.50	1970.59	103.72	141.25	71.34
河 北	2.80	4441.90	40.26	67.54	589.51
山 西		1437.57	23.14	25.61	372.74
内 蒙 古		2303.78	6.21	9.70	32.31
辽 宁	3.82	4086.77	348.69	457.97	252.91
吉 林	0.60	2563.10	42.07	25.47	124.35
黑 龙 江	2.70	3499.90	27.81	5.40	326.79
上 海		1085.37	184.47	113.49	6.07
江 苏	33.76	7610.58	1286.95	1405.11	595.67
浙 江	3.16	5835.14	861.68	891.41	486.41
安 徽	0.21	3657.35	100.48	170.44	560.99
福 建	3.25	3589.86	176.02	708.67	250.59
江 西	280.59	2171.59	66.13	174.47	361.76
山 东	1.04	6087.67	430.78	359.21	1064.65
河 南	46.86	5855.87	89.44	139.79	1295.75
湖 北	6.95	3794.51	120.36	99.51	778.81
湖 南		2570.55	68.41	190.60	100.04
广 东	19.88	5540.11	675.66	1206.66	732.67
广 西	4.96	947.18	47.07	142.28	165.91
海 南	0.19	414.31	17.22	48.47	7.43
重 庆	17.93	1623.62	227.18	182.67	141.09
四 川	6.35	4604.20	260.88	203.33	501.57
贵 州	3.20	1472.45	16.21	9.47	213.57
云 南		1268.37	2.62	36.86	105.04
西 藏		10.76			0.85
陕 西	4.02	1521.99	72.23	5.74	285.26
甘 肃	19.79	871.80	5.00	1.22	192.12
青 海		270.38	7.50	4.93	102.14
宁 夏		173.34	21.58	26.61	0.36
新 疆		1188.49	5.32	6.79	211.79
不分地区					

各地区全社会住宅竣工面积（一）

单位：万平方米

地　区	合　　计	国有经济	集体经济		私营个体经济	
				农　村		农　村
全国总计	**193328.47**	**19632.79**	**5932.41**	**2178.19**	**118794.84**	**87742.28**
北　京	2154.78	371.22	7.63	7.63	407.78	330.05
天　津	2458.30	344.42	130.28	29.24	542.73	134.28
河　北	8522.75	192.38	619.02	326.46	5556.89	4049.19
山　西	5514.30	748.04	560.32	101.98	3270.03	2264.87
内　蒙　古	3676.32	666.96	89.26	4.00	1651.20	782.60
辽　宁	8902.90	352.06	12.54	0.01	6178.69	3747.38
吉　林	2694.63	94.85	1.60		1542.74	802.96
黑　龙　江	4269.11	1072.49	9.15	3.53	1604.88	797.50
上　海	1439.40	157.29	20.04		465.68	14.25
江　苏	12206.55	1518.65	704.39	252.98	6000.57	3034.93
浙　江	8306.28	1120.94	288.67	240.29	4720.01	3637.29
安　徽	8881.35	1125.92	70.25	29.64	5441.85	3863.08
福　建	4588.91	407.88	164.56	28.17	2543.26	1781.78
江　西	7590.39	535.40	30.21	14.98	5710.35	5046.76
山　东	17601.81	585.66	1267.53	508.40	11533.93	9443.46
河　南	16175.36	418.04	470.82	194.33	11817.34	10041.33
湖　北	7753.76	511.14	280.12	106.84	5444.32	4241.45
湖　南	8966.46	466.35	59.21	1.23	6221.64	4705.66
广　东	8623.45	232.65	185.20	28.47	4720.94	3182.31
广　西	6697.76	342.69	20.39	1.28	5644.46	4944.36
海　南	1003.44	72.69			536.54	460.50
重　庆	4746.00	468.20	52.19	28.76	2694.07	1264.27
四　川	10541.95	1924.27	146.28	69.28	5875.65	4197.81
贵　州	4574.09	739.46	0.34		2851.37	2381.00
云　南	7901.35	949.64	345.26	161.37	5764.03	4962.19
西　藏	195.40	13.37			172.01	170.83
陕　西	5804.40	868.74	339.48	14.63	3617.20	3079.10
甘　肃	2337.17	379.07	26.36	4.50	1429.17	1077.50
青　海	1403.36	205.86	4.15	2.60	916.25	665.71
宁　夏	1283.38	204.40	2.91		902.46	294.11
新　疆	6404.99	2433.66	24.24	17.61	3016.81	2343.78
不分地区	108.39	108.39				

各地区全社会住宅竣工面积（二）

单位：万平方米

地 区	联营经济	股份制经济	外商投资经济	港 澳 台投资经济	其他经济
全国总计	325.98	40446.40	1529.53	3022.85	3643.66
北　京		1266.97	18.02	48.19	34.97
天　津		1308.41	37.30	59.32	35.83
河　北		2038.06	12.57	25.77	78.05
山　西		690.46	8.18	10.56	226.71
内 蒙 古		1267.41			1.50
辽　宁		1879.87	186.11	293.46	0.17
吉　林		1000.28	12.49	22.05	20.62
黑 龙 江		1528.88	15.24		38.48
上　海		719.58	34.21	42.60	
江　苏		2886.58	281.45	634.64	180.27
浙　江		1798.97	46.00	144.71	186.98
安　徽	0.01	1876.51	44.79	119.99	202.02
福　建		1168.89	30.62	231.63	42.07
江　西	278.46	753.65	27.72	67.02	187.59
山　东		3451.07	32.39	154.07	577.15
河　南	5.10	2995.42	31.13	79.65	357.86
湖　北	0.98	1394.83	20.99	17.14	84.22
湖　南		1960.49	53.02	152.40	53.36
广　东	13.00	2493.98	235.80	498.42	243.47
广　西		583.24	25.82	50.46	30.69
海　南	0.19	339.74	9.83	42.88	1.57
重　庆	13.51	1094.85	154.78	154.84	113.56
四　川	4.10	2116.88	136.08	111.28	227.40
贵　州		842.36	1.22	0.35	138.98
云　南		747.09	1.14	27.60	66.59
西　藏		9.47			0.55
陕　西	0.84	747.33	50.01	4.84	175.97
甘　肃	9.79	447.14		0.85	44.80
青　海		177.33	6.50	3.07	90.20
宁　夏		135.06	16.14	22.39	0.02
新　疆		725.58		2.67	202.03
不分地区					

生产能力施工规模和建成率

生产能力 （或效益） 名　　称	计量单位	代码	本年施工规模	本年新开工	本年新增生产能力	生产能力建成率（%）
原煤开采	万吨/年	101	140354	44238	39915	28.4
洗煤	万吨/年	102	59445	36448	38294	64.4
焦炭	万吨/年	103	16980	7300	6692	39.4
天然原油开采	万吨/年	105	3087	2791	2731	88.4
天然气开采	亿立方米/年	107	280	142	146	52.2
石油加工：蒸馏设备能力	处理万吨/年	121	12426	4187	2317	18.6
裂化设备能力	处理万吨/年	122	6300	3929	3215	51.0
铁矿开采（原矿）	万吨/年	131	36121	25736	23684	65.6
铁矿选矿处理原矿量	万吨/年	735	14351	9875	8564	59.7
生铁	万吨/年	141	2798	1120	1443	51.6
粗钢	万吨/年	142	4833	2507	2487	51.5
钢材	万吨/年	150	13455	6669	6671	49.6
铜采矿（原矿）	万吨/年	171	6344	5061	4369	68.9
铜选矿：（1）处理铜原矿量	万吨/年	172	4488	3104	2869	63.9
（2）产出精矿含铜量	吨/年	174	157952	69734	58709	37.2
铜冶炼	吨/年	175	3176805	1697690	1317224	41.5
其中：电解铜	吨/年	176	862067	456067	611067	70.9
铅锌采矿（原矿）	万吨/年	181	6141	4600	3578	58.3
铅锌选矿：（1）处理铅锌原矿	万吨/年	182	1397	782	1065	76.3
（2）产出铅精矿含铅量	吨/年	186	239568	192365	194885	81.3
（3）产出锌精矿含锌量	吨/年	187	332465	242255	235067	70.7

生产能力施工规模和建成率

续表1

生产能力 （或效益） 名　　称	计量单位	代码	本年施 工规模	本年新开工	本年新增 生产能力	生产能力 建 成 率 （％）
铅冶炼	吨/年	188	950881	570481	605881	63.7
其中：电解铅	吨/年	189	522900	332900	319900	61.2
锌冶炼	吨/年	190	945741	608341	635841	67.2
其中：电解锌	吨/年	191	345677	252377	252877	73.2
精锡冶炼	吨/年	205	15468	15468	10468	67.7
镍冶炼：（1）高冰镍	吨/年	215	752739	305764	311068	41.3
（2）电解镍	吨/年	216	25592	19087	14087	55.0
氧化铝	吨/年	232	8280400	3400400	2135400	25.8
原铝（电解铝）	吨/年	233	6362000	2302000	2866584	45.1
铝材加工	吨/年	234	24734578	12068690	11558646	46.7
铜材加工	吨/年	235	4384388	3035778	3528241	80.5
黄金	公斤/年	265	24863	19662	21623	87.0
发电机组容量	万千瓦	291	34839	13142	10650	30.6
水力发电	万千瓦	292	12182	3894	3581	29.4
火力发电	万千瓦	293	13479	5073	3943	29.3
核能发电	万千瓦	294	3380	500	232	6.9
风力发电	万千瓦	910	3690	2137	1712	46.4
太阳能发电	万千瓦	912	1188	982	758	63.8
其他发电	万千瓦	295	920	555	425	46.2
输电线路长度（110千伏及以上）	公里	296	92254	60393	57889	62.7

生产能力施工规模和建成率

续表2

生产能力 （或效益） 名　称	计量单位	代码	本年施工规模	本年新开工	本年新增生产能力	生产能力建成率（%）
水　泥	万吨/年	301	50341	31297	34030	67.6
平板玻璃	万重量箱/年	302	16181	7510	9833	60.8
农用氮、磷、钾化学肥料	吨/年	331	26484367	10730629	8643754	32.6
氮肥	吨/年	332	20928233	6625065	5980099	28.6
磷肥	吨/年	335	3402061	2888761	1565680	46.0
钾肥	吨/年	338	2154073	1216803	1097975	51.0
塑料树脂及共聚物	吨/年	349	20151603	8041559	7239904	35.9
合成橡胶	吨/年	350	1752494	646249	672785	38.4
轮胎外胎	万条/年	353	16233	7984	9118	56.2
轮胎内胎	万条/年	354	2096	2036	1796	85.7
内燃机	台/年	378	3452894	2440514	813776	23.6
	万千瓦/年	379	8950	3837	3278	36.6
汽车制造	辆/年	417	4828213	1677544	2212472	45.8
载货汽车制造	辆/年	418	116880	51130	112830	96.5
客车制造	辆/年	809	372923	132199	191322	51.3
轿车制造	辆/年	419	4125275	1324775	1716975	41.6
其他汽车制造	辆/年	420	213135	169440	191345	89.8
摩托车整车制造	辆/年	423	1003000	513000	711500	70.9
电视机	万部/年	812	1009	491	539	53.4

生产能力施工规模和建成率

续表3

生产能力 （或效益） 名　称	计量单位	代码	本年施 工规模	本年新开工	本年新增 生产能力	生产能力 建成率 （%）
化学纤维	吨/年	461	14045300	6301815	4607954	32.8
棉纺锭	锭	471	15462305	9083024	9970292	64.5
毛纺锭	锭	474	210177	140877	183977	87.5
酒	万吨/年	507	897	459	582	64.9
啤酒	万吨/年	508	426	164	267	62.6
白酒	万吨/年	509	278	189	202	72.9
其他酒	万吨/年	510	193	106	113	58.3
卷烟	箱/年	513	4005600	880600	1630800	40.7
机制纸浆	万吨/年	521	315	123	148	47.0
家用电冰箱	万台/年	551	1759	725	803	45.7
家用洗衣机	万台/年	552	728	268	318	43.7
房间空气调节器	万台/年	553	293	261	228	77.8
程控交换机（安装能力）	万线/年	844	464	464	464	100.0
新建铁路里程	公里	571	14088	2688	5830	41.4
复线里程	公里	572	7015	336	3372	48.1
电气化铁路里程	公里	573	8309	904	4258	51.3
新建高速铁路里程	公里	574	2786	186	1724	61.9
新建公路	公里	576	95761	66887	61589	64.3
其中：高速公路	公里	577	20480	6278	7528	36.8
一级公路	公里	848	7924	4841	3782	47.7

生产能力施工规模和建成率

续表4

生产能力 （或效益） 名　　称	计量单位	代码	本年施 工规模	本年新开工	本年新增 生产能力	生产能力 建成率 （％）
二级公路	公里	849	13499	10285	9132	67.7
改建公路	公里	578	91274	70201	64258	70.4
其中：高速公路	公里	579	3706	1031	1046	28.2
一级公路	公里	580	4071	2296	2100	51.6
二级公路	公里	850	25623	20838	18210	71.1
新（扩）建港口码头	年吞吐量：万吨	583	83306	30831	29342	35.2
	泊位：个	584	792	384	298	37.6
其中：新（扩）建沿海港口码头	年吞吐量：万吨	585	70470	22256	27483	39.0
	泊位：个	586	224	71	74	33.0
新（扩）建公路客、货运站	个	595	529	382	366	69.2
	平方米	596	5155044	2959344	2536695	49.2
民航机场跑道	条	597	22	5	10	45.5
	米	598	53700	12000	25800	48.0
飞机购置	架	601	132	132	132	100.0
候机楼	座	602	21	4	8	38.1
	平方米	603	963162	334568	143672	14.9
城市自来水供水能力	万吨/日	661	2100	1460	1131	53.9
城市污水处理能力	万吨/日	675	2067	1451	1504	72.8

第二部分
固定资产投资（不含农户）

（一）固定资产投资（不含农户）

固定资产投资（不含农户）主要指标

指　　　标	2013 年	2012 年	增速（%）
一、投资总额（亿元）	**435747. 43**	**364854. 15**	**19. 4**
其中：住宅	67483. 36	57844. 27	16. 7
1. 按构成分			
建筑安装工程	290333. 98	236601. 07	22. 7
设备、工具、器具投资	89296. 38	75938. 32	17. 6
其他费用	56117. 07	52314. 76	7. 3
2. 按建设性质分			
#新　建	302909. 06	251045. 65	20. 7
扩　建	54023. 96	47983. 12	12. 6
改建和技术改造	62332. 75	52413. 63	18. 9
单纯购置	2472. 45	2204. 87	12. 1
3. 按产业分			
第一产业	9109. 07	8772. 43	30. 6
第二产业	184548. 57	158059. 91	17. 2
第三产业	242089. 79	198021. 80	20. 8
二、全部建设规模（亿元）			
建设总规模	1336401. 08	1126072. 58	18. 7
自开始建设至本年底	865958. 87	713547. 82	21. 4
累计完成投资			
在建总规模	1009988. 80	870228. 70	16. 1
在建净规模	465637. 61	407020. 29	14. 4
三、新增固定资产（亿元）	**269780. 28**	**222399. 81**	**21. 3**
四、房屋建筑面积（万平方米）			
施工面积	1227045. 61	1061721. 78	15. 6
其中：住宅	573119. 89	516797. 00	10. 9
竣工面积	257234. 12	241315. 73	6. 6
其中：住宅	107375. 49	107326. 96	0. 0
五、投资实际到位资金小计（亿元）	**481065. 85**	**399835. 06**	**20. 3**
国家预算资金	22305. 26	18958. 66	17. 7
国内贷款	59056. 31	51292. 37	15. 1
债　券	1237. 08	1099. 93	12. 5
利用外资	4319. 44	4468. 78	-3. 3
自筹资金	324431. 50	268560. 22	20. 8
其他资金	69716. 26	55455. 10	25. 7

注：1. 固定资产投资（不含农户）除按建设性质分组和项目个数外，均含房地产开发投资。以下表同。

2. 自 2013 年起，三产划分按《国家统计局关于印发〈三次产业划分规定〉的通知》（国统字［2012］108 号）执行，增速按可比口径计算。

各地区固定资产投资（不含农户）建设规模

单位：万元

地　区	建设总规模	自开始建设 累计完成投资	在建总规模	在建净规模
全国总计	**13364010762**	**8659588716**	**10099887964**	**4656376050**
北　京	347121297	231623769	314411270	108777154
天　津	324006454	221002461	267137083	104187623
河　北	662307641	419335352	470824584	241035847
山　西	317143950	204034333	241738918	110603498
内　蒙　古	394583844	249564217	290299414	127564636
辽　宁	678361467	465638775	481976293	210399321
吉　林	212486903	152597130	130735579	55582333
黑　龙　江	256972893	177501785	169692403	70871075
上　海	307271059	191882219	286257812	100518089
江　苏	970584937	668391551	675224683	309187637
浙　江	733219984	471808229	581742813	262047363
安　徽	520954345	339105171	386391751	184424987
福　建	451653267	319254605	350534014	138742365
江　西	280392673	192824624	182923701	89017481
山　东	874726369	590148972	603466138	287266305
河　南	737329986	426700043	538812149	308988841
湖　北	556796824	353267427	426041624	204334810
湖　南	426338154	299046760	298362774	128503166
广　东	915143068	552147866	733563766	349727639
广　西	335120121	228103886	241414348	111821816
海　南	124659342	66807729	111622709	58294283
重　庆	370683298	240034251	293199686	132285307
四　川	575309688	395677400	414657777	186377677
贵　州	277471377	152461373	224798784	125224927
云　南	323240987	206997402	266771152	119210175
西　藏	20410571	14438788	13873659	5626467
陕　西	428162059	268762190	326108629	159443040
甘　肃	169785970	102916458	122462335	67251664
青　海	83412710	47370274	70336483	35776427
宁　夏	97301649	54496826	82643634	40312388
新　疆	283488376	130834487	237664007	138861551
不分地区	307569499	224812363	264197992	84110158

国民经济行业小类固定资产投资（不含农户）建设规模

单位：万元

行　业	建设总规模	自开始建设 累计完成投资	在建总规模	在建净规模
全　国　总　计	13364010762	8659588716	10099887964	4656376050
（一）农、林、牧、渔业	198905284	142542693	100865824	55248085
农业	75636041	50887157	42154542	24311360
谷物种植	6920455	5441234	3069976	1471400
稻谷种植	3563801	2912489	1364464	628790
小麦种植	783258	511635	459557	270767
玉米种植	1006663	716309	442259	290478
其他谷物种植	1566733	1300801	803696	281365
豆类、油料和薯类种植	3836433	2798596	1832718	910277
豆类种植	1359924	965560	638841	291815
油料种植	1561275	1207869	769937	357960
薯类种植	915234	625167	423940	260502
棉、麻、糖、烟草种植	1922064	1592670	726030	351066
棉花种植	654466	603121	218222	66854
麻类种植	144669	117868	105820	21851
糖料种植	148306	138261	30393	9399
烟草种植	974623	733420	371595	252962
蔬菜、食用菌及园艺作物种植	35830534	23033999	20744434	12547489
蔬菜种植	20889531	13303701	11809702	7452338
食用菌种植	4379043	3020174	2250156	1318416
花卉种植	6955985	4276718	4456402	2622119
其他园艺作物种植	3605975	2433406	2228174	1154616
水果种植	11465524	7324280	6900855	4021659
仁果类和核果类水果种植	3115383	2040318	1795115	1070668
葡萄种植	2507934	1618477	1556917	873757
柑橘类种植	1372787	750617	1021987	619293
香蕉等亚热带水果种植	362306	252635	193640	112083
其他水果种植	4107114	2662233	2333196	1345858
坚果、含油果、香料和饮料作物种植	5027522	3257755	2847885	1768440
坚果种植	2080293	1342966	1232001	729667
含油果种植	625180	426475	363865	200020
香料作物种植	109788	99443	33619	11689
茶及其他饮料作物种植	2212261	1388871	1218400	827064
中药材种植	4547157	3172566	2480549	1382591
其他农业	6086352	4266057	3552095	1858438
林业	21276677	16887544	9787771	4202182
林木育种和育苗	8030713	6141690	3509826	1839965
林木育种	2107493	1648488	925016	475437
林木育苗	5923220	4493202	2584810	1364528
造林和更新	11042670	8936760	5265714	1992083

国民经济行业小类固定资产投资（不含农户）建设规模

续表1
单位：万元

行 业	建设总规模	自开始建设累计完成投资	在建总规模	在建净规模
森林经营和管护	1471218	1243681	528530	233939
木材和竹材采运	536407	446517	356225	58514
木材采运	515337	426497	354225	57464
竹材采运	21070	20020	2000	1050
林产品采集	195669	118896	127476	77681
木竹材林产品采集	49676	43982	11890	5702
非木竹材林产品采集	145993	74914	115586	71979
畜牧业	53190292	37854108	26844651	15017980
牲畜饲养	39890890	28107583	20224491	11659638
牛的饲养	12137038	8906820	5800964	3238646
马的饲养	168255	112165	108959	49901
猪的饲养	21695481	14734702	11630826	6826490
羊的饲养	4479337	3330642	1975682	1154554
骆驼饲养	23031	23031		
其他牲畜饲养	1387748	1000223	708060	390047
家禽饲养	10204329	7396543	4963016	2596581
鸡的饲养	7908734	5752405	3809715	1955470
鸭的饲养	934933	744689	434383	185688
鹅的饲养	256774	172846	119110	82245
其他家禽饲养	1103888	726603	599808	373178
狩猎和捕捉动物	551778	469660	271086	83752
其他畜牧业	2543295	1880322	1386058	678009
渔业	11711305	8204235	5859272	3546519
水产养殖	10821714	7418414	5591930	3454895
海水养殖	5611444	3624824	3125824	2021398
内陆养殖	5210270	3793590	2466106	1433497
水产捕捞	889591	785821	267342	91624
海水捕捞	820263	721101	259244	87806
内陆捕捞	69328	64720	8098	3818
农、林、牧、渔服务业	37090969	28709649	16219588	8170044
农业服务业	33104174	25692566	14228183	7213826
农业机械服务	2253018	1891052	855463	343364
灌溉服务	8722784	7214233	3163415	1442211
农产品初加工服务	4993552	3870490	2280512	1091335
其他农业服务	17134820	12716791	7928793	4336916
林业服务业	1412802	966071	798543	442216
林业有害生物防治服务	109133	69720	68753	33250
森林防火服务	116867	98241	47324	18791
林产品初级加工服务	203998	142523	97502	63731
其他林业服务	982804	655587	584964	326444

国民经济行业小类固定资产投资（不含农户）建设规模

续表2

单位：万元

行 业	建设总规模	自开始建设累计完成投资	在建总规模	在建净规模
畜牧服务业	1393985	1218741	536503	175789
渔业服务业	1180008	832271	656359	338213
（二）采矿业	**346891028**	**242023694**	**237361187**	**101629606**
煤炭开采和洗选业	163859722	108341672	124416713	53130835
烟煤和无烟煤开采洗选	139599846	96362587	103378771	42097130
褐煤开采洗选	20034523	9803893	17790357	9278487
其他煤炭采选	4225353	2175192	3247585	1755218
石油和天然气开采业	70445549	54747949	46956815	15171990
石油开采	57838539	47722157	37638407	9376620
天然气开采	12607010	7025792	9318408	5795370
黑色金属矿采选业	34677118	24357894	20551965	10029293
铁矿采选	32306327	22890215	19170518	9165102
锰矿、铬矿采选	997828	719870	450989	261010
其他黑色金属矿采选	1372963	747809	930458	603181
有色金属矿采选业	33604533	23981357	20478013	9486865
常用有色金属矿采选	20978706	14975061	12801964	5927063
铜矿采选	6220147	4119703	4474535	2071760
铅锌矿采选	6119962	5169217	2597626	935558
镍钴矿采选	1415450	958689	1277201	463539
锡矿采选	1296793	498869	1021281	804442
锑矿采选	192404	166788	68648	25926
铝矿采选	2192785	1660647	1204796	551401
镁矿采选	811376	645707	254425	166338
其他常用有色金属矿采选	2729789	1755441	1903452	908099
贵金属矿采选	6905677	5587724	3293265	1363748
金矿采选	6357311	5226574	2912893	1175146
银矿采选	313100	232225	167852	82711
其他贵金属矿采选	235266	128925	212520	105891
稀有稀土金属矿采选	5720150	3418572	4382784	2196054
钨钼矿采选	3990255	2391974	3099143	1474110
稀土金属矿采选	489234	271235	313699	234663
放射性金属矿采选	124618	98889	80528	25879
其他稀有金属矿采选	1116043	656474	889414	461402
非金属矿采选业	30722984	22578856	15290514	8167203
土砂石开采	19795083	15835967	8617996	3963488
石灰石、石膏开采	5155932	4350929	1962476	807140
建筑装饰用石开采	7237029	5700563	3264111	1534719
耐火土石开采	1412377	1083981	659295	342686
粘土及其他土砂石开采	5989745	4700494	2732114	1278943
化学矿开采	3393513	2216277	2308314	1143869

国民经济行业小类固定资产投资（不含农户）建设规模

续表3 单位：万元

行　业	建设总规模	自开始建设累计完成投资	在建总规模	在建净规模
采盐	2743463	712272	2267203	2036985
石棉及其他非金属矿采选	4790925	3814340	2097001	1022861
石棉、云母矿采选	193150	158048	83200	36342
石墨、滑石采选	1268223	1032333	571329	272568
宝石、玉石采选	250858	216233	104329	37075
其他未列明非金属矿采选	3078694	2407726	1338143	676876
开采辅助活动	12456610	7241443	9013801	5303614
煤炭开采和洗选辅助活动	6091851	2314522	4829173	3834596
石油和天然气开采辅助活动	4258810	3594222	2466095	694907
其他开采辅助活动	2105949	1332699	1718533	774111
其他采矿业	1124512	774523	653366	339806
其他采矿业	1124512	774523	653366	339806
（三）制造业	**3334680914**	**2220012375**	**2108789033**	**1076843904**
农副食品加工业	158017927	113678605	85401908	42996580
谷物磨制	22312358	17277960	10517645	4889884
饲料加工	18726556	14238837	9216629	4476334
植物油加工	18250786	12565546	10464665	5595956
食用植物油加工	16143119	11177849	9136896	4868688
非食用植物油加工	2107667	1387697	1327769	727268
制糖业	4048711	3034386	2379785	1014855
屠宰及肉类加工	32468451	23008466	19233896	9360938
牲畜屠宰	8636659	6633002	4395775	1925222
禽类屠宰	8715522	5895335	5510628	2818857
肉制品及副产品加工	15116270	10480129	9327493	4616859
水产品加工	10405444	7690671	5632828	2723267
水产品冷冻加工	6079643	4479961	3128232	1607279
鱼糜制品及水产品干腌制加工	1469946	1065545	818232	401961
水产饲料制造	952362	702389	593932	249201
鱼油提取及制品制造	204050	169955	131958	36445
其他水产品加工	1699443	1272821	960474	428381
蔬菜、水果和坚果加工	23052458	15946800	13097404	6985822
蔬菜加工	15969159	10814967	9513443	5121072
水果和坚果加工	7083299	5131833	3583961	1864750
其他农副食品加工	28753163	19915939	14859056	7949524
淀粉及淀粉制品制造	9393630	6221144	4159053	2323723
豆制品制造	3897516	3024187	1860285	844760
蛋品加工	978852	757157	434933	193877
其他未列明农副食品加工	14483165	9913451	8404785	4587164
食品制造业	72122802	50882017	41018296	20871643
焙烤食品制造	9158171	6857621	4492292	2226167

国民经济行业小类固定资产投资（不含农户）建设规模

续表4　　　　　　　　　　　　　　　　　　　　　　　　　　　　　　　　　　单位：万元

行　业	建设总规模	自开始建设累计完成投资	在建总规模	在建净规模
糕点、面包制造	4385063	3325837	2197361	1015667
饼干及其他焙烤食品制造	4773108	3531784	2294931	1210500
糖果、巧克力及蜜饯制造	3968037	2912082	2061595	1028781
糖果、巧克力制造	2556980	1755302	1482668	766409
蜜饯制作	1411057	1156780	578927	262372
方便食品制造	12381323	9403489	6027096	3042652
米、面制品制造	6205355	4784162	2941410	1470488
速冻食品制造	3025864	2252429	1418906	794312
方便面及其他方便食品制造	3150104	2366898	1666780	777852
乳制品制造	5157731	3666405	3108385	1366784
罐头食品制造	5007694	3738189	2436213	1263278
肉、禽类罐头制造	1092692	777665	622047	323938
水产品罐头制造	454637	359947	220401	104982
蔬菜、水果罐头制造	2767922	2006951	1401249	732171
其他罐头食品制造	692443	593626	192516	102187
调味品、发酵制品制造	9011905	6468241	4596916	2535761
味精制造	1492008	865047	899789	626842
酱油、食醋及类似制品制造	2822274	2010442	1618589	819085
其他调味品、发酵制品制造	4697623	3592752	2078538	1089834
其他食品制造	27437941	17835990	18295799	9408220
营养食品制造	5200536	3036193	3603388	2082535
保健食品制造	5407612	3540509	3561422	1844989
冷冻饮品及食用冰制造	1689897	1041176	1189804	661637
盐加工	1193879	881600	752476	310296
食品及饲料添加剂制造	7304186	4436392	5303473	2805867
其他未列明食品制造	6641831	4900120	3885236	1702896
酒、饮料和精制茶制造业	70652325	47885038	43355573	22272775
酒的制造	38542570	25352882	24935373	12834462
酒精制造	1225855	913378	683209	293191
白酒制造	23765449	15649317	15310087	8041200
啤酒制造	4353667	3020424	2489401	1282041
黄酒制造	1002394	739070	526670	237155
葡萄酒制造	4937429	2760795	3908301	2155637
其他酒制造	3257776	2269898	2017705	825238
饮料制造	24333198	16898060	14305436	7300087
碳酸饮料制造	2474682	1991582	1179434	507740
瓶（罐）装饮用水制造	5325147	4139301	2618854	1144908
果菜汁及果菜汁饮料制造	6394063	4417096	3991338	1942893
含乳饮料和植物蛋白饮料制造	3858122	2620146	2338044	1237762
固体饮料制造	865072	563180	548445	302226

国民经济行业小类固定资产投资（不含农户）建设规模

续表5   单位：万元

行　　业	建设总规模	自开始建设累计完成投资	在建总规模	在建净规模
茶饮料及其他饮料制造	5416112	3166755	3629321	2164558
精制茶加工	7776557	5634096	4114764	2138226
烟草制品业	10266668	7199376	8223352	3051752
烟叶复烤	783434	612793	427859	170770
卷烟制造	8760954	6200123	7255626	2550771
其他烟草制品制造	722280	386460	539867	330211
纺织业	88773789	64532690	46500033	23618295
棉纺织及印染精加工	45707161	32538399	25301831	13129844
棉纺纱加工	33839186	23690466	19108209	10009592
棉织造加工	8010665	5813855	4258680	2230684
棉印染精加工	3857310	3034078	1934942	889568
毛纺织及染整精加工	5591058	3935684	2973810	1618434
毛条和毛纱线加工	2680908	1728932	1491941	948708
毛织造加工	2343478	1762185	1232562	574763
毛染整精加工	566672	444567	249307	94963
麻纺织及染整精加工	2033444	1501768	1134616	531159
麻纤维纺前加工和纺纱	1034604	807921	450545	229641
麻织造加工	739173	543640	504340	197064
麻染整精加工	259667	150207	179731	104454
丝绢纺织及印染精加工	2994958	2036816	1612176	888009
缫丝加工	1132327	934388	463893	191914
绢纺和丝织加工	1475447	896570	914905	512931
丝印染精加工	387184	205858	233378	183164
化纤织造及印染精加工	9511105	6596709	4661517	2438828
化纤织造加工	8195374	5624309	4116745	2185362
化纤织物染整精加工	1315731	972400	544772	253466
针织或钩针编织物及其制品制造	6396099	5239228	2425087	1051888
针织或钩针编织物织造	4773888	3942139	1753690	741994
针织或钩针编织物印染精加工	666525	554740	247537	118988
针织或钩针编织品制造	955686	742349	423860	190906
家用纺织制成品制造	8871579	6614622	4728875	2348120
床上用品制造	4171819	3161252	2022641	1103380
毛巾类制品制造	1617889	1051772	1101246	567458
窗帘、布艺类产品制造	668394	523323	362779	132078
其他家用纺织制成品制造	2413477	1878275	1242209	545204
非家用纺织制成品制造	7668385	6069464	3662121	1612013
非织造布制造	3157313	2408937	1710544	744539
绳、索、缆制造	712516	578915	359569	103698
纺织带和帘子布制造	949645	761988	322652	183078
篷、帆布制造	527582	426487	206037	105062

国民经济行业小类固定资产投资（不含农户）建设规模

续表6　　单位：万元

行　　业	建设总规模	自开始建设累计完成投资	在建总规模	在建净规模
其他非家用纺织制成品制造	2321329	1893137	1063319	475636
纺织服装、服饰业	55365847	39730251	27659498	15616329
机织服装制造	34574800	24474839	17381492	10077453
针织或钩针编织服装制造	6781621	5209224	3070008	1497448
服饰制造	14009426	10046188	7207998	4041428
皮革、毛皮、羽毛及其制品和制鞋业	32816525	22692726	17890932	10114469
皮革鞣制加工	2733816	2000397	1231426	732400
皮革制品制造	10690886	7036239	6057194	3622430
皮革服装制造	2726483	1735628	1520402	969040
皮箱、包（袋）制造	3874574	2884347	2034837	979482
皮手套及皮装饰制品制造	1050459	730586	603021	326576
其他皮革制品制造	3039370	1685678	1898934	1347332
毛皮鞣制及制品加工	3579321	2461872	2039092	1112871
毛皮鞣制加工	544522	476126	198200	73816
毛皮服装加工	2204750	1409303	1388238	790585
其他毛皮制品加工	830049	576443	452654	248470
羽毛（绒）加工及制品制造	2172444	1508445	1297556	662395
羽毛（绒）加工	1029980	652997	766846	377982
羽毛（绒）制品加工	1142464	855448	530710	284413
制鞋业	13640058	9685773	7265664	3984373
纺织面料鞋制造	2612572	2295948	867171	342087
皮鞋制造	6895910	4328776	4349592	2563306
塑料鞋制造	617178	482245	228592	123476
橡胶鞋制造	1263735	1020114	537432	237164
其他制鞋业	2250663	1558690	1282877	718340
木材加工和木、竹、藤、棕、草制品业	48361038	36728331	22714444	11478904
木材加工	11797738	9334292	5277121	2452809
锯材加工	3362299	2732636	1411456	614827
木片加工	3317518	2776432	1153234	549172
单板加工	2363539	1744342	1254028	633323
其他木材加工	2754382	2080882	1458403	655487
人造板制造	18302565	13650042	8792179	4681500
胶合板制造	7856004	6017442	3622131	1845007
纤维板制造	4247710	3038290	2149352	1242684
刨花板制造	2006564	1477688	1049723	535565
其他人造板制造	4192287	3116622	1970973	1058244
木制品制造	14053043	10396777	6928301	3471739
建筑用木料及木材组件加工	4536121	3190827	2394050	1170416
木门窗、楼梯制造	3072667	2251716	1499930	796085

国民经济行业小类固定资产投资（不含农户）建设规模

续表7　　　　　　　　　　　　　　　　　　　　　　　　　　　　　　单位：万元

行　业	建设总规模	自开始建设累计完成投资	在建总规模	在建净规模
地板制造	2716455	2205418	1219525	515256
木制容器制造	464968	398645	160202	68241
软木制品及其他木制品制造	3262832	2350171	1654594	921741
竹、藤、棕、草等制品制造	4207692	3347220	1716843	872856
竹制品制造	3293232	2664853	1234595	639870
藤制品制造	384732	268334	296964	116454
棕制品制造	104945	90327	32350	15604
草及其他制品制造	424783	323706	152934	100928
家具制造业	35358460	25424690	19784222	9868552
木质家具制造	26708837	19088123	15160462	7596378
竹、藤家具制造	674463	522915	314779	130739
金属家具制造	3349141	2524183	1785466	842409
塑料家具制造	1200830	597918	889323	560668
其他家具制造	3425189	2691551	1634192	738358
造纸和纸制品业	64861427	40815381	42072280	23819685
纸浆制造	2872209	1953484	1954447	935535
木竹浆制造	1576106	1071814	1223988	532253
非木竹浆制造	1296103	881670	730459	403282
造纸	33225992	18608185	24363713	14577471
机制纸及纸板制造	28300765	15353744	21464117	12979120
手工纸制造	1001311	860627	401458	134950
加工纸制造	3923916	2393814	2498138	1463401
纸制品制造	28763226	20253712	15754120	8306679
纸和纸板容器制造	13518357	10019799	6534307	3422405
其他纸制品制造	15244869	10233913	9219813	4884274
印刷和记录媒介复制业	21190020	16260089	9732974	4704417
印刷	20079715	15339593	9325336	4524902
书、报刊印刷	3307085	2375176	1698834	782681
本册印制	865828	662575	302051	206964
包装装潢及其他印刷	15906802	12301842	7324451	3535257
装订及印刷相关服务	1030189	849479	400075	175500
记录媒介复制	80116	71017	7563	4015
文教、工美、体育和娱乐用品制造业	25916161	18613569	14158657	7338796
文教办公用品制造	3140315	2055008	1796392	1088498
文具制造	1005580	786204	478657	231300
笔的制造	692942	485705	341827	189619
教学用模型及教具制造	389677	333996	187999	71275
墨水、墨汁制造	97236	81960	50300	15431

国民经济行业小类固定资产投资（不含农户）建设规模

续表8

单位：万元

行　　业	建设总规模	自开始建设累计完成投资	在建总规模	在建净规模
其他文教办公用品制造	954880	367143	737609	580873
乐器制造	1632438	724851	1199151	846820
中乐器制造	357787	124978	285087	233909
西乐器制造	890511	348683	670661	486823
电子乐器制造	166358	144322	96053	18629
其他乐器及零件制造	217782	106868	147350	107459
工艺美术品制造	12820053	9560925	6804166	3375931
雕塑工艺品制造	2476949	1880131	1366796	608818
金属工艺品制造	1851608	1348389	893675	524212
漆器工艺品制造	394203	272671	308412	122896
花画工艺品制造	451900	379501	176230	77186
天然植物纤维编织工艺品制造	761111	616134	307562	142564
抽纱刺绣工艺品制造	564787	468749	204245	91570
地毯、挂毯制造	1491698	1231564	843519	325168
珠宝首饰及有关物品制造	1917656	1366632	1121705	566844
其他工艺美术品制造	2910141	1997154	1582022	916673
体育用品制造	4359091	3258276	2357495	1073415
球类制造	272056	227275	114480	48188
体育器材及配件制造	2196099	1466823	1480484	718937
训练健身器材制造	838155	682607	372902	166244
运动防护用具制造	226276	208049	44360	22318
其他体育用品制造	826505	673522	345269	117728
玩具制造	2640855	2085336	1190819	565853
游艺器材及娱乐用品制造	1323409	929173	810634	388279
露天游乐场所游乐设备制造	588196	460618	215372	119384
游艺用品及室内游艺器材制造	638667	387392	549978	251271
其他娱乐用品制造	96546	81163	45284	17624
石油加工、炼焦和核燃料加工业	133276504	65776875	112763688	67542710
精炼石油产品制造	92566746	46562602	78646905	46663542
原油加工及石油制品制造	85095700	43739418	72371819	41985221
人造原油制造	7471046	2823184	6275086	4678321
炼焦	40709758	19214273	34116783	20879168
化学原料和化学制品制造业	347783586	216646729	248403110	126215983
基础化学原料制造	150172272	85074623	118157067	63615038
无机酸制造	8790207	6167786	5822541	2567748
无机碱制造	8155633	6096632	4809072	2172469
无机盐制造	12874856	8051374	9577087	4645569
有机化学原料制造	96199950	49885175	81097435	45184153
其他基础化学原料制造	24151626	14873656	16850932	9045099
肥料制造	44282411	27842097	30345036	15078275

国民经济行业小类固定资产投资（不含农户）建设规模

续表9 单位：万元

行　　业	建设总规模	自开始建设累计完成投资	在建总规模	在建净规模
氮肥制造	15393923	8710341	13199486	6102812
磷肥制造	2361539	1581394	1424410	696042
钾肥制造	3314054	1284682	2392095	1577846
复混肥料制造	13099495	8791714	7787107	4077699
有机肥料及微生物肥料制造	7242951	5318691	3548107	1906376
其他肥料制造	2870449	2155275	1993831	717500
农药制造	8133022	5971364	5063843	2430905
化学农药制造	4562582	3515915	2298486	1260594
生物化学农药及微生物农药制造	3570440	2455449	2765357	1170311
涂料、油墨、颜料及类似产品制造	14526758	10831185	7417599	3597104
涂料制造	9416294	6947347	4827712	2414714
油墨及类似产品制造	708570	550850	275460	160902
颜料制造	1808825	1331399	975077	469494
染料制造	1380767	1057982	705520	289173
密封用填料及类似品制造	1212302	943607	633830	262821
合成材料制造	56161652	34360527	43899077	21025291
初级形态塑料及合成树脂制造	33572648	21746246	27669761	11462803
合成橡胶制造	5020766	2661393	3884721	2355582
合成纤维单（聚合）体制造	9509007	5027672	6902760	4255560
其他合成材料制造	8059231	4925216	5441835	2951346
专用化学产品制造	61407931	42416726	37250277	17599248
化学试剂和助剂制造	20047799	14512221	11742864	5551334
专项化学用品制造	17958048	13098132	10271600	4983966
林产化学产品制造	1476339	1027221	799508	423011
信息化学品制造	11159440	6253248	8060919	3550186
环境污染处理专用药剂材料制造	2515110	1961441	1382145	560295
动物胶制造	351657	280922	132792	50788
其他专用化学产品制造	7899538	5283541	4860449	2479668
炸药、火工及焰火产品制造	5709613	4765204	2292802	944061
焰火、鞭炮产品制造	5709613	4765204	2292802	944061
日用化学产品制造	7389927	5385003	3977409	1926061
肥皂及合成洗涤剂制造	1976192	1191206	1284597	692183
化妆品制造	1638587	1243618	883160	384167
口腔清洁用品制造	117470	97228	32000	18780
香料、香精制造	1627293	1271645	835964	380730
其他日用化学产品制造	2030385	1581306	941688	450201
医药制造业	101978066	69207227	66675859	32762091
化学药品原料药制造	18810359	13090316	11638768	5703017
化学药品制剂制造	17267784	12480295	10632112	4877196
中药饮片加工	10313106	7293537	6348553	3089220

国民经济行业小类固定资产投资（不含农户）建设规模

续表10

单位：万元

行　　业	建设总规模	自开始建设累计完成投资	在建总规模	在建净规模
中成药生产	18707076	11761131	12434018	6967108
兽用药品制造	2699148	2159348	1318476	546453
生物药品制造	25284408	16496310	19050018	8614454
卫生材料及医药用品制造	8896185	5926290	5253914	2964643
化学纤维制造业	26662436	16047751	19261294	10717465
纤维素纤维原料及纤维制造	5183411	3138992	3752096	2071801
化纤浆粕制造	946904	696641	628409	255386
人造纤维（纤维素纤维）制造	4236507	2442351	3123687	1816415
合成纤维制造	21479025	12908759	15509198	8645664
锦纶纤维制造	3170379	1695320	2224804	1486489
涤纶纤维制造	9335379	5953028	6539336	3505323
腈纶纤维制造	143741	106050	36588	12224
维纶纤维制造	761521	233459	707736	528440
丙纶纤维制造	696539	405734	553101	253783
氨纶纤维制造	724135	599291	282352	127060
其他合成纤维制造	6647331	3915877	5165281	2732345
橡胶和塑料制品业	101053355	74134490	55682523	26525009
橡胶制品业	32775290	23035707	20346431	9737843
轮胎制造	16496845	11503982	11122758	5123193
橡胶板、管、带制造	6399124	4611698	3307536	1718285
橡胶零件制造	1946928	1489026	943302	461500
再生橡胶制造	1976018	997930	1423143	942562
日用及医用橡胶制品制造	1783331	1385477	1071055	388742
其他橡胶制品制造	4173044	3047594	2478637	1103561
塑料制品业	68278065	51098783	35336092	16787166
塑料薄膜制造	11572620	8734844	6634424	2860816
塑料板、管、型材制造	20607096	14598508	11420831	5697782
塑料丝、绳及编织品制造	5420499	3992486	2636998	1427908
泡沫塑料制造	3519763	2229170	2406196	1251210
塑料人造革、合成革制造	1768676	1430747	776415	359251
塑料包装箱及容器制造	6598472	5182011	3007503	1389495
日用塑料制品制造	5218327	4175084	2429366	1056244
塑料零件制造	3097600	2542732	1144297	556603
其他塑料制品制造	10475012	8213201	4880062	2187857
非金属矿物制品业	269060492	193478433	142256575	72367206
水泥、石灰和石膏制造	37469696	28101002	20517849	8689228
水泥制造	32459728	24305525	17989563	7505222
石灰和石膏制造	5009968	3795477	2528286	1184006
石膏、水泥制品及类似制品制造	39871220	31257584	17406941	8381839
水泥制品制造	21040536	16643925	8466991	4243234

国民经济行业小类固定资产投资（不含农户）建设规模

续表 11

单位：万元

行　　业	建设总规模	自开始建设累计完成投资	在建总规模	在建净规模
砼结构构件制造	6107773	4816643	2974955	1233912
石棉水泥制品制造	1239671	692210	810350	541352
轻质建筑材料制造	7000188	5511380	3328220	1495691
其他水泥类似制品制造	4483052	3593426	1826425	867650
砖瓦、石材等建筑材料制造	85385584	62656365	42289596	21994852
粘土砖瓦及建筑砌块制造	20348758	16731935	7643146	3525338
建筑陶瓷制品制造	15982307	10734093	9149854	4931143
建筑用石加工	20007626	14283581	10935689	5546301
防水建筑材料制造	3603397	2603903	1809660	1002318
隔热和隔音材料制造	7710847	5611449	3906194	2090530
其他建筑材料制造	17732649	12691404	8845053	4899222
玻璃制造	16777694	12122314	9682959	4542504
平板玻璃制造	9891799	7017953	6295294	2730463
其他玻璃制造	6885895	5104361	3387665	1812041
玻璃制品制造	18636670	12636976	11449260	5664470
技术玻璃制品制造	5219179	3329432	3391274	1896459
光学玻璃制造	1709267	1253479	1004124	403122
玻璃仪器制造	728834	653424	259434	79456
日用玻璃制品制造	3087561	2166051	1752872	833541
玻璃包装容器制造	2042173	1578100	999936	469907
玻璃保温容器制造	381116	305562	205711	78061
制镜及类似品加工	427982	330126	206565	97111
其他玻璃制品制造	5040558	3020802	3629344	1806813
玻璃纤维和玻璃纤维增强塑料制品制造	7019945	4958940	3797187	1847275
玻璃纤维及制品制造	4343312	2952935	2572742	1187330
玻璃纤维增强塑料制品制造	2676633	2006005	1224445	659945
陶瓷制品制造	15511507	11346562	7893714	3930097
卫生陶瓷制品制造	2316077	1880305	1204428	428666
特种陶瓷制品制造	4583982	3697005	1817957	748565
日用陶瓷制品制造	6613817	4506322	3623054	2010350
园林、陈设艺术及其他陶瓷制品制造	1997631	1262930	1248275	742516
耐火材料制品制造	15992496	11695435	7494187	4344119
石棉制品制造	1307075	931488	582247	391413
云母制品制造	474594	415269	138832	55217
耐火陶瓷制品及其他耐火材料制造	14210827	10348678	6773108	3897489
石墨及其他非金属矿物制品制造	32395680	18703255	21724882	12972822
石墨及碳素制品制造	10529726	6916418	6915279	3481320
其他非金属矿物制品制造	21865954	11786837	14809603	9491502
黑色金属冶炼和压延加工业	152654638	97685655	108736921	54031783
炼铁	10782676	5908131	7165576	4740152

国民经济行业小类固定资产投资（不含农户）建设规模

续表12

单位：万元

行　　业	建设总规模	自开始建设累计完成投资	在建总规模	在建净规模
炼钢	46064890	25071012	38354076	20669572
黑色金属铸造	13636833	10208904	7194539	3540055
钢压延加工	70400460	48980612	47833526	21125166
铁合金冶炼	11769779	7516996	8189204	3956838
有色金属冶炼和压延加工业	166901352	93973782	128619886	70188740
常用有色金属冶炼	73283158	37116942	61297505	33564541
铜冶炼	7436218	4911054	5627644	2491484
铅锌冶炼	4397534	3118917	3168430	1264127
镍钴冶炼	5187728	3175165	3950370	2060157
锡冶炼	800724	467392	568153	331595
锑冶炼	262569	202640	141008	52306
铝冶炼	40214724	17838660	34923776	20043058
镁冶炼	6717852	3111187	6275043	3522393
其他常用有色金属冶炼	8265809	4291927	6643081	3799421
贵金属冶炼	4709124	2921793	3601419	1703595
金冶炼	1885026	1459830	1141591	362089
银冶炼	1653728	743653	1418104	929593
其他贵金属冶炼	1170370	718310	1041724	411913
稀有稀土金属冶炼	4563674	2936054	3255748	1641814
钨钼冶炼	1351998	798573	901432	577571
稀土金属冶炼	1278633	1017619	783840	267134
其他稀有金属冶炼	1933043	1119862	1570476	797109
有色金属合金制造	15136357	8273785	10965335	6878826
有色金属铸造	2770267	2279675	1276199	498849
有色金属压延加工	66438772	40445533	48223680	25901115
铜压延加工	10336456	7559247	5493805	2815718
铝压延加工	48551546	27244329	38972017	21057135
贵金属压延加工	922838	483996	689347	510820
稀有稀土金属压延加工	1948591	1348733	1348015	606794
其他有色金属压延加工	4679341	3809228	1720496	910648
金属制品业	138203533	97540481	74806600	39676818
结构性金属制品制造	57034491	38606888	32190625	18159085
金属结构制造	39957213	28793627	21530985	10977439
金属门窗制造	17077278	9813261	10659640	7181646
金属工具制造	11348354	8733541	5534211	2601921
切削工具制造	3264051	2301155	1672238	971364
手工具制造	1077105	873307	476132	202651
农用及园林用金属工具制造	1034537	833624	367865	211017
刀剪及类似日用金属工具制造	937333	744092	460847	180759
其他金属工具制造	5035328	3981363	2557129	1036130

国民经济行业小类固定资产投资（不含农户）建设规模

续表 13 单位：万元

行　业	建设总规模	自开始建设累计完成投资	在建总规模	在建净规模
集装箱及金属包装容器制造	9424612	7108208	4622179	2288915
集装箱制造	1431907	1185605	574918	206423
金属压力容器制造	3751851	2782754	1681361	959031
金属包装容器制造	4240854	3139849	2365900	1123461
金属丝绳及其制品制造	8343658	5024897	5141971	3140894
建筑、安全用金属制品制造	16436986	12153039	8646709	4057767
建筑、家具用金属配件制造	5573942	4274206	3316008	1192197
建筑装饰及水暖管道零件制造	5491894	4152770	2404452	1203161
安全、消防用金属制品制造	2662096	1587998	1613243	1085446
其他建筑、安全用金属制品制造	2709054	2138065	1313006	576963
金属表面处理及热处理加工	7443528	5221438	4261394	2090470
搪瓷制品制造	1559823	941504	937850	615068
生产专用搪瓷制品制造	201538	192006	32395	10815
建筑装饰搪瓷制品制造	361031	241338	240238	114244
搪瓷卫生洁具制造	717093	327685	497751	398276
搪瓷日用品及其他搪瓷制品制造	280161	180475	167466	91733
金属制日用品制造	7323732	5395564	3605313	1916883
金属制厨房用器具制造	1839466	1299217	1008810	552834
金属制餐具和器皿制造	1833998	1418302	913830	427499
金属制卫生器具制造	619539	373030	318267	230269
其他金属制日用品制造	3030729	2305015	1364406	706281
其他金属制品制造	19288349	14355402	9866348	4805815
锻件及粉末冶金制品制造	8317087	6087428	4344832	2201220
交通及公共管理用金属标牌制造	583852	439765	331852	147945
其他未列明金属制品制造	10387410	7828209	5189664	2456650
通用设备制造业	198165527	143929886	107527559	51194982
锅炉及原动设备制造	23873445	16593046	14246985	6368182
锅炉及辅助设备制造	10680625	7631121	5905850	2762887
内燃机及配件制造	8518881	6058910	5167868	2075096
汽轮机及辅机制造	1957900	1068215	1400915	831967
水轮机及辅机制造	370101	259071	274138	109221
风能原动设备制造	1512242	953128	964211	370890
其他原动设备制造	833696	622601	534003	218121
金属加工机械制造	42596924	32325510	21687480	9869037
金属切削机床制造	8988355	6616956	4891548	2237604
金属成形机床制造	4881522	3981319	2189809	929902

国民经济行业小类固定资产投资（不含农户）建设规模

续表14

单位：万元

行　　业	建设总规模	自开始建设累计完成投资	在建总规模	在建净规模
铸造机械制造	8810091	6728048	4375747	1902731
金属切割及焊接设备制造	3210424	2523940	1676023	672170
机床附件制造	3937340	2943937	1848107	905758
其他金属加工机械制造	12769192	9531310	6706246	3220872
物料搬运设备制造	24238496	16062191	15830134	7584243
轻小型起重设备制造	1828848	1509089	924653	291712
起重机制造	8281303	5877741	5178901	2294801
生产专用车辆制造	4388946	2403577	3303126	1609174
连续搬运设备制造	2023397	1527362	1228360	435927
电梯、自动扶梯及升降机制造	6242572	3616785	4528114	2617604
其他物料搬运设备制造	1473430	1127637	666980	335025
泵、阀门、压缩机及类似机械制造	26565299	19359548	14949996	6801211
泵及真空设备制造	6598994	4786892	3449395	1593212
气体压缩机械制造	4238784	3037651	2600785	1162967
阀门和旋塞制造	6892233	4861139	3962129	1921557
液压和气压动力机械及元件制造	8835288	6673866	4937687	2123475
轴承、齿轮和传动部件制造	23332123	16499191	13260326	6604245
轴承制造	12848618	8878906	7472323	3761005
齿轮及齿轮减、变速箱制造	7704382	5479282	4452655	2183505
其他传动部件制造	2779123	2141003	1335348	659735
烘炉、风机、衡器、包装等设备制造	20518648	14559901	10472109	5810777
烘炉、熔炉及电炉制造	1350272	1007792	643932	346943
风机、风扇制造	3896594	2715090	1952121	1169701
气体、液体分离及纯净设备制造	2662596	1807159	1545920	795534
制冷、空调设备制造	8609428	5892658	4582262	2666652
风动和电动工具制造	1703812	1306774	789337	381549
喷枪及类似器具制造	274937	232636	97342	33601
衡器制造	571475	437621	251263	129686
包装专用设备制造	1449534	1160171	609932	287111
文化、办公用机械制造	2253071	1642486	1286786	544524
电影机械制造	55565	37197	52266	14398
幻灯及投影设备制造	362748	251097	264943	119297
照相机及器材制造	365810	256236	153767	63240
复印和胶印设备制造	554819	478494	173759	63046
计算器及货币专用设备制造	198331	150329	124436	46282

国民经济行业小类固定资产投资（不含农户）建设规模

续表15

单位：万元

行 业	建设总规模	自开始建设累计完成投资	在建总规模	在建净规模
其他文化、办公用机械制造	715798	469133	517615	238261
通用零部件制造	25411519	20073142	10694035	5136602
金属密封件制造	2163105	1746635	797114	342938
紧固件制造	3057788	2464336	1235800	553895
弹簧制造	648103	552892	221902	98586
机械零部件加工	13299936	10161529	5867579	3085067
其他通用零部件制造	6242587	5147750	2571640	1056116
其他通用设备制造业	9376002	6814871	5099708	2476161
专用设备制造业	202526521	140217456	119793650	59657300
采矿、冶金、建筑专用设备制造	66375991	46196250	39650611	18997744
矿山机械制造	26228134	18077649	16217927	7671528
石油钻采专用设备制造	11055679	7767879	5833281	3204465
建筑工程用机械制造	16090574	10828383	10537417	4915512
海洋工程专用设备制造	2806960	2037290	1382909	752058
建筑材料生产专用机械制造	5389888	3917039	2637272	1260127
冶金专用设备制造	4804756	3568010	3041805	1194054
化工、木材、非金属加工专用设备制造	27523876	19466967	15668933	7764814
炼油、化工生产专用设备制造	7477019	4995909	5081792	2467837
橡胶加工专用设备制造	1466662	1056746	794556	412482
塑料加工专用设备制造	3620008	2473329	2052254	1069213
木材加工机械制造	1307947	936222	653460	366150
模具制造	10067738	7638175	5086685	2297221
其他非金属加工专用设备制造	3584502	2366586	2000186	1151911
食品、饮料、烟草及饲料生产专用设备制造	5358774	3855026	3239955	1506392
食品、酒、饮料及茶生产专用设备制造	1568015	1163464	774831	390470
农副食品加工专用设备制造	2927018	2037397	1904052	899214
烟草生产专用设备制造	403430	283555	319137	126858
饲料生产专用设备制造	460311	370610	241935	89850
印刷、制药、日化及日用品生产专用设备制造	13017158	9588059	8328393	3375946
制浆和造纸专用设备制造	1631617	1263638	906163	374998
印刷专用设备制造	2080401	1756365	779418	312279
日用化工专用设备制造	932588	743357	433597	175689
制药专用设备制造	1900454	1371912	1162918	516200
照明器具生产专用设备制造	5115298	3380404	4298074	1696031
玻璃、陶瓷和搪瓷制品生产专用设备制造	812827	648233	451230	175693
其他日用品生产专用设备制造	543973	424150	296993	125056
纺织、服装和皮革加工专用设备制造	7574568	5214244	4070038	2124693
纺织专用设备制造	5563158	3930730	2880331	1506538
皮革、毛皮及其制品加工专用设备制造	790879	535246	427183	229221
缝制机械制造	1055021	672506	661524	346242

国民经济行业小类固定资产投资（不含农户）建设规模

续表16

单位：万元

行　　业	建设总规模	自开始建设累计完成投资	在建总规模	在建净规模
洗涤机械制造	165510	75762	101000	42692
电子和电工机械专用设备制造	16398860	11633368	9278527	4597221
电工机械专用设备制造	5272629	3909388	2784850	1368056
电子工业专用设备制造	11126231	7723980	6493677	3229165
农、林、牧、渔专用机械制造	17966706	12386677	10813760	5481242
拖拉机制造	2898777	1995987	1827191	857231
机械化农业及园艺机具制造	7292501	5033175	4639200	2168439
营林及木竹采伐机械制造	392025	301048	259770	88357
畜牧机械制造	1064539	838999	503022	240445
渔业机械制造	172485	144000	73604	26357
农林牧渔机械配件制造	3116459	1882704	2015083	1233468
棉花加工机械制造	147066	136759	35511	11247
其他农、林、牧、渔业机械制造	2882854	2054005	1460379	855698
医疗仪器设备及器械制造	13365887	8941403	7658590	4296667
医疗诊断、监护及治疗设备制造	4024076	2806905	2401179	1192082
口腔科用设备及器具制造	350070	233529	144905	104943
医疗实验室及医用消毒设备和器具制造	1625808	1293281	646658	298829
医疗、外科及兽医用器械制造	1704502	1244812	813100	416860
机械治疗及病房护理设备制造	1739291	682068	1335712	1062694
假肢、人工器官及植（介）入器械制造	317743	243799	188082	84765
其他医疗设备及器械制造	3604397	2437009	2128954	1136494
环保、社会公共服务及其他专用设备制造	34944701	22935462	21084843	11512581
环境保护专用设备制造	16216025	11138298	9142761	4825807
地质勘查专用设备制造	1350203	657506	932888	684835
邮政专用机械及器材制造	71900	11852	70000	58988
商业、饮食、服务专用设备制造	262852	226384	103965	31477
社会公共安全设备及器材制造	1331056	912403	689398	422954
交通安全、管制及类似专用设备制造	1554011	1000453	1001860	381844
水资源专用机械制造	1539210	987217	921954	542289
其他专用设备制造	12619444	8001349	8222017	4564387
汽车制造业	220833105	148025922	143501172	67038333
汽车整车制造	61562196	39303134	46920431	20400784
改装汽车制造	7701279	5190617	4946206	2381733
低速载货汽车制造	2698385	1257945	2448527	1452133
电车制造	5045903	2850527	3380198	2101035
汽车车身、挂车制造	6631414	3602399	4069969	2082752
汽车零部件及配件制造	137193928	95821300	81735841	38619896

国民经济行业小类固定资产投资（不含农户）建设规模

续表 17 单位：万元

行　业	建设总规模	自开始建设累计完成投资	在建总规模	在建净规模
铁路、船舶、航空航天和其他运输设备制造业	79816684	47435848	55722863	27359168
铁路运输设备制造	13270286	9057367	8474149	3754564
铁路机车车辆及动车组制造	4394430	2720435	3713446	1343458
窄轨机车车辆制造	105175	49237	79490	52268
铁路机车车辆配件制造	3008980	2568853	1316396	465576
铁路专用设备及器材、配件制造	4577761	2960211	2562088	1469278
其他铁路运输设备制造	1183940	758631	802729	423984
城市轨道交通设备制造	1940636	1516288	1448794	414397
船舶及相关装置制造	28283404	15200609	19415322	8759568
金属船舶制造	13080364	6499595	9582650	3843775
非金属船舶制造	865047	606150	506591	225916
娱乐船和运动船制造	2154318	398981	2026553	1726167
船用配套设备制造	8918810	5126326	5333834	2321289
船舶改装与拆除	2357443	1703027	1718214	603168
航标器材及其他相关装置制造	907422	866530	247480	39253
摩托车制造	6351002	4599270	3635264	1682807
摩托车整车制造	2989631	1882041	2133522	1052434
摩托车零部件及配件制造	3361371	2717229	1501742	630373
自行车制造	8157506	4940441	5908627	3181524
脚踏自行车及残疾人座车制造	2163343	1577256	1569755	624358
助动自行车制造	5994163	3363185	4338872	2557166
非公路休闲车及零配件制造	614898	375762	424717	244962
潜水救捞及其他未列明运输设备制造	21198952	11746111	16415990	9321346
其他未列明运输设备制造	21198952	11746111	16415990	9321346
电气机械和器材制造业	223052074	142665801	145701613	76212652
电机制造	22633874	15543024	13775457	6887878
发电机及发电机组制造	11536995	7714767	7506888	3809806
电动机制造	6732117	4691565	3901345	1976571
微电机及其他电机制造	4364762	3136692	2367224	1101501
输配电及控制设备制造	74329327	46000161	49240881	26895831
变压器、整流器和电感器制造	11661960	8481377	6589110	3074660
电容器及其配套设备制造	5572396	2180312	4241578	3358197
配电开关控制设备制造	9445906	7054164	4894858	2242436
电力电子元器件制造	11732815	8488524	6978023	3131481
光伏设备及元器件制造	29086991	15154623	22164219	12946655
其他输配电及控制设备制造	6829259	4641161	4373093	2142402
电线、电缆、光缆及电工器材制造	26653221	19230841	14717404	7321919
电线、电缆制造	18867436	13636855	10124988	5271526
光纤、光缆制造	3029065	1955568	1955540	938362

国民经济行业小类固定资产投资（不含农户）建设规模

续表18　　　　　　　　　　　　　　　　　　　　　　　　　　　　　　　　　单位：万元

行　业	建设总规模	自开始建设累计完成投资	在建总规模	在建净规模
绝缘制品制造	1706704	1294863	800068	421505
其他电工器材制造	3050016	2343555	1836808	690526
电池制造	38826345	21955940	29447428	15732984
锂离子电池制造	18233188	9731458	13988697	7666303
镍氢电池制造	1374340	1078549	924467	279797
其他电池制造	19218817	11145933	14534264	7786884
家用电力器具制造	19920532	13107113	12782743	6464823
家用制冷电器具制造	5929606	3812066	4154926	2098875
家用空气调节器制造	2773617	1828967	1813211	827571
家用通风电器具制造	489374	360474	208889	96850
家用厨房电器具制造	3594079	2212004	2444666	1322386
家用清洁卫生电器具制造	1854593	1123982	1112012	637078
家用美容、保健电器具制造	530847	362576	293538	169297
家用电力器具专用配件制造	2293892	1608220	1483733	688607
其他家用电力器具制造	2454524	1798824	1271768	624159
非电力家用器具制造	12465041	7751182	8615803	4134194
燃气、太阳能及类似能源家用器具制造	11988803	7424533	8401918	4025492
其他非电力家用器具制造	476238	326649	213885	108702
照明器具制造	20446444	13513355	12562381	6592253
电光源制造	5880628	4059794	3764324	1810748
照明灯具制造	12111371	7655291	7531728	4127025
灯用电器附件及其他照明器具制造	2454445	1798270	1266329	654480
其他电气机械及器材制造	7777290	5564185	4559516	2182770
电气信号设备装置制造	1600006	999560	1121740	454395
其他未列明电气机械及器材制造	6177284	4564625	3437776	1728375
计算机、通信和其他电子设备制造业	190558472	116925719	134957017	71331516
计算机制造	20364208	13658242	12701413	6639842
计算机整机制造	7901223	5449911	5096400	2733034
计算机零部件制造	6018418	3672628	3949657	2154704
计算机外围设备制造	2972461	2612585	1136627	307100
其他计算机制造	3472106	1923118	2518729	1445004
通信设备制造	25506540	14773764	18674457	10836279
通信系统设备制造	10221120	6876385	7386098	3417020
通信终端设备制造	15285420	7897379	11288359	7419259
广播电视设备制造	4902023	3776683	2880727	1162234
广播电视节目制作及发射设备制造	1302528	1011459	554342	309294
广播电视接收设备及器材制造	1768243	1415042	965278	333498
应用电视设备及其他广播电视设备制造	1831252	1350182	1361107	519442
视听设备制造	4130702	3010340	2295121	1069864
电视机制造	2470001	1765224	1447454	729503

国民经济行业小类固定资产投资（不含农户）建设规模

续表 19   单位：万元

行　　业	建设总规模	自开始建设累计完成投资	在建总规模	在建净规模
音响设备制造	1060653	850084	521727	197378
影视录放设备制造	600048	395032	325940	142983
电子器件制造	77222316	45098882	59221057	30330165
电子真空器件制造	2284145	1781433	1132376	489087
半导体分立器件制造	2578828	1697781	1720862	849467
集成电路制造	20360095	12615590	17187060	6839198
光电子器件及其他电子器件制造	51999248	29004078	39180759	22152413
电子元件制造	34510064	23345543	21245806	10705136
电子元件及组件制造	28262299	19502233	16981333	8336884
印制电路板制造	6247765	3843310	4264473	2368252
其他电子设备制造	23922619	13262265	17938436	10587996
仪器仪表制造业	29824989	21502618	18324273	8195728
通用仪器仪表制造	14517252	10302849	8845700	4242791
工业自动控制系统装置制造	7445782	5805873	4315083	1681860
电工仪器仪表制造	2222280	1583186	1261373	666226
绘图、计算及测量仪器制造	724565	462227	448312	264495
实验分析仪器制造	1322498	815922	937724	499926
试验机制造	393632	243033	231330	158668
供应用仪表及其他通用仪器制造	2408495	1392608	1651878	971616
专用仪器仪表制造	6028771	4498509	3377747	1403343
环境监测专用仪器仪表制造	770075	581733	470193	162592
运输设备及生产用计数仪表制造	694622	555851	373414	128688
农林牧渔专用仪器仪表制造	120171	89211	62291	32000
地质勘探和地震专用仪器制造	429833	368327	169229	63521
教学专用仪器制造	263316	195525	107640	55852
电子测量仪器制造	970702	764768	568575	203033
其他专用仪器制造	2780052	1943094	1626405	757657
钟表与计时仪器制造	788297	476109	567441	318869
光学仪器及眼镜制造	3760490	2847335	2325429	846170
光学仪器制造	2651372	1997713	1842009	687524
眼镜制造	1109118	849622	483420	158646
其他仪器仪表制造业	4730179	3377816	3207956	1384555
其他制造业	42279924	32055752	31365589	12161368
日用杂品制造	2895430	2154980	1559274	728093
鬃毛加工、制刷及清扫工具制造	868316	608438	507258	277490
其他日用杂品制造	2027114	1546542	1052016	450603
煤制品制造	4668466	2255577	3457270	2466973
其他未列明制造业	34716028	27645195	26349045	8966302
废弃资源综合利用业	19428421	13038143	11738114	6312268
金属废料和碎屑加工处理	11718544	7771475	7137093	3867528
非金属废料和碎屑加工处理	7709877	5266668	4601021	2444740

国民经济行业小类固定资产投资（不含农户）建设规模

续表20 单位：万元

行　　业	建设总规模	自开始建设 累计完成投资	在建总规模	在建净规模
金属制品、机械和设备修理业	6918246	5281044	4438558	1600587
金属制品修理	1319466	1135076	734588	178747
通用设备修理	492671	398046	166875	86335
专用设备修理	866710	607839	650417	255532
铁路、船舶、航空航天等运输设备修理	3038928	2419673	2118456	617846
铁路运输设备修理	289489	224804	220829	64685
船舶修理	1045331	1003546	890861	43939
航空航天器修理	830458	494115	577497	342805
其他运输设备修理	873650	697208	429269	166417
电气设备修理	162753	110425	71064	46050
仪器仪表修理	5010	5320		
其他机械和设备修理业	1032708	604665	697158	416077
（四）电力、热力、燃气及水生产和供应业	**684283093**	**438720617**	**536562349**	**229933444**
电力、热力生产和供应业	553585230	357727777	445162785	184981018
电力生产	426172895	272757489	362433607	146586004
火力发电	101787201	61988597	80225076	35751468
水力发电	176709489	113710096	164983509	64259658
核力发电	56786974	39312672	56300656	17011844
风力发电	47950254	32666809	31083429	12882221
太阳能发电	25424849	14950488	17066938	10194505
其他电力生产	17514128	10128827	12773999	6486308
电力供应	95431813	64542604	61845977	27888322
热力生产和供应	31980522	20427684	20883201	10506692
燃气生产和供应业	67910802	38987312	53554413	28341032
燃气生产和供应业	67910802	38987312	53554413	28341032
水的生产和供应业	62787061	42005528	37845151	16611394
自来水生产和供应	32132801	20451349	19857014	8777173
污水处理及其再生利用	26478335	18666439	15195226	6643780
其他水的处理、利用与分配	4175925	2887740	2792911	1190441
（五）建筑业	**67764404**	**48027276**	**37979826**	**20223342**
房屋建筑业	20489222	15292340	10758116	5255144
房屋建筑业	20489222	15292340	10758116	5255144
土木工程建筑业	39158841	25940193	24384639	13695707
铁路、道路、隧道和桥梁工程建筑	28194408	18898207	17959898	9835569
铁路工程建筑	1410969	1202765	639224	162292
公路工程建筑	15232741	9368234	10119911	5794582
市政道路工程建筑	8334555	5873062	5453990	3112799
其他道路、隧道和桥梁工程建筑	3216143	2454146	1746773	765896
水利和内河港口工程建筑	5318027	3003150	3523565	2243684
水源及供水设施工程建筑	1655533	1302928	626174	351820

国民经济行业小类固定资产投资（不含农户）建设规模

续表 21

单位：万元

行　业	建设总规模	自开始建设累计完成投资	在建总规模	在建净规模
河湖治理及防洪设施工程建筑	2536380	1211950	1914053	1324525
港口及航运设施工程建筑	1126114	488272	983338	567339
海洋工程建筑	318574	206581	313974	111993
工矿工程建筑	283214	279425	67801	18593
架线和管道工程建筑	2590166	1931412	1149667	693631
架线及设备工程建筑	1286943	1146541	299159	169389
管道工程建筑	1303223	784871	850508	524242
其他土木工程建筑	2454452	1621418	1369734	792237
建筑安装业	2206855	1747297	815339	425652
电气安装	413657	311184	138834	103006
管道和设备安装	547325	453836	211843	76876
其他建筑安装业	1245873	982277	464662	245770
建筑装饰和其他建筑业	5909486	5047446	2021732	846839
建筑装饰业	1928398	1677765	648642	240755
工程准备活动	896549	774860	231914	117154
建筑物拆除活动	238861	231268	12519	8149
其他工程准备活动	657688	543592	219395	109005
提供施工设备服务	253675	240379	43159	14891
其他未列明建筑业	2830864	2354442	1098017	474039
（六）批发和零售业	272624598	182076131	177706791	88386849
批发业	128320029	84882131	83130677	42094159
农、林、牧产品批发	14826673	9664832	11141707	4991774
谷物、豆及薯类批发	4256379	2568978	3177807	1590732
种子批发	507041	395615	196993	106321
饲料批发	276969	234240	96101	42729
棉、麻批发	403932	381705	245878	22227
林业产品批发	941057	597860	670141	341439
牲畜批发	379649	303891	147085	70094
其他农牧产品批发	8061646	5182543	6607702	2818232
食品、饮料及烟草制品批发	18372894	12334141	11984047	5935510
米、面制品及食用油批发	1803484	1385650	1016778	380759
糕点、糖果及糖批发	347289	247056	191444	104050
果品、蔬菜批发	9390569	5701694	7001853	3626388
肉、禽、蛋、奶及水产品批发	2875357	2098322	1761115	794117
盐及调味品批发	209682	205948	15238	4529
营养和保健品批发	114305	91710	38433	22895
酒、饮料及茶叶批发	1456431	953316	859615	503613
烟草制品批发	554513	454836	258123	101134
其他食品批发	1621264	1195609	841448	398025
纺织、服装及家庭用品批发	17970500	9906702	13348759	7782550

国民经济行业小类固定资产投资（不含农户）建设规模

续表 22 单位：万元

行　业	建设总规模	自开始建设累计完成投资	在建总规模	在建净规模
纺织品、针织品及原料批发	5057651	3183888	3782325	1712846
服装批发	4578791	2914192	3072443	1551225
鞋帽批发	302357	169627	170513	134308
化妆品及卫生用品批发	147122	106030	74714	39217
厨房、卫生间用具及日用杂货批发	1238005	536721	954210	703159
灯具、装饰物品批发	2441717	678933	2129829	1747454
家用电器批发	1020877	720617	600495	298658
其他家庭用品批发	3183980	1596694	2564230	1595683
文化、体育用品及器材批发	2340310	1727038	1222599	614227
文具用品批发	285665	224583	140960	62777
体育用品及器材批发	227825	223355	28594	9219
图书批发	472694	226783	366620	217173
报刊批发	724	724		
音像制品及电子出版物批发	56776	44825	29042	11951
首饰、工艺品及收藏品批发	944402	688205	494719	276887
其他文化用品批发	352224	318563	162664	36220
医药及医疗器材批发	3941143	2685428	2334587	1283652
西药批发	1034783	783617	573718	262248
中药批发	1530653	1073140	870804	475211
医疗用品及器材批发	1375707	828671	890065	546193
矿产品、建材及化工产品批发	37925008	25621591	23199272	11856581
煤炭及制品批发	4612769	3055244	2655448	1576042
石油及制品批发	4348698	3237802	2078656	1069003
非金属矿及制品批发	390529	327045	113865	65916
金属及金属矿批发	6747605	3690229	4696242	2866209
建材批发	19587136	13523113	12582905	5859710
化肥批发	524083	412371	311913	87878
农药批发	145508	66895	101000	79569
农用薄膜批发	22028	21803		
其他化工产品批发	1546652	1287089	659243	252254
机械设备、五金产品及电子产品批发	20874430	13772600	13931069	6860317
农业机械批发	2046312	1263700	1384284	786872
汽车批发	5187672	2949591	4026752	2190522
汽车零配件批发	2874946	1965296	2144723	916790
摩托车及零配件批发	473763	220355	406562	253668
五金产品批发	4969028	3500932	3376170	1353935
电气设备批发	1025053	851735	355337	184790
计算机、软件及辅助设备批发	840442	515536	525619	297237
通讯及广播电视设备批发	278010	244323	74202	36761
其他机械设备及电子产品批发	3179204	2261132	1637420	839742

国民经济行业小类固定资产投资（不含农户）建设规模

续表23 单位：万元

行　　业	建设总规模	自开始建设累计完成投资	在建总规模	在建净规模
贸易经纪与代理	4503787	3722760	1903136	734149
贸易代理	2701432	2294101	872342	358207
拍卖	30813	21475	16064	9338
其他贸易经纪与代理	1771542	1407184	1014730	366604
其他批发业	7565284	5447039	4065501	2035399
再生物资回收与批发	2317061	1730686	1126780	543893
其他未列明批发业	5248223	3716353	2938721	1491506
零售业	144304569	97194000	94576114	46292690
综合零售	69980206	45750473	49550052	24017087
百货零售	41294071	26942758	30237321	14492083
超级市场零售	15318401	9738310	10593481	5335550
其他综合零售	13367734	9069405	8719250	4189454
食品、饮料及烟草制品专门零售	4592525	3590906	2430844	1013526
粮油零售	373071	275654	157010	98771
糕点、面包零售	123989	110268	65720	14203
果品、蔬菜零售	1021972	817249	442893	219577
肉、禽、蛋、奶及水产品零售	1160849	965347	668233	193308
营养和保健品零售	112368	53818	77000	58580
酒、饮料及茶叶零售	559224	486360	241841	75771
烟草制品零售	94932	88420	49173	5782
其他食品零售	1146120	793790	728974	347534
纺织、服装及日用品专门零售	6554569	5047864	3086497	1424663
纺织品及针织品零售	1444861	920751	1080696	528246
服装零售	3720529	2899645	1578978	719908
鞋帽零售	109881	106956	6000	4500
化妆品及卫生用品零售	73098	60517	29020	12582
钟表、眼镜零售	56690	50890	4900	795
箱、包零售	303700	313480	37000	13380
厨房用具及日用杂品零售	109238	83374	51920	25864
自行车零售	26145	26145		
其他日用品零售	710427	586106	297983	119388
文化、体育用品及器材专门零售	3618617	2510856	2520491	1100579
文具用品零售	83102	79085	14569	4017
体育用品及器材零售	58351	55026	13241	4054
图书、报刊零售	418224	334744	344409	78849
音像制品及电子出版物零售	107127	83781	35000	23346
珠宝首饰零售	1362021	1109217	984874	272167
工艺美术品及收藏品零售	1296911	669562	896730	604420
乐器零售	60960	28570	53680	32570
照相器材零售	10608	10608		

国民经济行业小类固定资产投资（不含农户）建设规模

续表24　　　　　　　　　　　　　　　　　　　　　　　　　　　　　　　　　　　　单位：万元

行　　业	建设总规模	自开始建设累计完成投资	在建总规模	在建净规模
其他文化用品零售	221313	140263	177988	81156
医药及医疗器材专门零售	1085263	856031	473980	218716
药品零售	664277	521553	262492	131892
医疗用品及器材零售	420986	334478	211488	86824
汽车、摩托车、燃料及零配件专门零售	34556175	23254868	20902319	11101120
汽车零售	28718870	18826870	18277805	9673831
汽车零配件零售	2213868	1367319	1499093	851906
摩托车及零配件零售	124481	103738	32528	14791
机动车燃料零售	3498956	2956941	1092893	560592
家用电器及电子产品专门零售	4066544	2923186	2527619	1145652
家用视听设备零售	274042	178695	156029	95480
日用家电设备零售	1384519	905428	912075	487892
计算机、软件及辅助设备零售	825146	543366	561293	250421
通信设备零售	226852	211816	36937	14621
其他电子产品零售	1355985	1083881	861285	297238
五金、家具及室内装饰材料专门零售	14789599	9556788	10055552	5058771
五金零售	1505321	1162717	793601	330302
灯具零售	687294	612710	507400	138315
家具零售	8547141	5045449	6263852	3341353
涂料零售	86305	81155	16990	5650
卫生洁具零售	207960	154904	56950	54106
木质装饰材料零售	654195	514929	418366	140810
陶瓷、石材装饰材料零售	1629170	1027217	1067916	557567
其他室内装饰材料零售	1472213	957707	930477	490668
货摊、无店铺及其他零售业	5061071	3703028	3028760	1212576
货摊食品零售	207909	162523	83142	52686
货摊纺织、服装及鞋零售	116673	77690	85000	37000
货摊日用品零售	74993	62432	14300	12561
互联网零售	210494	139215	146530	65775
邮购及电视、电话零售	25773	25323	1500	500
旧货零售	15833	15202	8700	631
生活用燃料零售	798502	659204	304842	144276
其他未列明零售业	3610894	2561439	2384746	899147
（七）交通运输、仓储和邮政业	1444444052	892099882	1174265479	531294111
铁路运输业	388882466	264943310	332210048	119434347
铁路旅客运输	270452681	180021549	223013017	87271968
铁路货物运输	92560112	67618895	88010475	25433258
铁路运输辅助活动	25869673	17302866	21186556	6729121
客运火车站	9416903	6833109	5908532	2105598
货运火车站	1249166	622682	1073262	557824

国民经济行业小类固定资产投资（不含农户）建设规模

续表 25　　　　　　　　　　　　　　　　　　　　　　　　　　　　单位：万元

行　业	建设总规模	自开始建设累计完成投资	在建总规模	在建净规模
其他铁路运输辅助活动	15203604	9847075	14204762	4065699
道路运输业	790839354	468062352	643517215	311652779
城市公共交通运输	209304301	107093451	192748885	100149802
公共电汽车客运	10735540	6898293	7269417	3380573
城市轨道交通	187952771	95016355	177626841	92431613
出租车客运	473874	378650	143460	53660
其他城市公共交通运输	10142116	4800153	7709167	4283956
公路旅客运输	282680459	169275048	226944740	107078544
道路货物运输	138470297	87994730	104466225	49863767
道路运输辅助活动	160384297	103699123	119357365	54560666
客运汽车站	5693418	3545249	4154356	2106774
公路管理与养护	130239247	85216022	97261555	43181594
其他道路运输辅助活动	24451632	14937852	17941454	9272298
水上运输业	78435627	49335596	61771340	27214538
水上旅客运输	2490107	1490030	2041870	843714
海洋旅客运输	1117590	784162	789313	220935
内河旅客运输	1186545	594223	1112164	558330
客运轮渡运输	185972	111645	140393	64449
水上货物运输	12167745	8247290	7084320	3518599
远洋货物运输	1510933	1064012	601324	253108
沿海货物运输	6372128	4331514	3771861	1933967
内河货物运输	4284684	2851764	2711135	1331524
水上运输辅助活动	63777775	39598276	52645150	22852225
客运港口	1738454	569108	1696762	907814
货运港口	48364006	30062645	38558667	17801920
其他水上运输辅助活动	13675315	8966523	12389721	4142491
航空运输业	33356587	21806410	23437387	10232682
航空客货运输	15483769	12138848	7997425	2091064
航空旅客运输	14922545	11658804	7838104	1966297
航空货物运输	561224	480044	159321	124767
通用航空服务	903701	401781	616763	502822
航空运输辅助活动	16969117	9265781	14823199	7638796
机场	14594230	8134438	12851646	6405691
空中交通管理	223435	209392	84593	14786
其他航空运输辅助活动	2151452	921951	1886960	1218319
管道运输业	7530643	5520954	5189731	1811514
管道运输业	7530643	5520954	5189731	1811514
装卸搬运和运输代理业	24604136	14361949	18126032	9828480
装卸搬运	3355550	2309685	2297040	939474
运输代理业	21248586	12052264	15828992	8889006

国民经济行业小类固定资产投资（不含农户）建设规模

续表26   单位：万元

行　　业	建设总规模	自开始建设累计完成投资	在建总规模	在建净规模
货物运输代理	15736935	8749787	11900833	6730685
旅客票务代理	114587	71291	66335	29768
其他运输代理业	5397064	3231186	3861824	2128553
仓储业	119175506	66780643	89246058	50812452
谷物、棉花等农产品仓储	20317212	11965873	13912012	8259789
谷物仓储	9058910	6198451	5844667	2848485
棉花仓储	1421665	807307	1162988	616486
其他农产品仓储	9836637	4960115	6904357	4794818
其他仓储业	98858294	54814770	75334046	42552663
邮政业	1619733	1288668	767668	307319
邮政基本服务	716746	576001	303608	126997
快递服务	902987	712667	464060	180322
（八）住宿和餐饮业	152376187	98002663	107787236	52723437
住宿业	125451214	77917683	94284094	46108961
旅游饭店	104748833	64010688	80651280	39615507
一般旅馆	10234642	7372195	5779807	2591392
其他住宿业	10467739	6534800	7853007	3902062
餐饮业	26924973	20084980	13503142	6614476
正餐服务	21501225	16352140	10701160	5147055
快餐服务	953389	688576	452689	287125
饮料及冷饮服务	1064266	757085	504679	312974
茶馆服务	339706	226952	133742	116725
咖啡馆服务	141132	119231	30720	22044
酒吧服务	510015	384642	280890	127052
其他饮料及冷饮服务	73413	26260	59327	47153
其他餐饮业	3406093	2287179	1844614	867322
小吃服务	559719	423984	205342	92691
餐饮配送服务	274091	169708	132755	78751
其他未列明餐饮业	2572283	1693487	1506517	695880
（九）信息传输、软件和信息技术服务业	75873896	43120494	53137647	31207103
电信、广播电视和卫星传输服务	28410463	21980991	14220102	5490251
电信	24964272	19791133	11953220	4310031
固定电信服务	6290791	4997139	2815273	1080804
移动电信服务	16812589	13589410	8365653	2715199
其他电信服务	1860892	1204584	772294	514028
广播电视传输服务	3007934	1888296	2051731	1078924
有线广播电视传输服务	2102316	1456080	1382902	609188
无线广播电视传输服务	905618	432216	668829	469736
卫星传输服务	438257	301562	215151	101296
互联网和相关服务	7884552	3835209	6067179	3810765

国民经济行业小类固定资产投资（不含农户）建设规模

续表 27   单位：万元

行　业	建设总规模	自开始建设累计完成投资	在建总规模	在建净规模
互联网接入及相关服务	1600146	1073640	993742	544185
互联网信息服务	5390850	2158776	4506210	2972468
其他互联网服务	893556	602793	567227	294112
软件和信息技术服务业	39578881	17304294	32850366	21906087
软件开发	14091307	8470971	11076016	5343562
信息系统集成服务	6192381	2040973	5205118	4074532
信息技术咨询服务	2417379	1445935	1695925	1035648
数据处理和存储服务	11432187	2295400	10808983	9130990
集成电路设计	445875	217323	355803	214709
其他信息技术服务业	4999752	2833692	3708521	2106646
数字内容服务	1254299	485874	1021458	736142
呼叫中心	447409	348908	149380	103470
其他未列明信息技术服务业	3298044	1998910	2537683	1267034
（十）金融业	**34744696**	**21345045**	**26371187**	**12622589**
货币金融服务	18538821	12108530	12761908	5683015
中央银行服务	2589367	1876716	1596086	638203
货币银行服务	13920487	8541912	10460686	4702759
非货币银行服务	1834777	1506406	646066	331129
金融租赁服务	294311	168496	200934	125555
财务公司	903942	882894	50422	23389
典当	93830	88130	8800	4350
其他非货币银行服务	542694	366886	385910	177835
银行监管服务	194190	183496	59070	10924
资本市场服务	6943946	4195655	5589055	2715926
证券市场服务	3541092	2035065	3107803	1503735
证券市场管理服务	908480	614060	559828	294420
证券经纪交易服务	2537048	1400010	2456251	1134746
基金管理服务	95564	20995	91724	74569
期货市场服务	174414	130855	147505	46380
期货市场管理服务	111779	87959	85530	26641
其他期货市场服务	62635	42896	61975	19739
证券期货监管服务	222875	159583	200000	66392
资本投资服务	2669378	1603636	2016904	1026525
其他资本市场服务	336187	266516	116843	72894
保险业	5084759	2532153	4639204	2504564
人身保险	4392939	2017258	4203478	2365459
人寿保险	4390711	2015030	4203478	2365459
健康和意外保险	2228	2228		
财产保险	603255	428413	361766	137006
再保险				

国民经济行业小类固定资产投资（不含农户）建设规模

续表28　　　　　　　　　　　　　　　　　　　　　　　　　　　　单位：万元

行　业	建设总规模	自开始建设累计完成投资	在建总规模	在建净规模
养老金	4400	4400		
保险经纪与代理服务	76260	74177	73960	2099
保险监管服务				
其他保险活动	7905	7905		
风险和损失评估	7076	7076		
其他未列明保险活动	829	829		
其他金融业	4177170	2508707	3381020	1719084
金融信托与管理服务	1641989	786866	1507619	876423
控股公司服务	500912	483218	225108	42313
非金融机构支付服务	147813	78155	132663	70558
金融信息服务	536953	363503	439648	174420
其他未列明金融业	1349503	796965	1075982	555370
（十一）房地产业	4957849709	3186190783	4250517992	1833915196
房地产业	4957849709	3186190783	4250517992	1833915196
房地产开发经营	4453999022	2854565790	3891545235	1660908684
物业管理	8840577	6066597	4538200	2358547
房地产中介服务	731407	675549	406645	75439
自有房地产经营活动	52553831	27049556	41603545	24923518
其他房地产业	441724872	297833291	312424367	145649008
（十二）租赁和商务服务业	166491537	96397788	126245727	68458613
租赁业	3702957	3315422	887604	340483
机械设备租赁	3350483	3162259	579348	143105
汽车租赁	262028	214028	63684	13245
农业机械租赁	66440	61142	8150	3778
建筑工程机械与设备租赁	1265601	1201424	205297	62526
计算机及通讯设备租赁	15507	14107	1400	188
其他机械与设备租赁	1740907	1671558	300817	63368
文化及日用品出租	352474	153163	308256	197378
娱乐及体育设备出租	321597	126174	293156	195423
图书出租	3295	992	2300	370
音像制品出租	1989	1989		
其他文化及日用品出租	25593	24008	12800	1585
商务服务业	162788580	93082366	125358123	68118130
企业管理服务	70499427	40731961	55616480	29641109
企业总部管理	26695590	12676312	22005393	13735509
投资与资产管理	33250780	20318037	26428356	12922595
单位后勤管理服务	1778400	1383742	1374524	264632
其他企业管理服务	8774657	6353870	5808207	2718373
法律服务	352781	336191	36765	18727
律师及相关法律服务	312728	296393	34416	18458

国民经济行业小类固定资产投资（不含农户）建设规模

续表29

单位：万元

行　　业	建设总规模	自开始建设累计完成投资	在建总规模	在建净规模
公证服务	4356	4233		
其他法律服务	35697	35565	2349	269
咨询与调查	1285394	1062907	518304	236281
会计、审计及税务服务	119399	103634	34469	11434
市场调查	41288	18664	26120	16644
社会经济咨询	475081	403020	210870	81633
其他专业咨询	649626	537589	246845	126570
广告业	1838679	1249704	821654	566753
知识产权服务	321197	246920	123915	49404
人力资源服务	1082075	665923	673005	392855
公共就业服务	518195	261078	332597	240960
职业中介服务	53173	44233	17839	5350
劳务派遣服务	111454	99880	25280	9241
其他人力资源服务	399253	260732	297289	137304
旅行社及相关服务	14574606	7453850	11207294	7030384
旅行社服务	976892	713282	678180	243942
旅游管理服务	12764715	6147113	10046727	6545850
其他旅行社相关服务	832999	593455	482387	240592
安全保护服务	753690	511761	401478	175167
安全服务	354415	223835	254677	130741
安全系统监控服务	306393	204752	127266	34036
其他安全保护服务	92882	83174	19535	10390
其他商务服务业	72080731	40823149	55959228	30007450
市场管理	24006518	12838614	18276383	10776634
会议及展览服务	19540724	10827519	16283055	8239770
包装服务	451888	334320	188852	113885
办公服务	4925183	3162994	3671379	1722362
信用服务	79368	57525	79368	21843
担保服务	627815	507746	487765	96269
其他未列明商务服务业	22449235	13094431	16972426	9036687
（十三）科学研究和技术服务业	**78810204**	**48363857**	**54434431**	**28849287**
研究和试验发展	33788876	18768083	26450555	14298900
自然科学研究和试验发展	3023452	1811561	2479278	1203242
工程和技术研究和试验发展	21876520	11947722	17381285	9423243
农业科学研究和试验发展	5765054	3285531	4188415	2450020
医学研究和试验发展	2585381	1399759	1950129	1011058
社会人文科学研究	538469	323510	451448	211337
专业技术服务业	22712990	15594013	13614037	6559986

国民经济行业小类固定资产投资（不含农户）建设规模

续表30

单位：万元

行 业	建设总规模	自开始建设累计完成投资	在建总规模	在建净规模
气象服务	1454754	588974	1243454	607563
地震服务	145805	105552	71412	42512
海洋服务	560047	374915	306340	186224
测绘服务	684134	248420	489621	430235
质检技术服务	3298443	2269490	1875581	963508
环境与生态监测	731422	594221	318995	142781
环境保护监测	539052	475282	203679	70218
生态监测	192370	118939	115316	72563
地质勘查	3812940	3164994	2094564	605418
能源矿产地质勘查	2377077	2057149	1557027	298961
固体矿产地质勘查	457518	369887	179650	76365
水、二氧化碳等矿产地质勘查	27760	15496	15700	12500
基础地质勘查	317766	208644	138819	89377
地质勘查技术服务	632819	513818	203368	128215
工程技术	6415601	4387908	4224372	2028815
工程管理服务	2399859	1430688	1911180	984440
工程勘察设计	1979654	1380222	1162256	564462
规划管理	2036088	1576998	1150936	479913
其他专业技术服务业	5609844	3859539	2989698	1552930
专业化设计服务	2661302	1736267	1486424	776749
摄影扩印服务	211907	194559	21700	12640
兽医服务	19145	18845	800	300
其他未列明专业技术服务业	2717490	1909868	1480774	763241
科技推广和应用服务业	22308338	14001761	14369839	7990401
技术推广服务	11474597	7539679	6674340	3753361
农业技术推广服务	4391326	2470898	2851898	1892140
生物技术推广服务	1315226	1122876	662837	192918
新材料技术推广服务	1833768	1418343	896998	385154
节能技术推广服务	1003697	744266	468282	233520
其他技术推广服务	2930580	1783296	1794325	1049629
科技中介服务	4741623	2972994	3506083	1814984
其他科技推广和应用服务业	6092118	3489088	4189416	2422056
（十四）水利、环境和公共设施管理业	**1015439642**	**653109148**	**746605748**	**345617655**
水利管理业	154686847	104414740	122010087	46537129
防洪除涝设施管理	60358589	37706676	43813806	21414520
水资源管理	20899386	12082681	16582489	7825673
天然水收集与分配	52113529	41007730	47398255	10234563
水文服务	1178154	547582	908831	624410

国民经济行业小类固定资产投资（不含农户）建设规模

续表 31

单位：万元

行　　业	建设总规模	自开始建设累计完成投资	在建总规模	在建净规模
其他水利管理业	20137189	13070071	13306706	6437963
生态保护和环境治理业	32443621	21982817	21380098	10091678
生态保护	8757765	5684213	6439882	2791985
自然保护区管理	3135506	1874965	2493141	1191370
野生动物保护	632691	367151	475044	270122
野生植物保护	258914	147328	195147	96739
其他自然保护	4730654	3294769	3276550	1233754
环境治理业	23685856	16298604	14940216	7299693
水污染治理	14553918	9483670	10265626	5037662
大气污染治理	1003495	779783	510554	218237
固体废物治理	3689619	2630147	2105106	1190520
危险废物治理	564312	356210	408242	204378
放射性废物治理	9890	9890		
其他污染治理	3864622	3038904	1650688	648896
公共设施管理业	828309174	526711591	603215563	288988848
市政设施管理	619862803	404885218	454086795	206065159
环境卫生管理	9048740	6861762	4245468	1892029
城乡市容管理	17944609	13836549	8935437	3867489
绿化管理	24240210	18831390	12754538	4917636
公园和游览景区管理	157212812	82296672	123193325	72246535
公园管理	42078406	26728995	31131006	14691582
游览景区管理	115134406	55567677	92062319	57554953
（十五）居民服务、修理和其他服务业	**39685080**	**27975101**	**22654591**	**11650073**
居民服务业	21117964	15261188	12575716	5955453
家庭服务	872946	765601	376489	95854
托儿所服务	584963	598570	468951	57559
洗染服务	118936	78605	72306	37013
理发及美容服务	201800	188614	31001	14581
洗浴服务	3971805	2614214	2870733	1520941
保健服务	523712	386106	343503	139242
婚姻服务	205793	135174	138900	72394
殡葬服务	2324852	1497958	1415064	734271
其他居民服务业	12313157	8996346	6858769	3283598
机动车、电子产品和日用产品修理业	9464700	5318278	5731636	4072000
汽车、摩托车修理与维护	8006649	4068752	5325502	3919906
汽车修理与维护	7959801	4022970	5321876	3918280
摩托车修理与维护	46848	45782	3626	1626
计算机和办公设备维修	1337664	1152941	373969	131204

国民经济行业小类固定资产投资（不含农户）建设规模

续表32　　　　　　　　　　　　　　　　　　　　　　　　　　　　　　　　　　单位：万元

行　　业	建设总规模	自开始建设累计完成投资	在建总规模	在建净规模
计算机和辅助设备修理	623516	588754	66469	24730
通讯设备修理	371546	309277	141177	42553
其他办公设备维修	342602	254910	166323	63921
家用电器修理	69529	53384	19919	12065
家用电子产品修理	19792	19435	769	357
日用电器修理	49737	33949	19150	11708
其他日用产品修理业	50858	43201	12246	8825
自行车修理				
鞋和皮革修理	2935	2935		
家具和相关物品修理	5000	5000		
其他未列明日用产品修理业	42923	35266	12246	8825
其他服务业	9102416	7395635	4347239	1622620
清洁服务	378081	332834	107051	44841
建筑物清洁服务	60156	59396	6500	1000
其他清洁服务	317925	273438	100551	43841
其他未列明服务业	8724335	7062801	4240188	1577779
（十六）教育	**126807526**	**89714133**	**83016749**	**35300849**
教育	126807526	89714133	83016749	35300849
学前教育	5704573	4760338	2192717	956342
初等教育	14833591	11760650	7104555	3029551
普通小学教育	14475526	11457725	6884707	2973138
成人小学教育	358065	302925	219848	56413
中等教育	44159718	30400428	28196806	12642970
普通初中教育	16997708	12636379	9277582	4110734
职业初中教育	1602392	1098567	954878	465824
成人初中教育	274198	238406	97538	52356
普通高中教育	12953752	8474388	8806480	4187444
成人高中教育	312991	151002	252055	146071
中等职业学校教育	12018677	7801686	8808273	3680541
高等教育	44880951	30488752	34292858	13630068
普通高等教育	41914165	28333990	32164616	12992132
成人高等教育	2966786	2154762	2128242	637936
特殊教育	691398	423160	505070	224317
技能培训、教育辅助及其他教育	16537295	11880805	10724743	4817601
职业技能培训	10199930	7209113	6750904	3009896
体校及体育培训	829888	382980	686548	434591
文化艺术培训	938480	547196	615863	380040
教育辅助服务	897427	745119	396945	138927

国民经济行业小类固定资产投资（不含农户）建设规模

续表 33

单位：万元

行　　业	建设总规模	自开始建设累计完成投资	在建总规模	在建净规模
其他未列明教育	3671570	2996397	2274483	854147
（十七）卫生和社会工作	**80787495**	**53258028**	**54882206**	**25918607**
卫生	68744210	45399501	47585505	21974194
医院	59342933	38623374	42870063	19974583
综合医院	45279641	29443356	33195111	15267582
中医医院	4636744	3141446	3095411	1403229
中西医结合医院	1238280	671631	936963	506413
民族医院	217116	145298	126550	65485
专科医院	6200819	4202182	4218206	2006500
疗养院	1770333	1019461	1297822	725374
社区医疗与卫生院	3744107	3052057	1543437	661568
社区卫生服务中心（站）	1415090	1127226	619092	245891
街道卫生院	352262	267682	163430	78864
乡镇卫生院	1976755	1657149	760915	336813
门诊部（所）	406496	373100	109823	34436
计划生育技术服务活动	525266	309859	273416	210110
妇幼保健院（所、站）	1119196	747270	762774	351165
专科疾病防治院（所、站）	214889	182076	108782	35411
疾病预防控制中心	635825	497133	393089	137815
其他卫生活动	2755498	1614632	1524121	569106
社会工作	12043285	7858527	7296701	3944413
提供住宿社会工作	11027887	7145514	6739954	3629794
干部休养所	567871	458856	195824	94255
护理机构服务	870735	524389	651556	237184
精神康复服务	209466	153948	104985	58817
老年人、残疾人养护服务	8255908	5267909	5153188	2868263
孤残儿童收养和庇护服务	189573	157012	66718	26950
其他提供住宿社会救助	934334	583400	567683	344325
不提供住宿社会工作	1015398	713013	556747	314619
社会看护与帮助服务	585776	421315	330913	175984
其他不提供住宿社会工作	429622	291698	225834	138635
（十八）文化、体育和娱乐业	**167663559**	**93158364**	**128870075**	**72858759**
新闻和出版业	3796322	2130325	3135985	1654968
新闻业	1119835	609059	1081487	510345
出版业	2676487	1521266	2054498	1144623
图书出版	977191	621981	703944	364269
报纸出版	1202018	608580	941907	575388
期刊出版	11852	9952	2800	1900

国民经济行业小类固定资产投资（不含农户）建设规模

续表34   单位：万元

行　　业	建设总规模	自开始建设 累计完成投资	在建总规模	在建净规模
音像制品出版	69723	67657	47608	2216
电子出版物出版	199345	85439	185619	111556
其他出版业	216358	127657	172620	89294
广播、电视、电影和影视录音制作业	11952849	6725189	9371179	4706055
广播	1086606	773695	404991	220728
电视	4502087	3024281	3726777	1145621
电影和影视节目制作	3919303	1585240	3507979	2307907
电影和影视节目发行	628602	137524	552346	418301
电影放映	1745375	1137744	1167186	609327
录音制作	70876	66705	11900	4171
文化艺术业	71697155	39953868	54308665	31259802
文艺创作与表演	2281238	1265597	1639809	863276
艺术表演场馆	11170425	4211449	9486598	6921923
图书馆与档案馆	3659397	2624401	2345667	924044
图书馆	2739628	1872958	1811002	735543
档案馆	919769	751443	534665	188501
文物及非物质文化遗产保护	12969260	7207849	10318426	6055203
博物馆	9439210	5544914	7268439	3574317
烈士陵园、纪念馆	1292569	835515	712620	303247
群众文化活动	15318127	10171628	10385075	5217141
其他文化艺术业	15566929	8092515	12152031	7400651
体育	30307825	19218832	21980642	10390521
体育组织	622159	343347	445227	255825
体育场馆	15295845	9724693	11554144	5143422
休闲健身活动	12680129	8030164	8790632	4404241
其他体育	1709692	1120628	1190639	587033
娱乐业	49909408	25130150	40073604	24847413
室内娱乐活动	8113738	3514624	5612917	4612404
歌舞厅娱乐活动	2083115	1554355	906180	548923
电子游艺厅娱乐活动	102904	96226	34773	10024
网吧活动	161651	151930	15390	9330
其他室内娱乐活动	5766068	1712113	4656574	4044127
游乐园	25520234	13902110	20909289	11765028
彩票活动	158554	83607	112407	71381
文化、娱乐、体育经纪代理	110962	76040	42000	34922
文化娱乐经纪人	55616	55616		
体育经纪人				
其他文化艺术经纪代理	55346	20424	42000	34922

国民经济行业小类固定资产投资（不含农户）建设规模

续表 35

单位：万元

行　　业	建设总规模	自开始建设累计完成投资	在建总规模	在建净规模
其他娱乐业	16005920	7553769	13396991	8363678
（十九）公共管理、社会保障和社会组织	**117887858**	**83450644**	**71833886**	**33694541**
中国共产党机关	1059635	797038	662584	269991
中国共产党机关	1059635	797038	662584	269991
国家机构	85309896	59157302	53281233	25442326
国家权力机构	1447887	1080812	807625	351706
国家行政机构	78955032	54536390	49505878	23864559
综合事务管理机构	27010343	20205310	15506091	6624166
对外事务管理机构	170303	126632	101335	44397
公共安全管理机构	19441954	10200829	14635325	9096925
社会事务管理机构	12037460	9169150	6082592	2865527
经济事务管理机构	17976225	13293308	11703439	4607472
行政监督检查机构	2318747	1541161	1477096	626072
人民法院和人民检察院	2931296	2090306	1772574	726768
人民法院	1877617	1314049	1140392	481860
人民检察院	1053679	776257	632182	244908
其他国家机构	1975681	1449794	1195156	499293
人民政协、民主党派	209175	179590	137893	31970
人民政协	38739	39010	35267	42
民主党派	170436	140580	102626	31928
社会保障	3920841	2781898	2384344	1163061
社会保障	3920841	2781898	2384344	1163061
群众团体、社会团体和其他成员组织	11706294	8550025	7152586	3027358
群众团体	444084	322982	290161	99906
工会	148308	99325	117477	41806
妇联	106179	70013	75460	33894
共青团	11794	4511	10794	7283
其他群众团体	177803	149133	86430	16923
社会团体	7450631	5442620	4780406	1935629
专业性团体	5070517	3820119	3150594	1230646
行业性团体	1365630	785089	1128953	538764
其他社会团体	1014484	837412	500859	166219
基金会	34031	29185	11142	2684
宗教组织	3777548	2755238	2070877	989139
基层群众自治组织	15682017	11984791	8215246	3759835
社区自治组织	5384891	4316943	2506970	1105234
村民自治组织	10297126	7667848	5708276	2654601

各地区固定资产投资（不含农户）和新增固定资产

单位：万元

地　区	投资额	新增固定资产	固定资产交付使用率（%）
全国总计	**4357474256**	**2697802835**	**61.91**
北　京	67975373	29326690	43.14
天　津	91030109	55682875	61.17
河　北	226297693	175373393	77.50
山　西	107453450	62293323	57.97
内　蒙　古	140723876	91641265	65.12
辽　宁	247914018	146663716	59.16
吉　林	97257583	74330965	76.43
黑　龙　江	111212842	78415251	70.51
上　海	56441312	26620799	47.17
江　苏	359825173	263692977	73.28
浙　江	201940713	107835050	53.40
安　徽	180912064	111035280	61.38
福　建	150458082	83006608	55.17
江　西	124349494	79136944	63.64
山　东	358758558	229966905	64.10
河　南	251880603	156045099	61.95
湖　北	187968523	101822652	54.17
湖　南	172251861	110528607	64.17
广　东	217955152	139711754	64.10
广　西	113839294	71160293	62.51
海　南	26255925	9419085	35.87
重　庆	102909525	65832627	63.97
四　川	197552867	128345032	64.97
贵　州	71027771	33123739	46.63
云　南	96218329	46435713	48.26
西　藏	8760023	5967128	68.12
陕　西	145335128	82549117	56.80
甘　肃	64071982	40695015	63.51
青　海	22853013	11726433	51.31
宁　夏	25777882	14894504	57.78
新　疆	73712357	45280449	61.43
不分地区	56553681	19243547	34.03

国民经济行业大类固定资产投资（不含农户）和新增固定资产

单位：万元

行　业	投　资　额	新增固定资产	固定资产交付 使用率（%）
全　国　总　计	4357474256	2697802835	61.91
（一）农、林、牧、渔业	114012375	90353180	79.25
农业	40278941	30626664	76.04
林业	13565790	10759279	79.31
畜牧业	30659533	24310962	79.29
渔业	6586410	5260932	79.88
农、林、牧、渔服务业	22921701	19395343	84.62
（二）采矿业	146487843	104137964	71.09
煤炭开采和洗选业	52125675	33440895	64.15
石油和天然气开采业	38206143	28170908	73.73
黑色金属矿采选业	16484148	12676552	76.90
有色金属矿采选业	15934856	11709078	73.48
非金属矿采选业	18003860	14315934	79.52
开采辅助活动	5175920	3373182	65.17
其他采矿业	557241	451415	81.01
（三）制造业	1475844340	1032446070	69.96
农副食品加工业	85801165	63152640	73.60
食品制造业	36859272	27146183	73.65
酒、饮料和精制茶制造业	33865989	22924834	67.69
烟草制品业	3030419	1850969	61.08
纺织业	47259939	36430230	77.08
纺织服装、服饰业	31144351	24133717	77.49
皮革、毛皮、羽毛及其制品和制鞋业	17153985	13098383	76.36
木材加工和木、竹、藤、棕、草制品业	29205057	23213104	79.48
家具制造业	19330979	14349549	74.23
造纸和纸制品业	26357884	16821735	63.82
印刷和记录媒介复制业	12831719	9775049	76.18
文教、工美、体育和娱乐用品制造业	14128352	10389460	73.54
石油加工、炼焦和核燃料加工业	30391319	16879025	55.54
化学原料及化学制品制造业	132104180	83600667	63.28
医药制造业	45293461	29894475	66.00
化学纤维制造业	10494019	6371157	60.71
橡胶和塑料制品业	52468169	39771855	75.80
非金属矿物制品业	137565786	107906923	78.44
黑色金属冶炼和压延加工业	50986665	37067002	72.70
有色金属冶炼和压延加工业	55502785	31349681	56.48
金属制品业	71368334	55436757	77.68
通用设备制造业	104908454	77385864	73.77
专用设备制造业	100174340	68062616	67.94

国民经济行业大类固定资产投资（不含农户）和新增固定资产

续表1　　　　　　　　　　　　　　　　　　　　　　　　　　　　　　　　单位：万元

行　业	投 资 额	新增固定资产	固定资产交付使用率（%）
汽车制造业	93385194	61380964	65.73
铁路、船舶、航空航天和其他运输设备制造业	27146899	18965858	69.86
电气机械和器材制造业	92106100	63514780	68.96
计算机、通信和其他电子设备制造业	71871836	44110092	61.37
仪器仪表制造业	14113297	9451586	66.97
其他制造业	16071717	9212523	57.32
废弃资源综合利用业	9639350	6679395	69.29
金属制品、机械和设备修理业	3283324	2118997	64.54
（四）电力、热力、燃气及水生产和供应业	**196289315**	**126012118**	**64.20**
电力、热力生产和供应业	147263552	93138571	63.25
燃气生产和供应业	22102432	13041799	59.01
水的生产和供应业	26923331	19831748	73.66
（五）建筑业	**35323445**	**25927008**	**73.40**
房屋建筑业	11870971	8140796	68.58
土木工程建筑业	17475462	12851320	73.54
建筑安装业	1630256	1311648	80.46
建筑装饰和其他建筑业	4346756	3623244	83.36
（六）批发和零售业	**126011087**	**83081792**	**65.93**
批发业	59667147	39307350	65.88
零售业	66343940	43774442	65.98
（七）交通运输、仓储和邮政业	**363293503**	**200806705**	**55.27**
铁路运输业	66906584	18146935	27.12
道路运输业	205029410	125733155	61.32
水上运输业	21233194	11940321	56.23
航空运输业	13140600	10343240	78.71
管道运输业	3740007	2452634	65.58
装卸搬运和运输代理业	9934323	5736466	57.74
仓储业	42357327	25679190	60.63
邮政业	952058	774764	81.38
（八）住宿和餐饮业	**60124082**	**39258102**	**65.30**
住宿业	44733229	27289484	61.01
餐饮业	15390853	11968618	77.76
（九）信息传输、软件和信息技术服务业	**30848766**	**20305513**	**65.82**
电信、广播电视和卫星传输服务	16960868	12353992	72.84
互联网和相关服务	2848917	1490311	52.31
软件和信息技术服务业	11038981	6461210	58.53
（十）金融业	**12419721**	**6887547**	**55.46**
货币金融服务	7924387	4910520	61.97
资本市场服务	1983212	935077	47.15

国民经济行业大类固定资产投资（不含农户）和新增固定资产

续表 2 单位：万元

行　业	投　资　额	新增固定资产	固定资产交付 使用率（%）
保险业	1009967	390575	38.67
其他金融业	1502155	651375	43.36
（十一）房地产业	1113796369	531340177	47.71
房地产业	1113796369	531340177	47.71
（十二）租赁和商务服务业	58746390	32088068	54.62
租赁业	2995815	1807207	60.32
商务服务业	55750575	30280861	54.31
（十三）科学研究和技术服务业	31332078	21979918	70.15
研究和试验发展	10542796	6145203	58.29
专业技术服务业	10647517	8194645	76.96
科技推广和应用服务业	10141765	7640070	75.33
（十四）水利、环境和公共设施管理业	376627364	233441738	61.98
水利管理业	51188383	29476253	57.58
生态保护和环境治理业	14256824	9500590	66.64
公共设施管理业	311182157	194464895	62.49
（十五）居民服务、修理和其他服务业	19944242	14139920	70.90
居民服务业	11211427	7484970	66.76
机动车、电子产品和日用产品修理业	4219386	3153730	74.74
其他服务业	4513429	3501220	77.57
（十六）教育	53998641	38319252	70.96
教育	53998641	38319252	70.96
（十七）卫生和社会工作	31382811	21573810	68.74
卫生	25914952	17246605	66.55
社会工作	5467859	4327205	79.14
（十八）文化、体育和娱乐业	52254726	33472091	64.06
新闻和出版业	1037573	474432	45.73
广播、电视、电影和影视录音制作业	3110935	1989195	63.94
文化艺术业	23816758	15348362	64.44
体育	10409837	7559407	72.62
娱乐业	13879623	8100695	58.36
（十九）公共管理、社会保障和社会组织	58737158	42231862	71.90
中国共产党机关	560627	382780	68.28
国家机构	40860558	29029804	71.05
人民政协、民主党派	130932	88566	67.64
社会保障	2169573	1539647	70.97
群众团体、社会团体和其他成员组织	5710316	4045954	70.85
基层群众自治组织	9305152	7145111	76.79

各地区按登记注册类型分的固定资产投资（不含农户）（一）

单位：万元

地 区	合 计	内 资	国 有	集 体	股份合作	国有联营	集体联营
全国总计	4357474256	4135894391	1098499209	133123638	18679922	5934247	1668677
北　京	67975373	60346253	17750019	1174139	62225	7578	5869
天　津	91030109	85839936	24339640	6346336	446169	70435	122634
河　北	226297693	220227632	34398293	10817144	1797066	383235	74390
山　西	107453450	106124333	40232996	5456690	696018	279731	40874
内 蒙 古	140723876	139690151	47552934	1267031	433737	85061	6500
辽　宁	247914018	226911005	45397316	2686790	502950	96625	8086
吉　林	97257583	95463853	23521764	537817	37170	87114	16373
黑 龙 江	111212842	110071361	32960901	1054139	394259	204429	39582
上　海	56441312	47309516	14528370	676719	28049	291466	3142
江　苏	359825173	320626291	60349468	15128931	851080	306617	127149
浙　江	201940713	183098395	46287638	6953900	487719	103896	11329
安　徽	180912064	175030128	40461966	2323397	526332	544970	31520
福　建	150458082	137625585	39911860	4338932	145643	300359	27650
江　西	124349494	120414493	23682134	1153205	707202	239708	46415
山　东	358758558	346160052	42120846	28974639	1450544	276975	213605
河　南	251880603	247299758	33512607	11162750	2218766	306825	101789
湖　北	187968523	181792573	42056479	5753545	1152154	156974	153854
湖　南	172251861	168614208	48358292	3637288	1791426	90847	170459
广　东	217955152	189122738	41649393	9914213	1258778	171707	85613
广　西	113839294	110327642	27771135	1828360	527080	422018	80293
海　南	26255925	23288987	5788352	6510	188628	12630	8035
重　庆	102909525	95124108	32791425	1039026	650202	259803	11100
四　川	197552867	189870448	65521894	1775443	644283	549523	38675
贵　州	71027771	69905363	30266125	34545	262265	22619	26430
云　南	96218329	94550084	37507135	2082578	130096	95720	19681
西　藏	8760023	8739988	6323078	67264	33261	13261	830
陕　西	145335128	140709042	58432936	4521834	588375	368292	119291
甘　肃	64071982	63894940	29705541	1975058	383726	81274	61390
青　海	22853013	22527228	10950020	121450	79096	2852	219
宁　夏	25777882	25545266	7108220	125849	97532	5000	1800
新　疆	73712357	73089353	30706751	188116	108091	96703	14100
不分地区	56553681	56553681	56553681				

各地区按登记注册类型分的固定资产投资（不含农户）（二）

单位：万元

地　区	内　资						
	国有与集体联营	其他联营	国有独资公司	其他有限责任公司	股份有限公司	私　营	个体户
全国总计	2556304	3425527	104308732	1111756406	232572878	1212171241	12844178
北　京	9459		4848203	30357475	3366889	2491783	
天　津	43988	81815	2619092	23696234	5841790	19111814	427389
河　北	177182	131589	1863279	61824689	12220267	84395800	279280
山　西	76274	64240	1240650	24971971	6731322	21540550	283063
内　蒙古	2491	500	2014153	54745438	7693960	22395140	287344
辽　宁	28639	203683	5557765	56678562	11052763	98277398	628680
吉　林	28088	53930	928863	35734058	5442415	23384473	969560
黑龙江	41807	197173	2379518	33910226	4205982	28110072	477631
上　海	55990	39578	2822996	17005471	1270995	10549681	
江　苏	534271	264895	6686836	62729700	15871115	147802921	453720
浙　江	87182	6475	7822482	56209258	6737316	55209008	420090
安　徽	17190	165972	4998053	47853131	10434649	60482905	378373
福　建	183274	40315	4416777	38579362	4707794	40316985	224670
江　西	36086	339965	1075222	32534660	5805048	48361263	1049434
山　东	113992	107005	4200451	93502954	23864388	119115203	407064
河　南	284651	231712	3000142	67473061	22292799	77917362	373148
湖　北	187937	152701	2195457	46571539	14407686	58054289	118319
湖　南	25719	158514	2799389	38879734	8962437	52210397	355355
广　东	63251	112903	7942059	61744245	12751844	44673967	2186748
广　西	232779	164321	5539570	20125507	7295478	35761830	1257652
海　南	110	8000	1713365	9947359	1965372	2601423	25890
重　庆	83818	338416	5944727	19423513	3053486	27799577	119432
四　川	142647	144879	8332477	52300903	10639537	37726327	462056
贵　州	12235		3149168	20694379	2655723	11593652	
云　南	38935	77118	1579850	26318970	4931659	19757936	860106
西　藏		14668	5719	185151	540450	562481	239496
陕　西	22325	149615	2227963	36759164	6342232	23150431	404442
甘　肃	23814	133984	1383493	12099543	3280614	11089127	40824
青　海		4158	445896	6243529	1113397	3108600	47479
宁　夏			2589131	3003039	1470165	11012058	4785
新　疆	2170	37403	1985986	19653581	5623306	13606788	62148
不分地区							

各地区按登记注册类型分的固定资产投资（不含农户）（三）

单位：万元

地　区	内　资		港澳台 投　资	合资 经营	合作 经营	独　资	股份 有限
	个体 合伙	其他内 资企业					
全国总计	5890480	192462952	110276534	39979367	4690420	54640794	9328432
北　京	2285	270329	4514282	1608878	489543	772633	1643216
天　津	93163	2599437	1890081	702555		1015312	127394
河　北	77828	11787590	2161895	962599	169145	874693	90605
山　西	328381	4181573	724651	198933	2500	415699	68443
内　蒙　古	120250	3085612	524097	130118	1904	332003	55872
辽　宁	117956	5673792	11698163	5059891	511429	5411597	686871
吉　林	318955	4403273	727348	230527	51200	406696	36375
黑　龙　江	204308	5891334	496018	282885	4870	163719	44544
上　海		37059	3018866	1399144	143200	1410849	65673
江　苏	33250	9486338	16055035	5874079	183217	9186235	748232
浙　江	91394	2670708	11265937	5220708	52062	5528512	459005
安　徽	210121	6601549	2878574	845544	68257	1572611	320640
福　建	95450	4336514	8212851	2849621	83875	4662613	591500
江　西	370248	5013903	2406267	731805	15059	1277250	312253
山　东	156887	31655499	6173310	2291706	397733	2849995	506007
河　南	438551	27985595	2126488	783465	17629	956318	188361
湖　北	140164	10691475	2410682	629699	18704	1413518	319380
湖　南	861838	10312513	1846790	561821	21254	891582	314350
广　东	257445	6310572	15906976	4909837	2216756	7659905	860077
广　西	557124	8764495	1834074	559937	91827	915471	242580
海　南	26200	997113	2076376	607204	1800	987399	448444
重　庆	309883	3299700	4530567	1328001	86527	2367534	609777
四　川	249626	11342178	3377603	771491	39366	1916735	339220
贵　州	15439	1172783	847333	354748		363559	129026
云　南	66258	1084042	770832	395450		293392	40850
西　藏	73808	680521	12850				12850
陕　西	607952	7014190	1138714	394271	17865	678214	35704
甘　肃	9063	3627489	72684	60601	1848	3300	5342
青　海	4733	405799	283155	36630		243525	1800
宁　夏	15000	112687	125120	109670	2850	12600	
新　疆	36920	967290	168915	87549		57325	24041
不分地区							

各地区按登记注册类型分的固定资产投资（不含农户）（四）

单位：万元

地　区	港澳台 其他 港澳台	外商 投资	合资 经营	合作 经营	独资	股份 有限	其他 外商
全国总计	**1637521**	**111303331**	**41326056**	**5249518**	**54920377**	**6971776**	**2835604**
北　京	12	3114838	1637082	298261	1092901	78936	7658
天　津	44820	3300092	970531	60972	1983724	186960	97905
河　北	64853	3908166	762677	55860	2611311	392177	86141
山　西	39076	604466	93361	187718	232331	65421	25635
内　蒙　古	4200	509628	210753	103307	128285	63018	4265
辽　宁	28375	9304850	4064433	491616	4273073	315522	160206
吉　林	2550	1066382	428184	43588	454694	84566	55350
黑　龙　江		645463	185530	3950	359793	96190	
上　海		6112930	2209633	803544	3031151	68602	
江　苏	63272	23143847	7546951	425918	13992897	744512	433569
浙　江	5650	7576381	3727788	220047	3247131	265899	115516
安　徽	71522	3003362	1041543	123513	1469222	99758	269326
福　建	25242	4619646	1611832	22423	2529294	382890	73207
江　西	69900	1528734	630470	36777	671741	169284	20462
山　东	127869	6425196	2028787	161402	3621438	545681	67888
河　南	180715	2454357	749375	85387	917053	221399	481143
湖　北	29381	3765268	2176018	80035	1063703	339817	105695
湖　南	57783	1790863	908152	40845	670535	138532	32799
广　东	260401	12925438	4998870	784590	6336119	639804	166055
广　西	24259	1677578	537033	38898	524792	477516	99339
海　南	31529	890562	337204	184876	306580	37202	24700
重　庆	138728	3254850	1599099	257421	1173458	173767	51105
四　川	310791	4304816	1639970	263794	1760430	357122	283500
贵　州		275075	63245	58555	92099	26366	34810
云　南	41140	897413	355273	168644	80849	278592	14055
西　藏		7185				4255	2930
陕　西	12660	3487372	694339	216636	2043311	465561	67525
甘　肃	1593	104358	23804		3174	40380	37000
青　海	1200	42630	1700		35350	5580	
宁　夏		107496	32968		71078		3450
新　疆		454089	59451	30941	142860	206467	14370
不分地区							

国民经济行业大类按登记注册类型分的固定资产投资（不含农户）（一）

单位：万元

行　业	合　计	内　资	国　有	集　体	股份合作
全　国　总　计	4357474256	4135894391	1098499209	133123638	18679922
（一）农、林、牧、渔业	114012375	112802061	31487612	7357863	1020705
农业	40278941	39787265	9072641	2948355	572950
林业	13565790	13516879	7207924	790250	73695
畜牧业	30659533	30121076	3084656	776107	236817
渔业	6586410	6499659	447499	537515	63294
农、林、牧、渔服务业	22921701	22877182	11674892	2305636	73949
（二）采矿业	146487843	144317283	46074045	1817030	1219701
煤炭开采和洗选业	52125675	51655916	14031413	958207	780304
石油和天然气开采业	38206143	37428342	24585015	8591	83043
黑色金属矿采选业	16484148	16343913	1960266	237805	89431
有色金属矿采选业	15934856	15526118	3250618	326655	42238
非金属矿采选业	18003860	17751181	542798	259021	179745
开采辅助活动	5175920	5075972	1671499	20101	44440
其他采矿业	557241	535841	32436	6650	500
（三）制造业	1475844340	1368998472	87995331	11211452	8158504
农副食品加工业	85801165	83172282	2218428	594297	513240
食品制造业	36859272	34454093	938158	207946	97430
酒、饮料和精制茶制造业	33865989	31340210	1943362	223742	200474
烟草制品业	3030419	2957020	1731967	67628	4909
纺织业	47259939	44831976	975881	411139	153235
纺织服装、服饰业	31144351	29186377	545527	364207	49130
皮革、毛皮、羽毛及其制品和制鞋业	17153985	15853780	357498	160571	78423
木材加工和木、竹、藤、棕、草制品业	29205057	28523304	432318	109828	100550
家具制造业	19330979	18613385	161420	59181	67027
造纸和纸制品业	26357884	22945492	722208	172579	115984
印刷和记录媒介复制业	12831719	12417814	500810	126247	39866
文教、工美、体育和娱乐用品制造业	14128352	12960019	216122	148630	54165
石油加工、炼焦和核燃料加工业	30391319	28551476	7148420	343881	587255
化学原料及化学制品制造业	132104180	122379195	13172589	725453	999361
医药制造业	45293461	42557035	1498440	370835	289893
化学纤维制造业	10494019	9197647	260816	9013	7690
橡胶和塑料制品业	52468169	48398250	1213462	458976	255083
非金属矿物制品业	137565786	133018744	3461600	887283	891094
黑色金属冶炼和压延加工业	50986665	49109035	7006359	547303	224812
有色金属冶炼和压延加工业	55502785	53069464	4393731	279403	216976
金属制品业	71368334	67541235	2186514	932198	197721
通用设备制造业	104908454	99147699	3373030	721985	324852
专用设备制造业	100174340	95077196	5606090	611611	631029

国民经济行业大类按登记注册类型分的固定资产投资（不含农户）（一）

续表1 单位：万元

行　业	合　计	内　资	国　有	集　体	股份合作
汽车制造业	93385194	76585399	8313895	503130	702368
铁路、船舶、航空航天和其他运输设备制造业	27146899	25615849	4751613	222570	32997
电气机械和器材制造业	92106100	86308067	3580981	558449	523918
计算机、通信和其他电子设备制造业	71871836	54861439	5005179	331805	422566
仪器仪表制造业	14113297	12473482	883784	101216	177281
其他制造业	16071717	15486410	4034950	809591	26309
废弃资源综合利用业	9639350	9359689	870151	112472	82241
金属制品、机械和设备修理业	3283324	3005409	490028	38283	90625
（四）电力、热力、燃气及水生产和供应业	196289315	189890175	100973685	3858129	761562
电力、热力生产和供应业	147263552	142662011	78779262	1945138	627439
燃气生产和供应业	22102432	20798246	6567883	347826	63957
水的生产和供应业	26923331	26429918	15626540	1565165	70166
（五）建筑业	35323445	35105630	19113040	2024070	59420
房屋建筑业	11870971	11849332	5572809	753202	13977
土木工程建筑业	17475462	17376742	12221751	884209	28274
建筑安装业	1630256	1571356	357925	46302	11209
建筑装饰和其他建筑业	4346756	4308200	960555	340357	5960
（六）批发和零售业	126011087	122107027	10841711	5907842	955058
批发业	59667147	58350901	4606115	2052318	366244
零售业	66343940	63756126	6235596	3855524	588814
（七）交通运输、仓储和邮政业	363293503	356375140	237544729	6155104	712771
铁路运输业	66906584	66624585	59659566	76866	33303
道路运输业	205029410	204207025	154736901	4745835	220128
水上运输业	21233194	19938381	8674659	345189	91658
航空运输业	13140600	11507871	5630928	44026	
管道运输业	3740007	3390877	1527149	48743	8675
装卸搬运和运输代理业	9934323	9569366	907869	47116	136766
仓储业	42357327	40195658	6065951	841315	222241
邮政业	952058	941377	341706	6014	
（八）住宿和餐饮业	60124082	57021008	5673749	1605828	335527
住宿业	44733229	41969902	4374050	987319	271772
餐饮业	15390853	15051106	1299699	618509	63755
（九）信息传输、软件和信息技术服务业	30848766	27168532	12014770	198753	94186
电信、广播电视和卫星传输服务	16960868	14722902	9523758	82517	40522
互联网和相关服务	2848917	2113458	456256	10502	36121
软件和信息技术服务业	11038981	10332172	2034756	105734	17543
（十）金融业	12419721	12106754	3829985	411462	271451
货币金融服务	7924387	7780663	2960800	308608	263652
资本市场服务	1983212	1974338	264772	29824	1000

国民经济行业大类按登记注册类型分的固定资产投资（不含农户）（一）

续表2 单位：万元

行　　业	合　计	内　资	国　　有	集　　体	股份合作
保险业	1009967	986192	204305	4300	4819
其他金融业	1502155	1365561	400108	68730	1980
（十一）房地产业	1113796369	1033574442	130321447	47802582	2753243
房地产业	1113796369	1033574442	130321447	47802582	2753243
（十二）租赁和商务服务业	58746390	56760844	13614831	3954371	430413
租赁业	2995815	2891240	357262	33701	
商务服务业	55750575	53869604	13257569	3920670	430413
（十三）科学研究和技术服务业	31332078	30471290	9471572	1437700	276997
研究和试验发展	10542796	10086293	3740331	309504	158677
专业技术服务业	10647517	10502414	3612217	712921	40746
科技推广和应用服务业	10141765	9882583	2119024	415275	77574
（十四）水利、环境和公共设施管理业	376627364	374995057	262318403	20514261	806920
水利管理业	51188383	51030002	42561763	2833975	21467
生态保护和环境治理业	14256824	14117540	7784800	962591	24220
公共设施管理业	311182157	309847515	211971840	16717695	761233
（十五）居民服务、修理和其他服务业	19944242	19790042	5028144	2975923	102675
居民服务业	11211427	11154205	3147106	2032967	72793
机动车、电子产品和日用产品修理业	4219386	4209269	791510	103695	29346
其他服务业	4513429	4426568	1089528	839261	536
（十六）教育	53998641	53694251	38617745	2960971	208626
教育	53998641	53694251	38617745	2960971	208626
（十七）卫生和社会工作	31382811	31254285	21726587	1967574	103156
卫生	25914952	25802515	19072473	1468086	85356
社会工作	5467859	5451770	2654114	499488	17800
（十八）文化、体育和娱乐业	52254726	50878217	20309366	3019269	252490
新闻和出版业	1037573	1037573	649927	9300	9915
广播、电视、电影和影视录音制作业	3110935	3089029	1198348	138700	
文化艺术业	23816758	23594695	10865789	1669912	159698
体育	10409837	10204692	5702547	512461	63332
娱乐业	13879623	12952228	1892755	688896	19545
（十九）公共管理、社会保障和社会组织	58737158	58583881	41542457	7943454	156517
中国共产党机关	560627	560627	455976	56452	
国家机构	40860558	40823548	34974389	1928457	10425
人民政协、民主党派	130932	130932	40879	1150	
社会保障	2169573	2169573	1233964	389831	5100
群众团体、社会团体和其他成员组织	5710316	5672403	3212038	386853	35000
基层群众自治组织	9305152	9226798	1625211	5180711	105992

国民经济行业大类按登记注册类型分的固定资产投资（不含农户）（二）

单位：万元

行　业	内　资				
	国有联营	集体联营	国有与集体联营	其他联营	国有独资公司
全 国 总 计	5934247	1668677	2556304	3425527	104308732
（一）农、林、牧、渔业	63870	226645	83291	386226	238136
农业	7207	96621	5742	109073	74010
林业	4532	28584	64603	590	41545
畜牧业	23260	63803	9915	205936	27207
渔业	7548	6382	100	6786	29145
农、林、牧、渔服务业	21323	31255	2931	63841	66229
（二）采矿业	418485	164341	147431	201908	2956579
煤炭开采和洗选业	326012	87246	64868	102290	2214210
石油和天然气开采业	13600		891		204249
黑色金属矿采选业	12555		5540	42571	116095
有色金属矿采选业	49551	71079	34000	18300	292607
非金属矿采选业	5200	6016	35432	38747	97622
开采辅助活动	11567		6700		29360
其他采矿业					2436
（三）制造业	1252088	312473	502892	602819	8867845
农副食品加工业	35248	11856	3010	30604	119567
食品制造业	46717	1530	40558	7835	9897
酒、饮料和精制茶制造业	18795	3330	8680	18280	25677
烟草制品业	6125	4150			187810
纺织业	5968	1325	990	25390	68951
纺织服装、服饰业	19103	1800	13004	4701	57303
皮革、毛皮、羽毛及其制品和制鞋业				5450	87435
木材加工和木、竹、藤、棕、草制品业	1000	11182	9024	14410	81625
家具制造业		23000			9752
造纸和纸制品业	5203		2250		48738
印刷和记录媒介复制业	26265		16143	2723	45056
文教、工美、体育和娱乐用品制造业		502	1093	2825	15352
石油加工、炼焦和核燃料加工业				29847	77655
化学原料及化学制品制造业	32225	20253	35384	79131	1550746
医药制造业	108350	2450	20700	22608	90748
化学纤维制造业				1900	35318
橡胶和塑料制品业	11499	36484	2926	2932	55811
非金属矿物制品业	52189	23683	35357	107837	210659
黑色金属冶炼和压延加工业	239273		51521	28720	577485
有色金属冶炼和压延加工业	9000	4350		12800	1381051
金属制品业	17510	215	7875	24626	339603
通用设备制造业	119131	23116	109355	63250	302646
专用设备制造业	119025	8651	23397	26660	646848

国民经济行业大类按登记注册类型分的固定资产投资（不含农户）（二）

续表1　　　　　　　　　　　　　　　　　　　　　　　　　　　　　　　　　单位：万元

行　　业	内　资				
	国有 联营	集体 联营	国有与 集体联营	其他 联营	国有独 资公司
汽车制造业	148376	3540			746424
铁路、船舶、航空航天和其他运输设备制造业	68090		3090	4210	549625
电气机械和器材制造业	36845	10900	33020	30350	349400
计算机、通信和其他电子设备制造业	55580	32413		33640	725251
仪器仪表制造业	1800	5279		5000	49800
其他制造业	18871	35050	83415	2723	318771
废弃资源综合利用业	47000	2414	2100	3574	27887
金属制品、机械和设备修理业	2900	45000		10793	74954
（四）电力、热力、燃气及水生产和供应业	986556	28700	456008	88665	7041865
电力、热力生产和供应业	714278	7360	354398	21713	5087846
燃气生产和供应业	171737	2500	3500	37382	188185
水的生产和供应业	100541	18840	98110	29570	1765834
（五）建筑业	91450	121652	14400	129458	364972
房屋建筑业	3120	101580	9500	32820	95976
土木工程建筑业	88330	15072	4900	46068	244561
建筑安装业					14535
建筑装饰和其他建筑业		5000		50570	9900
（六）批发和零售业	175765	94349	23300	191047	754280
批发业	117873	62383	5867	54806	359848
零售业	57892	31966	17433	136241	394432
（七）交通运输、仓储和邮政业	574064	94041	282949	178841	19437560
铁路运输业	60629	10			527787
道路运输业	289806	24037	161447	45101	16834271
水上运输业	90333	16150	640	104800	1142162
航空运输业					282703
管道运输业	56820	2940			96867
装卸搬运和运输代理业	7261	495	17866		43004
仓储业	69215	50409	93996	28940	500663
邮政业			9000		10103
（八）住宿和餐饮业	52635	8711	20069	65363	383989
住宿业	52635	711		42088	290050
餐饮业		8000	20069	23275	93939
（九）信息传输、软件和信息技术服务业	119667		19293	2980	349481
电信、广播电视和卫星传输服务	94977		3193	2980	203136
互联网和相关服务	24690				32546
软件和信息技术服务业			16100		113799
（十）金融业	33163	7266	8200		249688
货币金融服务	26171	7266	8200		30264
资本市场服务	192				158314

国民经济行业大类按登记注册类型分的固定资产投资（不含农户）（二）

续表2 单位：万元

行　　业	内　资				
	国有 联营	集体 联营	国有与 集体联营	其他 联营	国有独 资公司
保险业	6800				
其他金融业					61110
（十一）房地产业	461375	184756	163460	672451	39763026
房地产业	461375	184756	163460	672451	39763026
（十二）租赁和商务服务业	349095	137736	23290	63137	1437262
租赁业					1825
商务服务业	349095	137736	23290	63137	1435437
（十三）科学研究和技术服务业	42885	1225	12249	33600	923908
研究和试验发展	10306		236	31000	127528
专业技术服务业	17179		12013		540724
科技推广和应用服务业	15400	1225		2600	255656
（十四）水利、环境和公共设施管理业	1014236	159422	506528	570333	18910233
水利管理业	35557	40686	95076	10190	1470833
生态保护和环境治理业	77329	30057	133544		481749
公共设施管理业	901350	88679	277908	560143	16957651
（十五）居民服务、修理和其他服务业	39000	49678	191528	18470	101346
居民服务业		44698	191528	7670	18286
机动车、电子产品和日用产品修理业	13000	4980			26786
其他服务业	26000			10800	56274
（十六）教育	103964	29223	13161	45676	779162
教育	103964	29223	13161	45676	779162
（十七）卫生和社会工作	75857	3760	17922	98975	301181
卫生	71427	660	13913	85453	228617
社会工作	4430	3100	4009	13522	72564
（十八）文化、体育和娱乐业	10254	14280	36532	26656	944797
新闻和出版业					14968
广播、电视、电影和影视录音制作业	300				69790
文化艺术业	3800	430	14707	18796	636861
体育	5200	5000		1880	184791
娱乐业	954	8850	21825	5980	38387
（十九）公共管理、社会保障和社会组织	69838	30419	33801	48922	503422
中国共产党机关	9860				
国家机构	44111	5949	32401	10930	472324
人民政协、民主党派					1068
社会保障	2002	3360	1400	876	3400
群众团体、社会团体和其他成员组织	13865	2066		37116	19774
基层群众自治组织		19044			6856

国民经济行业大类按登记注册类型分的固定资产投资（不含农户）（三）

单位：万元

行　业	内　资					
	其他有限责任公司	股份有限公司	私营	个体户	个人合伙	其他内资企业
全　国　总　计	1111756406	232572878	1212171241	12844178	5890480	192462952
（一）农、林、牧、渔业	15022444	4132364	36702474	1920013	1313164	12847254
农业	6000502	1163037	13768468	327871	467421	5173367
林业	1049741	261164	2680222	177422	127158	1009449
畜牧业	5124757	1829590	13275194	883604	474240	4105990
渔业	923762	324638	3132160	156661	136299	727870
农、林、牧、渔服务业	1923682	553935	3846430	374455	108046	1830578
（二）采矿业	30280835	16635474	38427226	400247	502932	5071049
煤炭开采和洗选业	14355702	4439710	12720074	98356	262294	1215230
石油和天然气开采业	3864592	8036521	372692	13500		245648
黑色金属矿采选业	3287459	806856	8960857	31650	6410	786418
有色金属矿采选业	3638015	1681695	5572849	10540	56135	481836
非金属矿采选业	3847956	815083	9905070	221213	167193	1630085
开采辅助活动	1164463	819975	660479	22490	3000	621898
其他采矿业	122648	35634	235205	2498	7900	89934
（三）制造业	414432727	110812273	641327331	4687818	1245143	77589776
农副食品加工业	23974144	5536299	43781448	525638	165840	5662663
食品制造业	10156489	2711517	17838458	122946	23138	2251474
酒、饮料和精制茶制造业	9156907	3557839	14276175	132877	49554	1724518
烟草制品业	510584	113438	213892	9800	29200	77517
纺织业	11912251	2283157	26860172	105049	26383	2002085
纺织服装、服饰业	7384901	1689938	17043935	178594	31411	1802823
皮革、毛皮、羽毛及其制品和制鞋业	4235976	798481	9181914	57108	16810	874114
木材加工和木、竹、藤、棕、草制品业	7023906	1106879	16644697	386265	132149	2469471
家具制造业	5220330	958283	10622658	195026	41724	1254984
造纸和纸制品业	7250958	1596010	11651852	68146	25476	1286088
印刷和记录媒介复制业	3840683	610839	6284448	58910	16477	849347
文教、工美、体育和娱乐用品制造业	3853302	630394	7200049	91743	11817	734025
石油加工、炼焦和核燃料加工业	7454401	4258439	7963644	4960	4000	678974
化学原料及化学制品制造业	40322136	13053525	45839026	90727	36167	6422472
医药制造业	15443459	6635297	15875492	21107	7900	2169756
化学纤维制造业	2392122	1200213	5006172	17110	1550	265743
橡胶和塑料制品业	14391906	3468276	25916002	149673	30079	2405141
非金属矿物制品业	38719421	8773979	69467984	1495972	376815	8514871
黑色金属冶炼和压延加工业	15421232	4348672	18652025	70990	11100	1929543
有色金属冶炼和压延加工业	18859506	6460324	18820833	24010	20597	2586883
金属制品业	18807125	3516049	37386842	210399	21544	3893014
通用设备制造业	27756736	6064549	54121141	225460	43813	5898635
专用设备制造业	29265688	6254613	46038357	109328	23715	5712184

国民经济行业大类按登记注册类型分的固定资产投资（不含农户）（三）

续表1
单位：万元

行　业	内　资					
	其他有限责任公司	股份有限公司	私　营	个体户	个人合伙	其他内资企业
汽车制造业	25825305	8363587	27461662	97298	29999	4389815
铁路、船舶、航空航天和其他运输设备制造业	7306332	2199797	9377500	28133	2000	1069892
电气机械和器材制造业	26929515	7236080	41670588	47362	33424	5267235
计算机、通信和其他电子设备制造业	19421177	4880704	20621573	97818	8260	3225473
仪器仪表制造业	3738316	1073437	5561237	10132	450	865750
其他制造业	3994587	588650	4871556	16721	17698	667518
废弃资源综合利用业	2970215	667969	4110164	22296	3233	437973
金属制品、机械和设备修理业	893117	175039	965835	16220	2820	199795
（四）电力、热力、燃气及水生产和供应业	39006785	13074571	18945868	124672	118405	4424704
电力、热力生产和供应业	30747376	9351715	12502624	49253	105804	2367805
燃气生产和供应业	5615803	3037794	3947579	37337	9135	767628
水的生产和供应业	2643606	685062	2495665	38082	3466	1289271
（五）建筑业	4566125	699269	4710640	179922	2980	3028232
房屋建筑业	1782559	288086	2095047	19230		1081426
土木工程建筑业	1409004	244941	1170562	23930	2980	992160
建筑安装业	502180	29781	428309			181115
建筑装饰和其他建筑业	872382	136461	1016722	136762		773531
（六）批发和零售业	34837510	8296679	49677730	991098	325895	9034763
批发业	18553571	3811942	23542266	308145	79115	4430408
零售业	16283939	4484737	26135464	682953	246780	4604355
（七）交通运输、仓储和邮政业	37674909	12889401	30385705	363059	123212	9958795
铁路运输业	5270530	378941	525860	6000		85093
道路运输业	11213435	2866516	8417756	84181	53615	4513996
水上运输业	3783772	1938452	2853745	121089	29051	746681
航空运输业	876440	3180128	581031			912615
管道运输业	775502	281926	424639	300		167316
装卸搬运和运输代理业	3106496	587014	4101923	88969	12066	512521
仓储业	12393357	3621219	13247789	59679	26980	2973904
邮政业	255377	35205	232962	2841	1500	46669
（八）住宿和餐饮业	15693838	4260396	23125872	1522719	266148	4006164
住宿业	12990991	3547626	16083286	677952	143145	2508277
餐饮业	2702847	712770	7042586	844767	123003	1497887
（九）信息传输、软件和信息技术服务业	6113514	3833179	3775367	20534		626808
电信、广播电视和卫星传输服务	1959704	2503716	168605	4189		135605
互联网和相关服务	641097	293739	540647	11595		66265
软件和信息技术服务业	3512713	1035724	3066115	4750		424938
（十）金融业	2565595	2958109	1347129	14950	4120	405636
货币金融服务	1406714	2003183	461265	12000	1870	290670
资本市场服务	588360	220140	633062	2950	2250	73474

国民经济行业大类按登记注册类型分的固定资产投资（不含农户）（三）

续表2　　　　　　　　　　　　　　　　　　　　　　　　　　　　　　　　　　　单位：万元

行　　业	内　　资					
	其他有限责任公司	股份有限公司	私　营	个体户	个人合伙	其他内资企业
保险业	87338	652940	9723			15967
其他金融业	483183	81846	243079			25525
（十一）房地产业	**442691810**	**39471443**	**299709125**	**1486330**	**1461652**	**26631742**
房地产业	442691810	39471443	299709125	1486330	1461652	26631742
（十二）租赁和商务服务业	**14748475**	**3321525**	**15121119**	**114076**	**105836**	**3339678**
租赁业	1193240	99568	813924	4614	5920	381186
商务服务业	13555235	3221957	14307195	109462	99916	2958492
（十三）科学研究和技术服务业	**7126936**	**1864922**	**6734397**	**36197**	**28290**	**2480412**
研究和试验发展	2804694	661307	1806821			435889
专业技术服务业	1829812	765860	2079328	23350	5775	862489
科技推广和应用服务业	2492430	437755	2848248	12847	22515	1182034
（十四）水利、环境和公共设施管理业	**28584242**	**5717231**	**19302960**	**138121**	**164664**	**16287503**
水利管理业	1439333	383417	809539	3170	8523	1316473
生态保护和环境治理业	1577250	702585	1476840	850	10360	855365
公共设施管理业	25567659	4631229	17016581	134101	145781	14115665
（十五）居民服务、修理和其他服务业	**2946810**	**651223**	**4926154**	**382905**	**25359**	**2350827**
居民服务业	1363646	325888	2311867	201832	14829	1421095
机动车、电子产品和日用产品修理业	871735	61615	1595903	172161	9963	528575
其他服务业	711429	263720	1018384	8912	567	401157
（十六）教育	**2305967**	**662882**	**3897271**	**64884**	**40475**	**3964244**
教育	2305967	662882	3897271	64884	40475	3964244
（十七）卫生和社会工作	**1817695**	**449741**	**2941195**	**68105**	**21363**	**1661174**
卫生	1173588	380344	1873896	44597	15310	1288795
社会工作	644107	69397	1067299	23508	6053	372379
（十八）文化、体育和娱乐业	**10231974**	**2560876**	**9523833**	**261734**	**73305**	**3612851**
新闻和出版业	149441	18738	64414			120870
广播、电视、电影和影视录音制作业	697049	400749	494477	8716	991	79909
文化艺术业	3864804	897798	3470541	2185	14986	1974388
体育	1630819	251521	1442871	23509	2130	378631
娱乐业	3889861	992070	4051530	227324	55198	1059053
（十九）公共管理、社会保障和社会组织	**1108215**	**281320**	**1589845**	**66794**	**67537**	**5141340**
中国共产党机关			2370			35969
国家机构	643498	110192	714286	32712	8372	1835502
人民政协、民主党派	10550		77285			
社会保障	75301	83807	192945	7200		170387
群众团体、社会团体和其他成员组织	134615	68184	275144	2600	34884	1450264
基层群众自治组织	244251	19137	327815	24282	24281	1649218

国民经济行业大类按登记注册类型分的固定资产投资（不含农户）（四）

单位：万元

行　业	港澳台投　资	合资经营	合作经营	独　资	股份有限	其　他港澳台
全　国　总　计	110276534	39979367	4690420	54640794	9328432	1637521
（一）农、林、牧、渔业	398306	58128	45575	124890	111983	57730
农业	199582	23637	17369	78919	50337	29320
林业	9820	2093	1500	3467		2760
畜牧业	119539	18232	13807	34400	41950	11150
渔业	39671	9566	6019	7650	8436	8000
农、林、牧、渔服务业	29694	4600	6880	454	11260	6500
（二）采矿业	1263347	201001	112790	325246	565390	58920
煤炭开采和洗选业	348668	91196		123212	125940	8320
石油和天然气开采业	522319	33001	109190		380128	
黑色金属矿采选业	39670	20370			17860	1440
有色金属矿采选业	67119	37896		20058	6265	2900
非金属矿采选业	172853	15681	3600	91715	35197	26660
开采辅助活动	98318	2857		90261		5200
其他采矿业	14400					14400
（三）制造业	37663638	12451117	571811	20114484	3877590	648636
农副食品加工业	974526	327289	34123	450279	137973	24862
食品制造业	726964	209106	2800	487118	25739	2201
酒、饮料和精制茶制造业	780003	242039	10021	411197	54270	62476
烟草制品业	2101	2101				
纺织业	1353634	513292	100	736115	93281	10846
纺织服装、服饰业	1144065	228712	45282	755241	94169	20661
皮革、毛皮、羽毛及其制品和制鞋业	787101	205931	3570	421289	125185	31126
木材加工和木、竹、藤、棕、草制品业	293065	75363	500	171211	26519	19472
家具制造业	419353	168358	1508	226514	14749	8224
造纸和纸制品业	1356000	438244	14260	870447	27049	6000
印刷和记录媒介复制业	221277	77641	1850	104418	9408	27960
文教、工美、体育和娱乐用品制造业	628143	153969	4382	442926	26866	
石油加工、炼焦和核燃料加工业	476515	295541	49923	67901	61250	1900
化学原料及化学制品制造业	3010641	1421124	11058	1374575	135694	68190
医药制造业	1196511	524256	12317	420205	221988	17745
化学纤维制造业	784841	43954	2164	599630	139093	
橡胶和塑料制品业	1620329	544562	23922	830859	210476	10510
非金属矿物制品业	2226917	739658	53021	894637	448471	91130
黑色金属冶炼和压延加工业	841775	576159	122820	128876	7820	6100
有色金属冶炼和压延加工业	1128459	173490		858491	94118	2360
金属制品业	1863986	786191	34387	872949	161049	9410
通用设备制造业	1681134	569756	19382	1018779	53857	19360
专用设备制造业	1591592	564098	31131	726210	203746	66407

国民经济行业大类按登记注册类型分的固定资产投资（不含农户）（四）

续表1　　　　　　　　　　　　　　　　　　　　　　　　　　　　　　　　　　　　单位：万元

行　　业	港澳台投　资	合资经营	合作经营	独　资	股份有限	其　他港澳台
汽车制造业	1654691	919579	32504	488302	159285	55021
铁路、船舶、航空航天和其他运输设备制造业	269987	109407	2500	139036	17306	1738
电气机械和器材制造业	2583544	878335	29850	1182655	443804	48900
计算机、通信和其他电子设备制造业	6871372	1390033	23796	4927637	498269	31637
仪器仪表制造业	804136	140870	4640	293123	364603	900
其他制造业	156464	33132		119832		3500
废弃资源综合利用业	156497	53680		81264	21553	
金属制品、机械和设备修理业	58015	45247		12768		
（四）电力、热力、燃气及水生产和供应业	4014254	2229427	149858	1160184	391852	82933
电力、热力生产和供应业	3221873	1715314	132556	1034039	276869	63095
燃气生产和供应业	510967	395565	12510	70333	20371	12188
水的生产和供应业	281414	118548	4792	55812	94612	7650
（五）建筑业	138006	50410	15920	4200	33598	33878
房屋建筑业	8000				7000	1000
土木工程建筑业	73732	1410	15920		26598	29804
建筑安装业	50200	49000				1200
建筑装饰和其他建筑业	6074			4200		1874
（六）批发和零售业	1980789	394169	141551	1064936	280054	100079
批发业	593172	193990	2900	171468	157327	67487
零售业	1387617	200179	138651	893468	122727	32592
（七）交通运输、仓储和邮政业	4485740	1638416	108747	834609	1859484	44484
铁路运输业	281999	281999				
道路运输业	333129	12481	62885	214154	9925	33684
水上运输业	793259	522284		55433	215542	
航空运输业	1632229	36512			1595717	
管道运输业	307572	298300		9172	100	
装卸搬运和运输代理业	239333	131371	45862	42636	17264	2200
仓储业	894915	355469		509910	20936	8600
邮政业	3304			3304		
（八）住宿和餐饮业	1796907	711459	126233	536834	377952	44429
住宿业	1733795	680175	126233	517416	376452	33519
餐饮业	63112	31284		19418	1500	10910
（九）信息传输、软件和信息技术服务业	1566966	347550	500	776564	427919	14433
电信、广播电视和卫星传输服务	634146	20329		408831	193050	11936
互联网和相关服务	555449	257123	500	102939	194887	
软件和信息技术服务业	377371	70098		264794	39982	2497
（十）金融业	213861	71534		95804	6086	40437
货币金融服务	94080	14150		38465	3115	38350
资本市场服务	5058				2971	2087

国民经济行业大类按登记注册类型分的固定资产投资（不含农户）（四）

续表 2   单位：万元

行　业	港澳台投资	合资经营	合作经营	独　资	股份有限	其　他港澳台
保险业						
其他金融业	114723	57384		57339		
（十一）房地产业	53588327	20620745	3349931	28184517	1172189	260945
房地产业	53588327	20620745	3349931	28184517	1172189	260945
（十二）租赁和商务服务业	1158419	471138	12860	652349	11295	10777
租赁业	49977	49977				
商务服务业	1108442	421161	12860	652349	11295	10777
（十三）科学研究和技术服务业	199481	113447		57927	27627	480
研究和试验发展	140730	75597		46706	18427	
专业技术服务业	32372	32372				
科技推广和应用服务业	26379	5478		11221	9200	480
（十四）水利、环境和公共设施管理业	961422	270314	19621	448606	119358	103523
水利管理业	16072			9850		6222
生态保护和环境治理业	30911			30911		
公共设施管理业	914439	270314	19621	407845	119358	97301
（十五）居民服务、修理和其他服务业	91478	27914	32123	17841	1200	12400
居民服务业	32385	16790	1105	890	1200	12400
机动车、电子产品和日用产品修理业	8917	5966		2951		
其他服务业	50176	5158	31018	14000		
（十六）教育	157467	80307		66475		10685
教育	157467	80307		66475		10685
（十七）卫生和社会工作	76822	65266		7770		3786
卫生	63252	53966		5500		3786
社会工作	13570	11300		2270		
（十八）文化、体育和娱乐业	424957	177025	2900	165865	51855	27312
新闻和出版业						
广播、电视、电影和影视录音制作业	8556	6186		500		1870
文化艺术业	93146	19705		47999		25442
体育	107009	43471	2900	41338	19300	
娱乐业	216246	107663		76028	32555	
（十九）公共管理、社会保障和社会组织	96347			1693	13000	81654
中国共产党机关						
国家机构	460					460
人民政协、民主党派						
社会保障						
群众团体、社会团体和其他成员组织	27393			1693	13000	12700
基层群众自治组织	68494					68494

国民经济行业大类按登记注册类型分的固定资产投资（不含农户）（五）

单位：万元

行　　业	外商投资	合资经营	合作经营	独资	股份有限	其他外商
全　国　总　计	111303331	41326056	5249518	54920377	6971776	2835604
（一）农、林、牧、渔业	812008	229530	64520	284148	77605	156205
农业	292094	105714	31593	57086	18790	78911
林业	39091	6205	9500	10550		12836
畜牧业	418918	90761	13342	196842	57915	60058
渔业	47080	22000	3120	17320	900	3740
农、林、牧、渔服务业	14825	4850	6965	2350		660
（二）采矿业	907213	203863	358211	64527	52905	227707
煤炭开采和洗选业	121091	51944	30941		22106	16100
石油和天然气开采业	255482		247482	8000		
黑色金属矿采选业	100565	57964	8000	1441	4350	28810
有色金属矿采选业	341619	72585	71788		14449	182797
非金属矿采选业	79826	19740		48086	12000	
开采辅助活动	1630	1630				
其他采矿业	7000			7000		
（三）制造业	69182230	28665595	1006198	34354123	3901085	1255229
农副食品加工业	1654357	566680	92199	842047	112757	40674
食品制造业	1678215	358031	26278	1196330	68417	29159
酒、饮料和精制茶制造业	1745776	702150	3540	749024	272305	18757
烟草制品业	71298	59338	8560	3400		
纺织业	1074329	365420	6600	570294	98290	33725
纺织服装、服饰业	813909	185747	10735	490446	16714	110267
皮革、毛皮、羽毛及其制品和制鞋业	513104	138715	9320	343543	11253	10273
木材加工和木、竹、藤、棕、草制品业	388688	172319	10300	146310	46613	13146
家具制造业	298241	141783	4000	137147	9369	5942
造纸和纸制品业	2056392	856691	9500	914888	207997	67316
印刷和记录媒介复制业	192628	72530		104498	6100	9500
文教、工美、体育和娱乐用品制造业	540190	123241	2974	380618	12302	21055
石油加工、炼焦和核燃料加工业	1363328	1140011	7246	143033	55038	18000
化学原料和化学制品制造业	6714344	1723439	111224	4263734	473617	142330
医药制造业	1539915	560966	8057	864863	104629	1400
化学纤维制造业	511531	310701	6437	174293	20100	
橡胶和塑料制品业	2449590	453213	17900	1884556	87010	6911
非金属矿物制品业	2320125	1097624	33495	970355	148769	69882
黑色金属冶炼和压延加工业	1035855	629476		273634	97835	34910
有色金属冶炼和压延加工业	1304862	521388	105664	570455	107355	
金属制品业	1963113	756185	55060	1050925	88420	12523
通用设备制造业	4079621	1326221	77409	2518074	142505	15412
专用设备制造业	3505552	1157198	96870	1940619	253162	57703

国民经济行业大类按登记注册类型分的固定资产投资（不含农户）（五）

续表1　　　　　　　　　　　　　　　　　　　　　　　　　　　　　　　　单位：万元

行　　业	外商投资	合资经营	合作经营	独　资	股份有限	其他外商
汽车制造业	15145104	10257458	140238	3813109	765750	168549
铁路、船舶、航空航天和其他运输设备制造业	1261063	619976		478130	110357	52600
电气机械和器材制造业	3214489	1160644	56692	1795653	99121	102379
计算机、通信和其他电子设备制造业	10139025	2773529	68470	6989062	124045	183919
仪器仪表制造业	835679	213981		508042	113656	
其他制造业	428843	28813		178548	192585	28897
废弃资源综合利用业	123164	72666	2990	38144	9364	
金属制品、机械和设备修理业	219900	119461	34440	20349	45650	
（四）电力、热力、燃气及水生产和供应业	2384886	962196	61256	848191	459259	53984
电力、热力生产和供应业	1379668	440304	61146	440259	398266	39693
燃气生产和供应业	793219	367557		372658	44684	8320
水的生产和供应业	211999	154335	110	35274	16309	5971
（五）建筑业	79809	21352		35927	16100	6430
房屋建筑业	13639	8950		1239		3450
土木工程建筑业	24988			24988		
建筑安装业	8700				8700	
建筑装饰和其他建筑业	32482	12402		9700	7400	2980
（六）批发和零售业	1923271	529624	7163	800202	532308	53974
批发业	723074	153380	7163	146822	410154	5555
零售业	1200197	376244		653380	122154	48419
（七）交通运输、仓储和邮政业	2432623	1065844	109720	888953	217024	151082
铁路运输业						
道路运输业	489256	44130	109020	200278	107797	28031
水上运输业	501554	336562	700	104409	59883	
航空运输业	500			500		
管道运输业	41558	17706		21252	2600	
装卸搬运和运输代理业	125624	42108		77000	6516	
仓储业	1266754	625287		478188	40228	123051
邮政业	7377	51		7326		
（八）住宿和餐饮业	1306167	369249	167753	562884	110054	96227
住宿业	1029532	241618	162393	464546	106654	54321
餐饮业	276635	127631	5360	98338	3400	41906
（九）信息传输、软件和信息技术服务业	2113268	145747	17125	1667123	278573	4700
电信、广播电视和卫星传输服务	1603820	44856	17125	1363377	173762	4700
互联网和相关服务	180010			123260	56750	
软件和信息技术服务业	329438	100891		180486	48061	
（十）金融业	99106	3281	2425	28666	64734	
货币金融服务	49644	1418	2425	4495	41306	
资本市场服务	3816	316		3500		

国民经济行业大类按登记注册类型分的固定资产投资（不含农户）（五）

续表2　　　　　　　　　　　　　　　　　　　　　　　　　　　　　　　　单位：万元

行　　业	外商投资	合资经营	合作经营	独资	股份有限	其他外商
保险业	23775	1547			22228	
其他金融业	21871			20671	1200	
（十一）房地产业	26633600	8353103	2825982	14316047	862580	275888
房地产业	26633600	8353103	2825982	14316047	862580	275888
（十二）租赁和商务服务业	827127	248819	37186	315299	149432	76391
租赁业	54598	20175		34423		
商务服务业	772529	228644	37186	280876	149432	76391
（十三）科学研究和技术服务业	661307	285669		286293	40396	48949
研究和试验发展	315773	119747		157226	21000	17800
专业技术服务业	112731	24440		64113	12429	11749
科技推广和应用服务业	232803	141482		64954	6967	19400
（十四）水利、环境和公共设施管理业	670885	95242	71918	100215	126724	276786
水利管理业	142309	26865				115444
生态保护和环境治理业	108373	10360	63779	19360	8000	6874
公共设施管理业	420203	58017	8139	80855	118724	154468
（十五）居民服务、修理和其他服务业	62722	22143		22952	1200	16427
居民服务业	24837	18260		2550		4027
机动车、电子产品和日用产品修理业	1200				1200	
其他服务业	36685	3883		20402		12400
（十六）教育	146923	68935	5352	13055	21230	38351
教育	146923	68935	5352	13055	21230	38351
（十七）卫生和社会工作	51704	17178	9021	5767	642	19096
卫生	49185	17178	7207	5062	642	19096
社会工作	2519		1814	705		
（十八）文化、体育和娱乐业	951552	38686	505688	304259	59925	42994
新闻和出版业						
广播、电视、电影和影视录音制作业	13350	5000		8350		
文化艺术业	128917	3263		113654	6000	6000
体育	98136			98136		
娱乐业	711149	30423	505688	84119	53925	36994
（十九）公共管理、社会保障和社会组织	56930			21746		35184
中国共产党机关						
国家机构	36550			19000		17550
人民政协、民主党派						
社会保障						
群众团体、社会团体和其他成员组织	10520			2746		7774
基层群众自治组织	9860					9860

各地区国有控股、内资、外商及港澳台固定资产投资（不含农户）

单位：万元

地　　区	投资中：国有及国有控股投资	投资中：内资投资	外商投资	港澳台商投资
全国总计	**1441335984**	**4135894391**	**111303331**	**110276534**
北　　京	42506881	60346253	3114838	4514282
天　　津	39647663	85839936	3300092	1890081
河　　北	44273306	220227632	3908166	2161895
山　　西	48667909	106124333	604466	724651
内 蒙 古	55790799	139690151	509628	524097
辽　　宁	59833948	226911005	9304850	11698163
吉　　林	26912039	95463853	1066382	727348
黑 龙 江	38467773	110071361	645463	496018
上　　海	29760108	47309516	6112930	3018866
江　　苏	79088978	320626291	23143847	16055035
浙　　江	63659028	183098395	7576381	11265937
安　　徽	55592263	175030128	3003362	2878574
福　　建	51842340	137625585	4619646	8212851
江　　西	27805501	120414493	1528734	2406267
山　　东	58595488	346160052	6425196	6173310
河　　南	42067222	247299758	2454357	2126488
湖　　北	53200770	181792573	3765268	2410682
湖　　南	58436629	168614208	1790863	1846790
广　　东	70367005	189122738	12925438	15906976
广　　西	38506708	110327642	1677578	1834074
海　　南	10206868	23288987	890562	2076376
重　　庆	43874572	95124108	3254850	4530567
四　　川	82255772	189870448	4304816	3377603
贵　　州	36918531	69905363	275075	847333
云　　南	47273921	94550084	897413	770832
西　　藏	6494831	8739988	7185	12850
陕　　西	72166562	140709042	3487372	1138714
甘　　肃	34659778	63894940	104358	72684
青　　海	13116072	22527228	42630	283155
宁　　夏	11126741	25545266	107496	125120
新　　疆	41666297	73089353	454089	168915
不分地区	56553681	56553681		

国民经济行业小类国有控股、内资、外商及港澳台固定资产投资（不含农户）

单位：万元

行　　业	投资中：国有及国有控股投资	投资中：内资投资	外商投资	港澳台商投资
全　国　总　计	**1441335984**	**4135894391**	**111303331**	**110276534**
（一）农、林、牧、渔业	32428073	112802061	812008	398306
农业	9353061	39787265	292094	199582
谷物种植	2194078	4362412	8961	3050
稻谷种植	1489658	2450811	3400	3050
小麦种植	127039	406649	1	
玉米种植	287669	627034	3660	
其他谷物种植	289712	877918	1900	
豆类、油料和薯类种植	626282	2146589	18676	13824
豆类种植	241992	727686	8200	
油料种植	290355	901291	2801	13824
薯类种植	93935	517612	7675	
棉、麻、糖、烟草种植	606360	1382175	9140	2
棉花种植	93094	517239	9137	
麻类种植	18788	98308		
糖料种植	78023	130371		
烟草种植	416455	636257	3	2
蔬菜、食用菌及园艺作物种植	3017536	17643014	167239	91499
蔬菜种植	2349722	10446771	43276	25379
食用菌种植	257178	2307573	35701	5530
花卉种植	263697	3040453	83562	44736
其他园艺作物种植	146939	1848217	4700	15854
水果种植	1114131	5702306	44652	28834
仁果类和核果类水果种植	473801	1656677	9001	15220
葡萄种植	214653	1195835	10698	1000
柑橘类种植	139024	440942	11169	6204
香蕉等亚热带水果种植	24339	202426	9139	1200
其他水果种植	262314	2206426	4645	5210
坚果、含油果、香料和饮料作物种植	452393	2561872	15010	8487
坚果种植	231308	1131607		
含油果种植	38038	301230		
香料作物种植	29189	92838		
茶及其他饮料作物种植	153858	1036197	15010	8487
中药材种植	310357	2528539	27570	39224
其他农业	1031924	3460358	846	14662
林业	7339226	13516879	39091	9820
林木育种和育苗	1088946	5146333	11941	3593
林木育种	234054	1346013	6205	
林木育苗	854892	3800320	5736	3593
造林和更新	5368540	6943055	20050	6227

国民经济行业小类国有控股、内资、外商及港澳台固定资产投资（不含农户）

续表1   单位：万元

行　　业	投资中：国有及国有控股投资	投资中：内资投资	外商投资	港澳台商投资
森林经营和管护	541519	963227	7100	
木材和竹材采运	289781	362139		
木材采运	286781	342119		
竹材采运	3000	20020		
林产品采集	50440	102125		
木竹材林产品采集	10976	41882		
非木竹材林产品采集	39464	60243		
畜牧业	3305269	30121076	418918	119539
牲畜饲养	2735468	22751265	261854	46795
牛的饲养	1078759	7463888	114857	8454
马的饲养	13878	83774	2000	2000
猪的饲养	997328	11373513	112627	28378
羊的饲养	513496	2950583	19320	7963
骆驼饲养	551	23031		
其他牲畜饲养	131456	856476	13050	
家禽饲养	284081	5596122	138676	47461
鸡的饲养	245162	4332054	118092	45761
鸭的饲养	20929	553645		
鹅的饲养	4780	133804	1	
其他家禽饲养	13210	576619	20583	1700
狩猎和捕捉动物	13378	337737		18420
其他畜牧业	272342	1435952	18388	6863
渔业	512440	6499659	47080	39671
水产养殖	473453	5825494	45080	39671
海水养殖	145037	2773868	23120	11322
内陆养殖	328416	3051626	21960	28349
水产捕捞	38987	674165	2000	
海水捕捞	32987	609445	2000	
内陆捕捞	6000	64720		
农、林、牧、渔服务业	11918077	22877182	14825	29694
农业服务业	11094351	20547673	11325	28614
农业机械服务	916715	1568768	565	850
灌溉服务	3989057	5688483	3560	454
农产品初加工服务	486563	3241391	5000	14100
其他农业服务	5702016	10049031	2200	13210
林业服务业	357470	774071	3500	
林业有害生物防治服务	28470	51723		
森林防火服务	59738	62523		
林产品初级加工服务	9655	133812		
其他林业服务	259607	526013	3500	

国民经济行业小类国有控股、内资、外商及港澳台固定资产投资（不含农户）

续表2　　　　　　　　　　　　　　　　　　　　　　　　　　　　　　　　单位：万元

行　　业	投资中：国有及国有控股投资	投资中：内资投资	外商投资	港澳台商投资
畜牧服务业	375107	886664		1080
渔业服务业	91149	668774		
（二）采矿业	**68166493**	**144317283**	**907213**	**1263347**
煤炭开采和洗选业	22515885	51655916	121091	348668
烟煤和无烟煤开采洗选	19293568	44866886	55694	339100
褐煤开采洗选	2789042	5319064	34456	
其他煤炭采选	433275	1469966	30941	9568
石油和天然气开采业	35383238	37428342	255482	522319
石油开采	31705953	33165429	30408	522319
天然气开采	3677285	4262913	225074	
黑色金属矿采选业	2564988	16343913	100565	39670
铁矿采选	2463726	15234738	34601	35470
锰矿、铬矿采选	24040	507867	65964	4200
其他黑色金属矿采选	77222	601308		
有色金属矿采选业	4321730	15526118	341619	67119
常用有色金属矿采选	2300970	9622987	252981	17805
铜矿采选	859164	2197784	44648	10305
铅锌矿采选	652594	3940792	16886	4600
镍钴矿采选	43475	372310	13950	
锡矿采选	218150	400533		
锑矿采选	14050	132840		
铝矿采选	319590	1007577	177497	
镁矿采选	39150	313201		
其他常用有色金属矿采选	154797	1257950		2900
贵金属矿采选	1484907	3981019	88348	49314
金矿采选	1442237	3720718	88348	49314
银矿采选	20670	193853		
其他贵金属矿采选	22000	66448		
稀有稀土金属矿采选	535853	1922112	290	
钨钼矿采选	403368	1298160	290	
稀土金属矿采选	44479	214976		
放射性金属矿采选	37865	67509		
其他稀有金属矿采选	50141	341467		
非金属矿采选业	854874	17751181	79826	172853
土砂石开采	466306	13109993	44421	133335
石灰石、石膏开采	226049	3528973	28701	33395
建筑装饰用石开采	98859	4672607	10820	74020
耐火土石开采	5822	874060		13000
粘土及其他土砂石开采	135576	4034353	4900	12920
化学矿开采	145282	1407446		27350

国民经济行业小类国有控股、内资、外商及港澳台固定资产投资（不含农户）

续表3

单位：万元

行　　业	投资中： 国有及国有 控股投资	投资中： 内资投资	外商投资	港澳台 商投资
采盐	138923	500780	9800	
石棉及其他非金属矿采选	104363	2732962	25605	12168
石棉、云母矿采选		98421	2365	
石墨、滑石采选	28960	637033	7840	6348
宝石、玉石采选	1720	148853		3000
其他未列明非金属矿采选	73683	1848655	15400	2820
开采辅助活动	2487810	5075972	1630	98318
煤炭开采和洗选辅助活动	714487	2104491		5200
石油和天然气开采辅助活动	1654636	2290613	1630	93118
其他开采辅助活动	118687	680868		
其他采矿业	37968	535841	7000	14400
其他采矿业	37968	535841	7000	14400
（三）制造业	**144023419**	**1368998472**	**69182230**	**37663638**
农副食品加工业	3010708	83172282	1654357	974526
谷物磨制	544221	13826659	150479	46081
饲料加工	244111	11133669	184095	129017
植物油加工	390519	8699902	184030	116814
食用植物油加工	383319	7863628	181530	109814
非食用植物油加工	7200	836274	2500	7000
制糖业	188650	1795278	94856	28163
屠宰及肉类加工	401439	15693706	410653	218969
牲畜屠宰	160527	4518144	56097	74573
禽类屠宰	25954	3801504	77885	59931
肉制品及副产品加工	214958	7374058	276671	84465
水产品加工	134500	5604101	193720	187936
水产品冷冻加工	109039	3373987	92519	98539
鱼糜制品及水产品干腌制加工	9562	733583	17502	79465
水产饲料制造	3010	525803	8913	582
鱼油提取及制品制造		132253	8500	
其他水产品加工	12889	838475	66286	9350
蔬菜、水果和坚果加工	464111	11986278	220182	154039
蔬菜加工	259736	8083987	133241	56486
水果和坚果加工	204375	3902291	86941	97553
其他农副食品加工	643157	14432689	216342	93507
淀粉及淀粉制品制造	128348	4059860	103804	15626
豆制品制造	115514	2235366	3322	28408
蛋品加工	18623	577180	11836	
其他未列明农副食品加工	380672	7560283	97380	49473
食品制造业	1425303	34454093	1678215	726964
焙烤食品制造	123989	5009113	212027	171466

国民经济行业小类国有控股、内资、外商及港澳台固定资产投资（不含农户）

续表4　　　　　　　　　　　　　　　　　　　　　　　　　　　　　　　　单位：万元

行　　业	投资中：国有及国有控股投资	投资中：内资投资	外商投资	港澳台商投资
糕点、面包制造	48270	2374680	82334	114666
饼干及其他焙烤食品制造	75719	2634433	129693	56800
糖果、巧克力及蜜饯制造	5329	1891194	142601	80155
糖果、巧克力制造	2501	952087	141316	78559
蜜饯制作	2828	939107	1285	1596
方便食品制造	392888	6544439	293766	104346
米、面制品制造	254706	3558341	84236	1423
速冻食品制造	78888	1534926	60728	33809
方便面及其他方便食品制造	59294	1451172	148802	69114
乳制品制造	207868	2237045	166710	58680
罐头食品制造	13486	2522114	51547	126355
肉、禽类罐头制造	2856	606465	4993	
水产品罐头制造		136647	5100	106912
蔬菜、水果罐头制造	8980	1371351	23088	1300
其他罐头食品制造	1650	407651	18366	18143
调味品、发酵制品制造	164562	4079806	188194	44528
味精制造	577	549070		9375
酱油、食醋及类似制品制造	35401	1328225	116551	25533
其他调味品、发酵制品制造	128584	2202511	71643	9620
其他食品制造	517181	12170382	623370	141434
营养食品制造	3530	1967988	73503	48905
保健食品制造	63054	2513594	55681	22881
冷冻饮品及食用冰制造	12460	755323	34953	27939
盐加工	108450	590569	8067	
食品及饲料添加剂制造	119849	3039290	134504	21347
其他未列明食品制造	209838	3303618	316662	20362
酒、饮料和精制茶制造业	3017550	31340210	1745776	780003
酒的制造	2542177	15979756	508846	297089
酒精制造	17990	551285	716	7000
白酒制造	1877085	10225758	87270	145809
啤酒制造	344543	1392572	350026	96472
黄酒制造	47724	560628	1160	
葡萄酒制造	180249	1829379	43292	22758
其他酒制造	74586	1420134	26382	25050
饮料制造	297330	10835553	1225997	427288
碳酸饮料制造	20977	1266995	234727	36369
瓶（罐）装饮用水制造	105496	2670964	279340	74865
果菜汁及果菜汁饮料制造	74757	2806335	373100	93029
含乳饮料和植物蛋白饮料制造	52816	1517787	82461	113398
固体饮料制造	6252	409522	42066	

国民经济行业小类国有控股、内资、外商及港澳台固定资产投资（不含农户）

续表 5 单位：万元

行 业	投资中：国有及国有控股投资	投资中：内资投资	外商投资	港澳台商投资
茶饮料及其他饮料制造	37032	2163950	214303	109627
精制茶加工	178043	4524901	10933	55626
烟草制品业	2317485	2957020	71298	2101
烟叶复烤	263448	444446	8560	
卷烟制造	1922564	2275121		
其他烟草制品制造	131473	237453	62738	2101
纺织业	1411443	44831976	1074329	1353634
棉纺织及印染精加工	1004769	21773049	468851	591253
棉纺纱加工	814978	15622061	142964	238928
棉织造加工	144694	4306073	146935	102500
棉印染精加工	45097	1844915	178952	249825
毛纺织及染整精加工	64600	2822009	58935	89678
毛条和毛纱线加工	3770	1150574	3300	57559
毛织造加工	55010	1321262	46952	27952
毛染整精加工	5820	350173	8683	4167
麻纺织及染整精加工	40180	1124072	21390	2850
麻纤维纺前加工和纺纱	13890	609197		2000
麻织造加工	22990	430693	21390	850
麻染整精加工	3300	84182		
丝绢纺织及印染精加工	27138	1464961	20203	53117
缫丝加工	27138	693153	6427	7430
绢纺和丝织加工		630572	13776	23353
丝印染精加工		141236		22334
化纤织造及印染精加工	40501	4633635	125259	271266
化纤织造加工	17374	3883646	110450	230684
化纤织物染整精加工	23127	749989	14809	40582
针织或钩针编织物及其制品制造	39095	4018891	106640	113784
针织或钩针编织物织造	25765	3114154	67880	89548
针织或钩针编织物印染精加工	1695	377700	20775	15999
针织或钩针编织品制造	11635	527037	17985	8237
家用纺织制成品制造	44783	4771510	115263	134765
床上用品制造	6245	2301873	50550	71122
毛巾类制品制造		809115	1834	5100
窗帘、布艺类产品制造		353487	4394	5631
其他家用纺织制成品制造	38538	1307035	58485	52912
非家用纺织制成品制造	150377	4223849	157788	96921
非织造布制造	974	1665035	79281	20139
绳、索、缆制造	84015	457700		13974
纺织带和帘子布制造	46036	477106		11304
篷、帆布制造	5000	350362	6550	9872

国民经济行业小类国有控股、内资、外商及港澳台固定资产投资（不含农户）

续表6　　　　　　　　　　　　　　　　　　　　　　　　　　　　　　　单位：万元

行　业	投资中：国有及国有控股投资	投资中：内资投资	外商投资	港澳台商投资
其他非家用纺织制成品制造	14352	1273646	71957	41632
纺织服装、服饰业	693358	29186377	813909	1144065
机织服装制造	504544	17640560	430895	767109
针织或钩针编织服装制造	63130	4099366	118444	170108
服饰制造	125684	7446451	264570	206848
皮革、毛皮、羽毛及其制品和制鞋业	520526	15853780	513104	787101
皮革鞣制加工	9065	1251876	66016	84945
皮革制品制造	211098	5051271	121128	160006
皮革服装制造	145956	1179737	11628	25011
皮箱、包（袋）制造	15862	2028246	85668	55629
皮手套及皮装饰制品制造	28735	568688	11827	23036
其他皮革制品制造	20545	1274600	12005	56330
毛皮鞣制及制品加工	12678	2036053	26974	67232
毛皮鞣制加工		373340	3126	12146
毛皮服装加工	2438	1203746	1510	45000
其他毛皮制品加工	10240	458967	22338	10086
羽毛（绒）加工及制品制造	12491	1197380	9369	18449
羽毛（绒）加工	11733	499308		4974
羽毛（绒）制品加工	758	698072	9369	13475
制鞋业	275194	6317200	289617	456469
纺织面料鞋制造	113319	1304084	82460	92369
皮鞋制造	126681	2902941	170901	204939
塑料鞋制造		388758	4580	4570
橡胶鞋制造	1000	723629	20156	48437
其他制鞋业	34194	997788	11520	106154
木材加工和木、竹、藤、棕、草制品业	713276	28523304	388688	293065
木材加工	167222	7507183	53896	36216
锯材加工	77353	2114691	10242	11410
木片加工	14333	2307263	9000	10418
单板加工	8545	1460682	3904	9488
其他木材加工	66991	1624547	30750	4900
人造板制造	280248	10285445	105837	139104
胶合板制造	105075	4837669	53128	71367
纤维板制造	64364	2009813	4000	16908
刨花板制造	9506	1043693	20309	29160
其他人造板制造	101303	2394270	28400	21669
木制品制造	225988	8072644	194474	104695
建筑用木料及木材组件加工	53991	2392720	89582	34832
木门窗、楼梯制造	48144	1813539	73484	25000

国民经济行业小类国有控股、内资、外商及港澳台固定资产投资（不含农户）

续表7　　　　　　　　　　　　　　　　　　　　　　　　　　　　　　单位：万元

行　　业	投资中：国有及国有控股投资	投资中：内资投资	外商投资	港澳台商投资
地板制造	82993	1640579	2100	9242
木制容器制造	4860	320554		1500
软木制品及其他木制品制造	36000	1905252	29308	34121
竹、藤、棕、草等制品制造	39818	2658032	34481	13050
竹制品制造	39518	2104565	14481	13050
藤制品制造		237817		
棕制品制造		53737		
草及其他制品制造	300	261913	20000	
家具制造业	304029	18613385	298241	419353
木质家具制造	271467	14022163	196504	273718
竹、藤家具制造		399080	6090	5452
金属家具制造	20817	1758905	78275	26305
塑料家具制造		407526	5650	6326
其他家具制造	11745	2025711	11722	107552
造纸和纸制品业	1206790	22945492	2056392	1356000
纸浆制造	96075	817446	98864	30323
木竹浆制造	78887	543731	8695	26050
非木竹浆制造	17188	273715	90169	4273
造纸	667067	8836359	1613294	626988
机制纸及纸板制造	628813	6935358	1607623	470652
手工纸制造	13264	386496		60442
加工纸制造	24990	1514505	5671	95894
纸制品制造	443648	13291687	344234	698689
纸和纸板容器制造	216063	6395277	114347	467923
其他纸制品制造	227585	6896410	229887	230766
印刷和记录媒介复制业	665128	12417814	192628	221277
印刷	609465	11666269	192628	214084
书、报刊印刷	205769	1850628	7000	19581
本册印制	49469	569381	800	
包装装潢及其他印刷	354227	9246260	184828	194503
装订及印刷相关服务	51572	701528		1868
记录媒介复制	4091	50017		5325
文教、工美、体育和娱乐用品制造业	262175	12960019	540190	628143
文教办公用品制造	26585	1594599	68672	19063
文具制造	9060	629585	19735	13362
笔的制造	8925	387653	15582	
教学用模型及教具制造		301887	2700	
墨水、墨汁制造		57704	1155	

国民经济行业小类国有控股、内资、外商及港澳台固定资产投资（不含农户）

续表8　　　　　　　　　　　　　　　　　　　　　　　　　　　　　　　　　单位：万元

行　业	投资中： 国有及国有控股投资	投资中： 内资投资	外商投资	港澳台商投资
其他文教办公用品制造	8600	217770	29500	5701
乐器制造	22622	476648	28294	36939
中乐器制造		90408		
西乐器制造	12540	216185	7394	27768
电子乐器制造	10082	95373	6600	4910
其他乐器及零件制造		74682	14300	4261
工艺美术品制造	109288	6699006	234237	222486
雕塑工艺品制造	39408	1344333	15397	37265
金属工艺品制造		995835	12320	22228
漆器工艺品制造	2852	185928	596	1970
花画工艺品制造	1900	276067	9392	3600
天然植物纤维编织工艺品制造	6000	462007	44982	10668
抽纱刺绣工艺品制造	800	381463	19454	4480
地毯、挂毯制造	17687	629479	67700	23573
珠宝首饰及有关物品制造	21318	953579	20625	82147
其他工艺美术品制造	19323	1470315	43771	36555
体育用品制造	34473	2047766	140088	215239
球类制造	5898	187031	3700	
体育器材及配件制造	28575	981865	52201	70105
训练健身器材制造		349845	28370	113593
运动防护用具制造		159522	10572	6141
其他体育用品制造		369503	45245	25400
玩具制造	230	1485146	59999	115818
游艺器材及娱乐用品制造	68977	656854	8900	18598
露天游乐场所游乐设备制造	26836	352233		18598
游艺用品及室内游艺器材制造	42141	243194		
其他娱乐用品制造		61427	8900	
石油加工、炼焦和核燃料加工业	10456483	28551476	1363328	476515
精炼石油产品制造	9163487	19703664	1280999	339568
原油加工及石油制品制造	8931676	18110821	1280999	315502
人造原油制造	231811	1592843		24066
炼焦	1292996	8847812	82329	136947
化学原料和化学制品制造业	22298011	122379195	6714344	3010641
基础化学原料制造	12014367	44618398	2440441	1321631
无机酸制造	911793	3244681	19837	93180
无机碱制造	507631	2141693	67451	296125
无机盐制造	995571	4575456	55290	65038
有机化学原料制造	7641523	26417690	1502116	467317
其他基础化学原料制造	1957849	8238878	795747	399971
肥料制造	3101164	15836414	491406	197821

国民经济行业小类国有控股、内资、外商及港澳台固定资产投资（不含农户）

续表9   单位：万元

行　　业	投资中：国有及国有控股投资	投资中：内资投资	外商投资	港澳台商投资
氮肥制造	1614395	3640174	326265	104120
磷肥制造	266342	768038		
钾肥制造	277962	763412		7401
复混肥料制造	335453	5433184	119724	72817
有机肥料及微生物肥料制造	312969	4083105	45417	13483
其他肥料制造	294043	1148501		
农药制造	383460	3913829	83735	
化学农药制造	322345	2523261	83735	
生物化学农药及微生物农药制造	61115	1390568		
涂料、油墨、颜料及类似产品制造	150866	8018421	409016	148317
涂料制造	43736	5158307	300777	128392
油墨及类似产品制造	1995	429792	5090	2158
颜料制造	79605	1010418	49002	1100
染料制造		757029	44733	16667
密封用填料及类似品制造	25530	662875	9414	
合成材料制造	3840465	16526176	1274110	627538
初级形态塑料及合成树脂制造	3429672	9479536	621033	101316
合成橡胶制造	78870	1535788	251092	149830
合成纤维单（聚合）体制造	263260	2144059	266232	312681
其他合成材料制造	68663	3366793	135753	63711
专用化学产品制造	2270636	26069168	1691280	540615
化学试剂和助剂制造	850948	9941696	370891	146866
专项化学用品制造	746170	8080889	534762	297883
林产化学产品制造	30723	766461	6154	674
信息化学品制造	436910	2376302	246856	41047
环境污染处理专用药剂材料制造	125205	1187523	82181	14186
动物胶制造		201101		7558
其他专用化学产品制造	80680	3515196	450436	32401
炸药、火工及焰火产品制造	288768	3793384	40255	5300
焰火、鞭炮产品制造	288768	3793384	40255	5300
日用化学产品制造	248285	3603405	284101	169419
肥皂及合成洗涤剂制造	99897	876271	26810	28323
化妆品制造	28877	733219	139661	37601
口腔清洁用品制造	2351	79219	6659	500
香料、香精制造	76921	825782	74978	8752
其他日用化学产品制造	40239	1088914	35993	94243
医药制造业	3055883	42557035	1539915	1196511
化学药品原料药制造	516027	7261232	341795	386127
化学药品制剂制造	557507	7166502	571785	192351
中药饮片加工	236967	5403080	15710	93165

国民经济行业小类国有控股、内资、外商及港澳台固定资产投资（不含农户）

续表 10 单位：万元

行　　业	投资中： 国有及国有 控股投资	投资中： 内资投资	外商投资	港澳台 商投资
中成药生产	662833	7951836	132257	233545
兽用药品制造	49562	1586181	12082	3000
生物药品制造	820124	9500525	256707	191186
卫生材料及医药用品制造	212863	3687679	209579	97137
化学纤维制造业	768424	9197647	511531	784841
纤维素纤维原料及纤维制造	177350	1974098	165523	105371
化纤浆粕制造		424847	6437	64029
人造纤维（纤维素纤维）制造	177350	1549251	159086	41342
合成纤维制造	591074	7223549	346008	679470
锦纶纤维制造	82155	904275	104999	138063
涤纶纤维制造	184353	3185863	148942	432991
腈纶纤维制造	8178	37820		
维纶纤维制造	2800	181350		1
丙纶纤维制造	67470	189960		14050
氨纶纤维制造	28700	354850	40477	17157
其他合成纤维制造	217418	2369431	51590	77208
橡胶和塑料制品业	2110902	48398250	2449590	1620329
橡胶制品业	980900	12719856	1582795	417419
轮胎制造	748288	5302970	1355244	107317
橡胶板、管、带制造	128425	3045842	80248	69064
橡胶零件制造		1097025	50985	31790
再生橡胶制造		837066		5150
日用及医用橡胶制品制造	40653	611383	53069	20380
其他橡胶制品制造	63534	1825570	43249	183718
塑料制品业	1130002	35678394	866795	1202910
塑料薄膜制造	154912	4796852	183619	369049
塑料板、管、型材制造	583426	10297273	112633	247837
塑料丝、绳及编织品制造	34354	3219413	27581	1350
泡沫塑料制造	16675	1165551	28225	37963
塑料人造革、合成革制造	46000	942707	10139	74437
塑料包装箱及容器制造	39304	3890675	189550	92316
日用塑料制品制造	62120	3137198	94354	78466
塑料零件制造	29937	1853925	78495	100684
其他塑料制品制造	163274	6374800	142199	200808
非金属矿物制品业	6144725	133018744	2320125	2226917
水泥、石灰和石膏制造	2397652	15576885	257894	568808
水泥制造	2237981	12696838	245934	553598
石灰和石膏制造	159671	2880047	11960	15210
石膏、水泥制品及类似制品制造	1005531	24488150	175520	186777
水泥制品制造	497787	13375400	92813	144020

国民经济行业小类国有控股、内资、外商及港澳台固定资产投资（不含农户）

续表 11   单位：万元

行　　业	投资中：国有及国有控股投资	投资中：内资投资	外商投资	港澳台商投资
砼结构构件制造	246188	3652749		3600
石棉水泥制品制造	780	437303	2870	800
轻质建筑材料制造	192231	4202382	78037	13461
其他水泥类似制品制造	68545	2820316	1800	24896
砖瓦、石材等建筑材料制造	974197	47550780	421703	519850
粘土砖瓦及建筑砌块制造	193377	13946625	46529	98008
建筑陶瓷制品制造	112075	7072391	64931	146322
建筑用石加工	237722	10755217	47746	63490
防水建筑材料制造	12400	2020551	55537	35985
隔热和隔音材料制造	45774	4413074	35523	54408
其他建筑材料制造	372849	9342922	171437	121637
玻璃制造	420548	6238582	392271	289074
平板玻璃制造	190025	2907496	142302	241686
其他玻璃制造	230523	3331086	249969	47388
玻璃制品制造	252550	8305843	382598	202637
技术玻璃制品制造	64520	1963593	68125	40503
光学玻璃制造	28778	729613	32819	25314
玻璃仪器制造		329323	54008	
日用玻璃制品制造	7200	1648479	42985	16313
玻璃包装容器制造		1121632	50671	10827
玻璃保温容器制造		241281	4530	1700
制镜及类似品加工	54486	212185	5400	11875
其他玻璃制品制造	97566	2059737	124060	96105
玻璃纤维和玻璃纤维增强塑料制品制造	75477	3334698	104999	143716
玻璃纤维及制品制造	67823	1834960	79705	131060
玻璃纤维增强塑料制品制造	7654	1499738	25294	12656
陶瓷制品制造	220818	7773820	237030	168241
卫生陶瓷制品制造	34630	1129173	26548	26894
特种陶瓷制品制造	96039	2545001	103322	38377
日用陶瓷制品制造	16599	3002862	90055	90772
园林、陈设艺术及其他陶瓷制品制造	73550	1096784	17105	12198
耐火材料制品制造	147445	8296198	88840	33080
石棉制品制造	14553	730718	20172	4917
云母制品制造	2300	327114	1190	
耐火陶瓷制品及其他耐火材料制造	130592	7238366	67478	28163
石墨及其他非金属矿物制品制造	650507	11453788	259270	114734
石墨及碳素制品制造	414991	4273582	80690	24700
其他非金属矿物制品制造	235516	7180206	178580	90034
黑色金属冶炼和压延加工业	10661987	49109035	1035855	841775
炼铁	747358	3270643	59295	2870

国民经济行业小类国有控股、内资、外商及港澳台固定资产投资（不含农户）

续表12   单位：万元

行　业	投资中：国有及国有控股投资	投资中：内资投资	投资中：外商投资	投资中：港澳台商投资
炼钢	3379543	9029910	13300	84024
黑色金属铸造	271162	7017789	145466	62052
钢压延加工	5982108	25218031	763251	565534
铁合金冶炼	281816	4572662	54543	127295
有色金属冶炼和压延加工业	9114570	53069464	1304862	1128459
常用有色金属冶炼	5387976	18751836	76303	304594
铜冶炼	692406	2461159		24407
铅锌冶炼	662550	2019061	7466	
镍钴冶炼	417091	1597501	5204	12114
锡冶炼	80035	223692		9665
锑冶炼	36600	167914		
铝冶炼	2437834	8547905	48332	196287
镁冶炼	920052	1617015		22065
其他常用有色金属冶炼	141408	2117589	15301	40056
贵金属冶炼	666627	2012260	101476	32607
金冶炼	406205	880090	99272	27907
银冶炼	205831	672693		4700
其他贵金属冶炼	54591	459477	2204	
稀有稀土金属冶炼	289835	1528427	108232	13022
钨钼冶炼	110990	559923	22911	13022
稀土金属冶炼	91424	501550	54789	
其他稀有金属冶炼	87421	466954	30532	
有色金属合金制造	522472	5541877	94040	52374
有色金属铸造	64236	1477190	86769	92882
有色金属压延加工	2183424	23757874	838042	632980
铜压延加工	374972	5185498	89238	41514
铝压延加工	1511247	15019886	531752	511281
贵金属压延加工	14203	313401		37591
稀有稀土金属压延加工	59288	822647	14832	
其他有色金属压延加工	223714	2416442	202220	42594
金属制品业	3381778	67541235	1963113	1863986
结构性金属制品制造	1200162	27862224	349370	351914
金属结构制造	1153630	20464125	308260	282795
金属门窗制造	46532	7398099	41110	69119
金属工具制造	211886	5980860	233172	113128
切削工具制造	124590	1725463	48344	19531
手工具制造	17510	704790	12540	41308
农用及园林用金属工具制造		579414	14091	28288
刀剪及类似日用金属工具制造	7320	475219	65143	5815
其他金属工具制造	62466	2495974	93054	18186

国民经济行业小类国有控股、内资、外商及港澳台固定资产投资（不含农户）

续表 13   单位：万元

行　　业	投资中：国有及国有控股投资	投资中：内资投资	外商投资	港澳台商投资
集装箱及金属包装容器制造	269415	4446927	437260	347357
集装箱制造	9503	575118	102419	136268
金属压力容器制造	213003	1885937	73030	11862
金属包装容器制造	46909	1985872	261811	199227
金属丝绳及其制品制造	118067	3132004	97403	96150
建筑、安全用金属制品制造	886040	8754499	151445	186774
建筑、家具用金属配件制造	462794	2939847	59243	94624
建筑装饰及水暖管道零件制造	129482	2969378	50814	22296
安全、消防用金属制品制造	138890	1270384	26953	13174
其他建筑、安全用金属制品制造	154874	1574890	14435	56680
金属表面处理及热处理加工	133897	3309159	330088	252396
搪瓷制品制造	300	660050	3995	2338
生产专用搪瓷制品制造		169241		
建筑装饰搪瓷制品制造		107351	3995	
搪瓷卫生洁具制造	300	238431		2338
搪瓷日用品及其他搪瓷制品制造		145027		
金属制日用品制造	47306	3749285	98744	155386
金属制厨房用器具制造	24932	924986	25045	16557
金属制餐具和器皿制造	1200	1005479	6088	35516
金属制卫生器具制造	8754	285033		25551
其他金属制日用品制造	12420	1533787	67611	77762
其他金属制品制造	514705	9646227	261636	358543
锻件及粉末冶金制品制造	42579	4249222	105418	57001
交通及公共管理用金属标牌制造	42250	352006		500
其他未列明金属制品制造	429876	5044999	156218	301042
通用设备制造业	5470633	99147699	4079621	1681134
锅炉及原动设备制造	1088080	11063489	173947	101750
锅炉及辅助设备制造	270889	5419180	68220	53074
内燃机及配件制造	508069	3631340	56005	24898
汽轮机及辅机制造	211960	699539	27236	3492
水轮机及辅机制造	5000	198742	7029	
风能原动设备制造	92162	655949		17700
其他原动设备制造		458739	15457	2586
金属加工机械制造	999088	23684887	426612	397338
金属切削机床制造	144210	4523800	108855	128015
金属成形机床制造	192399	2576566	36011	40960

国民经济行业小类国有控股、内资、外商及港澳台固定资产投资（不含农户）

续表14　　　　　　　　　　　　　　　　　　　　　　　　　　　　　单位：万元

行　业	投资中：国有及国有控股投资	投资中：内资投资	外商投资	港澳台商投资
铸造机械制造	76677	4992264	85898	103829
金属切割及焊接设备制造	183517	1796521	65713	55799
机床附件制造	244805	2412033	17131	33450
其他金属加工机械制造	157480	7383703	113004	35285
物料搬运设备制造	512053	10452312	965993	265916
轻小型起重设备制造	21295	1089960	14401	6500
起重机制造	320865	3863708	109362	80425
生产专用车辆制造	41517	1583424	133494	21500
连续搬运设备制造	27736	1136972	17340	60435
电梯、自动扶梯及升降机制造	60946	2116543	496885	90560
其他物料搬运设备制造	39694	661705	194511	6496
泵、阀门、压缩机及类似机械制造	434059	12866279	492710	294064
泵及真空设备制造	100279	3684800	96548	41262
气体压缩机械制造	78104	1904220	99755	112517
阀门和旋塞制造	58445	3208744	120759	41119
液压和气压动力机械及元件制造	197231	4068515	175648	99166
轴承、齿轮和传动部件制造	600002	11219092	852889	143151
轴承制造	419227	5807467	563660	63418
齿轮及齿轮减、变速箱制造	164275	3813256	263971	59983
其他传动部件制造	16500	1598369	25258	19750
烘炉、风机、衡器、包装等设备制造	474553	9622043	313762	212947
烘炉、熔炉及电炉制造		712121	16300	40807
风机、风扇制造	221962	1784459	14338	15760
气体、液体分离及纯净设备制造	16555	1325382	100784	5607
制冷、空调设备制造	222234	3451966	109416	95165
风动和电动工具制造	5700	930724	29900	50921
喷枪及类似器具制造		165673	12618	100
衡器制造	2860	374506	8077	1560
包装专用设备制造	5242	877212	22329	3027
文化、办公用机械制造	77649	833232	223798	10938
电影机械制造	2211	18026	840	
幻灯及投影设备制造		159574	16274	526
照相机及器材制造	2300	134158	77344	
复印和胶印设备制造	27450	159595	52979	
计算器及货币专用设备制造	35178	66141	49942	

国民经济行业小类国有控股、内资、外商及港澳台固定资产投资（不含农户）

续表 15 单位：万元

行　　业	投资中：	投资中：		
	国有及国有控股投资	内资投资	外商投资	港澳台商投资
其他文化、办公用机械制造	10510	295738	26419	10412
通用零部件制造	747598	14579489	479546	213976
金属密封件制造	5790	1179758	35048	13336
紧固件制造	38422	1789645	130896	42561
弹簧制造	29200	410124	37217	23058
机械零部件加工	253737	7885292	223196	25313
其他通用零部件制造	420449	3314670	53189	109708
其他通用设备制造业	537551	4826876	150364	41054
专用设备制造业	8216776	95077196	3505552	1591592
采矿、冶金、建筑专用设备制造	4442958	30407397	792256	271073
矿山机械制造	1520379	12575106	101204	67444
石油钻采专用设备制造	815357	5241030	177550	109715
建筑工程用机械制造	1065917	6338180	348530	48789
海洋工程专用设备制造	193672	1213406	119945	24000
建筑材料生产专用机械制造	271285	2832641	17058	8125
冶金专用设备制造	576348	2207034	27969	13000
化工、木材、非金属加工专用设备制造	680830	13960430	403606	427125
炼油、化工生产专用设备制造	175121	3600553	46967	1127
橡胶加工专用设备制造	107415	800300	18721	2587
塑料加工专用设备制造	121466	1621651	28761	123489
木材加工机械制造	5239	749438	6359	17906
模具制造	116770	5356863	299198	282016
其他非金属加工专用设备制造	154819	1831625	3600	
食品、饮料、烟草及饲料生产专用设备制造	96773	2521940	145218	27697
食品、酒、饮料及茶生产专用设备制造	15407	861718	47020	23317
农副食品加工专用设备制造	26010	1227232	98198	
烟草生产专用设备制造	55356	156272		
饲料生产专用设备制造		276718		4380
印刷、制药、日化及日用品生产专用设备制造	141183	6432368	149415	179696
制浆和造纸专用设备制造	42979	804960	48330	14511
印刷专用设备制造	42970	1131704	36974	56226
日用化工专用设备制造	10923	608503	6747	550
制药专用设备制造	23593	976147	1376	12442
照明器具生产专用设备制造	8071	2167543	36250	88852
玻璃、陶瓷和搪瓷制品生产专用设备制造	11144	388395	15055	480
其他日用品生产专用设备制造	1503	355116	4683	6635
纺织、服装和皮革加工专用设备制造	267857	3471381	247421	42715
纺织专用设备制造	261680	2620095	167923	34767
皮革、毛皮及其制品加工专用设备制造	6177	351863	42094	15
缝制机械制造		455481	36564	7933

国民经济行业小类国有控股、内资、外商及港澳台固定资产投资（不含农户）

续表 16　　　　　　　　　　　　　　　　　　　　　　　　　　　　　　　　　　单位：万元

行　　业	投资中：国有及国有控股投资	投资中：内资投资	外商投资	港澳台商投资
洗涤机械制造		43942	840	
电子和电工机械专用设备制造	680208	6944728	471213	205786
电工机械专用设备制造	169511	2636554	30154	58390
电子工业专用设备制造	510697	4308174	441059	147396
农、林、牧、渔专用机械制造	446043	9044709	308083	50236
拖拉机制造	223351	1259855	46175	
机械化农业及园艺机具制造	73888	3817178	95200	19817
营林及木竹采伐机械制造	2827	204214	151	10321
畜牧机械制造	9980	600018	62949	
渔业机械制造		119420		1346
农林牧渔机械配件制造	47346	1488764	80465	15602
棉花加工机械制造		105486	993	
其他农、林、牧、渔业机械制造	88651	1449774	22150	3150
医疗仪器设备及器械制造	183052	6078421	402290	249580
医疗诊断、监护及治疗设备制造	95219	1930669	123739	93032
口腔科用设备及器具制造		178827	21583	4360
医疗实验室及医用消毒设备和器具制造	24356	752239	793	9100
医疗、外科及兽医器械制造	6984	807070	104261	40649
机械治疗及病房护理设备制造	10452	467245	14157	11265
假肢、人工器官及植（介）入器械制造	1600	162765	10801	24800
其他医疗设备及器械制造	44441	1779606	126956	66374
环保、社会公共服务及其他专用设备制造	1277872	16215822	586050	137684
环境保护专用设备制造	335563	8205747	174856	56055
地质勘查专用设备制造	80213	366448	9275	2377
邮政专用机械及器材制造		4439		
商业、饮食、服务专用设备制造	23946	189116	8600	1630
社会公共安全设备及器材制造	48163	709270	5900	6806
交通安全、管制及类似专用设备制造	203762	774610	5185	
水资源专用机械制造	8600	615766	30214	
其他专用设备制造	577625	5350426	352020	70816
汽车制造业	15209714	76585399	15145104	1654691
汽车整车制造	7867173	11596944	7878280	334213
改装汽车制造	329303	2966631	4180	11840
低速载货汽车制造	112502	520135	76768	
电车制造	900	1842365	15400	35690
汽车车身、挂车制造	423413	2000131	251974	17281
汽车零部件及配件制造	6476423	57659193	6918502	1255667

国民经济行业小类国有控股、内资、外商及港澳台固定资产投资（不含农户）

续表 17　　　　　　　　　　　　　　　　　　　　　　　　　　　　　　单位：万元

行　业	投资中：国有及国有控股投资	投资中：内资投资	外商投资	港澳台商投资
铁路、船舶、航空航天和其他运输设备制造业	6771430	25615849	1261063	269987
铁路运输设备制造	1637842	5470786	118040	3707
铁路机车车辆及动车组制造	879966	1253168		3370
窄轨机车车辆制造		39149		
铁路机车车辆配件制造	408521	1676271	80875	
铁路专用设备及器材、配件制造	229415	2126331	37165	337
其他铁路运输设备制造	119940	375867		
城市轨道交通设备制造	352303	1002047	11162	
船舶及相关装置制造	1370607	6482767	527200	65686
金属船舶制造	484203	2368569	224788	22886
非金属船舶制造	7300	399525	2550	17549
娱乐船和运动船制造		211339	37391	1425
船用配套设备制造	642513	2762359	131093	23826
船舶改装与拆除	179018	399542	63000	
航标器材及其他相关装置制造	57573	341433	68378	
摩托车制造	256587	3134061	87676	55260
摩托车整车制造	135290	1252311	45616	15087
摩托车零部件及配件制造	121297	1881750	42060	40173
自行车制造	118123	3130833	125454	8324
脚踏自行车及残疾人座车制造	73081	711228	83575	3486
助动自行车制造	45042	2419605	41879	4838
非公路休闲车及零配件制造	23937	256077	45246	
潜水救捞及其他未列明运输设备制造	3012031	6139278	346285	137010
其他未列明运输设备制造	3012031	6139278	346285	137010
电气机械和器材制造业	5352290	86308067	3214489	2583544
电机制造	970199	9737263	446872	198619
发电机及发电机组制造	552313	4154664	214731	83450
电动机制造	338231	3406019	94723	58293
微电机及其他电机制造	79655	2176580	137418	56876
输配电及控制设备制造	1545081	27582815	965172	985313
变压器、整流器和电感器制造	304147	5522107	74522	118113
电容器及其配套设备制造	5710	1469984	49760	33248
配电开关控制设备制造	164604	4892950	81881	72357
电力电子元器件制造	426887	5542703	169002	221831
光伏设备及元器件制造	132509	6868003	489294	532718
其他输配电及控制设备制造	511224	3287068	100713	7046
电线、电缆、光缆及电工器材制造	584841	13322615	288252	247490
电线、电缆制造	481852	9737015	89449	191192
光纤、光缆制造	79189	1302579	29371	5934

国民经济行业小类国有控股、内资、外商及港澳台固定资产投资（不含农户）

续表18

单位：万元

行　　业	投资中：国有及国有控股投资	投资中：内资投资	外商投资	港澳台商投资
绝缘制品制造	6092	873157	11700	39114
其他电工器材制造	17708	1409864	157732	11250
电池制造	691209	11026471	427113	367346
锂离子电池制造	302838	5005613	321621	329526
镍氢电池制造	6468	700336	16609	
其他电池制造	381903	5320522	88883	37820
家用电力器具制造	414249	7812680	624694	251449
家用制冷电器具制造	127545	1947694	234647	30945
家用空气调节器制造	40581	1103212	73478	3940
家用通风电器具制造		294686	10091	8000
家用厨房电器具制造	4126	1257224	102464	121585
家用清洁卫生电器具制造	100129	654220	41016	43453
家用美容、保健电器具制造	62662	256743	13439	2338
家用电力器具专用配件制造	18420	1101653	64851	10648
其他家用电力器具制造	60786	1197248	84708	30540
非电力家用器具制造	278680	4373392	82764	124874
燃气、太阳能及类似能源家用器具制造	228830	4112101	77814	123520
其他非电力家用器具制造	49850	261291	4950	1354
照明器具制造	219295	8350141	320296	400210
电光源制造	23265	2288647	109975	36138
照明灯具制造	124714	4846276	193150	337299
灯用电器附件及其他照明器具制造	71316	1215218	17171	26773
其他电气机械及器材制造	648736	4102690	59326	8243
电气信号设备装置制造	28230	726068	24500	2647
其他未列明电气机械及器材制造	620506	3376622	34826	5596
计算机、通信和其他电子设备制造业	10335645	54861439	10139025	6871372
计算机制造	1105204	5533200	1123212	1373023
计算机整机制造	518344	1740348	464813	621582
计算机零部件制造	221297	1808289	279785	393735
计算机外围设备制造	84438	882021	137853	228749
其他计算机制造	281125	1102542	240761	128957
通信设备制造	1940880	7370591	799728	799818
通信系统设备制造	867151	4232129	195379	119533
通信终端设备制造	1073729	3138462	604349	680285
广播电视设备制造	42154	1867848	75195	215980
广播电视节目制作及发射设备制造	17499	568562	18737	24233
广播电视接收设备及器材制造	5152	786890	35400	35957
应用电视设备及其他广播电视设备制造	19503	512396	21058	155790
视听设备制造	279515	1718487	182236	200253
电视机制造	243963	1039745	86303	79769

国民经济行业小类国有控股、内资、外商及港澳台固定资产投资（不含农户）

续表 19
单位：万元

行　业	投资中：国有及国有控股投资	投资中：内资投资	外商投资	港澳台商投资
音响设备制造	32952	441782	73872	65490
影视录放设备制造	2600	236960	22061	54994
电子器件制造	4901027	17760175	5443543	1655066
电子真空器件制造	108564	1086412	86578	44066
半导体分立器件制造	40184	718332	361757	72645
集成电路制造	656004	2772004	2789558	194458
光电子器件及其他电子器件制造	4096275	13183427	2205650	1343897
电子元件制造	951981	12832224	1774602	1951397
电子元件及组件制造	879511	11035793	1249782	1495098
印制电路板制造	72470	1796431	524820	456299
其他电子设备制造	1114884	7778914	740509	675835
仪器仪表制造业	1253083	12473482	835679	804136
通用仪器仪表制造	561498	6421239	376294	234970
工业自动控制系统装置制造	404458	3493137	270788	134215
电工仪器仪表制造	83877	1043918	19708	30854
绘图、计算及测量仪器制造	1666	377910	6942	
实验分析仪器制造	34721	490981	38815	13950
试验机制造	13971	136037	18803	
供应用仪表及其他通用仪器制造	22805	879256	21238	55951
专用仪器仪表制造	323858	2937051	141799	57602
环境监测专用仪器仪表制造	29182	355476	22128	7867
运输设备及生产用计数仪表制造		363743	20694	2225
农林牧渔专用仪器仪表制造		88411		
地质勘探和地震专用仪器制造	6013	141894	7186	2530
教学专用仪器制造		154259		
电子测量仪器制造	31620	528754	14026	36252
其他专用仪器制造	257043	1304514	77765	8728
钟表与计时仪器制造	12601	216423	25233	75727
光学仪器及眼镜制造	166728	1489829	144803	90890
光学仪器制造	147048	988082	113875	82901
眼镜制造	19680	501747	30928	7989
其他仪器仪表制造业	188398	1408940	147550	344947
其他制造业	5662420	15486410	428843	156464
日用杂品制造	54950	1485325	48626	52790
鬃毛加工、制刷及清扫工具制造	5669	421573	13662	5919
其他日用杂品制造	49281	1063752	34964	46871
煤制品制造	198812	1408167	98102	
其他未列明制造业	5408658	12592918	282115	103674
废弃资源综合利用业	1308830	9359689	123164	156497
金属废料和碎屑加工处理	594359	5641239	78955	83863
非金属废料和碎屑加工处理	714471	3718450	44209	72634

国民经济行业小类国有控股、内资、外商及港澳台固定资产投资（不含农户）

续表 20   单位：万元

行　　业	投资中：国有及国有控股投资	投资中：内资投资	外商投资	港澳台商投资
金属制品、机械和设备修理业	902064	3005409	219900	58015
金属制品修理	196796	723993	65370	1200
通用设备修理	15455	288908	1600	2860
专用设备修理	133389	382546	9049	
铁路、船舶、航空航天等运输设备修理	518504	1041929	140369	52733
铁路运输设备修理	115908	127793		
船舶修理	101342	244161	78395	4042
航空航天器修理	205475	287086	26534	31105
其他运输设备修理	95779	382889	35440	17586
电气设备修理	3604	100585		
仪器仪表修理		3320		
其他机械和设备修理业	34316	464128	3512	1222
（四）电力、热力、燃气及水生产和供应业	**133568706**	**189890175**	**2384886**	**4014254**
电力、热力生产和供应业	104320396	142662011	1379668	3221873
电力生产	60337849	89378121	1119653	2973666
火力发电	18700817	23771521	622193	2200369
水力发电	14919735	21331206	70164	49747
核力发电	7522224	7531415	5000	
风力发电	12197568	18563173	214181	367572
太阳能发电	4598349	11787083	83580	137170
其他电力生产	2399156	6393723	124535	218808
电力供应	37176321	40089217	48098	208608
热力生产和供应	6806226	13194673	211917	39599
燃气生产和供应业	10568731	20798246	793219	510967
燃气生产和供应业	10568731	20798246	793219	510967
水的生产和供应业	18679579	26429918	211999	281414
自来水生产和供应	9891748	13009921	34267	117349
污水处理及其再生利用	7361715	11230746	174582	162065
其他水的处理、利用与分配	1426116	2189251	3150	2000
（五）建筑业	**20570615**	**35105630**	**79809**	**138006**
房屋建筑业	6029361	11849332	13639	8000
房屋建筑业	6029361	11849332	13639	8000
土木工程建筑业	13005562	17376742	24988	73732
铁路、道路、隧道和桥梁工程建筑	9558284	11869606		2800
铁路工程建筑	691745	826355		
公路工程建筑	4073572	4949717		2800
市政道路工程建筑	3617187	4417472		
其他道路、隧道和桥梁工程建筑	1175780	1676062		
水利和内河港口工程建筑	1520521	2021251		27004
水源及供水设施工程建筑	505674	727878		27004

国民经济行业小类国有控股、内资、外商及港澳台固定资产投资（不含农户）

续表 21　　　　　　　　　　　　　　　　　　　　　　　　　　　　　　　单位：万元

行　业	投资中：国有及国有控股投资	投资中：内资投资	外商投资	港澳台商投资
河湖治理及防洪设施工程建筑	874205	1062211		
港口及航运设施工程建筑	140642	231162		
海洋工程建筑	44415	206581		
工矿工程建筑	61515	232791		
架线和管道工程建筑	1111422	1560133	18000	17330
架线及设备工程建筑	642745	873029		
管道工程建筑	468677	687104	18000	17330
其他土木工程建筑	709405	1486380	6988	26598
建筑安装业	383959	1571356	8700	50200
电气安装	36985	294354		
管道和设备安装	93591	411075		
其他建筑安装业	253383	865927	8700	50200
建筑装饰和其他建筑业	1151733	4308200	32482	6074
建筑装饰业	177541	1495429	12680	6074
工程准备活动	416783	667886		
建筑物拆除活动	110739	202368		
其他工程准备活动	306044	465518		
提供施工设备服务	4700	209084	12402	
其他未列明建筑业	552709	1935801	7400	
（六）批发和零售业	14440153	122107027	1923271	1980789
批发业	6448229	58350901	723074	593172
农、林、牧产品批发	868162	6193975	47945	67367
谷物、豆及薯类批发	304421	1515023	7803	
种子批发	4758	341499		
饲料批发	1473	180027		
棉、麻批发	700	159414		
林业产品批发	68831	476755	510	
牲畜批发	31760	255494		
其他农牧产品批发	456219	3265763	39632	67367
食品、饮料及烟草制品批发	1371093	8398989	273365	70382
米、面制品及食用油批发	150681	973893	20081	
糕点、糖果及糖批发	2689	211554		
果品、蔬菜批发	641476	3513110	233808	19124
肉、禽、蛋、奶及水产品批发	112145	1523597	1941	
盐及调味品批发	35867	106497		36000
营养和保健品批发	2980	90710		
酒、饮料及茶叶批发	97602	856647	3655	
烟草制品批发	245721	290870		
其他食品批发	81932	832111	13880	15258
纺织、服装及家庭用品批发	854831	6457929	49224	97660

国民经济行业小类国有控股、内资、外商及港澳台固定资产投资（不含农户）

续表22 单位：万元

行　业	投资中：国有及国有控股投资	投资中：内资投资	外商投资	港澳台商投资
纺织品、针织品及原料批发	505336	1994434		
服装批发	149894	1951721	5483	80437
鞋帽批发	3284	120051		6249
化妆品及卫生用品批发		102990		893
厨房、卫生间用具及日用杂货批发	10650	375110		
灯具、装饰物品批发	19904	339923		
家用电器批发	6538	513757	43741	2900
其他家庭用品批发	159225	1059943		7181
文化、体育用品及器材批发	90279	1253987	17770	9047
文具用品批发		175519	2800	
体育用品及器材批发		162193	1800	9047
图书批发	50377	146185		
报刊批发		724		
音像制品及电子出版物批发		43225		
首饰、工艺品及收藏品批发	32434	438571	13170	
其他文化用品批发	7468	287570		
医药及医疗器材批发	102690	1782925	7538	19148
西药批发	43508	587059	1	16288
中药批发	34032	548333		
医疗用品及器材批发	25150	647533	7537	2860
矿产品、建材及化工产品批发	1981526	17778863	86269	116913
煤炭及制品批发	111614	2112353	2983	3110
石油及制品批发	951651	2505164	65314	78048
非金属矿及制品批发	42928	267513		
金属及金属矿批发	309568	2699759		
建材批发	498647	9010471	15372	35755
化肥批发	7619	289195		
农药批发	3227	61765		
农用薄膜批发		19803		
其他化工产品批发	56272	812840	2600	
机械设备、五金产品及电子产品批发	636237	10063944	82530	88894
农业机械批发	89973	893418	510	
汽车批发	201382	2290126	11655	15000
汽车零配件批发	77874	1385230	37300	21000
摩托车及零配件批发	4600	91512		
五金产品批发	102350	2108890	5555	31404
电气设备批发	32708	706930		9300
计算机、软件及辅助设备批发	3550	409059	18530	5013
通讯及广播电视设备批发	67870	235999		
其他机械设备及电子产品批发	55930	1942780	8980	7177

国民经济行业小类国有控股、内资、外商及港澳台固定资产投资（不含农户）

续表23   单位：万元

行　　业	投资中：	投资中：		
	国有及国有控股投资	内资投资	外商投资	港澳台商投资
贸易经纪与代理	136829	2723458	126776	4245
贸易代理	97528	1844646	7686	3545
拍卖	2762	20575		700
其他贸易经纪与代理	36539	858237	119090	
其他批发业	406582	3696831	31657	119516
再生物资回收与批发	49912	1324291	29007	7500
其他未列明批发业	356670	2372540	2650	112016
零售业	7991924	63756126	1200197	1387617
综合零售	3747421	27773140	764486	1191046
百货零售	1974691	15198831	498908	492167
超级市场零售	760231	6206986	201566	369867
其他综合零售	1012499	6367323	64012	329012
食品、饮料及烟草制品专门零售	391724	2659106	15493	9895
粮油零售	39287	201323		
糕点、面包零售		93188	9500	
果品、蔬菜零售	115650	567223		
肉、禽、蛋、奶及水产品零售	120889	621539		
营养和保健品零售		53288		
酒、饮料及茶叶零售	12310	456100	5993	
烟草制品零售	6635	53588		2895
其他食品零售	96953	612857		7000
纺织、服装及日用品专门零售	1011372	3457686	18065	3010
纺织品及针织品零售	54309	547210		
服装零售	752982	2023115	18065	3010
鞋帽零售	22155	91684		
化妆品及卫生用品零售		53137		
钟表、眼镜零售		50490		
箱、包零售		164880		
厨房用具及日用杂品零售	850	55074		
自行车零售		22835		
其他日用品零售	181076	449261		
文化、体育用品及器材专门零售	283858	1701977	5743	28370
文具用品零售	9506	78678		
体育用品及器材零售	10620	49496	5530	
图书、报刊零售	84537	149756		
音像制品及电子出版物零售		75683		
珠宝首饰零售	1835	595838	213	14993
工艺美术品及收藏品零售	163540	588255		10397
乐器零售	2300	27980		
照相器材零售		10608		

国民经济行业小类国有控股、内资、外商及港澳台固定资产投资（不含农户）

续表24　　　　　　　　　　　　　　　　　　　　　　　　　　　　　单位：万元

行　业	投资中：国有及国有控股投资	投资中：内资投资	外商投资	港澳台商投资
其他文化用品零售	11520	125683		2980
医药及医疗器材专门零售	33952	701950	5520	
药品零售	19687	437768		
医疗用品及器材零售	14265	264182	5520	
汽车、摩托车、燃料及零配件专门零售	1560022	16735547	158409	124744
汽车零售	664709	13087962	144503	103525
汽车零配件零售	55716	1035957	10900	16200
摩托车及零配件零售	2500	90183		
机动车燃料零售	837097	2521445	3006	5019
家用电器及电子产品专门零售	25530	1923271	18734	19277
家用视听设备零售	4500	152235		750
日用家电设备零售	5900	640204	2172	2760
计算机、软件及辅助设备零售	11822	401307	7522	
通信设备零售	762	204766	500	
其他电子产品零售	2546	524759	8540	15767
五金、家具及室内装饰材料专门零售	377761	5982747	193409	1925
五金零售	132054	923830		
灯具零售		265233	29782	1925
家具零售	124807	2870298	163627	
涂料零售		81155		
卫生洁具零售		40254		
木质装饰材料零售	4750	418363		
陶瓷、石材装饰材料零售		652074		
其他室内装饰材料零售	116150	731540		
货摊、无店铺及其他零售业	560284	2820702	20338	9350
货摊食品零售	60788	140675		
货摊纺织、服装及鞋零售	3161	73507		
货摊日用品零售	17585	51582		
互联网零售	3012	118131		
邮购及电视、电话零售	1800	23073		
旧货零售		15202		
生活用燃料零售	65767	531617	4275	9350
其他未列明零售业	408171	1866915	16063	
（七）交通运输、仓储和邮政业	279482607	356375140	2432623	4485740
铁路运输业	64795756	66624585		281999
铁路旅客运输	35177502	35137928		281999
铁路货物运输	24870356	26199632		
铁路运输辅助活动	4747898	5287025		
客运火车站	1620711	1659738		
货运火车站	164493	407241		

国民经济行业小类国有控股、内资、外商及港澳台固定资产投资（不含农户）

续表 25   单位：万元

行　　业	投资中：国有及国有控股投资	投资中：内资投资	外商投资	港澳台商投资
其他铁路运输辅助活动	2962694	3220046		
道路运输业	178141130	204207025	489256	333129
城市公共交通运输	33064232	34402153	116182	32916
公共电汽车客运	3529330	4016546	30138	5314
城市轨道交通	26591741	26664302	71370	25612
出租车客运	169704	355501	14674	1990
其他城市公共交通运输	2773457	3365804		
公路旅客运输	67598528	72145603	153687	12634
道路货物运输	32197344	46501677	207934	225773
道路运输辅助活动	45281026	51157592	11453	61806
客运汽车站	1253792	1921193	418	7935
公路管理与养护	36960465	40087444	11035	25446
其他道路运输辅助活动	7066769	9148955		28425
水上运输业	12474484	19938381	501554	793259
水上旅客运输	541089	715951	47964	150
海洋旅客运输	366734	428243	36960	150
内河旅客运输	152767	237594		
客运轮渡运输	21588	50114	11004	
水上货物运输	2460482	5411769		215358
远洋货物运输	521358	918263		22377
沿海货物运输	1417847	2524467		192981
内河货物运输	521277	1969039		
水上运输辅助活动	9472913	13810661	453590	577751
客运港口	246867	321021		2560
货运港口	7128845	10519056	446987	575191
其他水上运输辅助活动	2097201	2970584	6603	
航空运输业	11091540	11507871	500	1632229
航空客货运输	7143116	7117200	500	1609836
航空旅客运输	6719672	6654356		1609836
航空货物运输	423444	462844	500	
通用航空服务	59439	288549		1393
航空运输辅助活动	3888985	4102122		21000
机场	3424448	3527182		21000
空中交通管理	70651	70651		
其他航空运输辅助活动	393886	504289		
管道运输业	2495399	3390877	41558	307572
管道运输业	2495399	3390877	41558	307572
装卸搬运和运输代理业	1131694	9569366	125624	239333
装卸搬运	348930	1467080	44488	9814
运输代理业	782764	8102286	81136	229519

国民经济行业小类国有控股、内资、外商及港澳台固定资产投资（不含农户）

续表26 单位：万元

行　　业	投资中：国有及国有控股投资	投资中：内资投资	外商投资	港澳台商投资
货物运输代理	540122	5958320	70000	124418
旅客票务代理		35345		21746
其他运输代理业	242642	2108621	11136	83355
仓储业	8971919	40195658	1266754	894915
谷物、棉花等农产品仓储	2339002	8202607	9841	39639
谷物仓储	1862913	4154540		20339
棉花仓储	41210	617750		8000
其他农产品仓储	434879	3430317	9841	11300
其他仓储业	6632917	31993051	1256913	855276
邮政业	380685	941377	7377	3304
邮政基本服务	250184	362659		3304
快递服务	130501	578718	7377	
（八）住宿和餐饮业	7782378	57021008	1306167	1796907
住宿业	6291768	41969902	1029532	1733795
旅游饭店	5014702	32268729	939205	1641770
一般旅馆	571220	5432600	48477	49297
其他住宿业	705846	4268573	41850	42728
餐饮业	1490610	15051106	276635	63112
正餐服务	1104153	11926735	193113	59491
快餐服务	27674	541925	75589	1661
饮料及冷饮服务	68362	651362	1753	1960
茶馆服务	10847	201417		
咖啡馆服务	2080	106949		1960
酒吧服务	55435	325224		
其他饮料及冷饮服务		17772	1753	
其他餐饮业	290421	1931084	6180	
小吃服务	84446	337479		
餐饮配送服务	7797	142479		
其他未列明餐饮业	198178	1451126	6180	
（九）信息传输、软件和信息技术服务业	17243264	27168532	2113268	1566966
电信、广播电视和卫星传输服务	13256509	14722902	1603820	634146
电信	12142365	13396193	1603820	634146
固定电信服务	3122123	3303255	6039	182385
移动电信服务	8354904	9274300	1586050	430572
其他电信服务	665338	818638	11731	21189
广播电视传输服务	883019	1064632		
有线广播电视传输服务	710826	838902		
无线广播电视传输服务	172193	225730		
卫星传输服务	231125	262077		
互联网和相关服务	1084968	2113458	180010	555449

国民经济行业小类国有控股、内资、外商及港澳台固定资产投资（不含农户）

续表 27 单位：万元

行 业	投资中：国有及国有控股投资	投资中：内资投资	外商投资	港澳台商投资
互联网接入及相关服务	370813	588335	68191	247616
互联网信息服务	569049	1144800	104752	285758
其他互联网服务	145106	380323	7067	22075
软件和信息技术服务业	2901787	10332172	329438	377371
软件开发	1056190	4652712	153417	245815
信息系统集成服务	547523	1480475	74680	24035
信息技术咨询服务	169690	894431	7520	
数据处理和存储服务	564233	1341882	17936	94778
集成电路设计	35123	144937	3569	1878
其他信息技术服务业	529028	1817735	72316	10865
数字内容服务	77944	225256		
呼叫中心	42414	210337		2460
其他未列明信息技术服务业	408670	1382142	72316	8405
（十）金融业	6210207	12106754	99106	213861
货币金融服务	4354692	7780663	49644	94080
中央银行服务	469791	874848	2425	83273
货币银行服务	3645428	5380353	42724	10807
非货币银行服务	107763	1393752	4495	
金融租赁服务	13998	130927		
财务公司	28628	882894		
典当		84730		
其他非货币银行服务	65137	295201	4495	
银行监管服务	131710	131710		
资本市场服务	601053	1974338	3816	5058
证券市场服务	367465	406185	316	900
证券市场管理服务	140138	145591		
证券经纪交易服务	224281	254024		900
基金管理服务	3046	6570	316	
期货市场服务	15237	70871		
期货市场管理服务	15237	55338		
其他期货市场服务		15533		
证券期货监管服务	34201	48376		
资本投资服务	181290	1228046	2000	
其他资本市场服务	2860	220860	1500	4158
保险业	764317	986192	23775	
人身保险	540766	649157	23775	
人寿保险	540766	649157	21547	
健康和意外保险			2228	
财产保险	223551	292578		
再保险				

国民经济行业小类国有控股、内资、外商及港澳台固定资产投资（不含农户）

续表28　　　　　　　　　　　　　　　　　　　　　　　　　　　　　　单位：万元

行　业	投资中：国有及国有控股投资	投资中：内资投资	投资中：外商投资	投资中：港澳台商投资
养老金		4400		
保险经纪与代理服务		32152		
保险监管服务				
其他保险活动		7905		
风险和损失评估		7076		
其他未列明保险活动		829		
其他金融业	490145	1365561	21871	114723
金融信托与管理服务	226124	373037	18951	57384
控股公司服务	31217	316177		2800
非金融机构支付服务	4440	20240		54539
金融信息服务	16839	161302		
其他未列明金融业	211525	494805	2920	
（十一）房地产业	260512462	1033574442	26633600	53588327
房地产业	260512462	1033574442	26633600	53588327
房地产开发经营	154779175	836700162	25914408	52586296
物业管理	1079843	4364612	43480	29601
房地产中介服务	172875	411807		4052
自有房地产经营活动	5641831	14058210	360079	487524
其他房地产业	98838738	178039651	315633	480854
（十二）租赁和商务服务业	17339182	56760844	827127	1158419
租赁业	396517	2891240	54598	49977
机械设备租赁	340827	2790627	52609	30541
汽车租赁	10557	209262		
农业机械租赁		57191		
建筑工程机械与设备租赁	18195	1090600	28025	
计算机及通讯设备租赁	3980	14107		
其他机械与设备租赁	308095	1419467	24584	30541
文化及日用品出租	55690	100613	1989	19436
娱乐及体育设备出租	55396	83034		19436
图书出租		992		
音像制品出租			1989	
其他文化及日用品出租	294	16587		
商务服务业	16942665	53869604	772529	1108442
企业管理服务	8684616	21854710	463343	626605
企业总部管理	2462931	6535445	190919	325918
投资与资产管理	4655133	10888947	262904	257201
单位后勤管理服务	273508	765633		15330
其他企业管理服务	1293044	3664685	9520	28156
法律服务	30562	322137		
律师及相关法律服务	7154	284159		

国民经济行业小类国有控股、内资、外商及港澳台固定资产投资（不含农户）

续表 29   单位：万元

行　业	投资中： 国有及国有 控股投资	投资中： 内资投资	外商投资	港澳台 商投资
公证服务	4233	4233		
其他法律服务	19175	33745		
咨询与调查	104253	859163	20558	6000
会计、审计及税务服务	20238	98040		
市场调查		16111	2553	
社会经济咨询	36958	253145	11187	6000
其他专业咨询	47057	491867	6818	
广告业	55315	1190352	9000	1687
知识产权服务	65756	140315		1409
人力资源服务	225715	568691		
公共就业服务	114095	218083		
职业中介服务	5536	40583		
劳务派遣服务		94160		
其他人力资源服务	106084	215865		
旅行社及相关服务	1193209	4728045	31465	44238
旅行社服务	94437	377644		13550
旅游管理服务	1033977	3951865	12190	30688
其他旅行社相关服务	64795	398536	19275	
安全保护服务	261774	456514	4150	
安全服务	159616	200444		
安全系统监控服务	75824	185494		
其他安全保护服务	26334	70576	4150	
其他商务服务业	6321465	23749677	244013	428503
市场管理	1224208	8146258	110384	10577
会议及展览服务	2502306	5327065		228508
包装服务	10766	293508		1089
办公服务	537102	1903423		3103
信用服务	5440	24102		
担保服务	196627	278375		
其他未列明商务服务业	1845016	7776946	133629	185226
（十三）科学研究和技术服务业	**12137580**	**30471290**	**661307**	**199481**
研究和试验发展	4516962	10086293	315773	140730
自然科学研究和试验发展	557035	931037	20550	
工程和技术研究和试验发展	2869291	6051040	226093	99850
农业科学研究和试验发展	607835	1952629	51344	7678
医学研究和试验发展	349076	912763	17786	33202
社会人文科学研究	133725	238824		
专业技术服务业	4816450	10502414	112731	32372

国民经济行业小类国有控股、内资、外商及港澳台固定资产投资（不含农户）

续表 30
单位：万元

行　业	投资中：国有及国有控股投资	投资中：内资投资	外商投资	港澳台商投资
气象服务	242233	284206		
地震服务	53250	66428		
海洋服务	75191	189786	9320	
测绘服务	69092	175228		
质检技术服务	645350	1374099	9440	
环境与生态监测	323593	484141		
环境保护监测	247886	380198		
生态监测	75707	103943		
地质勘查	1528265	1959556	730	
能源矿产地质勘查	934106	1093233		
固体矿产地质勘查	197821	282435		
水、二氧化碳等矿产地质勘查	12296	15496		
基础地质勘查	128747	176464	730	
地质勘查技术服务	255295	391928		
工程技术	1413094	3285388	18879	5246
工程管理服务	713535	1154030	11019	
工程勘察设计	241450	873529	7860	5246
规划管理	458109	1257829		
其他专业技术服务业	466382	2683582	74362	27126
专业化设计服务	174161	948682	42905	27126
摄影扩印服务	8976	178756		
兽医服务	11288	17025		
其他未列明专业技术服务业	271957	1539119	31457	
科技推广和应用服务业	2804168	9882583	232803	26379
技术推广服务	1209184	5736727	135984	18701
农业技术推广服务	644764	2043789	10042	8350
生物技术推广服务	106482	869805	3729	
新材料技术推广服务	105646	1170520	28646	
节能技术推广服务	106642	635994	21499	5000
其他技术推广服务	245650	1016619	72068	5351
科技中介服务	932136	1727700	59081	7678
其他科技推广和应用服务业	662848	2418156	37738	
（十四）水利、环境和公共设施管理业	292600720	374995057	670885	961422
水利管理业	44851174	51030002	142309	16072
防洪除涝设施管理	20685900	23901406	48360	13482
水资源管理	6120774	7008637		2590
天然水收集与分配	10706164	11353923		
水文服务	253347	266021		

国民经济行业小类国有控股、内资、外商及港澳台固定资产投资（不含农户）

续表 31   单位：万元

行　业	投资中： 国有及国有 控股投资	投资中： 内资投资	外商投资	港澳台 商投资
其他水利管理业	7084989	8500015	93949	
生态保护和环境治理业	8921181	14117540	108373	30911
生态保护	2552263	3785437		
自然保护区管理	845231	1228513		
野生动物保护	129647	189200		
野生植物保护	69382	135444		
其他自然保护	1508003	2232280		
环境治理业	6368918	10332103	108373	30911
水污染治理	3991952	5346012	24924	30601
大气污染治理	274217	578960	81279	
固体废物治理	716046	1928606		
危险废物治理	122384	275064		310
放射性废物治理	9890	9890		
其他污染治理	1254429	2193571	2170	
公共设施管理业	238828365	309847515	420203	914439
市政设施管理	195844629	232560457	176988	327608
环境卫生管理	3551579	4913790	1100	5027
城乡市容管理	6877332	11226377	9000	9268
绿化管理	10330533	12782696	12670	16100
公园和游览景区管理	22224292	48364195	220445	556436
公园管理	10576271	15630218	21214	142690
游览景区管理	11648021	32733977	199231	413746
（十五）居民服务、修理和其他服务业	**5889874**	**19790042**	**62722**	**91478**
居民服务业	3521288	11154205	24837	32385
家庭服务	356452	521943	2319	
托儿所服务	167039	261847		
洗染服务	370	66839		1200
理发及美容服务	7101	177522	1170	
洗浴服务	145373	1656102		6000
保健服务	124076	316383	2550	890
婚姻服务		131874		
殡葬服务	601625	1140513		24295
其他居民服务业	2119252	6881182	18798	
机动车、电子产品和日用产品修理业	892620	4209269	1200	8917
汽车、摩托车修理与维护	165968	3197162	1200	6951
汽车修理与维护	161268	3173320	1200	6951
摩托车修理与维护	4700	23842		
计算机和办公设备维修	706330	924690		1966

国民经济行业小类国有控股、内资、外商及港澳台固定资产投资（不含农户）

续表32　　　　　　　　　　　　　　　　　　　　　　　　　　单位：万元

行　　业	投资中： 国有及国有 控股投资	投资中： 内资投资	外商投资	港澳台 商投资
计算机和辅助设备修理	454749	516045		
通讯设备修理	131341	227621		1966
其他办公设备维修	120240	181024		
家用电器修理	586	45646		
家用电子产品修理		18143		
日用电器修理	586	27503		
其他日用产品修理业	19736	41771		
自行车修理				
鞋和皮革修理		2935		
家具和相关物品修理		5000		
其他未列明日用产品修理业	19736	33836		
其他服务业	1475966	4426568	36685	50176
清洁服务	43936	238035	2975	5158
建筑物清洁服务	25920	59396		
其他清洁服务	18016	178639	2975	5158
其他未列明服务业	1432030	4188533	33710	45018
（十六）教育	**40004111**	**53694251**	**146923**	**157467**
教育	40004111	53694251	146923	157467
学前教育	2560311	3997528	2103	10642
初等教育	7152967	8981252	10980	9795
普通小学教育	7035931	8819203	10980	9795
成人小学教育	117036	162049		
中等教育	15195238	19281078	78204	3449
普通初中教育	7125082	9048539	3200	2749
职业初中教育	482365	584674		
成人初中教育	56369	59549	49709	
普通高中教育	4378107	5218028	9534	
成人高中教育	74002	108360		
中等职业学校教育	3079313	4261928	15761	700
高等教育	11071692	13828864	46556	96343
普通高等教育	10235338	12662498	46556	58160
成人高等教育	836354	1166366		38183
特殊教育	206929	320080		
技能培训、教育辅助及其他教育	3816974	7285449	9080	37238
职业技能培训	1952139	4454163	2800	37226
体校及体育培训	140001	235679		
文化艺术培训	122414	381829		
教育辅助服务	342769	573990		

国民经济行业小类国有控股、内资、外商及港澳台固定资产投资（不含农户）

续表 33   单位：万元

行 业	投资中： 国有及国有 控股投资	投资中： 内资投资	外商投资	港澳台 商投资
其他未列明教育	1259651	1639788	6280	12
（十七）卫生和社会工作	**22581118**	**31254285**	**51704**	**76822**
卫生	19726880	25802515	49185	63252
医院	16462412	21190713	30937	60069
综合医院	12763591	15437004	10107	60069
中医医院	1689252	1911309	1200	
中西医结合医院	300843	457888	642	
民族医院	89312	100927		
专科医院	1338824	2523162	18988	
疗养院	280590	760423		
社区医疗与卫生院	1668632	2377533	12296	3183
社区卫生服务中心（站）	548825	786245		65
街道卫生院	103597	192793		
乡镇卫生院	1016210	1398495	12296	3118
门诊部（所）	113748	282357	890	
计划生育技术服务活动	201310	272338		
妇幼保健院（所、站）	419904	490613		
专科疾病防治院（所、站）	103782	144254		
疾病预防控制中心	273143	297409		
其他卫生活动	483949	747298	5062	
社会工作	2854238	5451770	2519	13570
提供住宿社会工作	2412391	4913560	1814	13570
干部休养所	212485	267929		
护理机构服务	120555	286029		
精神康复服务	103309	119465	1814	
老年人、残疾人养护服务	1590128	3690080		13570
孤残儿童收养和庇护服务	100728	114987		
其他提供住宿社会救助	285186	435070		
不提供住宿社会工作	441847	538210	705	
社会看护与帮助服务	244289	296311	500	
其他不提供住宿社会工作	197558	241899	205	
（十八）文化、体育和娱乐业	**23726562**	**50878217**	**951552**	**424957**
新闻和出版业	682927	1037573		
新闻业	256733	334904		
出版业	426194	702669		
图书出版	106534	226215		
报纸出版	284466	296958		
期刊出版	683	9952		

国民经济行业小类国有控股、内资、外商及港澳台固定资产投资（不含农户）

续表34　　　　　　　　　　　　　　　　　　　　　　　　　　　　　　　单位：万元

行　　业	投资中：国有及国有控股投资	投资中：内资投资	外商投资	港澳台商投资
音像制品出版		15334		
电子出版物出版	33185	44553		
其他出版业	1326	109657		
广播、电视、电影和影视录音制作业	1654545	3089029	13350	8556
广播	278891	303245		
电视	708425	805230		
电影和影视节目制作	429413	963979		6186
电影和影视节目发行	71714	105196		
电影放映	165473	859674	13350	2370
录音制作	629	51705		
文化艺术业	12256321	23594695	128917	93146
文艺创作与表演	227559	774046	3263	
艺术表演场馆	1287246	2340949		19
图书馆与档案馆	1158732	1293162		
图书馆	768078	886060		
档案馆	390654	407102		
文物及非物质文化遗产保护	2689002	4163807		16102
博物馆	2035890	3310787	500	15738
烈士陵园、纪念馆	409753	574028	6000	25158
群众文化活动	2906807	6045226	96460	10872
其他文化艺术业	1541332	5092690	22694	25257
体育	6103291	10204692	98136	107009
体育组织	117829	166603		20102
体育场馆	3925668	5166663	7500	4506
休闲健身活动	1764281	4185310	89905	63101
其他体育	295513	686116	731	19300
娱乐业	3029478	12952228	711149	216246
室内娱乐活动	357370	2807570	32780	11027
歌舞厅娱乐活动	197085	1316240	24983	750
电子游艺厅娱乐活动		80346	4150	
网吧活动		140251	1310	
其他室内娱乐活动	160285	1270733	2337	10277
游乐园	1742476	5860484	551264	141643
彩票活动	48728	57508		
文化、娱乐、体育经纪代理	5100	25332		
文化娱乐经纪人	5100	8129		
体育经纪人				
其他文化艺术经纪代理		17203		

国民经济行业小类国有控股、内资、外商及港澳台固定资产投资（不含农户）

续表 35   单位：万元

行 业	投资中：国有及国有控股投资	投资中：内资投资	外商投资	港澳台商投资
其他娱乐业	875804	4201334	127105	63576
（十九）公共管理、社会保障和社会组织	**42628460**	**58583881**	**56930**	**96347**
中国共产党机关	466406	560627		
中国共产党机关	466406	560627		
国家机构	35879838	40823548	36550	460
国家权力机构	523689	716301		
国家行政机构	33125328	37711549	36550	
综合事务管理机构	11861890	14130400	14050	
对外事务管理机构	45386	95794		
公共安全管理机构	6514904	6880820	18000	
社会事务管理机构	5664734	6618518		
经济事务管理机构	7905942	8812309	4500	
行政监督检查机构	1132472	1173708		
人民法院和人民检察院	1267693	1337510		460
人民法院	838354	874400		
人民检察院	429339	463110		460
其他国家机构	963128	1058188		
人民政协、民主党派	41947	130932		
人民政协	8160	10660		
民主党派	33787	120272		
社会保障	1251350	2169573		
社会保障	1251350	2169573		
群众团体、社会团体和其他成员组织	3326986	5672403	10520	27393
群众团体	190631	238537		
工会	59802	60242		
妇联	46701	46701		
共青团	2232	2232		
其他群众团体	81896	129362		
社会团体	2703859	3482166	7746	13350
专业性团体	2203406	2544644		
行业性团体	164935	418059		13000
其他社会团体	335518	519463	7746	350
基金会	7612	18840		
宗教组织	424884	1932860	2774	14043
基层群众自治组织	1661933	9226798	9860	68494
社区自治组织	727180	3292636		49242
村民自治组织	934753	5934162	9860	19252

各地区按三次产业分的固定资产投资（不含农户）

单位：万元

地　区	合　计	第一产业	第二产业	第三产业
全国总计	4357474256	91090674	1845485699	2420897883
北　京	67975373	1639121	7266460	59069792
天　津	91030109	1633756	32908493	56487860
河　北	226297693	7127095	110070474	109100124
山　西	107453450	6599858	46567723	54285869
内　蒙　古	140723876	5741843	74071246	60910787
辽　宁	247914018	4478127	102878747	140557144
吉　林	97257583	2021030	53618355	41618198
黑　龙　江	111212842	5351573	49092148	56769121
上　海	56441312	84885	12405870	43950557
江　苏	359825173	1566553	183912690	174345930
浙　江	201940713	1394602	70450667	130095444
安　徽	180912064	3256208	81975455	95680401
福　建	150458082	2428523	56854765	91174794
江　西	124349494	2714361	71977070	49658063
山　东	358758558	6447504	172041465	180269589
河　南	251880603	7384606	131226654	113269343
湖　北	187968523	3373417	89021606	95573500
湖　南	172251861	4336903	75430139	92484819
广　东	217955152	2271110	68953919	146730123
广　西	113839294	3427314	48080080	62331900
海　南	26255925	138608	4232705	21884612
重　庆	102909525	3193163	33134366	66581996
四　川	197552867	3576646	67404076	126572145
贵　州	71027771	461199	17232588	53333984
云　南	96218329	1651125	28644677	65922527
西　藏	8760023	214469	2811429	5734125
陕　西	145335128	5243818	49645152	90446158
甘　肃	64071982	1501843	31907451	30662688
青　海	22853013	423450	11351089	11078474
宁　夏	25777882	597812	12240003	12940067
新　疆	73712357	810152	38434534	34467671
不分地区	56553681		9643603	46910078

各地区按投资规模分的固定资产投资（不含农户）（一）

地　　　区	500 万~3000 万元	3000 万~5000 万元	5000 万~8000 万元
全国总计	254601615	350086360	327296342
北　　京	1244651	944624	1376014
天　　津	2999729	4420066	5974625
河　　北	6620608	9100898	17487553
山　　西	6707027	4996844	6879739
内　蒙　古	54328	7593935	14085808
辽　　宁	2750383	23477966	8938189
吉　　林	3718330	8496086	10882237
黑　龙　江	7405012	36916258	2847902
上　　海	1572102	1098767	1625004
江　　苏	29617418	22329405	27157933
浙　　江	23169321	12305372	13252898
安　　徽	17098810	25930211	11663617
福　　建	13416665	14132245	13210269
江　　西	20411461	5777933	11731553
山　　东	9304628	27896709	38152872
河　　南	4472041	11074864	12737073
湖　　北	11810440	7203615	12440223
湖　　南	10874851	36110812	24696013
广　　东	6507381	14180707	19539337
广　　西	24154928	15326639	15160962
海　　南	58324	59269	549679
重　　庆	5752638	21611675	1959991
四　　川	11921331	15368075	23231616
贵　　州			
云　　南	11288545	5495839	6442581
西　　藏	1726508	574297	537957
陕　　西	6263507	7422472	12116641
甘　　肃	2958292	4664523	6177798
青　　海	2258352	1092647	1220756
宁　　夏	3172327	644146	915906
新　　疆	5291677	3839461	4303596
不分地区			

注：本表不含房地产开发投资。

各地区按投资规模分的固定资产投资（不含农户）（二）

地　　区	8000 万~1 亿元	1 亿~5 亿元	5 亿~10 亿元	10 亿元及以上
全国总计	410894047	937798680	426679872	789983514
北　　京	997802	7622776	6308682	14646779
天　　津	11452389	20998444	10297609	20079095
河　　北	24604271	44971542	27161582	61897084
山　　西	9763179	30204421	9112311	26703654
内　蒙　古	36357252	19787312	7414544	40640623
辽　　宁	13544973	49766388	34447800	50480806
吉　　林	17821931	23589932	8945183	11279627
黑　龙　江	2432942	19039215	12121166	14402017
上　　海	1909636	6813659	5717990	9508239
江　　苏	39487379	88596842	27659323	52562361
浙　　江	11894663	39107423	14033800	26014743
安　　徽	9414973	36294564	17934296	23113329
福　　建	13998720	21754303	14110324	22805829
江　　西	18991942	29668641	15406659	10615537
山　　东	53579467	99731622	35954910	39693038
河　　南	13339682	90548398	42934421	38336534
湖　　北	9149159	61714737	22770523	30019592
湖　　南	26268217	26721758	8804909	12492056
广　　东	23313419	43485433	6308954	39724001
广　　西	13933717	11706744	6346072	11063910
海　　南	376932	3185261	3363455	6695424
重　　庆	1449107	14955977	10211125	16841174
四　　川	17410289	40562065	25207032	25322508
贵　　州	2204000	13317583	11024586	25056167
云　　南	5630604	14440735	7471484	20565257
西　　藏	517646	2379796	1967378	959664
陕　　西	19047149	26306744	18449372	33327551
甘　　肃	6841244	23187000	4150822	8845813
青　　海	1234957	4633207	1695773	8241183
宁　　夏	502686	6129169	2009032	6814934
新　　疆	3423720	16474979	7181231	24940838
不分地区		102010	157524	56294147

各地区按构成分的固定资产投资（不含农户）

单位：万元

地　区	投资额	建筑安装工程	设备工器具购置	其他费用
全国总计	**4357474256**	**2903339824**	**892963778**	**561170654**
北　京	67975373	34178903	7028166	26768304
天　津	91030109	63231660	12812354	14986095
河　北	226297693	147739796	53116531	25441366
山　西	107453450	76166381	19578790	11708279
内　蒙　古	140723876	95342600	36276200	9105076
辽　宁	247914018	170553242	53980414	23380362
吉　林	97257583	58408930	30976455	7872198
黑　龙　江	111212842	79603611	25385176	6224055
上　海	56441312	34368505	7875087	14197720
江　苏	359825173	208215617	109031110	42578446
浙　江	201940713	117067223	33505166	51368324
安　徽	180912064	123992490	38234588	18684986
福　建	150458082	102608705	24355076	23494301
江　西	124349494	84233804	26997478	13118212
山　东	358758558	228891292	94163557	35703709
河　南	251880603	152136671	71883499	27860433
湖　北	187968523	129272736	34320675	24375112
湖　南	172251861	118803121	28574850	24873890
广　东	217955152	145406988	36158548	36389616
广　西	113839294	73247327	27959552	12632415
海　南	26255925	17715841	2741053	5799031
重　庆	102909525	73895033	10213938	18800554
四　川	197552867	148541953	25701140	23309774
贵　州	71027771	55174313	4611123	11242335
云　南	96218329	71800541	8733571	15684217
西　藏	8760023	7649843	791539	318641
陕　西	145335128	113921761	19351231	12062136
甘　肃	64071982	49358041	9352585	5361356
青　海	22853013	16934299	4202470	1716244
宁　夏	25777882	17983112	5772039	2022731
新　疆	73712357	52802510	16101152	4808695
不分地区	56553681	34092975	13178665	9282041

各地区按隶属关系分的固定资产投资（不含农户）

单位：万元

地　　区	合　　计	中央项目	地方项目	省　属	地市属	县　属	其　他
全国总计	4357474256	246580556	4110893700	223992782	424334635	742486395	2720079888
北　京	67975373	9092814	58882559	14564359	15960216	13396	28344588
天　津	91030109	6621895	84408214	13170524	20692959	5000287	45544444
河　北	226297693	11260364	215037329	6422636	14010869	34533919	160069905
山　西	107453450	4805074	102648376	15900346	10406090	25267655	51074285
内　蒙　古	140723876	8592634	132131242	6986351	19131660	49219224	56794007
辽　宁	247914018	8061100	239852918	4537520	26646163	25063228	183606007
吉　林	97257583	7259405	89998178	1740932	8175827	19543837	60537582
黑　龙　江	111212842	8607477	102605365	6434012	12288856	28987223	54895274
上　海	56441312	5489057	50952255	10551447	9402605	994485	30003718
江　苏	359825173	6078412	353746761	4355656	26472387	29623620	293295098
浙　江	201940713	3590297	198350416	3243369	17998132	32091471	145017444
安　徽	180912064	3744714	177167350	7257597	23169370	23240485	123499898
福　建	150458082	5863395	144594687	11016241	15744800	26244135	91589511
江　西	124349494	2030678	122318816	3383091	6122272	23190823	89622630
山　东	358758558	9574972	349183586	7449129	17621223	37220944	286892290
河　南	251880603	2662632	249217971	4707268	15833131	39724137	188953435
湖　北	187968523	5404752	182563771	5312184	16921169	26255572	134074846
湖　南	172251861	2288839	169963022	8485821	16038680	41083501	104355020
广　东	217955152	14407653	203547499	11360688	29079860	25942385	137164566
广　西	113839294	2881052	110958242	6141244	11628345	17677434	75511219
海　南	26255925	844243	25411682	4833776	4933611	4771903	10872392
重　庆	102909525	5124379	97785146	10384116	15375603	15048695	56976732
四　川	197552867	8911476	188641391	7081198	17105271	60852219	103602703
贵　州	71027771	3569224	67458547	10336415	6679680	19119460	31322992
云　南	96218329	9582697	86635632	7779767	8459471	26832756	43563638
西　藏	8760023	2884642	5875381	596241	1371962	1712230	2194948
陕　西	145335128	5491731	139843397	14053806	22505709	45486623	57797259
甘　肃	64071982	3295068	60776914	5857813	5102039	25542971	24274091
青　海	22853013	2168110	20684903	2612421	3461862	7610921	6999699
宁　夏	25777882	3402219	22375663	2319445	1165502	4311262	14579454
新　疆	73712357	16435870	57276487	5117369	4829311	20279594	27050213
不分地区	56553681	56553681					

各地区按建设性质分的固定资产投资（不含农户）

单位：万元

地　区	新　建	扩　建	改建和技术改造	单纯建造生活设施	迁　建	恢　复	单纯购置
全国总计	3029090612	540239620	623327540	24724508	36850292	6513159	96728525
北　京	52776612	5529783	3985091	2088727	320729	168845	3105586
天　津	71787559	7747247	6850300	109001	716027	74679	3745296
河　北	136752155	42743304	35491501	541584	8067294	301119	2400736
山　西	69163384	19045287	13765083	4525800	360306	62302	531288
内 蒙 古	106636780	14168002	17220070	300877	201944	269541	1926662
辽　宁	205771013	21576793	13232404	131155	809766	265698	6127189
吉　林	47553584	14497810	30136235	63618	2354605	242173	2409558
黑 龙 江	66963683	16260426	17834449	1164869	339303	65148	8584964
上　海	45591036	3106065	4286224		209379		3248608
江　苏	232203914	72725508	42210056	808937	2692196	80411	9104151
浙　江	132563465	38128535	21873679	677241	4025772	73917	4598104
安　徽	131235426	23072656	22898728	252878	1247349	93162	2111865
福　建	98563650	28845348	17031353	216344	1444970	49867	4306550
江　西	84636317	13502446	21493574	1307572	733369	81848	2594368
山　东	171848384	60403073	113077565	3639864	4145271	266369	5378032
河　南	215397347	21406951	11951523	657225	880964	29588	1557005
湖　北	139717032	17727290	26811710	253985	673043	419524	2365939
湖　南	91297953	14070981	65662968	284244	407542	296085	232088
广　东	168878101	20393709	19217521	484933	527230	104785	8348873
广　西	65783395	13032790	30577516	194863	455883	172757	3622090
海　南	23933251	787938	450672	217653	11979	52338	802094
重　庆	85056570	6609176	8761190	151952	1770054	123494	437089
四　川	137074734	14877895	40022309	683448	1410895	512142	2971444
贵　州	62138509	4420370	3782727	234513	398190		53462
云　南	74936486	9658668	8676331	540146	902582	218805	1285311
西　藏	7331767	395224	346309	262742	433	196883	226665
陕　西	116746432	11115930	11139672	1397895	1145202	166807	3623190
甘　肃	55105123	4825246	2915114	589695	141892	265530	229382
青　海	16424578	1842737	2259604	47143	91025	1800023	387903
宁　夏	21358905	2032801	2137620	41553	160173	23406	23424
新　疆	52002336	12967665	5299850	2854051	204925	35913	347617
不分地区	41861131	2721966	1928592				10041992

各地区固定资产投资（不含农户）旧设备、旧建筑物及土地购置情况

单位：万元

地　　区	购置旧设备	购置用于更新的设备	旧建筑物购置费	土地购置费
全国总计	5390985	140509255	12912621	286170312
北　京	2665	1416681	176006	16566410
天　津	43336	1230300	418460	3688154
河　北	416350	9407939	706903	10298826
山　西	64414	2882879	347003	3439305
内　蒙　古	74949	4528798	381073	3986039
辽　宁	257980	9621340	945953	13096291
吉　林	358650	6633551	369508	3563968
黑　龙　江	347728	6410800	119965	2875510
上　海	25549	1363416	20446	9148239
江　苏	210409	13707981	750414	25453156
浙　江	76212	4714917	292858	33748323
安　徽	104914	6022063	299996	11009304
福　建	83529	3021815	403695	14985596
江　西	520618	4502121	261209	5526963
山　东	505886	13253124	681172	18570495
河　南	98010	316220	873160	12960281
湖　北	189712	6328332	823870	12645843
湖　南	346315	8610293	996203	8497863
广　东	570341	6998993	621417	19101832
广　西	191755	6013431	274630	5365633
海　南	9738	517219	261595	3101931
重　庆	74799	2138194	415031	10974646
四　川	412794	8511461	1010730	13406078
贵　州	3411	853521	424692	4586483
云　南	67161	2699167	398254	8510325
西　藏	1365	343554		145418
陕　西	152390	3317129	341807	4883551
甘　肃	103252	1425302	105367	2783527
青　海	1261	626176	19910	641769
宁　夏	7032	517482	67460	1029073
新　疆	68460	2011557	103834	1579480
不分地区		563499		

各地区按行业大类分的固定资产投资（不含农户）（一）

单位：万元

地 区	合 计	（一）农、林、牧、渔业	农 业	林 业	畜牧业
全国总计	4357474256	114012375	40278941	13565790	30659533
北 京	67975373	1734307	219397	1391228	26806
天 津	91030109	2225102	864570	226095	342259
河 北	226297693	7947160	3061399	465571	3317044
山 西	107453450	7121412	2415184	1368112	2729424
内 蒙 古	140723876	7303538	2273233	1366389	2071387
辽 宁	247914018	4965069	1545190	312351	1339580
吉 林	97257583	2857462	562300	184905	1246166
黑 龙 江	111212842	7641963	2877050	209949	2089196
上 海	56441312	180065	53565	14423	7903
江 苏	359825173	1957111	895487	71828	367662
浙 江	201940713	2009775	786510	143660	140114
安 徽	180912064	3760833	1565008	611224	833168
福 建	150458082	2944067	1218680	296281	380815
江 西	124349494	2971711	1042168	680962	846768
山 东	358758558	8309105	2753446	691648	2043143
河 南	251880603	8732244	3188036	443128	3589242
湖 北	187968523	4549767	1296755	471105	1290788
湖 南	172251861	5293389	2188941	935111	966413
广 东	217955152	2928052	1007353	426718	450002
广 西	113839294	4617450	1036584	910554	1145169
海 南	26255925	213575	74118	25856	20634
重 庆	102909525	3903508	1961011	581904	445802
四 川	197552867	4429901	1953636	253275	1221492
贵 州	71027771	479859	327408	40070	91627
云 南	96218329	2510890	910991	111187	598560
西 藏	8760023	392869	148453	34730	31211
陕 西	145335128	6405059	3026005	743133	1355426
甘 肃	64071982	2326379	457611	190785	794231
青 海	22853013	922343	122382	90738	204103
宁 夏	25777882	759182	184607	142907	263572
新 疆	73712357	1619228	261863	129963	409826
不分地区	56553681				

各地区按行业大类分的固定资产投资（不含农户）（二）

单位：万元

地　　区	渔　业	农、林、牧、渔服务业	（二）采矿业	煤炭开采和洗选业	石油和天然气开采业	黑色金属矿采选业
全国总计	6586410	22921701	146487843	52125675	38206143	16484148
北　　京	1690	95186	91031	23900	11075	56056
天　　津	200832	591346	3284058		2865658	16500
河　　北	283081	820065	6909791	1435389	396504	3572070
山　　西	87138	521554	14750100	11579546	1116311	1015657
内　蒙　古	30834	1561695	15871771	8521978	1413096	2506288
辽　　宁	1281006	486942	6502698	500977	1314585	2218966
吉　　林	27659	836432	4144786	563118	1778972	506802
黑　龙　江	175378	2290390	6341039	1931795	3389320	88361
上　　海	8994	95180	1577			
江　　苏	231576	390558	910157	56050	321429	120661
浙　　江	324318	615173	451108	1819		9673
安　　徽	246808	504625	3385578	1458959	20426	562836
福　　建	532747	515544	2359446	902341		307186
江　　西	144463	257350	2521719	495539		277443
山　　东	959267	1861601	5924512	598905	2890816	714581
河　　南	164200	1347638	6029143	1872688	502836	207389
湖　　北	314769	1176350	3067986	512301	31960	443969
湖　　南	246438	956486	5858210	2417320	3000	442175
广　　东	387037	656942	1574575		891839	72834
广　　西	335007	1190136	3437855	146227	19000	592592
海　　南	18000	74967	222233		33001	39521
重　　庆	204446	710345	2033431	992678	330049	127054
四　　川	148243	853255	4431753	1867000	134640	667053
贵　　州	2094	18660	3286349	2488905		56821
云　　南	30387	859765	4588379	2273103		628323
西　　藏	75	178400	632405	7075		68067
陕　　西	119254	1161241	12687169	5823817	5027860	279374
甘　　肃	59216	824536	4535500	1683031	1156977	257451
青　　海	6227	498893	1340285	342955	623435	59799
宁　　夏	6726	161370	1717186	1592869	80279	
新　　疆	8500	809076	8995939	2035390	5253001	568646
不分地区			8600074		8600074	

各地区按行业大类分的固定资产投资（不含农户）（三）

单位：万元

地　　区	有色金属矿采选业	非金属矿采选业	开采辅助活动	其他采矿业	（三）制造业	农副食品加工业
全国总计	15934856	18003860	5175920	557241	1475844340	85801165
北　　京					4502914	72107
天　　津		12416	389484		25466223	610341
河　　北	349464	902430	237570	16364	95656294	5315237
山　　西	237266	257208	515326	28786	25384366	1473019
内　蒙　古	1815067	995500	599868	19974	45160121	2815037
辽　　宁	884967	1297562	271646	13995	86289998	7587646
吉　　林	469326	564943	247796	13829	44101489	4093889
黑　龙　江	191388	409072	303109	27994	35183236	7201004
上　　海			1577		10721864	54586
江　　苏	5126	388691	15300	2900	173182432	3359316
浙　　江	63351	374487	778	1000	61338871	827322
安　　徽	443778	817145	62345	20089	72690249	3888320
福　　建	269215	713351	154620	12733	46457503	2846822
江　　西	482199	1153877	41541	71120	65589193	3292519
山　　东	643370	807106	236970	32764	152582174	8667587
河　　南	2465983	875498	94259	10490	118050019	8193615
湖　　北	299779	1498518	227590	53869	80452549	6409389
湖　　南	1199647	1645086	115393	35589	62822980	5073806
广　　东	173644	408304	17870	10084	56225103	1412282
广　　西	1025348	1487390	43291	124007	38871618	2702946
海　　南	30050	29400	90261		2251887	164733
重　　庆	9603	478044	93004	2999	26714444	1098260
四　　川	519511	1088149	120719	34681	49293978	2860139
贵　　州	355050	324402	56569	4602	10768765	473788
云　　南	1291882	335517	57054	2500	14536247	1378098
西　　藏	544677	8701	129	3756	473862	53898
陕　　西	815060	299939	430103	11016	28824860	1379647
甘　　肃	766051	540387	129603	2000	11103419	1185311
青　　海	85588	39902	188506	100	6319006	328377
宁　　夏		24308	19730		7893805	286950
新　　疆	498466	226527	413909		16934871	695174
不分地区						

各地区按行业大类分的固定资产投资（不含农户）（四）

单位：万元

地　区	食品制造业	酒、饮料和精制茶制造业	烟草制品业	纺织业	纺织服装、服饰业	皮革、毛皮、羽毛及其制品和制鞋业
全国总计	36859272	33865989	3030419	47259939	31144351	17153985
北　京	106938	72753	6043	8494	36957	1772
天　津	726837	130169	1442	258222	419996	39600
河　北	2005327	1603015	34737	3713003	1259777	1997979
山　西	622140	528514	5209	214557	99879	15748
内　蒙　古	1146647	859146	24752	257687	151138	315795
辽　宁	1703539	1322908	3600	977814	1402241	296581
吉　林	1448256	1570538	94140	461102	219456	117932
黑　龙　江	1687829	1943811	101679	311555	298032	612386
上　海	169534	50519	95813	40216	69013	23730
江　苏	1854764	1737310	318684	8569871	3534380	913417
浙　江	699097	414074	134072	4822540	1628979	983978
安　徽	1561553	1270398	182547	2050702	2502273	864205
福　建	1666958	1974790	82886	3063193	1847119	1641539
江　西	1285988	1216333	241301	2184981	3884235	1736500
山　东	3331300	1900524	50123	5314205	2981983	1145152
河　南	5177909	2831440	324885	4520626	2980160	2466940
湖　北	2410301	2367900	111727	3205181	1853712	678775
湖　南	2279189	1686124	230422	1187897	1079915	1015952
广　东	1405677	964397	81615	2101625	2628124	869844
广　西	1029331	1157848	72185	633401	682579	557189
海　南	28671	17876	2000	6321		
重　庆	501221	288555	81087	486279	402648	257087
四　川	1439320	3532775	24704	931604	509973	329488
贵　州	90986	1713536	14175	87865	194375	139202
云　南	550460	854987	528196	91565	44221	31598
西　藏	21067	86203		10059	900	
陕　西	602386	886782	75721	602156	145014	27123
甘　肃	379779	393099	79006	127481	80538	36744
青　海	175023	87034		29959	84493	
宁　夏	310148	145928		499468	118941	36729
新　疆	441097	256703	27668	490310	3300	1000
不分地区						

各地区按行业大类分的固定资产投资（不含农户）（五）

单位：万元

地 区	木材加工和木、竹、藤、棕、草制品业	家具制造业	造纸和纸制品业	印刷和记录媒介复制业	文教、工美、体育和娱乐用品制造业	石油加工、炼焦和核燃料加工业
全国总计	29205057	19330979	26357884	12831719	14128352	30391319
北　京	2085	31661	9261	74797	27616	113856
天　津	188025	418955	550342	64492	195810	341835
河　北	1487788	1517279	1664885	760364	1014572	3089861
山　西	204746	84670	372280	42911	66686	1971335
内 蒙 古	380617	107852	282982	97369	65080	2045947
辽　宁	1952250	926469	942824	419911	485755	2160537
吉　林	1618796	474675	914058	319623	205495	205732
黑 龙 江	2209981	651923	629401	405309	188620	638225
上　海	41170	37604	31989	68130	82760	33318
江　苏	2269270	1461771	1932406	1131890	1502389	1032613
浙　江	521285	842137	1377333	635225	1258368	473900
安　徽	1686840	1103110	1062328	751280	951227	308176
福　建	2048803	1001793	2085342	339179	1031915	1732446
江　西	1241385	1130730	1224565	869327	1202147	624122
山　东	2560099	1413600	3302473	1835250	1513772	3619775
河　南	1759890	1993071	1981187	815280	572164	690736
湖　北	933329	1200449	1506655	781242	638131	849977
湖　南	1655862	887833	1349604	919835	497577	230902
广　东	766052	1345910	1338351	790714	1496486	1437931
广　西	3905203	845176	1121967	482951	526892	851529
海　南	12983		94000	2900		336788
重　庆	235986	271137	643361	183677	116397	703684
四　川	708352	1029485	1064408	503522	103917	425969
贵　州	134664	71144	105248	10674	92799	301659
云　南	305150	159000	191863	143622	52141	733343
西　藏		5450		11660	22231	
陕　西	183784	210216	334881	277368	52402	2111135
甘　肃	116518	47170	105429	46497	81027	793790
青　海		42300		12000	72976	32291
宁　夏	4500	5480	53823	11304	2000	385297
新　疆	69644	12929	84638	23416	9000	2114610
不分地区						

各地区按行业大类分的固定资产投资（不含农户）（六）

单位：万元

地 区	化学原料和化学制品制造业	医药制造业	化学纤维制造业	橡胶和塑料制品业	非金属矿物制品业	黑色金属冶炼和压延加工业
全国总计	132104180	45293461	10494019	52468169	137565786	50986665
北 京	272130	503297	11083	11522	89367	4035
天 津	865679	600027	31249	1717650	1615696	953711
河 北	7105843	2526735	404450	4631638	9514140	7216600
山 西	2737760	908555	82732	550236	3790857	1939202
内 蒙 古	9980369	1888379	446596	985051	3214993	2993091
辽 宁	6222774	2064045	344947	4023620	8539457	4229826
吉 林	3327352	3186857	62525	1394755	4721094	434401
黑 龙 江	1516458	886951	36374	1182824	3459123	532933
上 海	1070461	558228	21465	262377	184692	547169
江 苏	16307752	4345946	3138152	5591282	9583183	5337351
浙 江	4407043	1622939	2027448	3059685	2544078	977923
安 徽	3761355	2021816	301972	3262514	7259233	2360459
福 建	2412858	657693	1454371	1717983	4346772	1968294
江 西	5981911	2175582	452876	1738173	7111664	1069112
山 东	19952738	5058268	299359	7105738	11684283	3777030
河 南	8498041	3659973	423392	3253337	13867442	2312960
湖 北	5896769	2615694	173471	2422606	7766945	1955243
湖 南	4590384	1833861	115273	1549915	8012662	1537432
广 东	3046281	1157102	107784	2705659	6481795	967507
广 西	2298943	966397	66186	948623	6001433	1826471
海 南	795660	113295		29472	120679	8800
重 庆	1631233	767685	54288	795950	1824727	759156
四 川	3903985	2057864	331159	1408286	4653747	2318181
贵 州	1108908	631380		201079	1609550	495210
云 南	1038318	506255	7277	291369	1909196	857132
西 藏	7262	25312		10392	108228	3950
陕 西	5245270	708521	34377	521101	2499712	506541
甘 肃	855615	814887	28397	352460	1574043	454356
青 海	1194699	92581		77253	623033	425237
宁 夏	2785825	139519	5687	183212	536897	769449
新 疆	3284504	197817	31129	482407	2317065	1447903
不分地区						

各地区按行业大类分的固定资产投资（不含农户）（七）

单位：万元

地 区	有色金属冶炼和压延加工业	金属制品业	通用设备制造业	专用设备制造业	汽车制造业	铁路、船舶、航空航天和其他运输设备制造业
全国总计	55502785	71368334	104908454	100174340	93385194	27146899
北 京	2670	162984	74246	207987	1453522	255515
天 津	1856682	2281865	2137241	1895800	1675303	763700
河 北	1243841	6832916	8040403	8340917	4507611	1795349
山 西	2037820	934962	944956	1307256	1250391	802577
内 蒙 古	5850301	1453962	1456786	2908768	2159148	294202
辽 宁	2538723	4655971	10786053	7738292	5158604	1890723
吉 林	926733	1107058	1918210	2420300	9687987	535127
黑 龙 江	623442	1758833	2945084	2514480	750817	252269
上 海	100148	267879	760475	681840	1438480	575275
江 苏	3300847	9953329	18903002	16368025	9012385	4691861
浙 江	977010	3718530	6670920	4131722	4915002	1516985
安 徽	1804829	3552577	5393295	5482728	4891314	697881
福 建	645329	1833921	1554012	1376138	1010140	565981
江 西	4082849	2937263	2583983	2587849	2212863	720114
山 东	4760482	8468481	14463196	12276238	9143530	2523670
河 南	5609326	4575604	7915357	9042177	6049289	1981808
湖 北	1277520	3262864	3785234	5351615	10030317	1437483
湖 南	3309775	2793383	4301843	4074502	2349750	1504296
广 东	1039573	3556014	1924586	2261149	3161724	674394
广 西	1734343	1386119	1256582	1745834	2319348	304962
海 南		3720	26468	19208	11000	22691
重 庆	1063429	1309534	1449228	1159041	3857385	1291705
四 川	797895	1659401	2815549	2724488	3741455	1037436
贵 州	485289	388725	136743	596440	643177	175758
云 南	1117708	398353	233871	276778	101856	36125
西 藏	45661	1000	4816	19964	6900	
陕 西	1391916	1094859	1523063	1675732	1490783	726345
甘 肃	906114	549127	397747	619593	36530	24825
青 海	2097117	45777	35500	57122		31477
宁 夏	789627	142240	166849	106007	138281	6164
新 疆	3085786	281083	303156	206350	180302	10201
不分地区						

各地区按行业大类分的固定资产投资（不含农户）（八）

单位：万元

地　区	电器机械和器材制造业	计算机、通信和其他电子设备制造业	仪器仪表制造业	其他制造业	废弃资源综合利用业
全国总计	92106100	71871836	14113297	16071717	9639350
北　京	77889	726604	71789	12329	1480
天　津	1160594	1499327	202653	1746009	464030
河　北	4942604	1228882	389732	381409	820409
山　西	1200910	540705	193298	59350	371364
内　蒙　古	1838181	426195	35133	195287	223805
辽　宁	4067456	1537823	1065316	329896	629056
吉　林	1351464	502039	232322	301673	215352
黑　龙　江	1071121	250596	114474	200369	159187
上　海	605046	1886697	45965	876999	27564
江　苏	16747756	13768201	3336200	2311671	670576
浙　江	5738401	2571572	620996	722479	333894
安　徽	6761248	5289258	652669	381338	542173
福　建	1928591	2373369	258636	726881	183837
江　西	5076443	4100743	909904	866891	735310
山　东	8419858	4075675	1521171	530663	395200
河　南	8475345	6167988	907484	575395	313478
湖　北	5318259	4009096	907236	450146	710907
湖　南	3608373	3482472	439880	486364	460949
广　东	4276060	6600170	524791	356617	591444
广　西	1344938	1001142	117731	204190	687566
海　南	102831	247195	5879	38870	12080
重　庆	1168362	2393917	660700	973225	269470
四　川	2777337	4371904	410773	479613	232570
贵　州	543721	177830	30349	57608	56883
云　南	488422	37022	32585	1922513	198797
西　藏	12622	4250	2700	607	8000
陕　西	1609093	2168694	321602	208763	75971
甘　肃	443987	213350	44552	152666	130868
青　海	600821	98855	28500	20811	12870
宁　夏	171444	15631	19598	500	44706
新　疆	176923	104634	8679	500585	59554
不分地区					

各地区按行业大类分的固定资产投资（不含农户）（九）

单位：万元

地　　区	金属制品、机械和设备修理业	（四）电力、热力、燃气及水生产和供应业	电力、热力生产和供应业	燃气生产和供应业	水的生产和供应业	（五）建筑业
全国总计	3283324	196289315	147263552	22102432	26923331	35323445
北　　京	125	2598988	1770092	381352	447544	73652
天　　津	52941	3269555	2255318	443401	570836	1331082
河　　北	268991	7845636	5929022	1170501	746113	165314
山　　西	29741	6869756	5508374	802880	558502	108568
内　蒙　古	259825	12963021	9404478	1924427	1634116	936026
辽　　宁	285341	8235285	5229031	1736677	1269577	2407753
吉　　林	32548	4476275	3484549	594728	396998	1176149
黑　龙　江	48146	4512782	3405234	542474	565074	3406346
上　　海	12722	1640018	1164319	227384	248315	56710
江　　苏	196832	9602777	7141990	523240	1937547	429456
浙　　江	163934	8458933	6421486	662332	1375115	366467
安　　徽	90631	5233327	3770774	502376	960177	819277
福　　建	79912	7472478	5655090	477538	1339850	799870
江　　西	111530	3258062	1639439	738384	880239	761167
山　　东	490751	9782321	7437675	1041406	1303240	4480179
河　　南	113720	7248924	4428147	1186987	1633790	106547
湖　　北	134376	4952985	3217347	501131	1234507	910052
湖　　南	276948	5655830	3629512	485167	1541151	1485460
广　　东	153445	10611664	8238105	906693	1466866	713892
广　　西	91613	5495850	3470141	1111207	914502	409661
海　　南	27767	1078289	752814	152088	173387	798324
重　　庆	16030	4460801	2888534	834820	737447	34724
四　　川	108679	13766660	11037573	827745	1901342	141083
贵　　州		3234043	2851847	213378	168818	
云　　南	18426	9534460	8440678	389576	704206	61071
西　　藏	730	1706021	1225693	434560	45768	
陕　　西	133902	5796699	3700994	1200801	894904	2900429
甘　　肃	31913	7703154	6932271	371305	399578	8726894
青　　海	12900	3070731	2868983	103842	97906	822473
宁　　夏	11601	2459754	2107631	219122	133001	200589
新　　疆	27304	12250707	10212882	1394910	642915	694230
不分地区		1043529	1043529			

各地区按行业大类分的固定资产投资（不含农户）（十）

单位：万元

地　　区	房屋建筑业	土木工程建筑业	建筑安装业	建筑装饰和其他建筑业	（六）批发和零售业	批发业
全国总计	11870971	17475462	1630256	4346756	126011087	59667147
北　京	17142	28473	7167	20870	507453	380565
天　津	397487	306452	230103	397040	2985596	1547615
河　北	49519	75528	28617	11650	8423565	4417619
山　西	55031	43503		10034	2444612	1243841
内　蒙古	412261	334857	84108	104800	3885416	2026623
辽　宁	397780	1635648	179057	195268	10144580	4766246
吉　林	259114	627102	83969	205964	4203414	2102550
黑　龙江	989164	1693667	250520	472995	6158217	3578424
上　海	5500	2210	49000		519346	51818
江　苏	128546	199099	35909	65902	8162394	2851859
浙　江	52237	286889	4294	23047	4051651	1669560
安　徽	133522	314688	85970	285097	4681178	2128495
福　建	123268	533187	38262	105153	2892818	1547575
江　西	381686	113388	86854	179239	5005519	2591443
山　东	910826	2636211	151291	781851	16208343	8605521
河　南	37214	68413		920	7203660	3302950
湖　北	188609	676038	22075	23330	4339073	1672998
湖　南	418656	777719	44860	244225	5419545	3002235
广　东	81946	338272	22805	270869	6154494	2648789
广　西	113345	93056	53151	150109	3796528	1824326
海　南	67335	717022		13967	326593	58393
重　庆	15413	12424	2036	4851	1737960	857101
四　川	24275	85692	750	30366	4491140	1814281
贵　州					863787	397180
云　南	16498	39355		5218	2460764	779418
西　藏					188324	133745
陕　西	975597	1627806	56063	240963	4484524	1918624
甘　肃	5034099	3154373	93398	445024	2199043	845040
青　海	369955	429600	10449	12469	171107	47600
宁　夏	75615	97642	3849	23483	511632	229176
新　疆	139331	527148	5699	22052	1388811	625537
不分地区						

各地区按行业大类分的固定资产投资（不含农户）（十一）

单位：万元

地　　区	零售业	（七）交通运输、仓储和邮政业	铁路运输业	道路运输业	水上运输业	航空运输业	管道运输业
全国总计	66343940	363293503	66906584	205029410	21233194	13140600	3740007
北　京	126888	6529906	184181	4356372		1624608	199333
天　津	1437981	6020396	400266	3232392	621449	244089	
河　北	4005946	21098013	1941088	10380889	2423471	467359	5963
山　西	1200771	9286729	2011716	5896424		65799	62160
内　蒙　古	1858793	12719685	2819406	8156520	3430	161326	199413
辽　宁	5378334	15771422	1193636	7336508	2843283	323442	331101
吉　林	2100864	5848165	1518596	2632501	22800	21187	81528
黑　龙　江	2579793	5425235	1070653	2428468	6402	47910	44212
上　海	467528	4990095	153203	2753286	196384	1453588	17269
江　苏	5310535	16858572	97523	10159286	2879446	424166	143013
浙　江	2382091	14503386	970096	9832168	1795626	136793	18873
安　徽	2552683	8040082	1182994	4949607	808331	128970	
福　建	1345243	15596684	232790	10871702	2072880	670645	36121
江　西	2414076	4841091	74643	3476627	100561	12054	16555
山　东	7602822	19832170	1567834	8923298	2050885	233603	728914
河　南	3900710	11686128	470148	5631031	281061	460279	133501
湖　北	2666075	15866054	456814	11041292	900725	484543	27337
湖　南	2417310	12301161	109257	10185992	172268	185982	16645
广　东	3505705	24252394	1879395	15197730	1442938	3291151	44931
广　西	1972202	10978289	747468	7806207	919224	177323	268817
海　南	268200	2777691		1400628	228763	826594	
重　庆	880859	10101135	397503	8735125	369822	131601	17400
四　川	2676859	20966102	1178184	17304648	254799	384736	186552
贵　州	466607	10037153	774730	8376186	80511	139338	28495
云　南	1681346	11127364	1161641	8259006	53562	625459	609060
西　藏	54579	1649751	408638	1058431	72651	39035	2000
陕　西	2565900	8688690	742475	5494463	3222	112100	232658
甘　肃	1354003	4284977	371436	3077043	19550	89807	15086
青　海	123507	2829848	742864	1858091		113882	23682
宁　夏	282456	1389670	65475	980470	1600	4999	
新　疆	763274	5499538	1093554	3237019		58232	249388
不分地区		41495927	40888377		607550		

各地区按行业大类分的固定资产投资（不含农户）（十二）

单位：万元

地 区	装卸搬运和运输代理业	仓储业	邮政业	（八）住宿和餐饮业	住宿业	餐饮业
全国总计	**9934323**	**42357327**	**952058**	**60124082**	**44733229**	**15390853**
北 京	880	129189	35343	781313	752129	29184
天 津	79971	1437229	5000	727639	304477	423162
河 北	895176	4963908	20159	2725327	2030581	694746
山 西	300374	949736	520	802093	587312	214781
内 蒙 古	314000	1025198	40392	1238819	937341	301478
辽 宁	872587	2869596	1269	4982507	4072659	909848
吉 林	243060	1321693	6800	823905	558616	265289
黑 龙 江	327798	1473185	26607	1375614	1052029	323585
上 海	13286	366558	36521	340605	292716	47889
江 苏	581837	2526241	47060	5020912	3043921	1976991
浙 江	230308	1504952	14570	2281626	1711487	570139
安 徽	309334	586189	74657	2730684	1674936	1055748
福 建	280746	1416647	15153	2189223	1751627	437596
江 西	263096	850860	46695	2716650	1698811	1017839
山 东	937332	5310238	80066	3807257	2129612	1677645
河 南	1196437	3418414	95257	2857553	2363034	494519
湖 北	439970	2479289	36084	2149691	1279770	869921
湖 南	603458	969944	57615	2215262	1609300	605962
广 东	438879	1828603	128767	4393767	3712276	681491
广 西	293068	761246	4936	2325504	1633260	692244
海 南	186655	135051		1756571	1735959	20612
重 庆	19537	422398	7749	1062141	830334	231807
四 川	188571	1425626	42986	3518609	2902344	616265
贵 州	118031	519862		705589	659262	46327
云 南	53162	364958	516	1820251	1617344	202907
西 藏	27988	37124	3884	250449	241681	8768
陕 西	521756	1494754	87262	2655664	2107227	548437
甘 肃	117347	588855	5853	786666	628390	158276
青 海		90815	514	200648	146456	54192
宁 夏	73392	240034	23700	198843	163460	35383
新 疆	6287	848935	6123	682700	504878	177822
不分地区						

各地区按行业大类分的固定资产投资（不含农户）（十三）

单位：万元

地　　区	（九）信息传输、软件和信息技术服务业	电信、广播电视和卫星传输服务	互联网和相关服务	软件和信息技术服务业	（十）金融业	货币金融服务
全国总计	**30848766**	**16960868**	**2848917**	**11038981**	**12419721**	**7924387**
北　京	1914303	1116794	183383	614126	482115	300223
天　津	707611	467275	70049	170287	411769	160388
河　北	1156328	839728	89882	226718	446914	314441
山　西	632708	210458	97035	325215	39215	36190
内　蒙　古	1109241	678360	37665	393216	283203	264658
辽　宁	1225254	232632	132009	860613	1594800	1074922
吉　林	601953	201203	47145	353605	208524	163584
黑　龙　江	1360414	748785	76422	535207	262195	104950
上　海	1124324	880637	61309	182378	151629	19020
江　苏	3816235	1014734	368824	2432677	1165957	720988
浙　江	1360047	623497	284600	451950	948433	660988
安　徽	1149082	503102	74061	571919	900855	578608
福　建	1364770	970910	214737	179123	550760	346812
江　西	483827	112093	84040	287694	314255	242795
山　东	1075316	452144	67423	555749	617464	415178
河　南	747239	187010	8515	551714	212617	173733
湖　北	963811	572143	139304	252364	759416	430876
湖　南	846025	355770	129796	360459	518740	311911
广　东	3018387	1966490	356856	695041	751979	241424
广　西	1097001	834799	86013	176189	391387	187419
海　南	281310	260481		20829	54819	54819
重　庆	870021	474921	56565	338535	35395	21971
四　川	1032771	859498	97909	75364	624511	546064
贵　州	80274	51469	9760	19045	20828	20828
云　南	763351	732778	11501	19072	62542	61356
西　藏	45290	38722	2870	3698	91746	48299
陕　西	855985	635725	36011	184249	343530	263426
甘　肃	497539	359841	25233	112465	95840	86258
青　海	35460	33703		1757	32416	30516
宁　夏	123721	112395		11326	17333	17333
新　疆	509168	432771		76397	28534	24409
不分地区						

各地区按行业大类分的固定资产投资（不含农户）（十四）

单位：万元

地　　区	资本市场服务	保险业	其他金融业	（十一）房地产业	（十二）租赁和商务服务业	租赁业
全国总计	**1983212**	**1009967**	**1502155**	**1113796369**	**58746390**	**2995815**
北　　京	32485	112797	36610	38394880	504850	16782
天　　津	69021	69000	113360	21948819	5900610	885895
河　　北	59294		73179	44630586	3356650	28887
山　　西			3025	22900335	562837	11649
内　蒙　古	5453		13092	19691224	573550	15200
辽　　宁	397766	59709	62403	67282463	4004762	252598
吉　　林	35440	2800	6700	14473790	698085	28840
黑　龙　江	32878	3447	120920	20457530	1623121	106406
上　　海	86733	18419	27457	28319445	1610628	149264
江　　苏	127750	21300	295919	88646315	6918492	77661
浙　　江	131732	85204	70509	75183455	3401463	210415
安　　徽	144481	99795	77971	50078215	2010864	120036
福　　建	43691	16043	144214	44332184	1786727	77668
江　　西	50797	5028	15635	17243188	1601407	101456
山　　东	145650	14615	42021	78851101	5315818	481080
河　　南	22884	16000		59851589	1762994	14366
湖　　北	146204	21210	161126	41406294	2763879	68480
湖　　南	115876	26156	64797	32982540	3417062	87693
广　　东	180394	312210	17951	78012417	2519311	50786
广　　西	129707	48360	25901	20795838	1514564	107012
海　　南				13392338	86135	
重　　庆	2000	10424	1000	35940972	911114	10474
四　　川	11729	46929	19789	60504588	1355038	11925
贵　　州				23132296	368837	
云　　南		1186		33055490	584392	5150
西　　藏	9347	4000	30100	799322	101742	4500
陕　　西		12900	67204	43812422	1746126	60046
甘　　肃		200	9382	10904719	579881	9015
青　　海	1900			3245836	711106	
宁　　夏				7442348	124661	662
新　　疆		2235	1890	16083830	329684	1869
不分地区						

各地区按行业大类分的固定资产投资（不含农户）（十五）

单位：万元

地　区	商务服务业	（十三）科学研究和技术服务业	研究与试验发展	专业技术服务业	科技推广和应用服务业	（十四）水利、环境和公共设施管理业
全国总计	**55750575**	**31332078**	**10542796**	**10647517**	**10141765**	**376627364**
北　京	488068	1080495	657303	169871	253321	4637767
天　津	5014715	748393	260534	204666	283193	11462174
河　北	3327763	1506459	585523	595953	324983	14963952
山　西	551188	392826	68548	145969	178309	12465668
内　蒙　古	558350	613466	149673	289505	174288	12169360
辽　宁	3752164	1949410	731013	510073	708324	22333526
吉　林	669245	804119	286104	335690	182325	8259777
黑　龙　江	1516715	1226352	447633	358127	420592	9498964
上　海	1461364	414557	258719	125360	30478	4214645
江　苏	6840831	3692159	1064837	1205161	1422161	25714092
浙　江	3191048	867114	220861	337659	308594	17591547
安　徽	1890828	1498378	458404	730957	309017	15397182
福　建	1709059	369863	137352	138775	93736	13555155
江　西	1499951	512654	37783	270465	204406	10289026
山　东	4834738	6638360	1913430	1995351	2729579	18371185
河　南	1748628	1097950	586981	186224	324745	16883126
湖　北	2695399	850469	144339	462704	243426	15938960
湖　南	3329369	1292547	370722	381560	540265	19847115
广　东	2468525	1556202	586903	491973	477326	16885164
广　西	1407552	502805	54785	283014	165006	12378828
海　南	86135	81505	56685	5000	19820	1862612
重　庆	900640	175416	32246	81071	62099	10334447
四　川	1343113	382280	102021	189604	90655	23616416
贵　州	368837	204704	144578	25920	34206	15260494
云　南	579242	363151	146706	148739	67706	8470608
西　藏	97242	95874	7597	84254	4023	818489
陕　西	1686080	1621461	711120	646563	263778	16404199
甘　肃	570866	390595	72288	177186	141121	4810034
青　海	711106	35191	2122	15794	17275	1120012
宁　夏	123999	58980	8708	5229	45043	1790885
新　疆	327815	84851	25077	37809	21965	5233219
不分地区		223492	212201	11291		4048736

各地区按行业大类分的固定资产投资（不含农户）（十六）

单位：万元

地　区	水利管理业	生态保护和环境治理业	公共设施管理业	（十五）居民服务、修理和其他服务业	居民服务业	机动车、电子产品和日用产品修理业
全国总计	**51188383**	**14256824**	**311182157**	**19944242**	**11211427**	**4219386**
北　京	932541	163856	3541370	146443	14003	5489
天　津	862134	379874	10220166	1091922	504262	53789
河　北	2053846	551076	12359030	511703	76166	294753
山　西	1301863	1154534	10009271	205441	164518	31890
内　蒙　古	1205526	543919	10419915	353585	189612	108403
辽　宁	1530168	517093	20286265	1998586	948318	305943
吉　林	944341	233262	7082174	546022	350493	119240
黑　龙　江	2428071	285315	6785578	764800	155646	185801
上　海	893088	19418	3302139	49187	33958	9400
江　苏	2096188	816447	22801457	1386142	859182	219979
浙　江	3860424	615398	13115725	297284	210207	55598
安　徽	1676291	275680	13445211	627905	385514	177479
福　建	2060321	398035	11096799	380549	139135	196164
江　西	771372	138072	9379582	685840	311627	318004
山　东	2183136	1634883	14553166	4101390	2310186	778972
河　南	1357143	471910	15054073	1430841	1177510	98907
湖　北	1954416	675536	13309008	926256	656800	116369
湖　南	2310840	1324940	16211335	752482	319698	329572
广　东	2130194	519138	14235832	390021	227148	130820
广　西	1482911	308404	10587513	517319	182892	199627
海　南	240400	18623	1603589	14910	5110	
重　庆	1529829	600204	8204414	435238	340606	50932
四　川	2909582	378909	20327925	330929	186456	111751
贵　州	714457	60712	14485325	56935	35555	21380
云　南	2653280	686887	5130441	398298	363035	34413
西　藏	282439	57224	478826	42156	36216	5517
陕　西	2171556	644987	13587656	539378	256695	125516
甘　肃	753525	332454	3724055	670419	572023	68428
青　海	242477	204735	672800	23346	16199	4252
宁　夏	382046	118848	1289991	131682	110014	20718
新　疆	1225242	126451	3881526	137233	72643	40280
不分地区	4048736					

各地区按行业大类分的固定资产投资（不含农户）（十七）

单位：万元

地　区	其他 服务业	（十六）教育	（十七）卫生 和社会工作	卫生	社会工作	（十八）文化、 体育 和娱乐业
全国总计	4513429	53998641	31382811	25914952	5467859	52254726
北　京	126951	1427356	608930	520591	88339	1116274
天　津	533871	979687	628824	575830	52994	1033797
河　北	140784	2060715	1496219	1011056	485163	3429163
山　西	9033	1522196	552181	419612	132569	863987
内　蒙古	55570	938962	701608	615627	85981	1276174
辽　宁	744325	2361970	1448032	1157932	290100	2804035
吉　林	76289	759952	716523	574042	142481	928144
黑龙江	423353	1566984	1308792	1151718	157074	1146063
上　海	5829	718581	399284	335761	63523	868351
江　苏	306981	3301224	2073441	1739207	334234	4243528
浙　江	31479	2533326	1481800	1185159	296641	2689554
安　徽	64912	2299129	1308380	1177904	130476	1856792
福　建	45250	1859074	1092470	955334	137136	2066391
江　西	56209	1764151	869280	746875	122405	1432669
山　东	1012232	4496035	2445911	1902611	543300	6970375
河　南	154424	2904445	1669787	1373322	296465	2622050
湖　北	153087	1366571	1446866	1183747	263119	1770473
湖　南	103212	2623909	1513402	1099349	414053	1895521
广　东	32053	3087894	1698909	1541581	157328	2261653
广　西	134800	2509538	1165573	1016745	148828	1277122
海　南	9800	230883	132937	132937		606003
重　庆	43700	1346381	717621	637781	79840	914692
四　川	32722	3018509	1672507	1266099	406408	1943706
贵　州		1235588	200166	199150	1016	746018
云　南	850	2087541	839421	725984	113437	1477861
西　藏	423	305995	69455	52798	16657	214321
陕　西	157167	2017759	1814000	1525477	288523	1464881
甘　肃	29968	926019	523700	465485	58215	1209253
青　海	2895	495900	108987	84855	24132	362213
宁　夏	950	289004	168567	144842	23725	162871
新　疆	24310	963363	509238	395541	113697	600791
不分地区						

各地区按行业大类分的固定资产投资（不含农户）（十八）

单位：万元

地　区	新闻和出版业	广播、电视、电影和影视录音制作业	文化艺术业	体育	娱乐业	（十九）公共管理、社会保障和社会组织
全国总计	1037573	3110935	23816758	10409837	13879623	58737158
北　京	91572	301937	307872	68391	346502	842396
天　津	22000	40032	410577	158634	402554	806852
河　北	53072	53601	1857302	444020	1021168	1967904
山　西	8543	9371	440987	253785	151301	548420
内 蒙 古	15316	118812	583396	431735	126915	2935106
辽　宁	7240	132093	1100761	1024410	539531	1611868
吉　林	9600	66608	172759	498378	180799	1629049
黑 龙 江	38165	80876	387891	203741	435390	1953195
上　海	25002	53923	200730	57228	531468	120401
江　苏	170561	490429	1810107	669747	1102684	2743777
浙　江	4103	162677	1427206	695207	400361	2124873
安　徽	19665	170375	713898	412877	539977	2444074
福　建	3829	114684	1089740	445890	412248	2388050
江　西	35349	66752	532388	220272	577908	1488085
山　东	104512	166158	4520608	666982	1512115	8949542
河　南	98091	39958	1225545	360127	898329	783747
湖　北	40070	54754	592265	316436	766948	3487371
湖　南	17898	87499	756785	376621	656718	5510681
广　东	36031	84828	848884	577356	714554	919274
广　西	11538	61681	459643	347587	396673	1756564
海　南		252300	102195	226078	25430	87310
重　庆	50056	65053	412801	140966	245816	1180084
四　川	98997	108296	916638	339619	480156	2032386
贵　州		73850	336123	299945	36100	346086
云　南	6721	64650	320696	490681	595113	1476248
西　藏	2330	17565	176794	1407	16225	881952
陕　西	47779	77823	817360	233924	287995	2272293
甘　肃	3892	44004	673562	125863	361932	1797951
青　海		20984	206555	96175	38499	1006105
宁　夏	7223	7876	81051	30541	36180	337169
新　疆	8418	21486	333639	195214	42034	1166422
不分地区						1141923

各地区按行业大类分的固定资产投资（不含农户）（十九）

单位：万元

地　　区	中国共产党机关	国家机构	人民政协、民主党派	社会保障	群众团体、社会团体和其他成员组织	基层群众自治组织
全国总计	560627	40860558	130932	2169573	5710316	9305152
北　　京	93367	585007		22484	125945	15593
天　　津		644122		12205	7907	142618
河　　北	7176	868499	26628	61550	211970	792081
山　　西	21496	440409		12772	13414	60329
内 蒙 古	500	2456879	3668	14145	219746	240168
辽　　宁		1366688			206280	38900
吉　　林		1154067			419359	55623
黑 龙 江	18769	1578685		71133	107931	176677
上　　海		108783		8093	3525	
江　　苏	41504	2085536	5407	51438	226109	333783
浙　　江	15608	1279988		9154	368793	451330
安　　徽	12729	1703108	5719	96910	200378	425230
福　　建	16189	1530321	13800	22442	392027	413271
江　　西		1292428	2500	20495	110729	61933
山　　东	102368	4173478	59600	464708	820837	3328551
河　　南	4150	617231	4300	25074	103744	29248
湖　　北	17509	2135817		61205	321350	951490
湖　　南	14973	4100741		591941	551105	251921
广　　东	50462	639028		8691	181836	39257
广　　西	7280	1279092	5960	104263	54784	305185
海　　南	4255	83055				
重　　庆		735928		242387	31807	169962
四　　川	47134	1720614		6300	225880	32458
贵　　州		315836			30250	
云　　南	988	664153	1618	54499	70626	684364
西　　藏		579544		6067	248354	47987
陕　　西	19061	2014075		29154	148888	61115
甘　　肃	1750	1368385	1732	132228	170220	123636
青　　海	17659	884511		10833	81133	11969
宁　　夏		312462		2625	13545	8537
新　　疆	45700	1000165		26777	41844	51936
不分地区		1141923				

各地区按行业门类分的固定资产（不含农户）住宅投资（一）

单位：万元

地　区	合　计	农、林、牧、渔业	采矿业	制造业	电力、热力、燃气及水生产和供应业
全国总计	674833561	841445	356146	2098392	169170
北　京	19856909	2615		3413	
天　津	12494030	2000		22389	
河　北	28059308	21005	135755	84850	9473
山　西	14982702	12081	28634	42050	77
内蒙古	12156542	17390	5970	15100	7200
辽　宁	46934601	7305	300	19075	
吉　林	9937441	29386		64330	350
黑龙江	13289678	367470		4634	
上　海	16237997	175		77180	
江　苏	56463322	1560		223290	
浙　江	45380822	1132	436	61708	3443
安　徽	29318020	15285	2462	64615	1482
福　建	25907738	5869	10143	100702	29842
江　西	11087052	10630	11882	168835	7060
山　东	47591755	3879	188	49728	7297
河　南	32746294	17365	513	43140	1200
湖　北	24749035	9064	5677	164925	604
湖　南	19891270	16569	27306	87853	2301
广　东	48234979	4826	1287	121359	19974
广　西	12505254	20763	2206	45720	6688
海　南	10168263	1000		200	
重　庆	22603493	31848	1510	49946	1075
四　川	31229436	58890	16931	163516	11778
贵　州	13441929	120	1320	7926	
云　南	20210657	12463	34464	183692	22373
西　藏	281026	2020		2850	
陕　西	23539053	25661	30554	147573	28414
甘　肃	7882155	54677	34661	30595	329
青　海	2373430	66043	1293	820	3675
宁　夏	4164569	6034	406	4658	35
新　疆	11089006	16320	2248	41720	4500
不分地区	25795				

各地区按行业门类分的固定资产（不含农户）住宅投资（二）

单位：万元

地　　区	建　筑　业	批发和零售业	交通运输、仓储和邮政业	住宿和餐饮业	信息传输、软件和信息技术服务业
全国总计	1382728	556053	320525	751490	4033
北　　京		9	1015	905	1
天　　津	48000			3000	
河　　北		26647	10601	33615	
山　　西		5900	11342	1250	
内　蒙　古	38827	15500		27766	
辽　　宁	6340	15548	560	680	
吉　　林	24320	14610	2800		
黑　龙　江	132332		250	7173	
上　　海					
江　　苏		47780	3350	38893	
浙　　江	3000	4695	7000	18823	
安　　徽	200	45698	3099	10016	
福　　建	915		3882	17036	
江　　西		7868	4050	16894	800
山　　东	85948	38567	10974	9904	1031
河　　南		112843	9126	62310	
湖　　北	5540	34188	11744	11124	90
湖　　南	5600	17258	2721	14066	2081
广　　东	20	14781	4050	64098	
广　　西	350	10875	6895	23701	
海　　南	12907			3271	
重　　庆	1201	6331	4550	51992	30
四　　川	14682	36280	14627	220084	
贵　　州		8350	26465	10	
云　　南		33124	7671	27128	
西　　藏					
陕　　西	83922	46781	57333	10039	
甘　　肃	814442	2850	510	53265	
青　　海	46151	3000	114150	815	
宁　　夏	14166		20		
新　　疆	43865	6570	1740	23632	
不分地区					

各地区按行业门类分的固定资产（不含农户）住宅投资（三）

单位：万元

地　区	金融业	房地产业	租赁和商务服务业	科学研究和技术服务业	水利、环境和公共设施管理业
全国总计	17323	657820782	1823011	300568	1974524
北　京		19490465	2635	467	58
天　津		11443108	805470	41096	16399
河　北	230	27540666	5745		25690
山　西		14789109	11500	9150	46044
内　蒙　古	6447	11651906	26580		23730
辽　宁		46834461			19971
吉　林		9639601	50		146675
黑　龙　江		12227644	56570		28471
上　海		16159697	945		
江　苏		55617091	177000	110011	64763
浙　江		44894440	232346	655	54395
安　徽	4081	28880195	5709	17717	91480
福　建	75	25573820	880	2918	76343
江　西		10647548	4213	18450	77266
山　东	80	45405360	52885	57995	158502
河　南		32156488	14720		44276
湖　北		24054731	91880	120	129035
湖　南	2074	19196530	83001	5753	176493
广　东		47843058	28349	2	44245
广　西	2579	12223855	5333	50	13844
海　南		10133208	2492		6530
重　庆		22087026	6001	200	218971
四　川	235	30146864	7475	3290	169489
贵　州		13305798	50		79006
云　南	130	19507251	5011	1790	75103
西　藏	892	226132	3800	67	895
陕　西		22783270	2700	300	95620
甘　肃		6649375		130	76137
青　海	500	1812719	189671	500	421
宁　夏		4115800			14495
新　疆		10783566		4112	177
不分地区				25795	

各地区按行业门类分的固定资产（不含农户）住宅投资（四）

单位：万元

地 区	居民服务、修理和其他服务业	教 育	卫生、和社会工作	文化、体育和娱乐业	公共管理社会保障和社会组织
全国总计	813127	1045635	478897	129365	3950347
北　京	16562	256124	1294	10071	71275
天　津		22099	3000		87469
河　北	6203	22567	2828	15273	118160
山　西	50	7401	11021	5743	1350
内　蒙　古	5960	21271	17732		275163
辽　宁	22712	2449			5200
吉　林			3960	2933	8426
黑　龙　江	620	5500	3200		455814
上　海					
江　苏	72000	15690	40508		51386
浙　江	12943	29934	33592	3728	18552
安　徽	3380	9106	9583	2461	151451
福　建		28408	8133	4257	44515
江　西	26326	18820	36616	3285	26509
山　东	349428	32901	47008	25207	1254873
河　南	217142	27683	32211		7277
湖　北	1735	40068	36475	11936	140099
湖　南	11014	14720	32970	774	192186
广　东	360	57863	7709	8750	14248
广　西	407	73743	22208		46037
海　南		1900		2500	4255
重　庆	6468	43647	6387	410	85900
四　川	5640	107991	53184	20436	178044
贵　州		7250			5634
云　南	1745	64428	15509	9106	209669
西　藏		15650	1564	1223	25933
陕　西	12999	49404	21165	112	143206
甘　肃	38103	22837	12546		91698
青　海	690	759	10	1160	131053
宁　夏		3103	5852		
新　疆	640	42319	12632		104965
不分地区					

国民经济行业小类按构成分的固定资产投资（不含农户）

单位：万元

行　业	投资额	建筑安装工程	设备工器具购置	其他费用
全 国 总 计	4357474256	2903339824	892963778	561170654
（一）农、林、牧、渔业	114012375	80949930	17604792	15457653
农业	40278941	29262017	5378117	5638807
谷物种植	4374423	3401732	634883	337808
稻谷种植	2457261	1935466	359783	162012
小麦种植	406650	302436	50874	53340
玉米种植	630694	473473	122783	34438
其他谷物种植	879818	690357	101443	88018
豆类、油料和薯类种植	2179089	1521742	305119	352228
豆类种植	735886	523342	115948	96596
油料种植	917916	673689	90850	153377
薯类种植	525287	324711	98321	102255
棉、麻、糖、烟草种植	1391317	1073263	153606	164448
棉花种植	526376	436895	29332	60149
麻类种植	98308	68908	21511	7889
糖料种植	130371	78001	17962	34408
烟草种植	636262	489459	84801	62002
蔬菜、食用菌及园艺作物种植	17901752	13265561	2399861	2236330
蔬菜种植	10515426	8017685	1286340	1211401
食用菌种植	2348804	1600292	524730	223782
花卉种植	3168751	2345059	379367	444325
其他园艺作物种植	1868771	1302525	209424	356822
水果种植	5775792	3997981	789818	987993
仁果类和核果类水果种植	1680898	1094650	261007	325241
葡萄种植	1207533	890149	137409	179975
柑橘类种植	458315	266805	62770	128740
香蕉等亚热带水果种植	212765	137582	44148	31035
其他水果种植	2216281	1608795	284484	323002
坚果、含油果、香料和饮料作物种植	2585369	1722550	290918	571901
坚果种植	1131607	760460	107404	263743
含油果种植	301230	171791	45253	84186
香料作物种植	92838	72631	7844	12363
茶及其他饮料作物种植	1059694	717668	130417	211609
中药材种植	2595333	1722927	354181	518225
其他农业	3475866	2556261	449731	469874
林业	13565790	8424914	1131621	4009255
林木育种和育苗	5161867	3318606	674266	1168995
林木育种	1352218	898572	189996	263650
林木育苗	3809649	2420034	484270	905345
造林和更新	6969332	4276893	338297	2354142

国民经济行业小类按构成分的固定资产投资（不含农户）

续表 1

单位：万元

行　业	投资额	建筑安装工程	设备工器具购置	其他费用
森林经营和管护	970327	562446	68184	339697
木材和竹材采运	362139	195884	34879	131376
木材采运	342119	179485	32422	130212
竹材采运	20020	16399	2457	1164
林产品采集	102125	71085	15995	15045
木竹材林产品采集	41882	25563	11639	4680
非木竹材林产品采集	60243	45522	4356	10365
畜牧业	30659533	21534130	6065633	3059770
牲畜饲养	23059914	16343167	4353952	2362795
牛的饲养	7587199	5450470	1400400	736329
马的饲养	87774	60606	18190	8978
猪的饲养	11514518	8012048	2352384	1150086
羊的饲养	2977866	2165646	433609	378611
骆驼饲养	23031	7781	10800	4450
其他牲畜饲养	869526	646616	138569	84341
家禽饲养	5782259	3929435	1375513	477311
鸡的饲养	4495907	3017568	1115965	362374
鸭的饲养	553645	402584	110725	40336
鹅的饲养	133805	89834	25796	18175
其他家禽饲养	598902	419449	123027	56426
狩猎和捕捉动物	356157	207792	117649	30716
其他畜牧业	1461203	1053736	218519	188948
渔业	6586410	4497674	1378048	710688
水产养殖	5910245	4296290	935504	678451
海水养殖	2808310	2061669	439317	307324
内陆养殖	3101935	2234621	496187	371127
水产捕捞	676165	201384	442544	32237
海水捕捞	611445	171173	421385	18887
内陆捕捞	64720	30211	21159	13350
农、林、牧、渔服务业	22921701	17231195	3651373	2039133
农业服务业	20587612	15708208	3180670	1698734
农业机械服务	1570183	888237	593723	88223
灌溉服务	5692497	4714256	596636	381605
农产品初加工服务	3260491	2078096	943571	238824
其他农业服务	10064441	8027619	1046740	990082
林业服务业	777571	496013	116026	165532
林业有害生物防治服务	51723	28712	13785	9226
森林防火服务	62523	51324	7873	3326
林产品初级加工服务	133812	80176	35766	17870
其他林业服务	529513	335801	58602	135110

国民经济行业小类按构成分的固定资产投资（不含农户）

续表2 单位：万元

行　　　业	投资额	建筑安装工程	设备工器具购置	其他费用
畜牧服务业	887744	671700	145968	70076
渔业服务业	668774	355274	208709	104791
（二）**采矿业**	**146487843**	**95302602**	**38291334**	**12893907**
煤炭开采和洗选业	52125675	30823604	15966863	5335208
烟煤和无烟煤开采洗选	45261680	27015346	13940548	4305786
褐煤开采洗选	5353520	2845373	1613358	894789
其他煤炭采选	1510475	962885	412957	134633
石油和天然气开采业	38206143	31576155	3926557	2703431
石油开采	33718156	28085403	3140532	2492221
天然气开采	4487987	3490752	786025	211210
黑色金属矿采选业	16484148	9960988	5319131	1204029
铁矿采选	15304809	9307647	4908769	1088393
锰矿、铬矿采选	578031	328338	203278	46415
其他黑色金属矿采选	601308	325003	207084	69221
有色金属矿采选业	15934856	9775577	4529616	1629663
常用有色金属矿采选	9893773	5950126	3154092	789555
铜矿采选	2252737	1465526	621242	165969
铅锌矿采选	3962278	2293316	1421883	247079
镍钴矿采选	386260	258326	90929	37005
锡矿采选	400533	215824	88364	96345
锑矿采选	132840	88079	26411	18350
铝矿采选	1185074	710607	407063	67404
镁矿采选	313201	145657	136814	30730
其他常用有色金属矿采选	1260850	772791	361386	126673
贵金属矿采选	4118681	2577659	938837	602185
金矿采选	3858380	2448109	846370	563901
银矿采选	193853	94041	71163	28649
其他贵金属矿采选	66448	35509	21304	9635
稀有稀土金属矿采选	1922402	1247792	436687	237923
钨钼矿采选	1298450	801982	300185	196283
稀土金属矿采选	214976	149939	58564	6473
放射性金属矿采选	67509	43712	15157	8640
其他稀有金属矿采选	341467	252159	62781	26527
非金属矿采选业	18003860	9828952	6512295	1662613
土砂石开采	13287749	7063797	5041280	1182672
石灰石、石膏开采	3591069	1999301	1309972	281796
建筑装饰用石开采	4757447	2442437	1794055	520955
耐火土石开采	887060	502798	321918	62344
粘土及其他土砂石开采	4052173	2119261	1615335	317577
化学矿开采	1434796	958531	358580	117685

国民经济行业小类按构成分的固定资产投资（不含农户）

续表3　　　　　　　　　　　　　　　　　　　　　　　　　　　　　　　　　　　单位：万元

行　　业	投资额	建筑安装工程	设备工器具购置	其他费用
采盐	510580	329909	159189	21482
石棉及其他非金属矿采选	2770735	1476715	953246	340774
石棉、云母矿采选	100786	64631	26820	9335
石墨、滑石采选	651221	311832	156412	182977
宝石、玉石采选	151853	90213	50224	11416
其他未列明非金属矿采选	1866875	1010039	719790	137046
开采辅助活动	5175920	3017773	1855140	303007
煤炭开采和洗选辅助活动	2109691	1140000	813317	156374
石油和天然气开采辅助活动	2385361	1368146	924487	92728
其他开采辅助活动	680868	509627	117336	53905
其他采矿业	557241	319553	181732	55956
其他采矿业	557241	319553	181732	55956
（三）制造业	1475844340	769311480	597062762	109470098
农副食品加工业	85801165	50007684	29114008	6679473
谷物磨制	14023219	7881411	5146341	995467
饲料加工	11446781	6637443	4094216	715122
植物油加工	9000746	5134537	3116407	749802
食用植物油加工	8154972	4718656	2771836	664480
非食用植物油加工	845774	415881	344571	85322
制糖业	1918297	985322	753483	179492
屠宰及肉类加工	16323328	9493753	5495356	1334219
牲畜屠宰	4648814	2754863	1544108	349843
禽类屠宰	3939320	2066432	1470079	402809
肉制品及副产品加工	7735194	4672458	2481169	581567
水产品加工	5985757	3740992	1768814	475951
水产品冷冻加工	3565045	2295460	1008285	261300
鱼糜制品及水产品干腌制加工	830550	475051	274357	81142
水产饲料制造	535298	303176	199469	32653
鱼油提取及制品制造	140753	99804	25786	15163
其他水产品加工	914111	567501	260917	85693
蔬菜、水果和坚果加工	12360499	7661915	3669147	1029437
蔬菜加工	8273714	5041035	2510574	722105
水果和坚果加工	4086785	2620880	1158573	307332
其他农副食品加工	14742538	8472311	5070244	1199983
淀粉及淀粉制品制造	4179290	2318706	1589972	270612
豆制品制造	2267096	1361216	733771	172109
蛋品加工	589016	306946	243008	39062
其他未列明农副食品加工	7707136	4485443	2503493	718200
食品制造业	36859272	20770215	13283764	2805293
焙烤食品制造	5392606	3022880	1992407	377319

国民经济行业小类按构成分的固定资产投资（不含农户）

续表4   单位：万元

行　　业	投资额	建筑安装工程	设备工器具购置	其他费用
糕点、面包制造	2571680	1491341	911359	168980
饼干及其他焙烤食品制造	2820926	1531539	1081048	208339
糖果、巧克力及蜜饯制造	2113950	1182943	774648	156359
糖果、巧克力制造	1171962	632360	455605	83997
蜜饯制作	941988	550583	319043	72362
方便食品制造	6942551	4125850	2337981	478720
米、面制品制造	3644000	2264323	1119932	259745
速冻食品制造	1629463	915695	594262	119506
方便面及其他方便食品制造	1669088	945832	623787	99469
乳制品制造	2462435	1320079	987715	154641
罐头食品制造	2700016	1621119	883568	195329
肉、禽类罐头制造	611458	375821	178837	56800
水产品罐头制造	248659	133011	107056	8592
蔬菜、水果罐头制造	1395739	837089	453150	105500
其他罐头食品制造	444160	275198	144525	24437
调味品、发酵制品制造	4312528	2301596	1732353	278579
味精制造	558445	309483	227799	21163
酱油、食醋及类似制品制造	1470309	801500	552723	116086
其他调味品、发酵制品制造	2283774	1190613	951831	141330
其他食品制造	12935186	7195748	4575092	1164346
营养食品制造	2090396	1231576	726727	132093
保健食品制造	2592156	1442932	868907	280317
冷冻饮品及食用冰制造	818215	464782	296120	57313
盐加工	598636	322559	234612	41465
食品及饲料添加剂制造	3195141	1720901	1298336	175904
其他未列明食品制造	3640642	2012998	1150390	477254
酒、饮料和精制茶制造业	33865989	20247107	10892102	2726780
酒的制造	16785691	10321222	5124638	1339831
酒精制造	559001	264343	269553	25105
白酒制造	10458837	6795812	2863124	799901
啤酒制造	1839070	970291	734889	133890
黄酒制造	561788	326215	175014	60559
葡萄酒制造	1895429	1144511	577036	173882
其他酒制造	1471566	820050	505022	146494
饮料制造	12488838	6887342	4723767	877729
碳酸饮料制造	1538091	755559	680954	101578
瓶（罐）装饮用水制造	3025169	1677663	1174208	173298
果菜汁及果菜汁饮料制造	3272464	1855683	1158997	257784
含乳饮料和植物蛋白饮料制造	1713646	906006	724200	83440
固体饮料制造	451588	253786	170436	27366

国民经济行业小类按构成分的固定资产投资（一含农户）

续表5   单位：万元

行　业	投资额	建筑安装工程	设备工器具购置	其他费用
茶饮料及其他饮料制造	2487880	1438645	814972	234263
精制茶加工	4591460	3038543	1043697	509220
烟草制品业	3030419	1574613	1194071	261735
烟叶复烤	453006	330037	102238	20731
卷烟制造	2275121	1088169	985741	201211
其他烟草制品制造	302292	156407	106092	39793
纺织业	47259939	21867990	22409110	2982839
棉纺织及印染精加工	22833153	9941008	11407970	1484175
棉纺纱加工	16003953	7128219	7864250	1011484
棉织造加工	4555508	1888835	2349626	317047
棉印染精加工	2273692	923954	1194094	155644
毛纺织及染整精加工	2970622	1591554	1194072	184996
毛条和毛纱线加工	1211433	613661	533372	64400
毛织造加工	1396166	819758	485696	90712
毛染整精加工	363023	158135	175004	29884
麻纺织及染整精加工	1148312	587648	469358	91306
麻纤维纺前加工和纺纱	611197	303121	264260	43816
麻织造加工	452933	248128	161470	43335
麻染整精加工	84182	36399	43628	4155
丝绢纺织及印染精加工	1538281	775382	630440	132459
缫丝加工	707010	379343	256869	70798
绢纺和丝织加工	667701	334403	279648	53650
丝印染精加工	163570	61636	93923	8011
化纤织造及印染精加工	5030160	2225662	2549813	254685
化纤织造加工	4224780	1921346	2076474	226960
化纤织物染整精加工	805380	304316	473339	27725
针织或钩针编织物及其制品制造	4239315	1882273	2123525	233517
针织或钩针编织物织造	3271582	1419755	1681841	169986
针织或钩针编织物印染精加工	414474	183158	199079	32237
针织或钩针编织品制造	553259	279360	242605	31294
家用纺织制成品制造	5021538	2554686	2175663	291189
床上用品制造	2423545	1264800	1002577	156168
毛巾类制品制造	816049	278205	504342	33502
窗帘、布艺类产品制造	363512	196485	135634	31393
其他家用纺织制成品制造	1418432	815196	533110	70126
非家用纺织制成品制造	4478558	2309777	1858269	310512
非织造布制造	1764455	881922	769808	112725
绳、索、缆制造	471674	264604	179844	27226
纺织带和帘子布制造	488410	240881	205569	41960
篷、帆布制造	366784	177134	159466	30184

国民经济行业小类按构成分的固定资产投资（不含农户）

续表6　　　　　　　　　　　　　　　　　　　　　　　　　　　　单位：万元

行　　业	投资额	建筑安装工程	设备工器具购置	其他费用
其他非家用纺织制成品制造	1387235	745236	543582	98417
纺织服装、服饰业	31144351	17382307	11319023	2443021
机织服装制造	18838564	10296049	7040331	1502184
针织或钩针编织服装制造	4387918	2521013	1591550	275355
服饰制造	7917869	4565245	2687142	665482
皮革、毛皮、羽毛及其制品和制鞋业	17153985	10240660	5620249	1293076
皮革鞣制加工	1402837	851502	479677	71658
皮革制品制造	5332405	3347978	1615547	368880
皮革服装制造	1216376	891701	248203	76472
皮箱、包（袋）制造	2169543	1328927	700473	140143
皮手套及皮装饰制品制造	603551	329639	231761	42151
其他皮革制品制造	1342935	797711	435110	110114
毛皮鞣制及制品加工	2130259	1254899	664961	210399
毛皮鞣制加工	388612	206474	162987	19151
毛皮服装加工	1250256	812748	313098	124410
其他毛皮制品加工	491391	235677	188876	66838
羽毛（绒）加工及制品制造	1225198	597675	513457	114066
羽毛（绒）加工	504282	215372	248416	40494
羽毛（绒）制品加工	720916	382303	265041	73572
制鞋业	7063286	4188606	2346607	528073
纺织面料鞋制造	1478913	904944	488443	85526
皮鞋制造	3278781	2061701	991719	225361
塑料鞋制造	397908	227949	118849	51110
橡胶鞋制造	792222	436389	304183	51650
其他制鞋业	1115462	557623	443413	114426
木材加工和木、竹、藤、棕、草制品业	29205057	16494075	10588350	2122632
木材加工	7597295	4382913	2673941	540441
锯材加工	2136343	1245413	762508	128422
木片加工	2326681	1366893	819026	140762
单板加工	1474074	795472	580044	98558
其他木材加工	1660197	975135	512363	172699
人造板制造	10530386	5637204	4116010	777172
胶合板制造	4962164	2731170	1830611	400383
纤维板制造	2030721	1029969	838764	161988
刨花板制造	1093162	559992	447079	86091
其他人造板制造	2444339	1316073	999556	128710
木制品制造	8371813	4837735	2929887	604191
建筑用木料及木材组件加工	2517134	1507187	799883	210064
木门窗、楼梯制造	1912023	1058309	699061	154653

179

国民经济行业小类按构成分的固定资产投资（不含农户）

续表7 　　　　　　　　　　　　　　　　　　　　　　　单位：万元

行　　业	投资额	建筑安装工程	设备工器具购置	其他费用
地板制造	1651921	816611	728279	107031
木制容器制造	322054	164635	134993	22426
软木制品及其他木制品制造	1968681	1290993	567671	110017
竹、藤、棕、草等制品制造	2705563	1636223	868512	200828
竹制品制造	2132096	1313010	645849	173237
藤制品制造	237817	121401	109302	7114
棕制品制造	53737	32492	19745	1500
草及其他制品制造	281913	169320	93616	18977
家具制造业	19330979	11334191	6319603	1677185
木质家具制造	14492385	8462217	4772606	1257562
竹、藤家具制造	410622	233314	132217	45091
金属家具制造	1863485	1078951	652940	131594
塑料家具制造	419502	244062	124001	51439
其他家具制造	2144985	1315647	637839	191499
造纸和纸制品业	26357884	13176904	11355179	1825801
纸浆制造	946633	468485	405017	73131
木竹浆制造	578476	299816	235178	43482
非木竹浆制造	368157	168669	169839	29649
造纸	11076641	5150630	5160551	765460
机制纸及纸板制造	9013633	4112980	4278479	622174
手工纸制造	446938	222334	185864	38740
加工纸制造	1616070	815316	696208	104546
纸制品制造	14334610	7557789	5789611	987210
纸和纸板容器制造	6977547	3626268	2887465	463814
其他纸制品制造	7357063	3931521	2902146	523396
印刷和记录媒介复制业	12831719	6605229	5387387	839103
印刷	12072981	6211566	5079291	782124
书、报刊印刷	1877209	1021477	749615	106117
本册印制	570181	336872	194269	39040
包装装潢及其他印刷	9625591	4853217	4135407	636967
装订及印刷相关服务	703396	378712	268335	56349
记录媒介复制	55342	14951	39761	630
文教、工美、体育和娱乐用品制造业	14128352	8453598	4643285	1031469
文教办公用品制造	1682334	921277	683649	77408
文具制造	662682	302311	325075	35296
笔的制造	403235	244567	140111	18557
教学用模型及教具制造	304587	165431	129148	10008
墨水、墨汁制造	58859	48397	9759	703

国民经济行业小类按构成分的固定资产投资（不含农户）

续表8　　　　　　　　　　　　　　　　　　　　　　　　　　　　单位：万元

行　业	投资额	建筑安装工程	设备工器具购置	其他费用
其他文教办公用品制造	252971	160571	79556	12844
乐器制造	541881	292242	214081	35558
中乐器制造	90408	60659	21911	7838
西乐器制造	251347	122156	113817	15374
电子乐器制造	106883	69489	31765	5629
其他乐器及零件制造	93243	39938	46588	6717
工艺美术品制造	7155729	4370462	2276312	508955
雕塑工艺品制造	1396995	890906	392867	113222
金属工艺品制造	1030383	613262	361572	55549
漆器工艺品制造	188494	136411	34653	17430
花画工艺品制造	289059	179780	84419	24860
天然植物纤维编织工艺品制造	517657	289628	196748	31281
抽纱刺绣工艺品制造	405397	238243	147286	19868
地毯、挂毯制造	720752	380895	297608	42249
珠宝首饰及有关物品制造	1056351	694454	286106	75791
其他工艺美术品制造	1550641	946883	475053	128705
体育用品制造	2403093	1470545	741461	191087
球类制造	190731	96746	84422	9563
体育器材及配件制造	1104171	672324	329881	101966
训练健身器材制造	491808	326637	132483	32688
运动防护用具制造	176235	132256	34141	9838
其他体育用品制造	440148	242582	160534	37032
玩具制造	1660963	963735	555740	141488
游艺器材及娱乐用品制造	684352	435337	172042	76973
露天游乐场所游乐设备制造	370831	214208	126109	30514
游艺用品及室内游艺器材制造	243194	173437	26989	42768
其他娱乐用品制造	70327	47692	18944	3691
石油加工、炼焦和核燃料加工业	30391319	14399475	13158319	2833525
精炼石油产品制造	21324231	9989253	8925298	2409680
原油加工及石油制品制造	19707322	9134430	8333059	2239833
人造原油制造	1616909	854823	592239	169847
炼焦	9067088	4410222	4233021	423845
化学原料和化学制品制造业	132104180	61878819	59741545	10483816
基础化学原料制造	48380470	21386729	22825410	4168331
无机酸制造	3357698	1632268	1465590	259840
无机碱制造	2505269	1257099	1059518	188652
无机盐制造	4695784	2379197	1947531	369056
有机化学原料制造	28387123	11648183	13989205	2749735
其他基础化学原料制造	9434596	4469982	4363566	601048
肥料制造	16525641	8490268	6838856	1196517

国民经济行业小类按构成分的固定资产投资（不含农户）

续表9   单位：万元

行　　业	投资额	建筑安装工程	设备工器具购置	其他费用
氮肥制造	4070559	1836672	1963277	270610
磷肥制造	768038	448617	261140	58281
钾肥制造	770813	510859	199059	60895
复混肥料制造	5625725	2764847	2429629	431249
有机肥料及微生物肥料制造	4142005	2383794	1475543	282668
其他肥料制造	1148501	545479	510208	92814
农药制造	3997564	1978720	1785507	233337
化学农药制造	2606996	1203877	1266478	136641
生物化学农药及微生物农药制造	1390568	774843	519029	96696
涂料、油墨、颜料及类似产品制造	8575754	4633108	3303000	639646
涂料制造	5587476	2960161	2206016	421299
油墨及类似产品制造	437040	240901	146058	50081
颜料制造	1060520	626201	375001	59318
染料制造	818429	422405	332751	63273
密封用填料及类似品制造	672289	383440	243174	45675
合成材料制造	18427824	8459198	8629896	1338730
初级形态塑料及合成树脂制造	10201885	4408077	5030005	763803
合成橡胶制造	1936710	842640	955507	138563
合成纤维单（聚合）体制造	2722972	1317396	1263165	142411
其他合成材料制造	3566257	1891085	1381219	293953
专用化学产品制造	28301063	12620090	13630856	2050117
化学试剂和助剂制造	10459453	4373688	5258919	826846
专项化学用品制造	8913534	3730339	4500424	682771
林产化学产品制造	773289	452849	261319	59121
信息化学品制造	2664205	1151773	1374604	137828
环境污染处理专用药剂材料制造	1283890	686105	512508	85277
动物胶制造	208659	109003	82712	16944
其他专用化学产品制造	3998033	2116333	1640370	241330
炸药、火工及焰火产品制造	3838939	2098557	1242963	497419
焰火、鞭炮产品制造	3838939	2098557	1242963	497419
日用化学产品制造	4056925	2212149	1485057	359719
肥皂及合成洗涤剂制造	931404	428939	403503	98962
化妆品制造	910481	518491	307584	84406
口腔清洁用品制造	86378	50005	32123	4250
香料、香精制造	909512	523526	282692	103294
其他日用化学产品制造	1219150	691188	459155	68807
医药制造业	45293461	25539659	15933797	3820005
化学药品原料药制造	7989154	4159974	3317563	511617
化学药品制剂制造	7930638	4482503	2865716	582419
中药饮片加工	5511955	3324383	1735842	451730

国民经济行业小类按构成分的固定资产投资（不含农户）

续表10 单位：万元

行　　业	投资额	建筑安装工程	设备工器具购置	其他费用
中成药生产	8317638	4728709	2787362	801567
兽用药品制造	1601263	916256	597583	87424
生物药品制造	9948418	5741884	3147733	1058801
卫生材料及医药用品制造	3994395	2185950	1481998	326447
化学纤维制造业	10494019	4238242	5435762	820015
纤维素纤维原料及纤维制造	2244992	943984	1089807	211201
化纤浆粕制造	495313	253994	195864	45455
人造纤维（纤维素纤维）制造	1749679	689990	893943	165746
合成纤维制造	8249027	3294258	4345955	608814
锦纶纤维制造	1147337	358943	729837	58557
涤纶纤维制造	3767796	1144866	2288085	334845
腈纶纤维制造	37820	21994	11235	4591
维纶纤维制造	181351	93524	82941	4886
丙纶纤维制造	204010	101483	89295	13232
氨纶纤维制造	412484	123575	260062	28847
其他合成纤维制造	2498229	1449873	884500	163856
橡胶和塑料制品业	52468169	26526747	22251192	3690230
橡胶制品业	14720070	6687656	6986223	1046191
轮胎制造	6765531	2756026	3571562	437943
橡胶板、管、带制造	3195154	1402903	1527595	264656
橡胶零件制造	1179800	590308	515820	73672
再生橡胶制造	842216	435580	344427	62209
日用及医用橡胶制品制造	684832	402431	221381	61020
其他橡胶制品制造	2052537	1100408	805438	146691
塑料制品业	37748099	19839091	15264969	2644039
塑料薄膜制造	5349520	2632868	2378089	338563
塑料板、管、型材制造	10657743	5855897	4096595	705251
塑料丝、绳及编织品制造	3248344	1719128	1349041	180175
泡沫塑料制造	1231739	635452	500676	95611
塑料人造革、合成革制造	1027283	470686	480640	75957
塑料包装箱及容器制造	4172541	2181458	1667987	323096
日用塑料制品制造	3310018	1738284	1313369	258365
塑料零件制造	2033104	1047280	862554	123270
其他塑料制品制造	6717807	3558038	2616018	543751
非金属矿物制品业	137565786	72782935	54573374	10209477
水泥、石灰和石膏制造	16403587	8729756	6621133	1052698
水泥制造	13496370	7241117	5386688	868565
石灰和石膏制造	2907217	1488639	1234445	184133
石膏、水泥制品及类似制品制造	24850447	12821690	10237408	1791349
水泥制品制造	13612233	6865964	5777179	969090

国民经济行业小类按构成分的固定资产投资（不含农户）

续表 11 单位：万元

行　　业	投资额	建筑安装工程	设备工器具购置	其他费用
砼结构构件制造	3656349	1953431	1477446	225472
石棉水泥制品制造	440973	169464	241951	29558
轻质建筑材料制造	4293880	2275389	1652598	365893
其他水泥类似制品制造	2847012	1557442	1088234	201336
砖瓦、石材等建筑材料制造	48492333	27215244	17328404	3948685
粘土砖瓦及建筑砌块制造	14091162	7904410	5147762	1038990
建筑陶瓷制品制造	7283644	3613196	3107703	562745
建筑用石加工	10866453	6709541	3039427	1117485
防水建筑材料制造	2112073	1109155	814223	188695
隔热和隔音材料制造	4503005	2368727	1845450	288828
其他建筑材料制造	9635996	5510215	3373839	751942
玻璃制造	6919927	3381809	3033809	504309
平板玻璃制造	3291484	1611642	1477332	202510
其他玻璃制造	3628443	1770167	1556477	301799
玻璃制品制造	8891078	4476549	3866793	547736
技术玻璃制品制造	2072221	1104146	820195	147880
光学玻璃制造	787746	326509	419362	41875
玻璃仪器制造	383331	135835	221775	25721
日用玻璃制品制造	1707777	854108	741347	112322
玻璃包装容器制造	1183130	675737	442376	65017
玻璃保温容器制造	247511	130982	94507	22022
制镜及类似品加工	229460	129505	83993	15962
其他玻璃制品制造	2279902	1119727	1043238	116937
玻璃纤维和玻璃纤维增强塑料制品制造	3583413	1556526	1779787	247100
玻璃纤维及制品制造	2045725	880899	1011011	153815
玻璃纤维增强塑料制品制造	1537688	675627	768776	93285
陶瓷制品制造	8179091	4635991	2993190	549910
卫生陶瓷制品制造	1182615	668900	438190	75525
特种陶瓷制品制造	2686700	1426791	1064760	195149
日用陶瓷制品制造	3183689	1888890	1144520	150279
园林、陈设艺术及其他陶瓷制品制造	1126087	651410	345720	128957
耐火材料制品制造	8418118	4054221	3725314	638583
石棉制品制造	755807	405060	314388	36359
云母制品制造	328304	139922	134197	54185
耐火陶瓷制品及其他耐火材料制造	7334007	3509239	3276729	548039
石墨及其他非金属矿物制品制造	11827792	5911149	4987536	929107
石墨及碳素制品制造	4378972	2142870	1844091	392011
其他非金属矿物制品制造	7448820	3768279	3143445	537096
黑色金属冶炼和压延加工业	50986665	23616467	24140245	3229953
炼铁	3332808	1372714	1755967	204127

国民经济行业小类按构成分的固定资产投资（不含农户）

续表12
单位：万元

行　　业	投资额	建筑安装工程	设备工器具购置	其他费用
炼钢	9127234	4031551	4447142	648541
黑色金属铸造	7225307	3631346	3049733	544228
钢压延加工	26546816	11988501	12941307	1617008
铁合金冶炼	4754500	2592355	1946096	216049
有色金属冶炼和压延加工业	55502785	27401953	24522794	3578038
常用有色金属冶炼	19132733	9982562	7925500	1224671
铜冶炼	2485566	1486874	844482	154210
铅锌冶炼	2026527	1122528	783369	120630
镍钴冶炼	1614819	840488	661700	112631
锡冶炼	233357	111733	86581	35043
锑冶炼	167914	102739	54667	10508
铝冶炼	8792524	4395603	3949101	447820
镁冶炼	1639080	814662	646044	178374
其他常用有色金属冶炼	2172946	1107935	899556	165455
贵金属冶炼	2146343	1085310	766795	294238
金冶炼	1007269	601122	316849	89298
银冶炼	677393	211756	282256	183381
其他贵金属冶炼	461681	272432	167690	21559
稀有稀土金属冶炼	1649681	1060309	482655	106717
钨钼冶炼	595856	356588	188344	50924
稀土金属冶炼	556339	365298	152025	39016
其他稀有金属冶炼	497486	338423	142286	16777
有色金属合金制造	5688291	3232082	2223544	232665
有色金属铸造	1656841	838304	713465	105072
有色金属压延加工	25228896	11203386	12410835	1614675
铜压延加工	5316250	2458562	2347223	510465
铝压延加工	16062919	6900238	8346550	816131
贵金属压延加工	350992	235569	89678	25745
稀有稀土金属压延加工	837479	389065	328205	120209
其他有色金属压延加工	2661256	1219952	1299179	142125
金属制品业	71368334	38545705	27633227	5189402
结构性金属制品制造	28563508	16069629	10498091	1995788
金属结构制造	21055180	11864171	7781193	1409816
金属门窗制造	7508328	4205458	2716898	585972
金属工具制造	6327160	3159142	2668479	499539
切削工具制造	1793338	846006	812727	134605
手工具制造	758638	357621	335992	65025
农用及园林用金属工具制造	621793	338783	240402	42608
刀剪及类似日用金属工具制造	546177	339254	170409	36514
其他金属工具制造	2607214	1277478	1108949	220787

国民经济行业小类按构成分的固定资产投资（不含农户）

续表 13

单位：万元

行　　业	投资额	建筑安装工程	设备工器具购置	其他费用
集装箱及金属包装容器制造	5231544	2784448	2085935	361161
集装箱制造	813805	400456	358983	54366
金属压力容器制造	1970829	1066733	743451	160645
金属包装容器制造	2446910	1317259	983501	146150
金属丝绳及其制品制造	3325557	1595522	1486869	243166
建筑、安全用金属制品制造	9092718	5235644	3178376	678698
建筑、家具用金属配件制造	3093714	1754605	1104036	235073
建筑装饰及水暖管道零件制造	3042488	1771274	1080882	190332
安全、消防用金属制品制造	1310511	700433	443580	166498
其他建筑、安全用金属制品制造	1646005	1009332	549878	86795
金属表面处理及热处理加工	3891643	2104713	1492233	294697
搪瓷制品制造	666383	358660	239961	67762
生产专用搪瓷制品制造	169241	86389	66371	16481
建筑装饰搪瓷制品制造	111346	41476	53920	15950
搪瓷卫生洁具制造	240769	161196	50292	29281
搪瓷日用品及其他搪瓷制品制造	145027	69599	69378	6050
金属制日用品制造	4003415	2179513	1525832	298070
金属制厨房用器具制造	966588	555033	333557	77998
金属制餐具和器皿制造	1047083	542567	435818	68698
金属制卫生器具制造	310584	190702	89377	30505
其他金属制日用品制造	1679160	891211	667080	120869
其他金属制品制造	10266406	5058434	4457451	750521
锻件及粉末冶金制品制造	4411641	2032699	2098547	280395
交通及公共管理用金属标牌制造	352506	188311	141771	22424
其他未列明金属制品制造	5502259	2837424	2217133	447702
通用设备制造业	104908454	53548982	44159142	7200330
锅炉及原动设备制造	11339186	5741647	4887329	710210
锅炉及辅助设备制造	5540474	2874763	2306756	358955
内燃机及配件制造	3712243	1824241	1681671	206331
汽轮机及辅机制造	730267	329170	330440	70657
水轮机及辅机制造	205771	66265	121423	18083
风能原动设备制造	673649	341046	297044	35559
其他原动设备制造	476782	306162	149995	20625
金属加工机械制造	24508837	13178592	9576625	1753620
金属切削机床制造	4760670	2562740	1837325	360605
金属成形机床制造	2653537	1284794	1202816	165927

国民经济行业小类按构成分的固定资产投资（不含农户）

续表14

单位：万元

行　业	投资额	建筑安装工程	设备工器具购置	其他费用
铸造机械制造	5181991	2702398	2137142	342451
金属切割及焊接设备制造	1918033	1090552	662723	164758
机床附件制造	2462614	1351486	937678	173450
其他金属加工机械制造	7531992	4186622	2798941	546429
物料搬运设备制造	11684221	6210767	4757794	715660
轻小型起重设备制造	1110861	618370	425192	67299
起重机制造	4053495	2038324	1807938	207233
生产专用车辆制造	1738418	1011566	634883	91969
连续搬运设备制造	1214747	581296	547172	86279
电梯、自动扶梯及升降机制造	2703988	1474929	1014863	214196
其他物料搬运设备制造	862712	486282	327746	48684
泵、阀门、压缩机及类似机械制造	13653053	6950454	5664004	1038595
泵及真空设备制造	3822610	2078799	1420463	323348
气体压缩机械制造	2116492	1149644	823350	143498
阀门和旋塞制造	3370622	1704443	1369532	296647
液压和气压动力机械及元件制造	4343329	2017568	2050659	275102
轴承、齿轮和传动部件制造	12215132	5831671	5538581	844880
轴承制造	6434545	2984226	2989330	460989
齿轮及齿轮减、变速箱制造	4137210	1973702	1890824	272684
其他传动部件制造	1643377	873743	658427	111207
烘炉、风机、衡器、包装等设备制造	10148752	4949529	4482954	716269
烘炉、熔炉及电炉制造	769228	367112	363600	38516
风机、风扇制造	1814557	895945	779028	139584
气体、液体分离及纯净设备制造	1431773	772583	550059	109131
制冷、空调设备制造	3656547	1772924	1634244	249379
风动和电动工具制造	1011545	457415	485457	68673
喷枪及类似器具制造	178391	96733	62884	18774
衡器制造	384143	201224	154375	28544
包装专用设备制造	902568	385593	453307	63668
文化、办公用机械制造	1067968	597923	406968	63077
电影机械制造	18866	10017	7649	1200
幻灯及投影设备制造	176374	100558	71006	4810
照相机及器材制造	211502	140986	58047	12469
复印和胶印设备制造	212574	101562	99950	11062
计算器及货币专用设备制造	116083	57899	54646	3538

国民经济行业小类按构成分的固定资产投资（不含农户）

续表 15

单位：万元

行　业	投资额	建筑安装工程	设备工器具购置	其他费用
其他文化、办公用机械制造	332569	186901	115670	29998
通用零部件制造	15273011	7340877	6994531	937603
金属密封件制造	1228142	621727	516656	89759
紧固件制造	1963102	1026708	788843	147551
弹簧制造	470399	237174	193430	39795
机械零部件加工	8133801	3764674	3909217	459910
其他通用零部件制造	3477567	1690594	1586385	200588
其他通用设备制造业	5018294	2747522	1850356	420416
专用设备制造业	100174340	52620467	40326081	7227792
采矿、冶金、建筑专用设备制造	31470726	16196912	12911073	2362741
矿山机械制造	12743754	6731154	5097341	915259
石油钻采专用设备制造	5528295	2918973	2244567	364755
建筑工程用机械制造	6735499	3392580	2797384	545535
海洋工程专用设备制造	1357351	640025	554878	162448
建筑材料生产专用机械制造	2857824	1491166	1140136	226522
冶金专用设备制造	2248003	1023014	1076767	148222
化工、木材、非金属加工专用设备制造	14791161	7327876	6540393	922892
炼油、化工生产专用设备制造	3648647	1707875	1743925	196847
橡胶加工专用设备制造	821608	425747	342338	53523
塑料加工专用设备制造	1773901	960088	691770	122043
木材加工机械制造	773703	409216	312125	52362
模具制造	5938077	2996926	2564686	376465
其他非金属加工专用设备制造	1835225	828024	885549	121652
食品、饮料、烟草及饲料生产专用设备制造	2694855	1503274	997481	194100
食品、酒、饮料及茶生产专用设备制造	932055	510405	351020	70630
农副食品加工专用设备制造	1325430	743997	488550	92883
烟草生产专用设备制造	156272	92280	56807	7185
饲料生产专用设备制造	281098	156592	101104	23402
印刷、制药、日化及日用品生产专用设备制造	6761479	3217177	3142357	401945
制浆和造纸专用设备制造	867801	389238	431343	47220
印刷专用设备制造	1224904	661215	480420	83269
日用化工专用设备制造	615800	345025	236001	34774
制药专用设备制造	989965	558023	353637	78305
照明器具生产专用设备制造	2292645	835721	1344565	112359
玻璃、陶瓷和搪瓷制品生产专用设备制造	403930	237082	140045	26803
其他日用品生产专用设备制造	366434	190873	156346	19215
纺织、服装和皮革加工专用设备制造	3761517	1892813	1537978	330726
纺织专用设备制造	2822785	1425850	1145949	250986
皮革、毛皮及其制品加工专用设备制造	393972	192551	160587	40834
缝制机械制造	499978	259189	203457	37332

国民经济行业小类按构成分的固定资产投资（不含农户）

续表16　　　　　　　　　　　　　　　　　　　　　　　　　　　　　　　　单位：万元

行　业	投资额	建筑安装工程	设备工器具购置	其他费用
洗涤机械制造	44782	15223	27985	1574
电子和电工机械专用设备制造	7621727	4207490	2793205	621032
电工机械专用设备制造	2725098	1542840	1016947	165311
电子工业专用设备制造	4896629	2664650	1776258	455721
农、林、牧、渔专用机械制造	9403028	5059804	3710255	632969
拖拉机制造	1306030	739056	490672	76302
机械化农业及园艺机具制造	3932195	2139048	1541040	252107
营林及木竹采伐机械制造	214686	107201	92758	14727
畜牧机械制造	662967	345125	280921	36921
渔业机械制造	120766	63890	49440	7436
农林牧渔机械配件制造	1584831	815367	634888	134576
棉花加工机械制造	106479	49257	43639	13583
其他农、林、牧、渔业机械制造	1475074	800860	576897	97317
医疗仪器设备及器械制造	6730291	3610801	2675887	443603
医疗诊断、监护及治疗设备制造	2147440	1122345	910233	114862
口腔科用设备及器具制造	204770	114600	72656	17514
医疗实验室及医用消毒设备和器具制造	762132	380925	331346	49861
医疗、外科及兽医用器械制造	951980	471568	429434	50978
机械治疗及病房护理设备制造	492667	313018	134949	44700
假肢、人工器官及植（介）入器械制造	198366	67792	118275	12299
其他医疗设备及器械制造	1972936	1140553	678994	153389
环保、社会公共服务及其他专用设备制造	16939556	9604320	6017452	1317784
环境保护专用设备制造	8436658	4629804	3142212	664642
地质勘查专用设备制造	378100	179077	172302	26721
邮政专用机械及器材制造	4439	4439		
商业、饮食、服务专用设备制造	199346	153463	24743	21140
社会公共安全设备及器材制造	721976	377464	279122	65390
交通安全、管制及类似专用设备制造	779795	469123	257597	53075
水资源专用机械制造	645980	369221	242473	34286
其他专用设备制造	5773262	3421729	1899003	452530
汽车制造业	93385194	45120040	41515336	6749818
汽车整车制造	19809437	7437414	10985961	1386062
改装汽车制造	2982651	1433910	1245173	303568
低速载货汽车制造	596903	308529	221712	66662
电车制造	1893455	1009894	790186	93375
汽车车身、挂车制造	2269386	1234015	877244	158127
汽车零部件及配件制造	65833362	33696278	27395060	4742024

国民经济行业小类按构成分的固定资产投资（不含农户）

续表 17   单位：万元

行　　业	投资额	建筑安装工程	设备工器具购置	其他费用
铁路、船舶、航空航天和其他运输设备制造业	27146899	15193515	9717428	2235956
铁路运输设备制造	5592533	3012700	2120985	458848
铁路机车车辆及动车组制造	1256538	785260	344792	126486
窄轨机车车辆制造	39149	28398	7014	3737
铁路机车车辆配件制造	1757146	847283	783184	126679
铁路专用设备及器材、配件制造	2163833	1131482	862044	170307
其他铁路运输设备制造	375867	220277	123951	31639
城市轨道交通设备制造	1013209	632390	286833	93986
船舶及相关装置制造	7075653	3937003	2496141	642509
金属船舶制造	2616243	1596483	773481	246279
非金属船舶制造	419624	196107	202520	20997
娱乐船和运动船制造	250155	146248	65190	38717
船用配套设备制造	2917278	1562952	1060071	294255
船舶改装与拆除	462542	334067	94224	34251
航标器材及其他相关装置制造	409811	101146	300655	8010
摩托车制造	3276997	1814728	1074881	387388
摩托车整车制造	1313014	712440	422066	178508
摩托车零部件及配件制造	1963983	1102288	652815	208880
自行车制造	3264611	1768855	1218567	277189
脚踏自行车及残疾人座车制造	798289	367368	329382	101539
助动自行车制造	2466322	1401487	889185	175650
非公路休闲车及零配件制造	301323	199700	85200	16423
潜水救捞及其他未列明运输设备制造	6622573	3828139	2434821	359613
其他未列明运输设备制造	6622573	3828139	2434821	359613
电气机械和器材制造业	92106100	49107286	36665193	6333621
电机制造	10382754	5426610	4291387	664757
发电机及发电机组制造	4452845	2392684	1776740	283421
电动机制造	3559035	1875796	1453384	229855
微电机及其他电机制造	2370874	1158130	1061263	151481
输配电及控制设备制造	29533300	15308597	12140077	2084626
变压器、整流器和电感器制造	5714742	3083127	2160606	471009
电容器及其配套设备制造	1552992	800060	671134	81798
配电开关控制设备制造	5047188	2658246	2035775	353167
电力电子元器件制造	5933536	3343070	2153686	436780
光伏设备及元器件制造	7890015	3558278	3899728	432009
其他输配电及控制设备制造	3394827	1865816	1219148	309863
电线、电缆、光缆及电工器材制造	13858357	7373496	5483151	1001710
电线、电缆制造	10017656	5447963	3837563	732130
光纤、光缆制造	1337884	695225	562500	80159

国民经济行业小类按构成分的固定资产投资（不含农户）

续表18

单位：万元

行　　业	投资额	建筑安装工程	设备工器具购置	其他费用
绝缘制品制造	923971	402278	460345	61348
其他电工器材制造	1578846	828030	622743	128073
电池制造	11820930	5926470	5227640	666820
锂离子电池制造	5656760	2779682	2542441	334637
镍氢电池制造	716945	378820	310406	27719
其他电池制造	5447225	2767968	2374793	304464
家用电力器具制造	8688823	4676703	3364111	648009
家用制冷电器具制造	2213286	943487	1103661	166138
家用空气调节器制造	1180630	674328	446254	60048
家用通风电器具制造	312777	194496	96150	22131
家用厨房电器具制造	1481273	931126	413927	136220
家用清洁卫生电器具制造	738689	347458	342606	48625
家用美容、保健电器具制造	272520	162339	61025	49156
家用电力器具专用配件制造	1177152	689873	436754	50525
其他家用电力器具制造	1312496	733596	463734	115166
非电力家用器具制造	4581030	2517295	1802270	261465
燃气、太阳能及类似能源家用器具制造	4313435	2327151	1740911	245373
其他非电力家用器具制造	267595	190144	61359	16092
照明器具制造	9070647	5200809	3181192	688646
电光源制造	2434760	1262412	1006561	165787
照明灯具制造	5376725	3196165	1755293	425267
灯用电器附件及其他照明器具制造	1259162	742232	419338	97592
其他电气机械及器材制造	4170259	2677306	1175365	317588
电气信号设备装置制造	753215	461086	230173	61956
其他未列明电气机械及器材制造	3417044	2216220	945192	255632
计算机、通信和其他电子设备制造业	71871836	34863023	31802361	5206452
计算机制造	8029435	3428510	3988546	612379
计算机整机制造	2826743	782365	1893973	150405
计算机零部件制造	2481809	1270990	1024463	186356
计算机外围设备制造	1248623	600978	558065	89580
其他计算机制造	1472260	774177	512045	186038
通信设备制造	8970137	5024057	3028152	917928
通信系统设备制造	4547041	2787961	1273301	485779
通信终端设备制造	4423096	2236096	1754851	432149
广播电视设备制造	2159023	1019828	1020157	119038
广播电视节目制作及发射设备制造	611532	351096	227351	33085
广播电视接收设备及器材制造	858247	308617	511503	38127
应用电视设备及其他广播电视设备制造	689244	360115	281303	47826
视听设备制造	2100976	969744	1001472	129760
电视机制造	1205817	570001	561708	74108

国民经济行业小类按构成分的固定资产投资（不含农户）

续表 19 单位：万元

行　　业	投资额	建筑安装工程	设备工器具购置	其他费用
音响设备制造	581144	296407	254146	30591
影视录放设备制造	314015	103336	185618	25061
电子器件制造	24858784	10899605	12512289	1446890
电子真空器件制造	1217056	606119	529574	81363
半导体分立器件制造	1152734	552358	562369	38007
集成电路制造	5756020	2386563	3080334	289123
光电子器件及其他电子器件制造	16732974	7354565	8340012	1038397
电子元件制造	16558223	8097921	7308340	1151962
电子元件及组件制造	13780673	6768313	6031040	981320
印制电路板制造	2777550	1329608	1277300	170642
其他电子设备制造	9195258	5423358	2943405	828495
仪器仪表制造业	14113297	7683964	5338441	1090892
通用仪器仪表制造	7032503	3640381	2879963	512159
工业自动控制系统装置制造	3898140	1970019	1693735	234386
电工仪器仪表制造	1094480	581668	367394	145418
绘图、计算及测量仪器制造	384852	220232	145481	19139
实验分析仪器制造	543746	235968	278742	29036
试验机制造	154840	89996	59264	5580
供应用仪表及其他通用仪器制造	956445	542498	335347	78600
专用仪器仪表制造	3136452	1730344	1177070	229038
环境监测专用仪器仪表制造	385471	180948	183783	20740
运输设备及生产用计数仪表制造	386662	206110	146606	33946
农林牧渔专用仪器仪表制造	88411	49616	35047	3748
地质勘探和地震专用仪器制造	151610	93872	51915	5823
教学专用仪器制造	154259	98382	42360	13517
电子测量仪器制造	579032	351391	190819	36822
其他专用仪器制造	1391007	750025	526540	114442
钟表与计时仪器制造	317383	156398	148929	12056
光学仪器及眼镜制造	1725522	868426	650552	206544
光学仪器制造	1184858	592977	435810	156071
眼镜制造	540664	275449	214742	50473
其他仪器仪表制造业	1901437	1288415	481927	131095
其他制造业	16071717	10776566	3615628	1679523
日用杂品制造	1586741	806866	564968	214907
鬃毛加工、制刷及清扫工具制造	441154	245488	147767	47899
其他日用杂品制造	1145587	561378	417201	167008
煤制品制造	1506269	591480	788609	126180
其他未列明制造业	12978707	9378220	2262051	1338436
废弃资源综合利用业	9639350	5366738	3302384	970228
金属废料和碎屑加工处理	5804057	3296035	1916926	591096
非金属废料和碎屑加工处理	3835293	2070703	1385458	379132

国民经济行业小类按构成分的固定资产投资（不含农户）

续表20 单位：万元

行　业	投资额	建筑安装工程	设备工器具购置	其他费用
金属制品、机械和设备修理业	3283324	1946324	1104382	232618
金属制品修理	790563	386999	353122	50442
通用设备修理	293368	160035	118284	15049
专用设备修理	391595	257696	104618	29281
铁路、船舶、航空航天等运输设备修理	1235031	820677	350965	63389
铁路运输设备修理	127793	86717	28902	12174
船舶修理	326598	195901	113687	17010
航空航天器修理	344725	216660	121150	6915
其他运输设备修理	435915	321399	87226	27290
电气设备修理	100585	39252	56732	4601
仪器仪表修理	3320	1530	1790	
其他机械和设备修理业	468862	280135	118871	69856
（四）电力、热力、燃气及水生产和供应业	196289315	107892620	68454549	19942146
电力、热力生产和供应业	147263552	73962328	57208142	16093082
电力生产	93471440	42530769	39362151	11578520
火力发电	26594083	11149033	13180384	2264666
水力发电	21451117	12933148	2893991	5623978
核力发电	7536415	2639289	3161946	1735180
风力发电	19144926	7531179	10693227	920520
太阳能发电	12007833	4821005	6741663	445165
其他电力生产	6737066	3457115	2690940	589011
电力供应	40345923	22421490	13969620	3954813
热力生产和供应	13446189	9010069	3876371	559749
燃气生产和供应业	22102432	13638372	6541780	1922280
燃气生产和供应业	22102432	13638372	6541780	1922280
水的生产和供应业	26923331	20291920	4704627	1926784
自来水生产和供应	13161537	10205058	2091655	864824
污水处理及其再生利用	11567393	8356359	2296348	914686
其他水的处理、利用与分配	2194401	1730503	316624	147274
（五）建筑业	35323445	27185982	5736618	2400845
房屋建筑业	11870971	9584692	1616866	669413
房屋建筑业	11870971	9584692	1616866	669413
土木工程建筑业	17475462	13882376	2503875	1089211
铁路、道路、隧道和桥梁工程建筑	11872406	9759658	1268516	844232
铁路工程建筑	826355	472465	325857	28033
公路工程建筑	4952517	4350330	319564	282623
市政道路工程建筑	4417472	3663803	307405	446264
其他道路、隧道和桥梁工程建筑	1676062	1273060	315690	87312
水利和内河港口工程建筑	2048255	1632619	328553	87083
水源及供水设施工程建筑	754882	614184	123199	17499

国民经济行业小类按构成分的固定资产投资 (不含农户)

续表 21

单位：万元

行　　业	投资额	建筑安装工程	设备工器具购置	其他费用
河湖治理及防洪设施工程建筑	1062211	886127	128913	47171
港口及航运设施工程建筑	231162	132308	76441	22413
海洋工程建筑	206581	177565	10679	18337
工矿工程建筑	232791	90893	138396	3502
架线和管道工程建筑	1595463	1110020	423345	62098
架线及设备工程建筑	873029	501788	324508	46733
管道工程建筑	722434	608232	98837	15365
其他土木工程建筑	1519966	1111621	334386	73959
建筑安装业	1630256	939437	614678	76141
电气安装	294354	146580	133192	14582
管道和设备安装	411075	264997	117280	28798
其他建筑安装业	924827	527860	364206	32761
建筑装饰和其他建筑业	4346756	2779477	1001199	566080
建筑装饰业	1514183	970071	453855	90257
工程准备活动	667886	381736	220030	66120
建筑物拆除活动	202368	70073	124610	7685
其他工程准备活动	465518	311663	95420	58435
提供施工设备服务	221486	115433	101533	4520
其他未列明建筑业	1943201	1312237	225781	405183
（六）批发和零售业	**126011087**	**92078917**	**19269013**	**14663157**
批发业	59667147	42234532	10824982	6607633
农、林、牧产品批发	6309287	4493648	1144585	671054
谷物、豆及薯类批发	1522826	1101215	311896	109715
种子批发	341499	237819	76211	27469
饲料批发	180027	133360	38817	7850
棉、麻批发	159414	103195	41018	15201
林业产品批发	477265	361229	48677	67359
牲畜批发	255494	201590	34432	19472
其他农牧产品批发	3372762	2355240	593534	423988
食品、饮料及烟草制品批发	8742736	6318420	1429891	994425
米、面制品及食用油批发	993974	673590	225041	95343
糕点、糖果及糖批发	211554	156794	43911	10849
果品、蔬菜批发	3766042	2830396	463093	472553
肉、禽、蛋、奶及水产品批发	1525538	1042800	283230	199508
盐及调味品批发	142497	104292	34248	3957
营养和保健品批发	90710	64959	20832	4919
酒、饮料及茶叶批发	860302	611801	162647	85854
烟草制品批发	290870	242989	27563	20318
其他食品批发	861249	590799	169326	101124
纺织、服装及家庭用品批发	6604813	4704488	755937	1144388

国民经济行业小类按构成分的固定资产投资（不含农户）

续表 22 单位：万元

行　业	投资额	建筑安装工程	设备工器具购置	其他费用
纺织品、针织品及原料批发	1994434	1278328	166694	549412
服装批发	2037641	1499754	294433	243454
鞋帽批发	126300	95761	23903	6636
化妆品及卫生用品批发	103883	65613	24203	14067
厨房、卫生间用具及日用杂货批发	375110	299181	47613	28316
灯具、装饰物品批发	339923	258723	32489	48711
家用电器批发	560398	400067	112962	47369
其他家庭用品批发	1067124	807061	53640	206423
文化、体育用品及器材批发	1280804	904992	244422	131390
文具用品批发	178319	124359	43813	10147
体育用品及器材批发	173040	113801	49879	9360
图书批发	146185	112769	16600	16816
报刊批发	724	554	170	
音像制品及电子出版物批发	43225	25874	13468	3883
首饰、工艺品及收藏品批发	451741	326960	67593	57188
其他文化用品批发	287570	200675	52899	33996
医药及医疗器材批发	1809611	1180795	452262	176554
西药批发	603348	387728	122596	93024
中药批发	548333	394053	115430	38850
医疗用品及器材批发	657930	399014	214236	44680
矿产品、建材及化工产品批发	17982045	12585278	3423780	1972987
煤炭及制品批发	2118446	1320850	677439	120157
石油及制品批发	2648526	1752662	606515	289349
非金属矿及制品批发	267513	143923	96808	26782
金属及金属矿批发	2699759	1859723	478087	361949
建材批发	9061598	6742245	1243070	1076283
化肥批发	289195	213445	56103	19647
农药批发	61765	39799	10415	11551
农用薄膜批发	19803	9636	9967	200
其他化工产品批发	815440	502995	245376	67069
机械设备、五金产品及电子产品批发	10235368	7168576	2068924	997868
农业机械批发	893928	652937	155816	85175
汽车批发	2316781	1708653	355133	252995
汽车零配件批发	1443530	1027610	263184	152736
摩托车及零配件批发	91512	65584	8232	17696
五金产品批发	2145849	1638744	287984	219121
电气设备批发	716230	534152	152929	29149
计算机、软件及辅助设备批发	432602	225969	169558	37075
通讯及广播电视设备批发	235999	181198	44552	10249
其他机械设备及电子产品批发	1958937	1133729	631536	193672

国民经济行业小类按构成分的固定资产投资（不含农户）

续表 23 单位：万元

行 业	投资额	建筑安装工程	设备工器具购置	其他费用
贸易经纪与代理	2854479	2095580	619542	139357
贸易代理	1855877	1407383	350280	98214
拍卖	21275	14871	4478	1926
其他贸易经纪与代理	977327	673326	264784	39217
其他批发业	3848004	2782755	685639	379610
再生物资回收与批发	1360798	906308	332167	122323
其他未列明批发业	2487206	1876447	353472	257287
零售业	66343940	49844385	8444031	8055524
综合零售	29728672	23453066	2427925	3847681
百货零售	16189906	12917169	1275220	1997517
超级市场零售	6778419	5205188	665505	907726
其他综合零售	6760347	5330709	487200	942438
食品、饮料及烟草制品专门零售	2684494	2116547	345264	222683
粮油零售	201323	163796	26140	11387
糕点、面包零售	102688	75780	25368	1540
果品、蔬菜零售	567223	467370	52308	47545
肉、禽、蛋、奶及水产品零售	621539	497345	63100	61094
营养和保健品零售	53288	37195	9838	6255
酒、饮料及茶叶零售	462093	334275	97721	30097
烟草制品零售	56483	46085	9319	1079
其他食品零售	619857	494701	61470	63686
纺织、服装及日用品专门零售	3478761	2701923	453251	323587
纺织品及针织品零售	547210	397475	105381	44354
服装零售	2044190	1676831	188801	178558
鞋帽零售	91684	51427	37617	2640
化妆品及卫生用品零售	53137	41881	10654	602
钟表、眼镜零售	50490	32349	17713	428
箱、包零售	164880	121846	34159	8875
厨房用具及日用杂品零售	55074	39347	14731	996
自行车零售	22835	15434	451	6950
其他日用品零售	449261	325333	43744	80184
文化、体育用品及器材专门零售	1736090	1328820	278695	128575
文具用品零售	78678	54189	21398	3091
体育用品及器材零售	55026	41794	10561	2671
图书、报刊零售	149756	123007	16751	9998
音像制品及电子出版物零售	75683	26960	45553	3170
珠宝首饰零售	611044	494250	84503	32291
工艺美术品及收藏品零售	598652	465189	66561	66902
乐器零售	27980	26880	1100	
照相器材零售	10608	10524	84	

国民经济行业小类按构成分的固定资产投资（不含农户）

续表24　　　　　　　　　　　　　　　　　　　　　　　　　　　　　单位：万元

行　业	投资额	建筑安装工程	设备工器具购置	其他费用
其他文化用品零售	128663	86027	32184	10452
医药及医疗器材专门零售	707470	446475	207408	53587
药品零售	437768	302509	113665	21594
医疗用品及器材零售	269702	143966	93743	31993
汽车、摩托车、燃料及零配件专门零售	17018700	12002756	2911474	2104470
汽车零售	13335990	9646050	1938084	1751856
汽车零配件零售	1063057	761249	213527	88281
摩托车及零配件零售	90183	63160	16299	10724
机动车燃料零售	2529470	1532297	743564	253609
家用电器及电子产品专门零售	1961282	1351613	364816	244853
家用视听设备零售	152985	121875	26398	4712
日用家电设备零售	645136	419322	119642	106172
计算机、软件及辅助设备零售	408829	272140	59526	77163
通信设备零售	205266	140044	51258	13964
其他电子产品零售	549066	398232	107992	42842
五金、家具及室内装饰材料专门零售	6178081	4713314	719223	745544
五金零售	923830	698644	147258	77928
灯具零售	296940	239585	17037	40318
家具零售	3033925	2458905	224511	350509
涂料零售	81155	63350	15422	2383
卫生洁具零售	40254	30207	5999	4048
木质装饰材料零售	418363	326747	54320	37296
陶瓷、石材装饰材料零售	652074	442462	130891	78721
其他室内装饰材料零售	731540	453414	123785	154341
货摊、无店铺及其他零售业	2850390	1729871	735975	384544
货摊食品零售	140675	117695	4389	18591
货摊纺织、服装及鞋零售	73507	60492	4015	9000
货摊日用品零售	51582	43367	3182	5033
互联网零售	118131	44512	47741	25878
邮购及电视、电话零售	23073	5460	17613	
旧货零售	15202	14102	1100	
生活用燃料零售	545242	345625	156997	42620
其他未列明零售业	1882978	1098618	500938	283422
（七）交通运输、仓储和邮政业	363293503	256946140	51245931	55101432
铁路运输业	66906584	41736000	13068401	12102183
铁路旅客运输	35419927	25970765	1146709	8302453
铁路货物运输	26199632	12066440	11245090	2888102
铁路运输辅助活动	5287025	3698795	676602	911628
客运火车站	1659738	1285481	84643	289614
货运火车站	407241	309086	46060	52095

国民经济行业小类按构成分的固定资产投资（不含农户）

续表 25   单位：万元

行　　业	投资额	建筑安装工程	设备工器具购置	其他费用
其他铁路运输辅助活动	3220046	2104228	545899	569919
道路运输业	205029410	157902610	13189875	33936925
城市公共交通运输	34551251	20177181	5469571	8904499
公共电汽车客运	4051998	2460384	1237285	354329
城市轨道交通	26761284	14960140	3703031	8098113
出租车客运	372165	94816	268515	8834
其他城市公共交通运输	3365804	2661841	260740	443223
公路旅客运输	72311924	58715678	1191648	12404598
道路货物运输	46935384	36267948	5319431	5348005
道路运输辅助活动	51230851	42741803	1209225	7279823
客运汽车站	1929546	1482205	170188	277153
公路管理与养护	40123925	33502528	608466	6012931
其他道路运输辅助活动	9177380	7757070	430571	989739
水上运输业	21233194	13287179	6084169	1861846
水上旅客运输	764065	427182	300975	35908
海洋旅客运输	465353	207031	241024	17298
内河旅客运输	237594	179145	44295	14154
客运轮渡运输	61118	41006	15656	4456
水上货物运输	5627127	2077139	3302516	247472
远洋货物运输	940640	231878	688808	19954
沿海货物运输	2717448	1092269	1520239	104940
内河货物运输	1969039	752992	1093469	122578
水上运输辅助活动	14842002	10782858	2480678	1578466
客运港口	323581	174888	24011	124682
货运港口	11541234	8648443	1795992	1096799
其他水上运输辅助活动	2977187	1959527	660675	356985
航空运输业	13140600	4109082	8420810	610708
航空客货运输	8727536	683023	7966135	78378
航空旅客运输	8264192	649434	7541401	73357
航空货物运输	463344	33589	424734	5021
通用航空服务	289942	186135	37302	66505
航空运输辅助活动	4123122	3239924	417373	465825
机场	3548182	2858478	342545	347159
空中交通管理	70651	21833	40576	8242
其他航空运输辅助活动	504289	359613	34252	110424
管道运输业	3740007	2391936	796095	551976
管道运输业	3740007	2391936	796095	551976
装卸搬运和运输代理业	9934323	6668075	2136510	1129738
装卸搬运	1521382	1038912	367591	114879
运输代理业	8412941	5629163	1768919	1014859

国民经济行业小类按构成分的固定资产投资（不含农户）

续表26　　　　　　　　　　　　　　　　　　　　　　　　　　　　　　　单位：万元

行　业	投资额	建筑安装工程	设备工器具购置	其他费用
货物运输代理	6152738	4031958	1409670	711110
旅客票务代理	57091	30309	22262	4520
其他运输代理业	2203112	1566896	336987	299229
仓储业	42357327	30190838	7309011	4857478
谷物、棉花等农产品仓储	8252087	5748825	1516731	986531
谷物仓储	4174879	3126922	734167	313790
棉花仓储	625750	418445	155216	52089
其他农产品仓储	3451458	2203458	627348	620652
其他仓储业	34105240	24442013	5792280	3870947
邮政业	952058	660420	241060	50578
邮政基本服务	365963	272150	74339	19474
快递服务	586095	388270	166721	31104
（八）住宿和餐饮业	60124082	46811137	6562577	6750368
住宿业	44733229	35243977	4328729	5160523
旅游饭店	34849704	27523090	3153083	4173531
一般旅馆	5530374	4280105	751009	499260
其他住宿业	4353151	3440782	424637	487732
餐饮业	15390853	11567160	2233848	1589845
正餐服务	12179339	9274623	1731837	1172879
快餐服务	619175	432111	150459	36605
饮料及冷饮服务	655075	470939	95628	88508
茶馆服务	201417	158282	23083	20052
咖啡馆服务	108909	77068	25660	6181
酒吧服务	325224	223496	43007	58721
其他饮料及冷饮服务	19525	12093	3878	3554
其他餐饮业	1937264	1389487	255924	291853
小吃服务	337479	257086	48172	32221
餐饮配送服务	142479	103782	27716	10981
其他未列明餐饮业	1457306	1028619	180036	248651
（九）信息传输、软件和信息技术服务业	30848766	16667511	12095325	2085930
电信、广播电视和卫星传输服务	16960868	8377633	7935626	647609
电信	15634159	7661500	7378956	593703
固定电信服务	3491679	2114716	1265789	111174
移动电信服务	11290922	5081266	5756067	453589
其他电信服务	851558	465518	357100	28940
广播电视传输服务	1064632	616322	402783	45527
有线广播电视传输服务	838902	445541	371605	21756
无线广播电视传输服务	225730	170781	31178	23771
卫星传输服务	262077	99811	153887	8379
互联网和相关服务	2848917	1378160	1315249	155508

国民经济行业小类按构成分的固定资产投资（不含农户）

续表 27 　　　　　　　　　　　　　　　　　　　　　　　　　　　　　　　　单位：万元

行　业	投资额	建筑安装工程	设备工器具购置	其他费用
互联网接入及相关服务	904142	420008	457354	26780
互联网信息服务	1535310	715988	713634	105688
其他互联网服务	409465	242164	144261	23040
软件和信息技术服务业	11038981	6911718	2844450	1282813
软件开发	5051944	3376124	1213603	462217
信息系统集成服务	1579190	680108	566684	332398
信息技术咨询服务	901951	676888	134550	90513
数据处理和存储服务	1454596	801749	534271	118576
集成电路设计	150384	81010	44022	25352
其他信息技术服务业	1900916	1295839	351320	253757
数字内容服务	225256	152728	62814	9714
呼叫中心	212797	141232	34844	36721
其他未列明信息技术服务业	1462863	1001879	253662	207322
（十）金融业	12419721	8795052	2125164	1499505
货币金融服务	7924387	5610208	1573124	741055
中央银行服务	960546	680353	224989	55204
货币银行服务	5433884	3642336	1156470	635078
非货币银行服务	1398247	1239419	108055	50773
金融租赁服务	130927	99505	14609	16813
财务公司	882894	869537	9107	4250
典当	84730	40439	35662	8629
其他非货币银行服务	299696	229938	48677	21081
银行监管服务	131710	48100	83610	
资本市场服务	1983212	1439693	278411	265108
证券市场服务	407401	291976	35679	79746
证券市场管理服务	145591	120990	12392	12209
证券经纪交易服务	254924	165617	21807	67500
基金管理服务	6886	5369	1480	37
期货市场服务	70871	45616	9342	15913
期货市场管理服务	55338	43856	8682	2800
其他期货市场服务	15533	1760	660	13113
证券期货监管服务	48376	35554	2885	9937
资本投资服务	1230046	914051	172502	143493
其他资本市场服务	226518	152496	58003	16019
保险业	1009967	732216	94756	182995
人身保险	672932	549122	20589	103221
人寿保险	670704	547122	20361	103221
健康和意外保险	2228	2000	228	
财产保险	292578	150996	63698	77884
再保险				

国民经济行业小类按构成分的固定资产投资（不含农户）

续表28　　　　　　　　　　　　　　　　　　　　　　　　　　　　　　单位：万元

行　　业	投资额	建筑安装工程	设备工器具购置	其他费用
养老金	4400	4070	300	30
保险经纪与代理服务	32152	26420	3872	1860
保险监管服务				
其他保险活动	7905	1608	6297	
风险和损失评估	7076	1608	5468	
其他未列明保险活动	829		829	
其他金融业	1502155	1012935	178873	310347
金融信托与管理服务	449372	320036	6943	122393
控股公司服务	318977	248299	37409	33269
非金融机构支付服务	74779	17106	5038	52635
金融信息服务	161302	109548	33469	18285
其他未列明金融业	497725	317946	96014	83765
（十一）房地产业	**1113796369**	**857633076**	**19585580**	**236577713**
房地产业	1113796369	857633076	19585580	236577713
房地产开发经营	915200866	685868718	14311884	215020264
物业管理	4437693	3509199	614848	313646
房地产中介服务	415859	346838	52797	16224
自有房地产经营活动	14905813	12151826	571047	2182940
其他房地产业	178836138	155756495	4035004	19044639
（十二）租赁和商务服务业	**58746390**	**43546699**	**6764433**	**8435258**
租赁业	2995815	978528	1877695	139592
机械设备租赁	2873777	899823	1853857	120097
汽车租赁	209262	102148	89928	17186
农业机械租赁	57191	16061	40429	701
建筑工程机械与设备租赁	1118625	553819	521583	43223
计算机及通讯设备租赁	14107	5827	8280	
其他机械与设备租赁	1474592	221968	1193637	58987
文化及日用品出租	122038	78705	23838	19495
娱乐及体育设备出租	102470	64741	18747	18982
图书出租	992	963		29
音像制品出租	1989	1394	298	297
其他文化及日用品出租	16587	11607	4793	187
商务服务业	55750575	42568171	4886738	8295666
企业管理服务	22944658	17180566	1844814	3919278
企业总部管理	7052282	4590688	670469	1791125
投资与资产管理	11409052	9046492	691887	1670673
单位后勤管理服务	780963	666916	49793	64254
其他企业管理服务	3702361	2876470	432665	393226
法律服务	322137	293636	15647	12854
律师及相关法律服务	284159	265657	10435	8067

国民经济行业小类按构成分的固定资产投资（不含农户）

续表 29   单位：万元

行　　业	投资额	建筑安装工程	设备工器具购置	其他费用
公证服务	4233	4233		
其他法律服务	33745	23746	5212	4787
咨询与调查	885721	617624	166768	101329
会计、审计及税务服务	98040	65807	24433	7800
市场调查	18664	11015	3837	3812
社会经济咨询	270332	179644	47313	43375
其他专业咨询	498685	361158	91185	46342
广告业	1201039	755400	356453	89186
知识产权服务	141724	95272	38621	7831
人力资源服务	568691	420709	93240	54742
公共就业服务	218083	181804	26701	9578
职业中介服务	40583	23722	13262	3599
劳务派遣服务	94160	49980	35233	8947
其他人力资源服务	215865	165203	18044	32618
旅行社及相关服务	4803748	3721201	480496	602051
旅行社服务	391194	250756	108100	32338
旅游管理服务	3994743	3123764	342303	528676
其他旅行社相关服务	417811	346681	30093	41037
安全保护服务	460664	246797	184355	29512
安全服务	200444	100821	84056	15567
安全系统监控服务	185494	94869	83078	7547
其他安全保护服务	74726	51107	17221	6398
其他商务服务业	24422193	19236966	1706344	3478883
市场管理	8267219	6599769	634184	1033266
会议及展览服务	5555573	4455601	270227	829745
包装服务	294597	181803	86248	26546
办公服务	1906526	1562631	82090	261805
信用服务	24102	20998	3104	
担保服务	278375	256304	20229	1842
其他未列明商务服务业	8095801	6159860	610262	1325679
（十三）科学研究和技术服务业	**31332078**	**20336595**	**7429656**	**3565827**
研究和试验发展	10542796	7473632	2010281	1058883
自然科学研究和试验发展	951587	716172	157188	78227
工程和技术研究和试验发展	6376983	4449946	1179121	747916
农业科学研究和试验发展	2011651	1401915	477287	132449
医学研究和试验发展	963751	711096	174568	78087
社会人文科学研究	238824	194503	22117	22204
专业技术服务业	10647517	6646244	2726923	1274350

国民经济行业小类按构成分的固定资产投资（不含农户）

续表30 单位：万元

行　　业	投资额	建筑安装工程	设备工器具购置	其他费用
气象服务	284206	184760	57796	41650
地震服务	66428	54942	4363	7123
海洋服务	199106	85504	105970	7632
测绘服务	175228	100596	66080	8552
质检技术服务	1383539	807341	447435	128763
环境与生态监测	484141	340371	94497	49273
环境保护监测	380198	258669	81149	40380
生态监测	103943	81702	13348	8893
地质勘查	1960286	1062223	609079	288984
能源矿产地质勘查	1093233	566431	370431	156371
固体矿产地质勘查	282435	226476	19904	36055
水、二氧化碳等矿产地质勘查	15496	10613	4763	120
基础地质勘查	177194	70932	97195	9067
地质勘查技术服务	391928	187771	116786	87371
工程技术	3309513	2293439	612947	403127
工程管理服务	1165049	842898	216838	105313
工程勘察设计	886635	502224	295661	88750
规划管理	1257829	948317	100448	209064
其他专业技术服务业	2785070	1717068	728756	339246
专业化设计服务	1018713	660918	230833	126962
摄影扩印服务	178756	130269	42846	5641
兽医服务	17025	7112	3443	6470
其他未列明专业技术服务业	1570576	918769	451634	200173
科技推广和应用服务业	10141765	6216719	2692452	1232594
技术推广服务	5891412	3159074	1981472	750866
农业技术推广服务	2062181	1463315	388216	210650
生物技术推广服务	873534	434485	335991	103058
新材料技术推广服务	1199166	286121	706588	206457
节能技术推广服务	662493	337282	244532	80679
其他技术推广服务	1094038	637871	306145	150022
科技中介服务	1794459	1405504	265907	123048
其他科技推广和应用服务业	2455894	1652141	445073	358680
（十四）水利、环境和公共设施管理业	**376627364**	**307531745**	**18440512**	**50655107**
水利管理业	51188383	41873849	2722691	6591843
防洪除涝设施管理	23963248	20109330	864135	2989783
水资源管理	7011227	5594111	682284	734832
天然水收集与分配	11353923	8815925	501291	2036707
水文服务	266021	178711	26448	60862

国民经济行业小类按构成分的固定资产投资（不含农户）

续表 31   单位：万元

行　　业	投资额	建筑安装工程	设备工器具购置	其他费用
其他水利管理业	8593964	7175772	648533	769659
生态保护和环境治理业	14256824	10308477	1855258	2093089
生态保护	3785437	2686507	168792	930138
自然保护区管理	1228513	848895	61536	318082
野生动物保护	189200	149297	9886	30017
野生植物保护	135444	109271		26173
其他自然保护	2232280	1579044	97370	555866
环境治理业	10471387	7621970	1686466	1162951
水污染治理	5401537	4260689	526034	614814
大气污染治理	660239	262668	368193	29378
固体废物治理	1928606	1303816	355763	269027
危险废物治理	275374	182542	70180	22652
放射性废物治理	9890	9830	60	
其他污染治理	2195741	1602425	366236	227080
公共设施管理业	311182157	255349419	13862563	41970175
市政设施管理	233065053	194571028	8201464	30292561
环境卫生管理	4919917	3840701	726461	352755
城乡市容管理	11244645	9139470	658132	1447043
绿化管理	12811466	9494358	674917	2642191
公园和游览景区管理	49141076	38303862	3601589	7235625
公园管理	15794122	12213607	901587	2678928
游览景区管理	33346954	26090255	2700002	4556697
（十五）居民服务、修理和其他服务业	**19944242**	**14977390**	**2871147**	**2095705**
居民服务业	11211427	8930937	1003100	1277390
家庭服务	524262	426327	55013	42922
托儿所服务	261847	146217	12523	103107
洗染服务	68039	41595	24051	2393
理发及美容服务	178692	114581	52197	11914
洗浴服务	1662102	1185354	243690	233058
保健服务	319823	233732	44557	41534
婚姻服务	131874	111088	17920	2866
殡葬服务	1164808	963412	86223	115173
其他居民服务业	6899980	5708631	466926	724423
机动车、电子产品和日用产品修理业	4219386	2674782	1246308	298296
汽车、摩托车修理与维护	3205313	2184622	761720	258971
汽车修理与维护	3181471	2167100	755622	258749
摩托车修理与维护	23842	17522	6098	222
计算机和办公设备维修	926656	420800	471292	34564

国民经济行业小类按构成分的固定资产投资（不含农户）

续表32 单位：万元

行　业	投资额	建筑安装工程	设备工器具购置	其他费用
计算机和辅助设备修理	516045	109445	401288	5312
通讯设备修理	229587	167852	43812	17923
其他办公设备维修	181024	143503	26192	11329
家用电器修理	45646	39317	4955	1374
家用电子产品修理	18143	15991	2152	
日用电器修理	27503	23326	2803	1374
其他日用产品修理业	41771	30043	8341	3387
自行车修理				
鞋和皮革修理	2935	2935		
家具和相关物品修理	5000	1200	2500	1300
其他未列明日用产品修理业	33836	25908	5841	2087
其他服务业	4513429	3371671	621739	520019
清洁服务	246168	162775	72343	11050
建筑物清洁服务	59396	43977	11430	3989
其他清洁服务	186772	118798	60913	7061
其他未列明服务业	4267261	3208896	549396	508969
（十六）教育	53998641	44796509	4087089	5115043
教育	53998641	44796509	4087089	5115043
学前教育	4010273	3419969	314364	275940
初等教育	9002027	7644949	598779	758299
普通小学教育	8839978	7512017	576757	751204
成人小学教育	162049	132932	22022	7095
中等教育	19362731	16361770	1180226	1820735
普通初中教育	9054488	7829457	555158	669873
职业初中教育	584674	438476	72028	74170
成人初中教育	109258	97940	742	10576
普通高中教育	5227562	4407892	243819	575851
成人高中教育	108360	86410	7645	14305
中等职业学校教育	4278389	3501595	300834	475960
高等教育	13971763	11508017	1013599	1450147
普通高等教育	12767214	10491535	953718	1321961
成人高等教育	1204549	1016482	59881	128186
特殊教育	320080	264495	13542	42043
技能培训、教育辅助及其他教育	7331767	5597309	966579	767879
职业技能培训	4494189	3399120	620615	474454
体校及体育培训	235679	180904	23297	31478
文化艺术培训	381829	321065	40581	20183
教育辅助服务	573990	403151	135387	35452

国民经济行业小类按构成分的固定资产投资（不含农户）

续表33

单位：万元

行　　业	投资额	建筑安装工程	设备工器具购置	其他费用
其他未列明教育	1646080	1293069	146699	206312
（十七）卫生和社会工作	**31382811**	**23471442**	**5611418**	**2299951**
卫生	25914952	18955401	5202186	1757365
医院	21281719	15404089	4407281	1470349
综合医院	15507180	11153393	3300041	1053746
中医医院	1912509	1470588	313311	128610
中西医结合医院	458530	364034	80184	14312
民族医院	100927	74977	21277	4673
专科医院	2542150	1776585	579346	186219
疗养院	760423	564512	113122	82789
社区医疗与卫生院	2393012	1861318	379201	152493
社区卫生服务中心（站）	786310	619758	114437	52115
街道卫生院	192793	136529	39540	16724
乡镇卫生院	1413909	1105031	225224	83654
门诊部（所）	283247	195676	75283	12288
计划生育技术服务活动	272338	229661	32589	10088
妇幼保健院（所、站）	490613	391320	76845	22448
专科疾病防治院（所、站）	144254	100789	34622	8843
疾病预防控制中心	297409	237794	37218	22397
其他卫生活动	752360	534754	159147	58459
社会工作	5467859	4516041	409232	542586
提供住宿社会工作	4928944	4037952	387282	503710
干部休养所	267929	218334	38331	11264
护理机构服务	286029	209353	52566	24110
精神康复服务	121279	104293	3702	13284
老年人、残疾人养护服务	3703650	3009498	278812	415340
孤残儿童收养和庇护服务	114987	105151	4337	5499
其他提供住宿社会救助	435070	391323	9534	34213
不提供住宿社会工作	538915	478089	21950	38876
社会看护与帮助服务	296811	262754	10783	23274
其他不提供住宿社会工作	242104	215335	11167	15602
（十八）文化、体育和娱乐业	**52254726**	**39808716**	**5348340**	**7097670**
新闻和出版业	1037573	808319	120165	109089
新闻业	334904	304101	13665	17138
出版业	702669	504218	106500	91951
图书出版	226215	197137	18814	10264
报纸出版	296958	221190	43620	32148
期刊出版	9952	7332	625	1995

国民经济行业小类按构成分的固定资产投资（不含农户）

续表34

单位：万元

行　　业	投资额	建筑安装工程	设备工器具购置	其他费用
音像制品出版	15334	6013	9285	36
电子出版物出版	44553	27660	13324	3569
其他出版业	109657	44886	20832	43939
广播、电视、电影和影视录音制作业	3110935	1799875	750041	561019
广播	303245	229633	55655	17957
电视	805230	363251	334706	107273
电影和影视节目制作	970165	544687	90965	334513
电影和影视节目发行	105196	45088	57038	3070
电影放映	875394	590284	186907	98203
录音制作	51705	26932	24770	3
文化艺术业	23816758	18593199	1948080	3275479
文艺创作与表演	777309	581006	99407	96896
艺术表演场馆	2340968	1836050	211873	293045
图书馆与档案馆	1293162	1122446	79279	91437
图书馆	886060	760268	61131	64661
档案馆	407102	362178	18148	26776
文物及非物质文化遗产保护	4179909	2785980	290192	1103737
博物馆	3327025	2709191	268766	349068
烈士陵园、纪念馆	605186	531775	30340	43071
群众文化活动	6152558	5160504	401743	590311
其他文化艺术业	5140641	3866247	566480	707914
体育	10409837	8523069	782247	1104521
体育组织	186705	135895	21655	29155
体育场馆	5178669	4380708	351219	446742
休闲健身活动	4338316	3532698	354904	450714
其他体育	706147	473768	54469	177910
娱乐业	13879623	10084254	1747807	2047562
室内娱乐活动	2851377	1878167	591117	382093
歌舞厅娱乐活动	1341973	789671	309422	242880
电子游艺厅娱乐活动	84496	53436	29043	2017
网吧活动	141561	84479	48650	8432
其他室内娱乐活动	1283347	950581	204002	128764
游乐园	6553391	4761455	732264	1059672
彩票活动	57508	37108	17177	3223
文化、娱乐、体育经纪代理	25332	14889	8540	1903
文化娱乐经纪人	8129	7300	829	
体育经纪人				
其他文化艺术经纪代理	17203	7589	7711	1903

207

国民经济行业小类按构成分的固定资产投资（不含农户）

续表 35

单位：万元

行　　业	投资额	建筑安装工程	设备工器具购置	其他费用
其他娱乐业	4392015	3392635	398709	600671
（十九）公共管理、社会保障和社会组织	**58737158**	**49296281**	**4377538**	**5063339**
中国共产党机关	560627	469775	59842	31010
中国共产党机关	560627	469775	59842	31010
国家机构	40860558	34377507	3246670	3236381
国家权力机构	716301	552908	33820	129573
国家行政机构	37748099	31763769	3057117	2927213
综合事务管理机构	14144450	12075535	888626	1180289
对外事务管理机构	95794	86242	4696	4856
公共安全管理机构	6898820	5674594	816602	407624
社会事务管理机构	6618518	5633884	591111	393523
经济事务管理机构	8816809	7320406	601891	894512
行政监督检查机构	1173708	973108	154191	46409
人民法院和人民检察院	1337970	1218611	39771	79588
人民法院	874400	800060	26303	48037
人民检察院	463570	418551	13468	31551
其他国家机构	1058188	842219	115962	100007
人民政协、民主党派	130932	110217	12960	7755
人民政协	10660	4405	2500	3755
民主党派	120272	105812	10460	4000
社会保障	2169573	1713608	84350	371615
社会保障	2169573	1713608	84350	371615
群众团体、社会团体和其他成员组织	5710316	4606432	509390	594494
群众团体	238537	218730	9254	10553
工会	60242	55080	2342	2820
妇联	46701	42191	2632	1878
共青团	2232	2132	100	
其他群众团体	129362	119327	4180	5855
社会团体	3503262	2778745	348361	376156
专业性团体	2544644	2060809	205004	278831
行业性团体	431059	335059	50668	45332
其他社会团体	527559	382877	92689	51993
基金会	18840	12371	6469	
宗教组织	1949677	1596586	145306	207785
基层群众自治组织	9305152	8018742	464326	822084
社区自治组织	3341878	2863208	184637	294033
村民自治组织	5963274	5155534	279689	528051

国民经济行业小类按隶属关系分的固定资产投资（不含农户）

单位：万元

行　业	合　计	中央项目	地方项目	省　属	地市属	县　属	其　他
全　国　总　计	4357474256	246580556	4110893700	223992782	424334635	742486395	2720079888
（一）农、林、牧、渔业	114012375	742921	113269454	2062532	3734778	30265540	77206604
农业	40278941	186342	40092599	811072	1272425	8574330	29434772
谷物种植	4374423	35144	4339279	592507	205893	1466569	2074310
稻谷种植	2457261	13862	2443399	550087	92022	866303	934987
小麦种植	406650	2100	404550		1789	127275	275486
玉米种植	630694	3812	626882	34116	31084	208065	353617
其他谷物种植	879818	15370	864448	8304	80998	264926	510220
豆类、油料和薯类种植	2179089	2100	2176989	4432	47932	537640	1586985
豆类种植	735886		735886	979	37686	259254	437967
油料种植	917916	1400	916516		3240	156611	756665
薯类种植	525287	700	524587	3453	7006	121775	392353
棉、麻、糖、烟草种植	1391317	35918	1355399	35770	24272	434417	860940
棉花种植	526376	6658	519718		9460	71393	438865
麻类种植	98308		98308			7210	91098
糖料种植	130371		130371	5770		60577	64024
烟草种植	636262	29260	607002	30000	14812	295237	266953
蔬菜、食用菌及园艺作物种植	17901752	71208	17830544	96140	739916	3261941	13732547
蔬菜种植	10515426	57272	10458154	40332	661216	2368639	7387967
食用菌种植	2348804	12166	2336638	30809	14640	311524	1979665
花卉种植	3168751	1770	3166981	19322	39932	414642	2693085
其他园艺作物种植	1868771		1868771	5677	24128	167136	1671830
水果种植	5775792	20627	5755165	43689	94219	1037130	4580127
仁果类和核果类水果种植	1680898	5306	1675592	10488	20487	396082	1248535
葡萄种植	1207533	12802	1194731	3641	41291	184354	965445
柑橘类种植	458315		458315	570	16354	140918	300473
香蕉等亚热带水果种植	212765	2519	210246			23179	187067
其他水果种植	2216281		2216281	28990	16087	292597	1878607
坚果、含油果、香料和饮料作物种植	2585369	3500	2581869	4005	6830	526749	2044285
坚果种植	1131607	3500	1128107		5585	307615	814907
含油果种植	301230		301230	1500		24599	275131
香料作物种植	92838		92838			39589	53249
茶及其他饮料作物种植	1059694		1059694	2505	1245	154946	900998
中药材种植	2595333	1836	2593497	8638	40153	437714	2106992
其他农业	3475866	16009	3459857	25891	113210	872170	2448586
林业	13565790	109729	13456061	649926	1546176	5081176	6178783
林木育种和育苗	5161867	33903	5127964	32576	89535	1105060	3900793
林木育种	1352218	8549	1343669	12168	34850	192250	1104401
林木育苗	3809649	25354	3784295	20408	54685	912810	2796392
造林和更新	6969332	56167	6913165	293656	1346085	3579116	1694308

209

国民经济行业小类按隶属关系分的固定资产投资 不含农户）

续表1　　　　　　　　　　　　　　　　　　　　　　　　　　　　　　　　单位：万元

行　业	合　计	中央项目	地方项目	省　属	地市属	县　属	其　他
森林经营和管护	970327	19659	950668	87953	90346	308507	463862
木材和竹材采运	362139		362139	235741	20210	35600	70588
木材采运	342119		342119	235741	20210	27620	58548
竹材采运	20020		20020			7980	12040
林产品采集	102125		102125			52893	49232
木竹材林产品采集	41882		41882			13429	28453
非木竹材林产品采集	60243		60243			39464	20779
畜牧业	30659533	109719	30549814	204757	187551	5363672	24793834
牲畜饲养	23059914	103049	22956865	114013	144980	4253873	18443999
牛的饲养	7587199	19841	7567358	26574	60341	1903602	5576841
马的饲养	87774		87774			15543	72231
猪的饲养	11514518	61832	11452686	85139	62591	1471603	9833353
羊的饲养	2977866	19666	2958200	500	10920	702990	2243790
骆驼饲养	23031		23031			551	22480
其他牲畜饲养	869526	1710	867816	1800	11128	159584	695304
家禽饲养	5782259	3505	5778754	85160	37155	706847	4949592
鸡的饲养	4495907	3505	4492402	81200	18105	627403	3765694
鸭的饲养	553645		553645	3960		25934	523751
鹅的饲养	133805		133805			11789	122016
其他家禽饲养	598902		598902		19050	41721	538131
狩猎和捕捉动物	356157		356157		2806	19850	333501
其他畜牧业	1461203	3165	1458038	5584	2610	383102	1066742
渔业	6586410		6586410	3933	68644	608487	5905346
水产养殖	5910245		5910245	3933	57794	550715	5297803
海水养殖	2808310		2808310	600	14100	129173	2664437
内陆养殖	3101935		3101935	3333	43694	421542	2633366
水产捕捞	676165		676165		10850	57772	607543
海水捕捞	611445		611445		10850	51472	549123
内陆捕捞	64720		64720			6300	58420
农、林、牧、渔服务业	22921701	337131	22584570	392844	659982	10637875	10893869
农业服务业	20587612	332603	20255009	382219	594234	9809024	9469532
农业机械服务	1570183	20675	1549508	126708	27918	746325	648557
灌溉服务	5692497	128597	5563900	70565	168456	3545126	1779753
农产品初加工服务	3260491	123547	3136944	32803	23950	571840	2508351
其他农业服务	10064441	59784	10004657	152143	373910	4945733	4532871
林业服务业	777571	3660	773911	7398	23712	337401	405400
林业有害生物防治服务	51723	760	50963	100		23625	27238
森林防火服务	62523	1000	61523	2900	13257	34088	11278
林产品初级加工服务	133812	1300	132512	1983	2226	11944	116359
其他林业服务	529513	600	528913	2415	8229	267744	250525

国民经济行业小类按隶属关系分的固定资产投资（不含农户）

续表2　　　　　　　　　　　　　　　　　　　　　　　　　　　　　　　单位：万元

行　业	合　计	中央项目	地方项目	省　属	地市属	县　属	其　他
畜牧服务业	887744	868	886876	2097	24807	404272	455700
渔业服务业	668774		668774	1130	17229	87178	563237
（二）采矿业	**146487843**	**34550726**	**111937117**	**16745143**	**4291838**	**19529134**	**71371002**
煤炭开采和洗选业	52125675	3683918	48441757	11310740	1730729	8694582	26705706
烟煤和无烟煤开采洗选	45261680	2656312	42605368	10490557	1400327	7343009	23371475
褐煤开采洗选	5353520	1027293	4326227	733466	280220	959837	2352704
其他煤炭采选	1510475	313	1510162	86717	50182	391736	981527
石油和天然气开采业	38206143	28746505	9459638	2178115	1261260	3583866	2436397
石油开采	33718156	26768716	6949440	1413609	1017510	2837136	1681185
天然气开采	4487987	1977789	2510198	764506	243750	746730	755212
黑色金属矿采选业	16484148	349659	16134489	1214393	357164	1389714	13173218
铁矿采选	15304809	343319	14961490	1153294	349264	1147361	12311571
锰矿、铬矿采选	578031	6340	571691	59347		102242	410102
其他黑色金属矿采选	601308		601308	1752	7900	140111	451545
有色金属矿采选业	15934856	584175	15350681	1445091	486377	2987182	10432031
常用有色金属矿采选	9893773	305220	9588553	991748	227252	1737719	6631834
铜矿采选	2252737	32302	2220435	479999	125973	289997	1324466
铅锌矿采选	3962278	23738	3938540	98344	73407	1175329	2591460
镍钴矿采选	386260	12573	373687	30902		9817	332968
锡矿采选	400533		400533	185849	11000	20103	183581
锑矿采选	132840	3810	129030			14670	114360
铝矿采选	1185074	115010	1070064	134510		53070	882484
镁矿采选	313201	7000	306201	58023		23873	224305
其他常用有色金属矿采选	1260850	110787	1150063	4121	16872	150860	978210
贵金属矿采选	4118681	26036	4092645	344491	219120	933962	2595072
金矿采选	3858380	26036	3832344	338391	219120	879296	2395537
银矿采选	193853		193853	5250		54566	134037
其他贵金属矿采选	66448		66448	850		100	65498
稀有稀土金属矿采选	1922402	252919	1669483	108852	40005	315501	1205125
钨钼矿采选	1298450	216410	1082040	50098		193805	838137
稀土金属矿采选	214976		214976	35220	34155	51429	94172
放射性金属矿采选	67509	19600	47909		3000	35309	9600
其他稀有金属矿采选	341467	16909	324558	23534	2850	34958	263216
非金属矿采选业	18003860	116923	17886937	186433	191758	1547263	15961483
土砂石开采	13287749	61221	13226528	63318	145227	845376	12172607
石灰石、石膏开采	3591069	59661	3531408	62222	51019	205568	3212599
建筑装饰用石开采	4757447		4757447		27387	301548	4428512
耐火土石开采	887060		887060	596	1533	52972	831959
粘土及其他土砂石开采	4052173	1560	4050613	500	65288	285288	3699537
化学矿开采	1434796	1802	1432994	105933	8576	188108	1130377

国民经济行业小类按隶属关系分的固定资产投资（不含农户）

续表3　　　　　　　　　　　　　　　　　　　　　　　　　　　　　单位：万元

行　　业	合　　计	中央项目	地方项目	省　属	地市属	县　属	其　他
采盐	510580	52900	457680	8317	6550	182431	260382
石棉及其他非金属矿采选	2770735	1000	2769735	8865	31405	331348	2398117
石棉、云母矿采选	100786		100786	2365			98421
石墨、滑石采选	651221		651221	6500	3322	81280	560119
宝石、玉石采选	151853		151853			27270	124583
其他未列明非金属矿采选	1866875	1000	1865875		28083	222798	1614994
开采辅助活动	5175920	1069546	4106374	410371	258310	1259337	2178356
煤炭开采和洗选辅助活动	2109691	9169	2100522	290196	116899	856122	837305
石油和天然气开采辅助活动	2385361	1060377	1324984	71364	137136	321272	795212
其他开采辅助活动	680868		680868	48811	4275	81943	545839
其他采矿业	557241		557241		6240	67190	483811
其他采矿业	557241		557241		6240	67190	483811
（三）制造业	1475844340	34262025	1441582315	35262100	57793751	134097696	1214428768
农副食品加工业	85801165	150257	85650908	554396	1311092	8920294	74865126
谷物磨制	14023219	58012	13965207	184838	149341	1466031	12164997
饲料加工	11446781	11192	11435589	37066	136788	1135212	10126523
植物油加工	9000746	51398	8949348	72994	196080	843384	7836890
食用植物油加工	8154972	46398	8108574	70794	186480	751478	7099822
非食用植物油加工	845774	5000	840774	2200	9600	91906	737068
制糖业	1918297	8700	1909597	37675	114706	189569	1567647
屠宰及肉类加工	16323328	12054	16311274	38280	181434	1831712	14259848
牲畜屠宰	4648814	3231	4645583	6750	60240	551202	4027391
禽类屠宰	3939320		3939320		5500	208155	3725665
肉制品及副产品加工	7735194	8823	7726371	31530	115694	1072355	6506792
水产品加工	5985757		5985757	17190	83381	384471	5500715
水产品冷冻加工	3565045		3565045	12630	73469	210030	3268916
鱼糜制品及水产品干腌制加工	830550		830550		9912	58752	761886
水产饲料制造	535298		535298			53989	481309
鱼油提取及制品制造	140753		140753			1958	138795
其他水产品加工	914111		914111	4560		59742	849809
蔬菜、水果和坚果加工	12360499	7781	12352718	28194	107737	1119908	11096879
蔬菜加工	8273714		8273714	17150	61058	640686	7554820
水果和坚果加工	4086785	7781	4079004	11044	46679	479222	3542059
其他农副食品加工	14742538	1120	14741418	138159	341625	1950007	12311627
淀粉及淀粉制品制造	4179290		4179290	15078	55123	518905	3590184
豆制品制造	2267096		2267096	5056	59026	367516	1835498
蛋品加工	589016		589016			48963	540053
其他未列明农副食品加工	7707136	1120	7706016	118025	227476	1014623	6345892
食品制造业	36859272	75244	36784028	290509	976013	3249475	32268031
焙烤食品制造	5392606		5392606	19730	107348	472971	4792557

国民经济行业小类按隶属关系分的固定资产投资（不含农户）

续表4　　　　　　　　　　　　　　　　　　　　　　　　　　　　　　　单位：万元

行　业	合　计	中央项目	地方项目	省　属	地市属	县　属	其　他
糕点、面包制造	2571680		2571680		49892	229886	2291902
饼干及其他焙烤食品制造	2820926		2820926	19730	57456	243085	2500655
糖果、巧克力及蜜饯制造	2113950		2113950	2500	64017	107277	1940156
糖果、巧克力制造	1171962		1171962	2500	55966	36089	1077407
蜜饯制作	941988		941988		8051	71188	862749
方便食品制造	6942551		6942551	18608	106256	574769	6242918
米、面制品制造	3644000		3644000	12010	43358	317752	3270880
速冻食品制造	1629463		1629463		7746	111830	1509887
方便面及其他方便食品制造	1669088		1669088	6598	55152	145187	1462151
乳制品制造	2462435	24800	2437635	73030	72391	280952	2011262
罐头食品制造	2700016		2700016		77396	123412	2499208
肉、禽类罐头制造	611458		611458		50286	6690	554482
水产品罐头制造	248659		248659			11003	237656
蔬菜、水果罐头制造	1395739		1395739		23540	59040	1313159
其他罐头食品制造	444160		444160		3570	46679	393911
调味品、发酵制品制造	4312528	1660	4310868	19020	47018	591902	3652928
味精制造	558445		558445		8316	254845	295284
酱油、食醋及类似制品制造	1470309	1660	1468649	5000	17119	146534	1299996
其他调味品、发酵制品制造	2283774		2283774	14020	21583	190523	2057648
其他食品制造	12935186	48784	12886402	157621	501587	1098192	11129002
营养食品制造	2090396		2090396		22409	188757	1879230
保健食品制造	2592156	39834	2552322	11060	111507	180100	2249655
冷冻饮品及食用冰制造	818215		818215	25191	8545	43845	740634
盐加工	598636	8950	589686	77530	11000	48492	452664
食品及饲料添加剂制造	3195141		3195141	30668	164102	317061	2683310
其他未列明食品制造	3640642		3640642	13172	184024	319937	3123509
酒、饮料和精制茶制造业	33865989	41564	33824425	871449	1616168	3673500	27663308
酒的制造	16785691	16705	16768986	738940	1018372	2306233	12705441
酒精制造	559001		559001	13880	16836	33644	494641
白酒制造	10458837	2370	10456467	692855	797967	1523680	7441965
啤酒制造	1839070	6280	1832790	30820	52132	349416	1400422
黄酒制造	561788		561788	1385		42414	517989
葡萄酒制造	1895429	8055	1887374		145937	219343	1522094
其他酒制造	1471566		1471566		5500	137736	1328330
饮料制造	12488838	24859	12463979	132509	582768	1004587	10744115
碳酸饮料制造	1538091		1538091	5910	192694	110437	1229050
瓶（罐）装饮用水制造	3025169	2500	3022669	26896	36026	170601	2789146
果菜汁及果菜汁饮料制造	3272464	22359	3250105	1930	89185	391887	2767103
含乳饮料和植物蛋白饮料制造	1713646		1713646	36050	129736	131326	1416534
固体饮料制造	451588		451588	9327	24655	42239	375367

国民经济行业小类按隶属关系分的固定资产投资（不含农户）

续表 5

单位：万元

行　　业	合　　计	中央项目	地方项目	省　属	地市属	县　属	其　他
茶饮料及其他饮料制造	2487880		2487880	52396	110472	158097	2166915
精制茶加工	4591460		4591460		15028	362680	4213752
烟草制品业	3030419	1030413	2000006	763137	405754	346772	484343
烟叶复烤	453006	10017	442989	57193	44586	199720	141490
卷烟制造	2275121	961058	1314063	662031	305037	71335	275660
其他烟草制品制造	302292	59338	242954	43913	56131	75717	67193
纺织业	47259939	40531	47219408	71863	878060	3558573	42710912
棉纺织及印染精加工	22833153	13143	22820010	9671	605543	1541994	20662802
棉纺纱加工	16003953	7823	15996130	9671	477532	1197657	14311270
棉织造加工	4555508		4555508		90774	295110	4169624
棉印染精加工	2273692	5320	2268372		37237	49227	2181908
毛纺织及染整精加工	2970622	6768	2963854	18000	1900	279475	2664479
毛条和毛纱线加工	1211433		1211433		1400	97005	1113028
毛织造加工	1396166	6768	1389398	18000		175470	1195928
毛染整精加工	363023		363023		500	7000	355523
麻纺织及染整精加工	1148312		1148312	3300	4165	260105	880742
麻纤维纺前加工和纺纱	611197		611197		4165	164020	443012
麻织造加工	452933		452933			78777	374156
麻染整精加工	84182		84182	3300		17308	63574
丝绢纺织及印染精加工	1538281		1538281	4070	3494	163049	1367668
缫丝加工	707010		707010		2994	94166	609850
绢纺和丝织加工	667701		667701	4070		59003	604628
丝印染精加工	163570		163570		500	9880	153190
化纤织造及印染精加工	5030160	19700	5010460	2307	81863	497166	4429124
化纤织造加工	4224780		4224780	2307	47678	457466	3717329
化纤织物染整精加工	805380	19700	785680		34185	39700	711795
针织或钩针编织物及其制品制造	4239315	20	4239295	12340	50800	319844	3856311
针织或钩针编织物织造	3271582	20	3271562		42420	268130	2961012
针织或钩针编织物印染精加工	414474		414474	705	2000	24747	387022
针织或钩针编织品制造	553259		553259	11635	6380	26967	508277
家用纺织制成品制造	5021538		5021538	22175	49139	252152	4698072
床上用品制造	2423545		2423545	1000	8210	41129	2373206
毛巾类制品制造	816049		816049			9070	806979
窗帘、布艺类产品制造	363512		363512			43060	320452
其他家用纺织制成品制造	1418432		1418432	21175	40929	158893	1197435
非家用纺织制成品制造	4478558	900	4477658		81156	244788	4151714
非织造布制造	1764455	900	1763555		66975	45981	1650599
绳、索、缆制造	471674		471674			90879	380795
纺织带和帘子布制造	488410		488410	1000	5845	481565	
篷、帆布制造	366784		366784		5000	12594	349190

国民经济行业小类按隶属关系分的固定资产投资（不含农户）

续表6　　　　　　　　　　　　　　　　　　　　　　　　　　　　　　　　　单位：万元

行　业	合　计	中央项目	地方项目	省　属	地市属	县　属	其　他
其他非家用纺织制成品制造	1387235		1387235		8181	89489	1289565
纺织服装、服饰业	31144351	5551	31138800	65483	228798	2188420	28656099
机织服装制造	18838564	5021	18833543	35487	98437	1453541	17246078
针织或钩针编织服装制造	4387918	530	4387388	15435	9476	221979	4140498
服饰制造	7917869		7917869	14561	120885	512900	7269523
皮革、毛皮、羽毛及其制品和制鞋业	17153985	600	17153385	50500	256861	1616256	15229768
皮革鞣制加工	1402837		1402837		10200	210329	1182308
皮革制品制造	5332405	600	5331805	15500	53536	457376	4805393
皮革服装制造	1216376	600	1215776		3000	268039	944737
皮箱、包（袋）制造	2169543		2169543		21147	99413	2048983
皮手套及皮装饰制品制造	603551		603551	500	23474	48489	531088
其他皮革制品制造	1342935		1342935	15000	5915	41435	1280585
毛皮鞣制及制品加工	2130259		2130259			269482	1860777
毛皮鞣制加工	388612		388612			136950	251662
毛皮服装加工	1250256		1250256			94682	1155574
其他毛皮制品加工	491391		491391			37850	453541
羽毛（绒）加工及制品制造	1225198		1225198	4000	11467	126518	1083213
羽毛（绒）加工	504282		504282	4000	200	5460	494622
羽毛（绒）制品加工	720916		720916		11267	121058	588591
制鞋业	7063286		7063286	31000	181658	552551	6298077
纺织面料鞋制造	1478913		1478913	30000	1560	162044	1285309
皮鞋制造	3278781		3278781		90843	217503	2970435
塑料鞋制造	397908		397908		11580	20493	365835
橡胶鞋制造	792222		792222	1000	130	2730	788362
其他制鞋业	1115462		1115462		77545	149781	888136
木材加工和木、竹、藤、棕、草制品业	29205057	11019	29194038	62342	362502	2459627	26309567
木材加工	7597295	9519	7587776	13547	110777	679998	6783454
锯材加工	2136343	9519	2126824	8947	3650	340659	1773568
木片加工	2326681		2326681		17270	116014	2193397
单板加工	1474074		1474074		16695	72895	1384484
其他木材加工	1660197		1660197	4600	73162	150430	1432005
人造板制造	10530386		10530386	10578	68199	642821	9808788
胶合板制造	4962164		4962164	9832	1329	237603	4713400
纤维板制造	2030721		2030721	746	32844	191853	1805278
刨花板制造	1093162		1093162			119634	973528
其他人造板制造	2444339		2444339		34026	93731	2316582
木制品制造	8371813	1500	8370313	38217	156459	1028036	7147601
建筑用木料及木材组件加工	2517134		2517134	32902	18414	121914	2343904
木门窗、楼梯制造	1912023	1500	1910523		46026	129275	1735222

国民经济行业小类按隶属关系分的固定资产投资（不含农户）

续表7 单位：万元

行　　业	合　　计	中央项目	地方项目	省　属	地市属	县　属	其　他
地板制造	1651921		1651921	5315	67300	119183	1460123
木制容器制造	322054		322054		9021	4313	308720
软木制品及其他木制品制造	1968681		1968681		15698	653351	1299632
竹、藤、棕、草等制品制造	2705563		2705563		27067	108772	2569724
竹制品制造	2132096		2132096		23367	67627	2041102
藤制品制造	237817		237817			8635	229182
棕制品制造	53737		53737			6180	47557
草及其他制品制造	281913		281913		3700	26330	251883
家具制造业	19330979		19330979	1785	281925	1286373	17760896
木质家具制造	14492385		14492385	1785	245188	984786	13260626
竹、藤家具制造	410622		410622		1940	35984	372698
金属家具制造	1863485		1863485		30215	77958	1755312
塑料家具制造	419502		419502			65510	353992
其他家具制造	2144985		2144985		4582	122135	2018268
造纸和纸制品业	26357884	22834	26335050	349959	1081921	2785802	22117368
纸浆制造	946633	8700	937933	20631	56864	114467	745971
木竹浆制造	578476	8700	569776	20631	19386	74455	455304
非木竹浆制造	368157		368157		37478	40012	290667
造纸	11076641	10072	11066569	242288	721860	1543807	8558614
机制纸及纸板制造	9013633	10072	9003561	239363	643310	1380894	6739994
手工纸制造	446938		446938	638	22850	23428	400022
加工纸制造	1616070		1616070	2287	55700	139485	1418598
纸制品制造	14334610	4062	14330548	87040	303197	1127528	12812783
纸和纸板容器制造	6977547		6977547	87040	89855	419748	6380904
其他纸制品制造	7357063	4062	7353001		213342	707780	6431879
印刷和记录媒介复制业	12831719	231792	12599927	237130	435709	713605	11213483
印刷	12072981	230942	11842039	210396	419115	656928	10555600
书、报刊印刷	1877209	30967	1846242	136541	119812	53154	1536735
本册印制	570181		570181	33635	18686	30939	486921
包装装潢及其他印刷	9625591	199975	9425616	40220	280617	572835	8531944
装订及印刷相关服务	703396	850	702546	23120	2949	56677	619800
记录媒介复制	55342		55342	3614	13645		38083
文教、工美、体育和娱乐用品制造业	14128352	12026	14116326	18468	237874	790115	13069869
文教办公用品制造	1682334		1682334	1445	5942	97764	1577183
文具制造	662682		662682		42	52974	609666
笔的制造	403235		403235	1445	1400	20126	380264
教学用模型及教具制造	304587		304587			4560	300027
墨水、墨汁制造	58859		58859				58859

国民经济行业小类按隶属关系分的固定资产投资（不含农户）

续表8
单位：万元

行　　业	合　　计	中央项目	地方项目	省　属	地市属	县　属	其　他
其他文教办公用品制造	252971		252971		4500	20104	228367
乐器制造	541881		541881	10082	22457	15450	493892
中乐器制造	90408		90408				90408
西乐器制造	251347		251347		19951	650	230746
电子乐器制造	106883		106883	10082		9400	87401
其他乐器及零件制造	93243		93243		2506	5400	85337
工艺美术品制造	7155729	10800	7144929	6941	184231	493213	6460544
雕塑工艺品制造	1396995		1396995		42266	33480	1321249
金属工艺品制造	1030383		1030383			51193	979190
漆器工艺品制造	188494		188494		53763	17322	117409
花画工艺品制造	289059		289059			8535	280524
天然植物纤维编织工艺品制造	517657		517657			74849	442808
抽纱刺绣工艺品制造	405397		405397			7150	398247
地毯、挂毯制造	720752		720752	1093	59398	44475	615786
珠宝首饰及有关物品制造	1056351	10800	1045551	5848	21173	180223	838307
其他工艺美术品制造	1550641		1550641		7631	75986	1467024
体育用品制造	2403093		2403093		8068	99722	2295303
球类制造	190731		190731			5898	184833
体育器材及配件制造	1104171		1104171		2464	34978	1066729
训练健身器材制造	491808		491808		5604	34200	452004
运动防护用具制造	176235		176235				176235
其他体育用品制造	440148		440148			24646	415502
玩具制造	1660963		1660963		16596	31405	1612962
游艺器材及娱乐用品制造	684352	1226	683126		580	52561	629985
露天游乐场所游乐设备制造	370831	1226	369605			11000	358605
游艺用品及室内游艺器材制造	243194		243194		580	41561	201053
其他娱乐用品制造	70327		70327				70327
石油加工、炼焦和核燃料加工业	30391319	6239499	24151820	2683225	1354010	3618218	16496367
精炼石油产品制造	21324231	5823899	15500332	2114219	961702	1555229	10869182
原油加工及石油制品制造	19707322	5823899	13883423	1927185	946702	1348569	9660967
人造原油制造	1616909		1616909	187034	15000	206660	1208215
炼焦	9067088	415600	8651488	569006	392308	2062989	5627185
化学原料和化学制品制造业	132104180	7051304	125052876	6005171	6434668	16732971	95880066
基础化学原料制造	48380470	4543070	43837400	3477186	3384153	6926107	30049954
无机酸制造	3357698	33200	3324498	438231	294034	358469	2233764
无机碱制造	2505269	106389	2398880	210981	186993	385518	1615388
无机盐制造	4695784	41381	4654403	236815	123752	1471760	2822076
有机化学原料制造	28387123	3528133	24858990	1961753	2118104	3682900	17096233
其他基础化学原料制造	9434596	833967	8600629	629406	661270	1027460	6282493
肥料制造	16525641	801604	15724037	759602	1014012	3530058	10420365

国民经济行业小类按隶属关系分的固定资产投资（不含农户）

续表9　　　　　　　　　　　　　　　　　　　　　　　　　　单位：万元

行　业	合　计	中央项目	地方项目	省　属	地市属	县　属	其　他
氮肥制造	4070559	607310	3463249	380893	627787	1208709	1245860
磷肥制造	768038		768038	172096	26058	95526	474358
钾肥制造	770813	66092	704721		15520	267101	422100
复混肥料制造	5625725	80863	5544862	135257	245371	1132233	4032001
有机肥料及微生物肥料制造	4142005		4142005	11491	48793	567606	3514115
其他肥料制造	1148501	47339	1101162	59865	50483	258883	731931
农药制造	3997564		3997564	26040	62225	304989	3604310
化学农药制造	2606996		2606996		28072	222310	2356614
生物化学农药及微生物农药制造	1390568		1390568	26040	34153	82679	1247696
涂料、油墨、颜料及类似产品制造	8575754	15817	8559937	52252	72477	592527	7842681
涂料制造	5587476	8717	5578759	44252	41117	282640	5210750
油墨及类似产品制造	437040		437040		3000	35537	398503
颜料制造	1060520		1060520		23900	73492	963128
染料制造	818429		818429	8000	4460	122037	683932
密封用填料及类似品制造	672289	7100	665189			78821	586368
合成材料制造	18427824	1203914	17223910	1092965	366324	2031065	13733556
初级形态塑料及合成树脂制造	10201885	1112413	9089472	996107	246295	1248214	6598856
合成橡胶制造	1936710	21428	1915282	13800	11945	136432	1753105
合成纤维单（聚合）体制造	2722972	47330	2675642	28809	14289	472879	2159665
其他合成材料制造	3566257	22743	3543514	54249	93795	173540	3221930
专用化学产品制造	28301063	371997	27929066	446797	1381963	2889943	23210363
化学试剂和助剂制造	10459453	37680	10421773	105134	231271	903317	9182051
专项化学用品制造	8913534	65683	8847851	117609	760740	1238208	6731294
林产化学产品制造	773289		773289	6780	3800	75987	686722
信息化学品制造	2664205	146946	2517259	216764	290758	141477	1868260
环境污染处理专用药剂材料制造	1283890	106025	1177865		6777	108833	1062255
动物胶制造	208659		208659	10		32886	175763
其他专用化学产品制造	3998033	15663	3982370	500	88617	389235	3504018
炸药、火工及焰火产品制造	3838939	106902	3732037	102532	25105	175320	3429080
焰火、鞭炮产品制造	3838939	106902	3732037	102532	25105	175320	3429080
日用化学产品制造	4056925	8000	4048925	47797	128409	282962	3589757
肥皂及合成洗涤剂制造	931404		931404	5956	33183	73470	818795
化妆品制造	910481		910481	6524	12546	98682	792729
口腔清洁用品制造	86378		86378	5383	500	980	79515
香料、香精制造	909512	8000	901512		40650	31885	828977
其他日用化学产品制造	1219150		1219150	29934	41530	77945	1069741
医药制造业	45293461	378991	44914470	755606	2555463	5697993	35905408
化学药品原料药制造	7989154	30304	7958850	88451	711954	1295771	5862674
化学药品制剂制造	7930638	78175	7852463	132201	491346	885384	6343532
中药饮片加工	5511955		5511955	35295	326266	858863	4291531

国民经济行业小类按隶属关系分的固定资产投资（不含农户）

续表10　　　　　　　　　　　　　　　　　　　　　　　　　　　　　　　　　单位：万元

行　　业	合　计	中央项目	地方项目	省　属	地市属	县　属	其　他
中成药生产	8317638	15409	8302229	374240	455988	1365151	6106850
兽用药品制造	1601263	22072	1579191	4785	25424	123931	1425051
生物药品制造	9948418	233031	9715387	89344	390069	822907	8413067
卫生材料及医药用品制造	3994395		3994395	31290	154416	345986	3462703
化学纤维制造业	10494019	38273	10455746	184533	305346	448254	9517613
纤维素纤维原料及纤维制造	2244992	35997	2208995	14204	48488	42579	2103724
化纤浆粕制造	495313		495313			22068	473245
人造纤维（纤维素纤维）制造	1749679	35997	1713682	14204	48488	20511	1630479
合成纤维制造	8249027	2276	8246751	170329	256858	405675	7413889
锦纶纤维制造	1147337		1147337		7783	134897	1004657
涤纶纤维制造	3767796	526	3767270	2819	36500	174560	3553391
腈纶纤维制造	37820	1750	36070			14728	21342
维纶纤维制造	181351		181351			19675	161676
丙纶纤维制造	204010		204010			3500	200510
氨纶纤维制造	412484		412484		10000	10590	391894
其他合成纤维制造	2498229		2498229	167510	202575	47725	2080419
橡胶和塑料制品业	52468169	322034	52146135	351070	1618558	3690257	46486250
橡胶制品业	14720070	32140	14687930	240496	867982	987791	12591661
轮胎制造	6765531	32140	6733391	180226	640630	432819	5479716
橡胶板、管、带制造	3195154		3195154	39767	49597	156215	2949575
橡胶零件制造	1179800		1179800		10010	77327	1092463
再生橡胶制造	842216		842216			151309	690907
日用及医用橡胶制品制造	684832		684832		800	75662	608370
其他橡胶制品制造	2052537		2052537	20503	166945	94459	1770630
塑料制品业	37748099	289894	37458205	110574	750576	2702466	33894589
塑料薄膜制造	5349520	13538	5335982	9830	162152	432776	4731224
塑料板、管、型材制造	10657743	275356	10382387	32299	299703	901561	9148824
塑料丝、绳及编织品制造	3248344		3248344	773	39315	226070	2982186
泡沫塑料制造	1231739		1231739	9575	15499	54635	1152030
塑料人造革、合成革制造	1027283		1027283	12600	6140	33228	975315
塑料包装箱及容器制造	4172541		4172541	10683	102459	151769	3907630
日用塑料制品制造	3310018		3310018	19786	12126	135674	3142432
塑料零件制造	2033104		2033104	4160	10321	67364	1951259
其他塑料制品制造	6717807	1000	6716807	10868	102861	699389	5903689
非金属矿物制品业	137565786	846643	136719143	1794610	2473225	12502798	119948510
水泥、石灰和石膏制造	16403587	552563	15851024	883521	685250	2195846	12086407
水泥制造	13496370	530063	12966307	854632	628542	1927653	9555480
石灰和石膏制造	2907217	22500	2884717	28889	56708	268193	2530927
石膏、水泥制品及类似制品制造	24850447	80653	24769794	231804	373686	1905652	22258652
水泥制品制造	13612233	20764	13591469	189849	186410	1029486	12185724

国民经济行业小类按隶属关系分的固定资产投资（不含农户）

续表11　　　　　　　　　　　　　　　　　　　　　　　　　　　　　单位：万元

行　业	合　计	中央项目	地方项目	省　属	地市属	县　属	其　他
砼结构构件制造	3656349	21586	3634763	25600	76242	329497	3203424
石棉水泥制品制造	440973		440973			8987	431986
轻质建筑材料制造	4293880	37673	4256207	4100	88973	319858	3843276
其他水泥类似制品制造	2847012	630	2846382	12255	22061	217824	2594242
砖瓦、石材等建筑材料制造	48492333	63770	48428563	355658	558090	3750372	43764443
粘土砖瓦及建筑砌块制造	14091162	3100	14088062	55099	137081	1018128	12877754
建筑陶瓷制品制造	7283644		7283644	29300	69870	430035	6754439
建筑用石加工	10866453	1800	10864653	170800	87622	846189	9760042
防水建筑材料制造	2112073		2112073		8400	219811	1883862
隔热和隔音材料制造	4503005	6160	4496845		59853	420979	4016013
其他建筑材料制造	9635996	52710	9583286	100459	195264	815230	8472333
玻璃制造	6919927	33460	6886467	13337	113848	946897	5812385
平板玻璃制造	3291484		3291484	13337	55067	403985	2819095
其他玻璃制造	3628443	33460	3594983		58781	542912	2993290
玻璃制品制造	8891078		8891078	6713	170920	520568	8192877
技术玻璃制品制造	2072221		2072221	1201	46636	112973	1911411
光学玻璃制造	787746		787746	3958	4500	74028	705260
玻璃仪器制造	383331		383331		8000	1230	374101
日用玻璃制品制造	1707777		1707777	1200	16373	85024	1605180
玻璃包装容器制造	1183130		1183130		30390	61761	1090979
玻璃保温容器制造	247511		247511		480	16398	230633
制镜及类似品加工	229460		229460		1698	54486	173276
其他玻璃制品制造	2279902		2279902	354	62843	114668	2102037
玻璃纤维和玻璃纤维增强塑料制品制造	3583413	276	3583137	12948	35078	273757	3261354
玻璃纤维及制品制造	2045725		2045725	11080	30716	194060	1809869
玻璃纤维增强塑料制品制造	1537688	276	1537412	1868	4362	79697	1451485
陶瓷制品制造	8179091	6459	8172632	8410	204976	732822	7226424
卫生陶瓷制品制造	1182615		1182615		3450	196579	982586
特种陶瓷制品制造	2686700		2686700	2200	138063	108608	2437829
日用陶瓷制品制造	3183689	6459	3177230	6210	40105	242996	2887919
园林、陈设艺术及其他陶瓷制品制造	1126087		1126087		23358	184639	918090
耐火材料制品制造	8418118	89277	8328841	52687	99983	317485	7858686
石棉制品制造	755807		755807		10553	43777	701477
云母制品制造	328304		328304		3991	25460	298853
耐火陶瓷制品及其他耐火材料制造	7334007	89277	7244730	52687	85439	248248	6858356
石墨及其他非金属矿物制品制造	11827792	20185	11807607	229532	231394	1859399	9487282
石墨及碳素制品制造	4378972	16850	4362122	205805	21845	521433	3613039
其他非金属矿物制品制造	7448820	3335	7445485	23727	209549	1337966	5874243
黑色金属冶炼和压延加工业	50986665	2271438	48715227	5095849	2629037	4437494	36552847
炼铁	3332808	274292	3058516	163067	120023	164754	2610672

国民经济行业小类按隶属关系分的固定资产投资（不含农户）

续表12　　　　　　　　　　　　　　　　　　　　　　　　　　　　　　　　单位：万元

行　　业	合　计	中央项目	地方项目	省　属	地市属	县　属	其　他
炼钢	9127234	648370	8478864	2857122	285817	711910	4624015
黑色金属铸造	7225307	38370	7186937	800	126606	648670	6410861
钢压延加工	26546816	1211078	25335738	1976541	2069220	2095912	19194065
铁合金冶炼	4754500	99328	4655172	98319	27371	816248	3713234
有色金属冶炼和压延加工业	55502785	868363	54634422	3511787	2590988	9662485	38869162
常用有色金属冶炼	19132733	518807	18613926	2073728	961047	4047690	11531461
铜冶炼	2485566		2485566	337992	431456	207591	1508527
铅锌冶炼	2026527	16723	2009804	169151	169392	506748	1164513
镍钴冶炼	1614819		1614819	166391	127753	258970	1061705
锡冶炼	233357		233357	47583	32452	8899	144423
锑冶炼	167914		167914			39400	128514
铝冶炼	8792524	493352	8299172	1147331	108184	1703921	5339736
镁冶炼	1639080		1639080	11000	500	1085176	542404
其他常用有色金属冶炼	2172946	8732	2164214	194280	91310	236985	1641639
贵金属冶炼	2146343	49787	2096556	373111	28136	448095	1247214
金冶炼	1007269	9800	997469	131055	28136	211935	626343
银冶炼	677393		677393			230494	446899
其他贵金属冶炼	461681	39987	421694	242056		5666	173972
稀有稀土金属冶炼	1649681	58809	1590872	68129	69102	149628	1304013
钨钼冶炼	595856		595856	32867	17494	36268	509227
稀土金属冶炼	556339	25046	531293	1000	33408	61463	435422
其他稀有金属冶炼	497486	33763	463723	34262	18200	51897	359364
有色金属合金制造	5688291	49794	5638497	412676	270231	801352	4154238
有色金属铸造	1656841		1656841	45046	17128	181849	1412818
有色金属压延加工	25228896	191166	25037730	539097	1245344	4033871	19219418
铜压延加工	5316250	158065	5158185	25859	137436	281687	4713203
铝压延加工	16062919	23447	16039472	499409	916709	3257280	11366074
贵金属压延加工	350992	2654	348338	10414	16217	3780	317927
稀有稀土金属压延加工	837479		837479	3415	16626	244876	572562
其他有色金属压延加工	2661256	7000	2654256		158356	246248	2249652
金属制品业	71368334	451826	70916508	559353	1547399	5036434	63773322
结构性金属制品制造	28563508	147092	28416416	274146	388695	2293212	25460363
金属结构制造	21055180	147092	20908088	259055	337073	1587210	18724750
金属门窗制造	7508328		7508328	15091	51622	706002	6735613
金属工具制造	6327160	66018	6261142	22690	232797	376866	5628789
切削工具制造	1793338	50659	1742679	22040	57947	151148	1511544
手工具制造	758638	760	757878		4891	16750	736237
农用及园林用金属工具制造	621793		621793		2997	20791	598005
刀剪及类似日用金属工具制造	546177		546177		2260	67110	476807
其他金属工具制造	2607214	14599	2592615	650	164702	121067	2306196

国民经济行业小类按隶属关系分的固定资产投资（不含农户）

续表 13 单位：万元

行　业	合　计	中央项目	地方项目	省　属	地市属	县　属	其　他
集装箱及金属包装容器制造	5231544	6500	5225044	79041	59042	413393	4673568
集装箱制造	813805		813805	5703	10800	118552	678750
金属压力容器制造	1970829	6500	1964329	71338	10879	175596	1706516
金属包装容器制造	2446910		2446910	2000	37363	119245	2288302
金属丝绳及其制品制造	3325557	40000	3285557	18288	93012	107636	3066621
建筑、安全用金属制品制造	9092718	34676	9058042	77592	336532	688627	7955291
建筑、家具用金属配件制造	3093714	30434	3063280	74792	133794	250058	2604636
建筑装饰及水暖管道零件制造	3042488		3042488	2800	52491	148106	2839091
安全、消防用金属制品制造	1310511	4242	1306269		10238	174505	1121526
其他建筑、安全用金属制品制造	1646005		1646005		140009	115958	1390038
金属表面处理及热处理加工	3891643		3891643	14197	135967	295972	3445507
搪瓷制品制造	666383		666383		12309	46200	607874
生产专用搪瓷制品制造	169241		169241			33005	136236
建筑装饰搪瓷制品制造	111346		111346				111346
搪瓷卫生洁具制造	240769		240769			3324	237445
搪瓷日用品及其他搪瓷制品制造	145027		145027		12309	9871	122847
金属制日用品制造	4003415		4003415		43470	229109	3730836
金属制厨房用器具制造	966588		966588		14771	49124	902693
金属制餐具和器皿制造	1047083		1047083		7200	70845	969038
金属制卫生器具制造	310584		310584			63125	247459
其他金属制日用品制造	1679160		1679160		21499	46015	1611646
其他金属制品制造	10266406	157540	10108866	73399	245575	585419	9204473
锻件及粉末冶金制品制造	4411641	18067	4393574	4315	33184	231339	4124736
交通及公共管理用金属标牌制造	352506		352506		59440	23000	270066
其他未列明金属制品制造	5502259	139473	5362786	69084	152951	331080	4809671
通用设备制造业	104908454	1032475	103875979	1023976	3081806	5497068	94273129
锅炉及原动设备制造	11339186	255568	11083618	156871	389577	679200	9857970
锅炉及辅助设备制造	5540474	62774	5477700	87038	134600	292885	4963177
内燃机及配件制造	3712243	57283	3654960	54443	167594	226036	3206887
汽轮机及辅机制造	730267	81508	648759	15040	29701	49520	554498
水轮机及辅机制造	205771		205771			7980	197791
风能原动设备制造	673649	54003	619646	350	19446	28235	571615
其他原动设备制造	476782		476782		38236	74544	364002
金属加工机械制造	24508837	326970	24181867	253415	742388	822135	22363929
金属切削机床制造	4760670		4760670	27150	133345	114807	4485368
金属成形机床制造	2653537	59820	2593717	6451	109032	72907	2405327

国民经济行业小类按隶属关系分的固定资产投资（不含农户）

续表14

单位：万元

行　业	合　计	中央项目	地方项目	省　属	地市属	县　属	其　他
铸造机械制造	5181991	15014	5166977	7198	101125	178137	4880517
金属切割及焊接设备制造	1918033		1918033	136258	61484	131283	1589008
机床附件制造	2462614	222136	2240478	450	57533	119189	2063306
其他金属加工机械制造	7531992	30000	7501992	75908	279869	205812	6940403
物料搬运设备制造	11684221	19177	11665044	272622	236405	758100	10397917
轻小型起重设备制造	1110861		1110861	27252	7661	56244	1019704
起重机制造	4053495	10000	4043495	192314	110615	351859	3388707
生产专用车辆制造	1738418	4577	1733841		32434	32077	1669330
连续搬运设备制造	1214747		1214747		52510	157011	1005226
电梯、自动扶梯及升降机制造	2703988	4600	2699388	38382	15185	124702	2521119
其他物料搬运设备制造	862712		862712	14674	18000	36207	793831
泵、阀门、压缩机及类似机械制造	13653053	52302	13600751	148293	476895	825402	12150161
泵及真空设备制造	3822610	6992	3815618	38907	36469	384386	3355856
气体压缩机械制造	2116492	45310	2071182	10919	76551	113195	1870517
阀门和旋塞制造	3370622		3370622	16076	47291	143880	3163375
液压和气压动力机械及元件制造	4343329		4343329	82391	316584	183941	3760413
轴承、齿轮和传动部件制造	12215132	75156	12139976	99685	174567	539672	11326052
轴承制造	6434545	36138	6398407	97904	91163	188955	6020385
齿轮及齿轮减、变速箱制造	4137210	39018	4098192		62504	170091	3865597
其他传动部件制造	1643377		1643377	1781	20900	180626	1440070
烘炉、风机、衡器、包装等设备制造	10148752	187361	9961391	38470	304909	512113	9105899
烘炉、熔炉及电炉制造	769228		769228	21600	16323	38928	692377
风机、风扇制造	1814557	183046	1631511	3200	38124	173701	1416486
气体、液体分离及纯净设备制造	1431773	3710	1428063		17086	60845	1350132
制冷、空调设备制造	3656547	605	3655942	13670	192734	106272	3343266
风动和电动工具制造	1011545		1011545		6650	53303	951592
喷枪及类似器具制造	178391		178391			10500	167891
衡器制造	384143		384143		23726	39837	320580
包装专用设备制造	902568		902568		10266	28727	863575
文化、办公用机械制造	1067968	27450	1040518	6610	115404	21366	897138
电影机械制造	18866		18866			2211	16655
幻灯及投影设备制造	176374		176374	5274			171100
照相机及器材制造	211502		211502		72204	10	139288
复印和胶印设备制造	212574	27450	185124		1000		184124
计算器及货币专用设备制造	116083		116083	1336	34000	5635	75112

国民经济行业小类按隶属关系分的固定资产投资（不含农户）

续表 15 单位：万元

行 业	合 计	中央项目	地方项目	省 属	地市属	县 属	其 他
其他文化、办公用机械制造	332569		332569		8200	13510	310859
通用零部件制造	15273011	68791	15204220	42189	410751	832469	13918811
金属密封件制造	1228142	22500	1205642	2467	46292	49210	1107673
紧固件制造	1963102	3545	1959557	4850	2612	56010	1896085
弹簧制造	470399		470399		45681	24263	400455
机械零部件加工	8133801	29742	8104059	34872	77567	384202	7607418
其他通用零部件制造	3477567	13004	3464563		238599	318784	2907180
其他通用设备制造业	5018294	19700	4998594	5821	230910	506611	4255252
专用设备制造业	100174340	1644658	98529682	1663386	5045930	7170672	84649694
采矿、冶金、建筑专用设备制造	31470726	943522	30527204	1203492	1079267	2134703	26109742
矿山机械制造	12743754	197143	12546611	659618	484943	1086264	10315786
石油钻采专用设备制造	5528295	252042	5276253	234835	189741	384299	4467378
建筑工程用机械制造	6735499	68514	6666985	150641	158110	334404	6023830
海洋工程专用设备制造	1357351	47893	1309458	7930	51672	65262	1184594
建筑材料生产专用机械制造	2857824	30878	2826946	100640	71032	80374	2574900
冶金专用设备制造	2248003	347052	1900951	49828	123769	184100	1543254
化工、木材、非金属加工专用设备制造	14791161	90318	14700843	82660	1024785	964268	12629130
炼油、化工生产专用设备制造	3648647	17230	3631417	36126	799652	151986	2643653
橡胶加工专用设备制造	821608	10300	811308	25174	31055	43126	711953
塑料加工专用设备制造	1773901		1773901		13567	52854	1707480
木材加工机械制造	773703		773703		2650	69815	701238
模具制造	5938077	12913	5925164	11800	112287	373581	5427496
其他非金属加工专用设备制造	1835225	49875	1785350	9560	65574	272906	1437310
食品、饮料、烟草及饲料生产专用设备制造	2694855	48151	2646704		12424	144466	2489814
食品、酒、饮料及茶生产专用设备制造	932055		932055		6514	36714	888827
农副食品加工专用设备制造	1325430		1325430		524	87733	1237173
烟草生产专用设备制造	156272	48151	108121		1006	13835	93280
饲料生产专用设备制造	281098		281098		4380	6184	270534
印刷、制药、日化及日用品生产专用设备制造	6761479	27183	6734296	23686	1216584	387204	5106822
制浆和造纸专用设备制造	867801	7979	859822		6190	49666	803966
印刷专用设备制造	1224904	5000	1219904	9624	39635	111745	1058900
日用化工专用设备制造	615800		615800	5793	4790	35939	569278
制药专用设备制造	989965	13724	976241	8269	33066	14213	920693
照明器具生产专用设备制造	2292645		2292645		1120944	157414	1014287
玻璃、陶瓷和搪瓷制品生产专用设备制造	403930	480	403450		11959	11144	380347
其他日用品生产专用设备制造	366434		366434			7083	359351
纺织、服装和皮革加工专用设备制造	3761517	50442	3711075	62548	159347	136691	3352489
纺织专用设备制造	2822785	50442	2772343	62548	139807	86550	2483438
皮革、毛皮及其制品加工专用设备制造	393972		393972		3585	38562	351825
缝制机械制造	499978		499978		10455	4389	485134

国民经济行业小类按隶属关系分的固定资产投资（不含农户）

续表16　　　　　　　　　　　　　　　　　　　　　　　　　　单位：万元

行　业	合　计	中央项目	地方项目	省　属	地市属	县　属	其　他
洗涤机械制造	44782		44782		5500	7190	32092
电子和电工机械专用设备制造	7621727	155980	7465747	68429	473441	658110	6265767
电工机械专用设备制造	2725098	79735	2645363	7287	50485	136630	2450961
电子工业专用设备制造	4896629	76245	4820384	61142	422956	521480	3814806
农、林、牧、渔专用机械制造	9403028	175034	9227994	36009	281280	797523	8113182
拖拉机制造	1306030	147598	1158432	20670	61519	106247	969996
机械化农业及园艺机具制造	3932195	7300	3924895	5789	42606	442037	3434463
营林及木竹采伐机械制造	214686		214686		11151	11400	192135
畜牧机械制造	662967		662967		21960	3560	637447
渔业机械制造	120766		120766			1346	119420
农林牧渔机械配件制造	1584831	20136	1564695	9500	74286	137504	1343405
棉花加工机械制造	106479		106479		3184		103295
其他农、林、牧、渔业机械制造	1475074		1475074	50	66574	95429	1313021
医疗仪器设备及器械制造	6730291	11590	6718701	33976	281505	439376	5963844
医疗诊断、监护及治疗设备制造	2147440		2147440		93663	81602	1972175
口腔科用设备及器具制造	204770		204770		12237	1313	191220
医疗实验室及医用消毒设备和器具制造	762132	6147	755985	10016	28312	50223	667434
医疗、外科及兽医用器械制造	951980		951980		4300	142546	805134
机械治疗及病房护理设备制造	492667		492667		3930	39392	449345
假肢、人工器官及植（介）入器械制造	198366		198366	23960	14336		160070
其他医疗设备及器械制造	1972936	5443	1967493		124727	124300	1718466
环保、社会公共服务及其他专用设备制造	16939556	142438	16797118	152586	517297	1508331	14618904
环境保护专用设备制造	8436658	32122	8404536	7866	174214	754646	7467810
地质勘查专用设备制造	378100	45882	332218	9745	27703	102035	192735
邮政专用机械及器材制造	4439		4439				4439
商业、饮食、服务专用设备制造	199346		199346	8000	23946	3687	163713
社会公共安全设备及器材制造	721976	9800	712176	1056	13033	98561	599526
交通安全、管制及类似专用设备制造	779795		779795	43700	147500	7376	581219
水资源专用机械制造	645980	2250	643730		6788	39410	597532
其他专用设备制造	5773262	52384	5720878	82219	124113	502616	5011930
汽车制造业	93385194	4346531	89038663	3814998	5035547	8852916	71335202
汽车整车制造	19809437	3371904	16437533	2152557	1963950	2063725	10257301
改装汽车制造	2982651	32789	2949862	86945	285538	259110	2318269
低速载货汽车制造	596903	1078	595825	130298	47748	51120	366659
电车制造	1893455	25000	1868455		3000	177631	1687824
汽车车身、挂车制造	2269386	219716	2049670	153133	74337	76001	1746199
汽车零部件及配件制造	65833362	696044	65137318	1292065	2660974	6225329	54958950

国民经济行业小类按隶属关系分的固定资产投资（不含农户）

续表 17   单位：万元

行　业	合　计	中央项目	地方项目	省　属	地市属	县　属	其　他
铁路、船舶、航空航天和其他运输设备制造业	27146899	3297877	23849022	762914	1455379	1695439	19935290
铁路运输设备制造	5592533	1020843	4571690	111371	141937	586095	3732287
铁路机车车辆及动车组制造	1256538	582334	674204	19091	7110	179553	468450
窄轨机车车辆制造	39149		39149			9622	29527
铁路机车车辆配件制造	1757146	352812	1404334	4780	71686	104967	1222901
铁路专用设备及器材、配件制造	2163833	65630	2098203	39405	55829	208169	1794800
其他铁路运输设备制造	375867	20067	355800	48095	7312	83784	216609
城市轨道交通设备制造	1013209	126812	886397	18841	138953	4017	724586
船舶及相关装置制造	7075653	555435	6520218	68257	618178	209343	5624440
金属船舶制造	2616243	190192	2426051	55647	187973	82437	2099994
非金属船舶制造	419624		419624		20112	15000	384512
娱乐船和运动船制造	250155		250155		2968	37814	209373
船用配套设备制造	2917278	154548	2762730	2787	375055	71592	2313296
船舶改装与拆除	462542	168943	293599	9823	22732	2500	258544
航标器材及其他相关装置制造	409811	41752	368059		9338		358721
摩托车制造	3276997	40766	3236231	81428	140633	263617	2750553
摩托车整车制造	1313014	32310	1280704	81428	53431	195685	950160
摩托车零部件及配件制造	1963983	8456	1955527		87202	67932	1800393
自行车制造	3264611	48310	3216301		58582	251694	2906025
脚踏自行车及残疾人座车制造	798289	46263	752026		32268	41117	678641
助动自行车制造	2466322	2047	2464275		26314	210577	2227384
非公路休闲车及零配件制造	301323		301323		23937	1500	275886
潜水救捞及其他未列明运输设备制造	6622573	1505711	5116862	483017	333159	379173	3921513
其他未列明运输设备制造	6622573	1505711	5116862	483017	333159	379173	3921513
电气机械和器材制造业	92106100	796129	91309971	1192058	3563646	6806893	79747374
电机制造	10382754	238939	10143815	277132	596728	536280	8733675
发电机及发电机组制造	4452845	224041	4228804	190321	190226	203474	3644783
电动机制造	3559035	9006	3550029	86356	378640	232441	2852592
微电机及其他电机制造	2370874	5892	2364982	455	27862	100365	2236300
输配电及控制设备制造	29533300	257455	29275845	341812	1075058	1866144	25992831
变压器、整流器和电感器制造	5714742	100142	5614600	62161	98781	383878	5069780
电容器及其配套设备制造	1552992	660	1552332	2949	27120	77154	1445109
配电开关控制设备制造	5047188	40459	5006729	41359	196817	314686	4453867
电力电子元器件制造	5933536	2600	5930936	61640	236737	352095	5280464
光伏设备及元器件制造	7890015	27240	7862775	98972	432841	550802	6780160
其他输配电及控制设备制造	3394827	86354	3308473	74731	82762	187529	2963451
电线、电缆、光缆及电工器材制造	13858357	89072	13769285	186608	353215	834946	12394516
电线、电缆制造	10017656	54155	9963501	185108	259594	684835	8833964
光纤、光缆制造	1337884	26825	1311059	1500	45622	88014	1175923

国民经济行业小类按隶属关系分的固定资产投资（不含农户）

续表18　　　　　　　　　　　　　　　　　　　　　　　　　　　　单位：万元

行　业	合　计	中央项目	地方项目	省　属	地市属	县　属	其　他
绝缘制品制造	923971	4092	919879		24009	2732	893138
其他电工器材制造	1578846	4000	1574846		23990	59365	1491491
电池制造	11820930	163417	11657513	126233	626024	1516068	9389188
锂离子电池制造	5656760	137417	5519343	5176	395593	424970	4693604
镍氢电池制造	716945		716945		13600	58366	644979
其他电池制造	5447225	26000	5421225	121057	216831	1032732	4050605
家用电力器具制造	8688823	13000	8675823	57224	372125	515041	7731433
家用制冷电器具制造	2213286		2213286	45646	170075	151439	1846126
家用空气调节器制造	1180630	13000	1167630	9907	20823	114974	1021926
家用通风电器具制造	312777		312777		545		312232
家用厨房电器具制造	1481273		1481273		50573	41330	1389370
家用清洁卫生电器具制造	738689		738689		112449	18422	607818
家用美容、保健电器具制造	272520		272520		1240		271280
家用电力器具专用配件制造	1177152		1177152		5160	103337	1068655
其他家用电力器具制造	1312496		1312496	1671	11260	85539	1214026
非电力家用器具制造	4581030	2753	4578277	72678	221706	520066	3763827
燃气、太阳能及类似能源家用器具制造	4313435	2753	4310682	72678	216506	501066	3520432
其他非电力家用器具制造	267595		267595		5200	19000	243395
照明器具制造	9070647	3458	9067189	123333	245125	683975	8014756
电光源制造	2434760	3458	2431302	600	23045	102376	2305281
照明灯具制造	5376725		5376725	77576	174938	445854	4678357
灯用电器附件及其他照明器具制造	1259162		1259162	45157	47142	135745	1031118
其他电气机械及器材制造	4170259	28035	4142224	7038	73665	334373	3727148
电气信号设备装置制造	753215	11877	741338	3577	12844	52470	672447
其他未列明电气机械及器材制造	3417044	16158	3400886	3461	60821	281903	3054701
计算机、通信和其他电子设备制造业	71871836	1517467	70354369	1798639	6712806	5993190	55849734
计算机制造	8029435	206713	7822722	320309	385900	574766	6541747
计算机整机制造	2826743	97159	2729584	63236	30709	80351	2555288
计算机零部件制造	2481809	8619	2473190	43359	73624	393082	1963125
计算机外围设备制造	1248623	1745	1246878	5600	149748	11534	1079996
其他计算机制造	1472260	99190	1373070	208114	131819	89799	943338
通信设备制造	8970137	262704	8707433	62230	1033593	1328709	6282901
通信系统设备制造	4547041	192234	4354807	20128	353524	604469	3376686
通信终端设备制造	4423096	70470	4352626	42102	680069	724240	2906215
广播电视设备制造	2159023		2159023	2506	42885	61750	2051882
广播电视节目制作及发射设备制造	611532		611532	2506	25249	33557	550220
广播电视接收设备及器材制造	858247		858247		9835	12884	835528
应用电视设备及其他广播电视设备制造	689244		689244		7801	15309	666134
视听设备制造	2100976	6696	2094280	54570	70248	258311	1711151
电视机制造	1205817	6696	1199121	54570	45030	216824	882697

国民经济行业小类按隶属关系分的固定资产投资（不含农户）

续表 19   单位：万元

行　业	合　计	中央项目	地方项目	省　属	地市属	县　属	其　他
音响设备制造	581144		581144		14242	27902	539000
影视录放设备制造	314015		314015		10976	13585	289454
电子器件制造	24858784	835810	24022974	1024162	3613179	1001843	18383790
电子真空器件制造	1217056	88730	1128326	12769	38177	68989	1008391
半导体分立器件制造	1152734		1152734	58331	67347	60376	966680
集成电路制造	5756020	168340	5587680	239867	484420	181751	4681642
光电子器件及其他电子器件制造	16732974	578740	16154234	713195	3023235	690727	11727077
电子元件制造	16558223	102674	16455549	157257	1071833	1602629	13623830
电子元件及组件制造	13780673	102674	13677999	149352	931218	1512450	11084979
印制电路板制造	2777550		2777550	7905	140615	90179	2538851
其他电子设备制造	9195258	102870	9092388	177605	495168	1165182	7254433
仪器仪表制造业	14113297	249905	13863392	130102	916577	767473	12049240
通用仪器仪表制造	7032503	73964	6958539	51804	578071	291659	6037005
工业自动控制系统装置制造	3898140	28112	3870028	43266	245293	45929	3535540
电工仪器仪表制造	1094480	32012	1062468	1810	20262	147194	893202
绘图、计算及测量仪器制造	384852		384852			6846	378006
实验分析仪器制造	543746	7580	536166	5279	119297	57265	354325
试验机制造	154840		154840		6022		148818
供应用仪表及其他通用仪器制造	956445	6260	950185	1449	187197	34425	727114
专用仪器仪表制造	3136452	170139	2966313	37371	133127	125303	2670512
环境监测专用仪器仪表制造	385471		385471	410	19510	16992	348559
运输设备及生产用计数仪表制造	386662		386662		2000	12640	372022
农林牧渔专用仪器仪表制造	88411		88411				88411
地质勘探和地震专用仪器制造	151610		151610		27858		123752
教学专用仪器制造	154259		154259			4874	149385
电子测量仪器制造	579032	14310	564722	47	20320	48428	495927
其他专用仪器制造	1391007	155829	1235178	36914	63439	42369	1092456
钟表与计时仪器制造	317383		317383	5200	11287	48480	252416
光学仪器及眼镜制造	1725522	5725	1719797	25727	16330	127699	1550041
光学仪器制造	1184858	5725	1179133	10878		112042	1056213
眼镜制造	540664		540664	14849	16330	15657	493828
其他仪器仪表制造业	1901437	77	1901360	10000	177762	174332	1539266
其他制造业	16071717	686547	15385170	293805	1848958	2533741	10708666
日用杂品制造	1586741		1586741	14789	2500	180849	1388603
鬃毛加工、制刷及清扫工具制造	441154		441154	1744		6390	433020
其他日用杂品制造	1145587		1145587	13045	2500	174459	955583
煤制品制造	1506269	29200	1477069	144600	9340	53472	1269657
其他未列明制造业	12978707	657347	12321360	134416	1837118	2299420	8050406
废弃资源综合利用业	9639350	245984	9393366	123647	438369	1096316	7735034
金属废料和碎屑加工处理	5804057	75754	5728303	75246	290948	528541	4833568
非金属废料和碎屑加工处理	3835293	170230	3665063	48401	147421	567775	2901466

国民经济行业小类按隶属关系分的固定资产投资（不含农户）

续表20　　　　　　　　　　　　　　　　　　　　　　　　　　　　　　　　单位：万元

行　　业	合　计	中央项目	地方项目	省　属	地市属	县　属	其　他
金属制品、机械和设备修理业	3283324	354250	2929074	180350	113362	268272	2367090
金属制品修理	790563	135045	655518	33550	7521	14234	600213
通用设备修理	293368	10524	282844		20906	27701	234237
专用设备修理	391595	64195	327400		13981	13058	300361
铁路、船舶、航空航天等运输设备修理	1235031	140882	1094149	144800	22633	144545	782171
铁路运输设备修理	127793	42760	85033	4775	4933	27260	48065
船舶修理	326598	77167	249431	675		23500	225256
航空航天器修理	344725	11455	333270	139350	17700	45370	130850
其他运输设备修理	435915	9500	426415			48415	378000
电气设备修理	100585	3604	96981	2000	2950	807	91224
仪器仪表修理	3320		3320				3320
其他机械和设备修理业	468862		468862		45371	67927	355564
（四）电力、热力、燃气及水生产和供应业	**196289315**	**46174478**	**150114837**	**23572431**	**18310003**	**40677296**	**67555107**
电力、热力生产和供应业	147263552	43643296	103620256	20546943	10708978	24976819	47387516
电力生产	93471440	28032976	65438464	11095266	4529768	14338783	35474647
火力发电	26594083	7395537	19198546	4990191	1733111	2767399	9707845
水力发电	21451117	9010969	12440148	1789100	779642	3508907	6362499
核力发电	7536415	6498258	1038157	587275	436591	2320	11971
风力发电	19144926	3836054	15308872	2468715	761758	4229289	7849110
太阳能发电	12007833	931875	11075958	710605	352480	2909346	7103527
其他电力生产	6737066	360283	6376783	549380	466186	921522	4439695
电力供应	40345923	14926839	25419084	8541387	3865469	7139500	5872728
热力生产和供应	13446189	683481	12762708	910290	2313741	3498536	6040141
燃气生产和供应业	22102432	2156585	19945847	1965938	2443650	4537581	10998678
燃气生产和供应业	22102432	2156585	19945847	1965938	2443650	4537581	10998678
水的生产和供应业	26923331	374597	26548734	1059550	5157375	11162896	9168913
自来水生产和供应	13161537	158416	13003121	521817	2726175	5839089	3916040
污水处理及其再生利用	11567393	155304	11412089	491012	1995421	4471063	4454593
其他水的处理、利用与分配	2194401	60877	2133524	46721	435779	852744	798280
（五）建筑业	**35323445**	**1551638**	**33771807**	**1790389**	**3213432**	**13103642**	**15664344**
房屋建筑业	11870971	233739	11637232	431016	657912	4760714	5787590
房屋建筑业	11870971	233739	11637232	431016	657912	4760714	5787590
土木工程建筑业	17475462	1249909	16225553	1143792	2131287	6933384	6017090
铁路、道路、隧道和桥梁工程建筑	11872406	834963	11037443	937339	1580685	4937613	3581806
铁路工程建筑	826355	453536	372819	57308	72170	111671	131670
公路工程建筑	4952517	111842	4840675	701571	498638	2405416	1235050
市政道路工程建筑	4417472	89391	4328081	39781	761612	1890237	1636451
其他道路、隧道和桥梁工程建筑	1676062	180194	1495868	138679	248265	530289	578635
水利和内河港口工程建筑	2048255	157432	1890823	96456	217503	929482	647382
水源及供水设施工程建筑	754882	55578	699304	23365	50667	350951	274321

国民经济行业小类按隶属关系分的固定资产投资（不含农户）

续表 21 单位：万元

行　　业	合　　计	中央项目	地方项目	省　属	地市属	县　属	其　他
河湖治理及防洪设施工程建筑	1062211	7505	1054706	64721	163656	556066	270263
港口及航运设施工程建筑	231162	94349	136813	8370	3180	22465	102798
海洋工程建筑	206581		206581		926	48089	157566
工矿工程建筑	232791	18238	214553	9229	24950	37523	142851
架线和管道工程建筑	1595463	203567	1391896	51411	239040	592386	509059
架线及设备工程建筑	873029	195927	677102	16701	141601	297622	221178
管道工程建筑	722434	7640	714794	34710	97439	294764	287881
其他土木工程建筑	1519966	35709	1484257	49357	68183	388291	978426
建筑安装业	1630256	40400	1589856	80916	197199	274643	1037098
电气安装	294354	3510	290844	7241	12895	21239	249469
管道和设备安装	411075	22181	388894	8786	89492	53232	237384
其他建筑安装业	924827	14709	910118	64889	94812	200172	550245
建筑装饰和其他建筑业	4346756	27590	4319166	134665	227034	1134901	2822566
建筑装饰业	1514183	22260	1491923	5660	106737	186553	1192973
工程准备活动	667886		667886	116241	66676	246370	238599
建筑物拆除活动	202368		202368	79669	21760	23600	77339
其他工程准备活动	465518		465518	36572	44916	222770	161260
提供施工设备服务	221486		221486	1585	3625	17949	198327
其他未列明建筑业	1943201	5330	1937871	11179	49996	684029	1192667
（六）批发和零售业	126011087	1704850	124306237	1824495	5982291	15639653	100859798
批发业	59667147	995656	58671491	829506	2490910	7052369	48298706
农、林、牧产品批发	6309287	30457	6278830	40082	186061	1106698	4945989
谷物、豆及薯类批发	1522826	6500	1516326	14720	26077	349869	1125660
种子批发	341499		341499			20697	320802
饲料批发	180027		180027	278		1195	178554
棉、麻批发	159414		159414			15058	144356
林业产品批发	477265		477265		3111	56873	417281
牲畜批发	255494		255494			51221	204273
其他农牧产品批发	3372762	23957	3348805	25084	156873	611785	2555063
食品、饮料及烟草制品批发	8742736	125619	8617117	146407	263038	1609172	6598500
米、面制品及食用油批发	993974	20501	973473	2990	34041	117301	819141
糕点、糖果及糖批发	211554		211554		1731	17019	192804
果品、蔬菜批发	3766042	68716	3697326	27064	71844	1040533	2557885
肉、禽、蛋、奶及水产品批发	1525538	4700	1520838	13420	82879	171471	1253068
盐及调味品批发	142497	913	141584	7629	780	42191	90984
营养和保健品批发	90710		90710		9980	1985	78745
酒、饮料及茶叶批发	860302		860302	6149	4381	100935	748837
烟草制品批发	290870	30789	260081	89155	45082	37276	88568
其他食品批发	861249		861249		12320	80461	768468
纺织、服装及家庭用品批发	6604813	50850	6553963	32304	696810	604368	5220481

国民经济行业小类按隶属关系分的固定资产投资（不含农户）

续表22　　　　　　　　　　　　　　　　　　　　　　　　　　　　　　　　单位：万元

行　业	合　计	中央项目	地方项目	省　属	地市属	县　属	其　他
纺织品、针织品及原料批发	1994434	47500	1946934	14342	471189	158821	1302582
服装批发	2037641		2037641	9218	79807	304268	1644348
鞋帽批发	126300		126300			7644	118656
化妆品及卫生用品批发	103883		103883		10453	22604	70826
厨房、卫生间用具及日用杂货批发	375110	3350	371760			48430	323330
灯具、装饰物品批发	339923		339923		5803	12975	321145
家用电器批发	560398		560398		15454	4000	540944
其他家庭用品批发	1067124		1067124	8744	114104	45626	898650
文化、体育用品及器材批发	1280804	317	1280487	16062	56442	149339	1058644
文具用品批发	178319		178319			11246	167073
体育用品及器材批发	173040		173040		2841	11915	158284
图书批发	146185	317	145868	6312	23019	28996	87541
报刊批发	724		724				724
音像制品及电子出版物批发	43225		43225		4927		38298
首饰、工艺品及收藏品批发	451741		451741	9750		93774	348217
其他文化用品批发	287570		287570		25655	3408	258507
医药及医疗器材批发	1809611	1394	1808217	25940	72712	233818	1475747
西药批发	603348	1394	601954	13150	18990	71169	498645
中药批发	548333		548333		16529	116701	415103
医疗用品及器材批发	657930		657930	12790	37193	45948	561999
矿产品、建材及化工产品批发	17982045	610304	17371741	325667	687736	1600183	14758155
煤炭及制品批发	2118446		2118446	21945	22875	88299	1985327
石油及制品批发	2648526	402728	2245798	189668	134950	181822	1739358
非金属矿及制品批发	267513		267513		32993		234520
金属及金属矿批发	2699759	192409	2507350	48085	66051	184247	2208967
建材批发	9061598	15167	9046431	65967	379328	983296	7617840
化肥批发	289195		289195	2	19500	66979	202714
农药批发	61765		61765			3227	58538
农用薄膜批发	19803		19803				19803
其他化工产品批发	815440		815440		32039	92313	691088
机械设备、五金产品及电子产品批发	10235368	112342	10123026	104243	377696	1143610	8497477
农业机械批发	893928		893928		27183	111912	754833
汽车批发	2316781	6300	2310481	65551	64849	396283	1783798
汽车零配件批发	1443530	56466	1387064		88028	239142	1059894
摩托车及零配件批发	91512		91512			4600	86912
五金产品批发	2145849		2145849	4650	55702	154596	1930901
电气设备批发	716230		716230	4300	38281	42141	631508
计算机、软件及辅助设备批发	432602	3550	429052		8402	20032	400618
通讯及广播电视设备批发	235999		235999	10777	19876	64087	141259
其他机械设备及电子产品批发	1958937	46026	1912911	18965	75375	110817	1707754

国民经济行业小类按隶属关系分的固定资产投资（不含农户）

续表 23   单位：万元

行　业	合　计	中央项目	地方项目	省　属	地市属	县　属	其　他
贸易经纪与代理	2854479		2854479	94052	43702	144126	2572599
贸易代理	1855877		1855877	77033	26948	50516	1701380
拍卖	21275		21275		2762		18513
其他贸易经纪与代理	977327		977327	17019	13992	93610	852706
其他批发业	3848004	64373	3783631	44749	106713	461055	3171114
再生物资回收与批发	1360798	5234	1355564	3774	38987	62196	1250607
其他未列明批发业	2487206	59139	2428067	40975	67726	398859	1920507
零售业	66343940	709194	65634746	994989	3491381	8587284	52561092
综合零售	29728672	223112	29505560	360452	1688977	4548221	22907910
百货零售	16189906	14318	16175588	207183	1125792	2434131	12408482
超级市场零售	6778419	161223	6617196	58290	114026	1011502	5433378
其他综合零售	6760347	47571	6712776	94979	449159	1102588	5066050
食品、饮料及烟草制品专门零售	2684494	16680	2667814	55265	70527	385012	2157010
粮油零售	201323		201323	3300	6815	38390	152818
糕点、面包零售	102688		102688		4725	3118	94845
果品、蔬菜零售	567223	2320	564903		36369	131576	396958
肉、禽、蛋、奶及水产品零售	621539		621539	49000	274	85136	487129
营养和保健品零售	53288		53288				53288
酒、饮料及茶叶零售	462093	12310	449783			12969	436814
烟草制品零售	56483		56483	2965		2270	51248
其他食品零售	619857	2050	617807		22344	111553	483910
纺织、服装及日用品专门零售	3478761	3220	3475541	17481	217030	812945	2428085
纺织品及针织品零售	547210		547210		29358	119682	398170
服装零售	2044190	3220	2040970	16441	172902	459049	1392578
鞋帽零售	91684		91684			25061	66623
化妆品及卫生用品零售	53137		53137			3058	50079
钟表、眼镜零售	50490		50490		4790	700	45000
箱、包零售	164880		164880			30800	134080
厨房用具及日用杂品零售	55074		55074			850	54224
自行车零售	22835		22835			2280	20555
其他日用品零售	449261		449261	1040	9980	171465	266776
文化、体育用品及器材专门零售	1736090	9514	1726576	4899	77427	253337	1390913
文具用品零售	78678		78678			2480	76198
体育用品及器材零售	55026		55026			747	54279
图书、报刊零售	149756	514	149242	3099	57567	30757	57819
音像制品及电子出版物零售	75683		75683			500	75183
珠宝首饰零售	611044		611044	1800	4786	16180	588278
工艺美术品及收藏品零售	598652	5000	593652		12774	201453	379425
乐器零售	27980		27980				27980
照相器材零售	10608		10608				10608

国民经济行业小类按隶属关系分的固定资产投资（不含农户）

续表24 单位：万元

行 业	合 计	中央项目	地方项目	省 属	地市属	县 属	其 他
其他文化用品零售	128663	4000	124663		2300	1220	121143
医药及医疗器材专门零售	707470	2023	705447		47728	53886	603833
药品零售	437768	2023	435745		30183	40831	364731
医疗用品及器材零售	269702		269702		17545	13055	239102
汽车、摩托车、燃料及零配件专门零售	17018700	358403	16660297	379245	996814	1473255	13810983
汽车零售	13335990	50415	13285575	134668	760351	1094669	11295887
汽车零配件零售	1063057	3500	1059557	10900	79305	185731	783621
摩托车及零配件零售	90183		90183			15896	74287
机动车燃料零售	2529470	304488	2224982	233677	157158	176959	1657188
家用电器及电子产品专门零售	1961282		1961282	4340	69490	71412	1816040
家用视听设备零售	152985		152985	4340	750	600	147295
日用家电设备零售	645136		645136		11900	49757	583479
计算机、软件及辅助设备零售	408829		408829		8889	4725	395215
通信设备零售	205266		205266		7918	11430	185918
其他电子产品零售	549066		549066		40033	4900	504133
五金、家具及室内装饰材料专门零售	6178081	84683	6093398	94107	264683	618708	5115900
五金零售	923830		923830	28573	72215	109655	713387
灯具零售	296940		296940		10010	12790	274140
家具零售	3033925	23683	3010242	22934	130557	356549	2500202
涂料零售	81155		81155				81155
卫生洁具零售	40254		40254	2000			38254
木质装饰材料零售	418363		418363		5500	94750	318113
陶瓷、石材装饰材料零售	652074		652074		13080	25622	613372
其他室内装饰材料零售	731540	61000	670540	40600	33321	19342	577277
货摊、无店铺及其他零售业	2850390	11559	2838831	79200	58705	370508	2330418
货摊食品零售	140675		140675			61288	79387
货摊纺织、服装及鞋零售	73507		73507			3161	70346
货摊日用品零售	51582		51582			9280	42302
互联网零售	118131		118131		875		117256
邮购及电视、电话零售	23073		23073			1800	21273
旧货零售	15202		15202				15202
生活用燃料零售	545242	9700	535542		4805	42396	488341
其他未列明零售业	1882978	1859	1881119	79200	53025	252583	1496311
（七）交通运输、仓储和邮政业	363293503	72700991	290592512	65515158	65718065	70409850	88949439
铁路运输业	66906584	54239534	12667050	4736601	3260200	2177557	2492692
铁路旅客运输	35419927	29514752	5905175	3105641	1976988	358270	464276
铁路货物运输	26199632	22211570	3988062	1156917	623884	759092	1448169
铁路运输辅助活动	5287025	2513212	2773813	474043	659328	1060195	580247
客运火车站	1659738	740258	919480	181556	410932	251901	75091
货运火车站	407241	51750	355491	2000	33287	108806	211398

国民经济行业小类按隶属关系分的固定资产投资（不含农户）

续表 25   单位：万元

行　业	合　计	中央项目	地方项目	省　属	地市属	县　属	其　他
其他铁路运输辅助活动	3220046	1721204	1498842	290487	215109	699488	293758
道路运输业	205029410	7137965	197891445	54191567	51982235	56413897	35303746
城市公共交通运输	34551251	490922	34060329	7330237	21440849	3037000	2252243
公共电汽车客运	4051998	120526	3931472	407526	1569870	1346619	607457
城市轨道交通	26761284	361018	26400266	6806029	19041598	109117	443522
出租车客运	372165		372165	107332	38017	20498	206318
其他城市公共交通运输	3365804	9378	3356426	9350	791364	1560766	994946
公路旅客运输	72311924	4918123	67393801	30173424	12614069	17160846	7445462
道路货物运输	46935384	828022	46107362	7318739	6099853	15149982	17538788
道路运输辅助活动	51230851	900898	50329953	9369167	11827464	21066069	8067253
客运汽车站	1929546	5891	1923655	106532	464086	738324	614713
公路管理与养护	40123925	854523	39269402	7723119	10509722	16403192	4633369
其他道路运输辅助活动	9177380	40484	9136896	1539516	853656	3924553	2819171
水上运输业	21233194	2014010	19219184	2005275	5009399	3407357	8797153
水上旅客运输	764065	98000	666065	191759	99725	195899	178682
海洋旅客运输	465353	98000	367353	117440	79986	114381	55546
内河旅客运输	237594		237594	74319	11138	69731	82406
客运轮渡运输	61118		61118		8601	11787	40730
水上货物运输	5627127	218230	5408897	648371	1356943	417604	2985979
远洋货物运输	940640	165206	775434	155285	70172	149644	400333
沿海货物运输	2717448	41058	2676390	333832	1121310	52130	1169118
内河货物运输	1969039	11966	1957073	159254	165461	215830	1416528
水上运输辅助活动	14842002	1697780	13144222	1165145	3552731	2793854	5632492
客运港口	323581	1111	322470	8113	162712	73518	78127
货运港口	11541234	946512	10594722	770791	2539892	2405832	4878207
其他水上运输辅助活动	2977187	750157	2227030	386241	850127	314504	676158
航空运输业	13140600	6416266	6724334	2572013	1406894	543372	2202055
航空客货运输	8727536	5711082	3016454	1629745	297729	129057	959923
航空旅客运输	8264192	5707282	2556910	1212601	297729	121921	924659
航空货物运输	463344	3800	459544	417144		7136	35264
通用航空服务	289942	8792	281150	18232	25000	19496	218422
航空运输辅助活动	4123122	696392	3426730	924036	1084165	394819	1023710
机场	3548182	633165	2915017	767965	1045890	273026	828136
空中交通管理	70651	61003	9648	4999	4649		
其他航空运输辅助活动	504289	2224	502065	151072	33626	121793	195574
管道运输业	3740007	1334681	2405326	192557	277759	419372	1515638
管道运输业	3740007	1334681	2405326	192557	277759	419372	1515638
装卸搬运和运输代理业	9934323	30420	9903903	159003	508837	997321	8238742
装卸搬运	1521382	6015	1515367	74021	133061	261101	1047184
运输代理业	8412941	24405	8388536	84982	375776	736220	7191558

国民经济行业小类按隶属关系分的固定资产投资（不含农户）

续表26　　　　　　　　　　　　　　　　　　　　　　　　　　　　　　　　　　　　　单位：万元

行　业	合　计	中央项目	地方项目	省　属	地市属	县　属	其　他
货物运输代理	6152738	21272	6131466	39626	200424	558094	5333322
旅客票务代理	57091		57091			2866	54225
其他运输代理业	2203112	3133	2199979	45356	175352	175260	1804011
仓储业	42357327	1433024	40924303	1549235	3162085	6339064	29873919
谷物、棉花等农产品仓储	8252087	590582	7661505	455070	324806	1634594	5247035
谷物仓储	4174879	522915	3651964	176291	302334	1053378	2119961
棉花仓储	625750		625750	1882		73328	550540
其他农产品仓储	3451458	67667	3383791	276897	22472	507888	2576534
其他仓储业	34105240	842442	33262798	1094165	2837279	4704470	24626884
邮政业	952058	95091	856967	108907	110656	111910	525494
邮政基本服务	365963	20210	345753	49912	85773	61790	148278
快递服务	586095	74881	511214	58995	24883	50120	377216
（八）住宿和餐饮业	60124082	564695	59559387	1470538	3976783	7039498	47072568
住宿业	44733229	512827	44220402	1285060	3148502	5745722	34041118
旅游饭店	34849704	356778	34492926	1050198	2514089	4444151	26484488
一般旅馆	5530374	824	5529550	119627	296836	691823	4421264
其他住宿业	4353151	155225	4197926	115235	337577	609748	3135366
餐饮业	15390853	51868	15338985	185478	828281	1293776	13031450
正餐服务	12179339	38095	12141244	161454	662129	953813	10363848
快餐服务	619175	7053	612122	22024	6600	31712	551786
饮料及冷饮服务	655075	5770	649305		46390	63922	538993
茶馆服务	201417	5770	195647			12277	183370
咖啡馆服务	108909		108909			2080	106829
酒吧服务	325224		325224		46390	46830	232004
其他饮料及冷饮服务	19525		19525			2735	16790
其他餐饮业	1937264	950	1936314	2000	113162	244329	1576823
小吃服务	337479		337479		14750	100411	222318
餐饮配送服务	142479		142479			18895	123584
其他未列明餐饮业	1457306	950	1456356	2000	98412	125023	1230921
（九）信息传输、软件和信息技术服务业	30848766	8334435	22514331	4431269	3383101	2411185	12288776
电信、广播电视和卫星传输服务	16960868	7145592	9815276	3825984	1988833	1175281	2825178
电信	15634159	6968441	8665718	3548404	1907695	744485	2465134
固定电信服务	3491679	1610716	1880963	801934	498038	184970	396021
移动电信服务	11290922	5046442	6244480	2618973	1291143	458180	1876184
其他电信服务	851558	311283	540275	127497	118514	101335	192929
广播电视传输服务	1064632	2307	1062325	277580	73664	379979	331102
有线广播电视传输服务	838902	1310	837592	229635	62973	323111	221873
无线广播电视传输服务	225730	997	224733	47945	10691	56868	109229
卫星传输服务	262077	174844	87233		7474	50817	28942
互联网和相关服务	2848917	512359	2336558	177165	360764	345491	1453138

国民经济行业小类按隶属关系分的固定资产投资（不含农户）

续表 27

单位：万元

行　业	合　计	中央项目	地方项目	省　属	地市属	县　属	其　他
互联网接入及相关服务	904142	176149	727993	86837	72095	100404	468657
互联网信息服务	1535310	313780	1221530	68753	249534	143378	759865
其他互联网服务	409465	22430	387035	21575	39135	101709	224616
软件和信息技术服务业	11038981	676484	10362497	428120	1033504	890413	8010460
软件开发	5051944	107468	4944476	113685	321962	360920	4147909
信息系统集成服务	1579190	313657	1265533	63241	234691	40671	926930
信息技术咨询服务	901951	1020	900931	29339	25679	94265	751648
数据处理和存储服务	1454596	198595	1256001	185356	144722	239751	686172
集成电路设计	150384		150384	3920	33222	7155	106087
其他信息技术服务业	1900916	55744	1845172	32579	273228	147651	1391714
数字内容服务	225256	5100	220156	1086	38198	3704	177168
呼叫中心	212797		212797	19450	33839	17156	142352
其他未列明信息技术服务业	1462863	50644	1412219	12043	201191	126791	1072194
（十）金融业	**12419721**	**1415000**	**11004721**	**1680328**	**1609162**	**1347813**	**6367418**
货币金融服务	7924387	1017135	6907252	1551361	759637	1195235	3401019
中央银行服务	960546	135640	824906	70015	16972	239993	497926
货币银行服务	5433884	799457	4634427	1455423	613800	870269	1694935
非货币银行服务	1398247	39018	1359229	16423	52285	82363	1208158
金融租赁服务	130927	3910	127017	8400	5088	30745	82784
财务公司	882894	25952	856942	2160		516	854266
典当	84730		84730		14394	2654	67682
其他非货币银行服务	299696	9156	290540	5863	32803	48448	203426
银行监管服务	131710	43020	88690	9500	76580	2610	
资本市场服务	1983212	107352	1875860	57801	381112	58694	1378253
证券市场服务	407401	56632	350769	24540	210150	17306	98773
证券市场管理服务	145591	56632	88959	8239	1100	17306	62314
证券经纪交易服务	254924		254924	15985	209050		29889
基金管理服务	6886		6886	316			6570
期货市场服务	70871	12884	57987		3373		54614
期货市场管理服务	55338	12884	42454		3373		39081
其他期货市场服务	15533		15533				15533
证券期货监管服务	48376	30101	18275			4100	14175
资本投资服务	1230046	4875	1225171	33261	165518	32838	993554
其他资本市场服务	226518	2860	223658		2071	4450	217137
保险业	1009967	266274	743693	57096	136795	11757	538045
人身保险	672932	154597	518335	15061	77802	2800	422672
人寿保险	670704	154597	516107	15061	77802	2800	420444
健康和意外保险	2228		2228				2228
财产保险	292578	111677	180901	42035	55040	8957	74869
再保险							

国民经济行业小类按隶属关系分的固定资产投资（不含农户）

续表28　　　　　　　　　　　　　　　　　　　　　　　　　　　　　　　　　　　单位：万元

行　业	合　计	中央项目	地方项目	省　属	地市属	县　属	其　他
养老金	4400		4400				4400
保险经纪与代理服务	32152		32152		3953		28199
保险监管服务							
其他保险活动	7905		7905				7905
风险和损失评估	7076		7076				7076
其他未列明保险活动	829		829				829
其他金融业	1502155	24239	1477916	14070	331618	82127	1050101
金融信托与管理服务	449372		449372		242209	10100	197063
控股公司服务	318977		318977		50105	12612	256260
非金融机构支付服务	74779		74779		1440		73339
金融信息服务	161302		161302		8500	4839	147963
其他未列明金融业	497725	24239	473486	14070	29364	54576	375476
（十一）房地产业	1113796369	22982128	1090814241	36872505	132984477	161807549	759149710
房地产业	1113796369	22982128	1090814241	36872505	132984477	161807549	759149710
房地产开发经营	915200866	17212601	897988265	31442830	110588044	93440785	662516606
物业管理	4437693	30373	4407320	319774	267922	1075390	2744234
房地产中介服务	415859		415859		2862	93274	319723
自有房地产经营活动	14905813	476811	14429002	647399	1561770	3500673	8719160
其他房地产业	178836138	5262343	173573795	4462502	20563879	63697427	84849987
（十二）租赁和商务服务业	58746390	945300	57801090	1833462	9034118	7725644	39207866
租赁业	2995815		2995815	52419	201911	146685	2594800
机械设备租赁	2873777		2873777	50136	177154	111253	2535234
汽车租赁	209262		209262	6643	2741	6046	193832
农业机械租赁	57191		57191			22006	35185
建筑工程机械与设备租赁	1118625		1118625	7450	14893	12948	1083334
计算机及通讯设备租赁	14107		14107		3980		10127
其他机械与设备租赁	1474592		1474592	36043	155540	70253	1212756
文化及日用品出租	122038		122038	2283	24757	35432	59566
娱乐及体育设备出租	102470		102470		19964	35432	47074
图书出租	992		992				992
音像制品出租	1989		1989	1989			
其他文化及日用品出租	16587		16587	294	4793		11500
商务服务业	55750575	945300	54805275	1781043	8832207	7578959	36613066
企业管理服务	22944658	714899	22229759	959821	4752685	3581356	12935897
企业总部管理	7052282	546742	6505540	482096	983256	735002	4305186
投资与资产管理	11409052	106651	11302401	414966	2903876	2050365	5933194
单位后勤管理服务	780963	61406	719557	3299	59375	236940	419943
其他企业管理服务	3702361	100	3702261	59460	806178	559049	2277574
法律服务	322137		322137	641	11877	19649	289970
律师及相关法律服务	284159		284159			6096	278063

国民经济行业小类按隶属关系分的固定资产投资（不含农户）

续表 29   单位：万元

行　业	合　计	中央项目	地方项目	省　属	地市属	县　属	其　他
公证服务	4233		4233			4233	
其他法律服务	33745		33745	641	11877	9320	11907
咨询与调查	885721	2212	883509	3215	71472	52984	755838
会计、审计及税务服务	98040	2212	95828	2630	3000	12384	77814
市场调查	18664		18664				18664
社会经济咨询	270332		270332	585	5293	18115	246339
其他专业咨询	498685		498685		63179	22485	413021
广告业	1201039		1201039	11318	71920	58372	1059429
知识产权服务	141724	26030	115694	3205	8428	31974	72087
人力资源服务	568691	4	568687	2560	109728	122995	333404
公共就业服务	218083		218083	2560	15288	78586	121649
职业中介服务	40583		40583		8426	1173	30984
劳务派遣服务	94160		94160		2520	13230	78410
其他人力资源服务	215865	4	215861		83494	30006	102361
旅行社及相关服务	4803748	13184	4790564	204849	185867	917583	3482265
旅行社服务	391194		391194	13951	36273	68348	272622
旅游管理服务	3994743	13184	3981559	190898	130193	801464	2859004
其他旅行社相关服务	417811		417811		19401	47771	350639
安全保护服务	460664	51359	409305	57446	92895	76693	182271
安全服务	200444	42859	157585	56016	39609	29202	32758
安全系统监控服务	185494		185494	1430	45703	37259	101102
其他安全保护服务	74726	8500	66226		7583	10232	48411
其他商务服务业	24422193	137612	24284581	537988	3527335	2717353	17501905
市场管理	8267219	500	8266719	132675	345171	1208120	6580753
会议及展览服务	5555573	14965	5540608	140402	1299951	689563	3410692
包装服务	294597		294597		11380	2460	280757
办公服务	1906526	30004	1876522	18965	425207	211721	1220629
信用服务	24102		24102			5440	18662
担保服务	278375		278375		2695		275680
其他未列明商务服务业	8095801	92143	8003658	245946	1442931	600049	5714732
（十三）科学研究和技术服务业	31332078	3030095	28301983	1807216	3550696	4348338	18595733
研究和试验发展	10542796	1822998	8719798	908589	1288090	1153861	5369258
自然科学研究和试验发展	951587	248231	703356	228363	102016	96076	276901
工程和技术研究和试验发展	6376983	1387073	4989910	450269	878669	516421	3144551
农业科学研究和试验发展	2011651	93532	1918119	138575	92411	356450	1330683
医学研究和试验发展	963751	72312	891439	63385	203754	120937	503363
社会人文科学研究	238824	21850	216974	27997	11240	63977	113760
专业技术服务业	10647517	999256	9648261	633878	1362289	1481365	6170729

国民经济行业小类按隶属关系分的固定资产投资（不含农户）

续表30　　　　　　　　　　　　　　　　　　　　　　　　　　　单位：万元

行　业	合　计	中央项目	地方项目	省　属	地市属	县　属	其　他
气象服务	284206	72040	212166	11882	87247	62351	50686
地震服务	66428	4642	61786	14281	10009	20196	17300
海洋服务	199106	9841	189265	9233	16029	39038	124965
测绘服务	175228	19002	156226	21735	15345	10457	108689
质检技术服务	1383539	159987	1223552	99495	173973	213799	736285
环境与生态监测	484141	21666	462475	35202	62911	179707	184655
环境保护监测	380198	11998	368200	35202	59899	135679	137420
生态监测	103943	9668	94275		3012	44028	47235
地质勘查	1960286	562468	1397818	202501	188212	344143	662962
能源矿产地质勘查	1093233	531357	561876	46129	51462	156552	307733
固体矿产地质勘查	282435	7490	274945	41675	21502	127604	84164
水、二氧化碳等矿产地质勘查	15496		15496			9353	6143
基础地质勘查	177194	3522	173672	30385	67774	16624	58889
地质勘查技术服务	391928	20099	371829	84312	47474	34010	206033
工程技术	3309513	81731	3227782	159265	580995	453286	2034236
工程管理服务	1165049	4712	1160337	49390	490906	58020	562021
工程勘察设计	886635	76519	810116	88448	41852	34267	645549
规划管理	1257829	500	1257329	21427	48237	360999	826666
其他专业技术服务业	2785070	67879	2717191	80284	227568	158388	2250951
专业化设计服务	1018713		1018713	40373	112634	87941	777765
摄影扩印服务	178756		178756		480	2979	175297
兽医服务	17025		17025		2998	6980	7047
其他未列明专业技术服务业	1570576	67879	1502697	39911	111456	60488	1290842
科技推广和应用服务业	10141765	207841	9933924	264749	900317	1713112	7055746
技术推广服务	5891412	160844	5730568	117321	232224	903357	4477666
农业技术推广服务	2062181	9919	2052262	12959	108309	604850	1326144
生物技术推广服务	873534	4200	869334	1119	53893	59014	755308
新材料技术推广服务	1199166	21877	1177289	36403	4929	62899	1073058
节能技术推广服务	662493	19517	642976	20450	10800	96116	515610
其他技术推广服务	1094038	105331	988707	46390	54293	80478	807546
科技中介服务	1794459	21788	1772671	72732	336094	522849	840996
其他科技推广和应用服务业	2455894	25209	2430685	74696	331999	286906	1737084
（十四）水利、环境和公共设施管理业	**376627364**	**10548239**	**366079125**	**13813233**	**78847939**	**159918847**	**113499106**
水利管理业	51188383	5379851	45808532	4503860	7620418	24863534	8820720
防洪除涝设施管理	23963248	843505	23119743	1811695	4291572	12356625	4659851
水资源管理	7011227	155275	6855952	1156615	1038768	3529383	1131186
天然水收集与分配	11353923	4294312	7059611	753255	784928	4520545	1000883
水文服务	266021	10870	255151	6912	80641	132764	34834

国民经济行业小类按隶属关系分的固定资产投资（不含农户）

续表 31 单位：万元

行　业	合　计	中央项目	地方项目	省　属	地市属	县　属	其　他
其他水利管理业	8593964	75889	8518075	775383	1424509	4324217	1993966
生态保护和环境治理业	14256824	195364	14061460	587720	1843701	5835442	5794597
生态保护	3785437	5468	3779969	102439	402881	1954002	1320647
自然保护区管理	1228513	668	1227845	40723	70712	568403	548007
野生动物保护	189200		189200	4285	64708	43994	76213
野生植物保护	135444		135444	40115	18170	54587	22572
其他自然保护	2232280	4800	2227480	17316	249291	1287018	673855
环境治理业	10471387	189896	10281491	485281	1440820	3881440	4473950
水污染治理	5401537	26231	5375306	171326	1051259	2229193	1923528
大气污染治理	660239	33459	626780	110022	27189	188726	300843
固体废物治理	1928606	65123	1863483	54683	157064	610934	1040802
危险废物治理	275374		275374	8728	22654	85066	158926
放射性废物治理	9890	9340	550				550
其他污染治理	2195741	55743	2139998	140522	182654	767521	1049301
公共设施管理业	311182157	4973024	306209133	8721653	69383820	129219871	98883789
市政设施管理	233065053	4293198	228771855	7467543	58741580	99845085	62717647
环境卫生管理	4919917	49431	4870486	426427	638022	2177622	1628415
城乡市容管理	11244645	125114	11119531	26983	808218	5631577	4652753
绿化管理	12811466	138631	12672835	160605	3613080	5448641	3450509
公园和游览景区管理	49141076	366650	48774426	640095	5582920	16116946	26434465
公园管理	15794122	47470	15746652	203616	2917424	6403364	6222248
游览景区管理	33346954	319180	33027774	436479	2665496	9713582	20212217
（十五）居民服务、修理和其他服务业	**19944242**	**105167**	**19839075**	**713994**	**1033174**	**3640393**	**14451514**
居民服务业	11211427	67046	11144381	226492	506378	2642362	7769149
家庭服务	524262	21169	503093	20218	16093	226986	239796
托儿所服务	261847		261847		94160	54886	112801
洗染服务	68039		68039			370	67669
理发及美容服务	178692		178692			7489	171203
洗浴服务	1662102	3600	1658502	81718	27716	197456	1351612
保健服务	319823		319823		23000	74664	222159
婚姻服务	131874		131874		4996	12325	114553
殡葬服务	1164808	11100	1153708	22891	121649	413058	596110
其他居民服务业	6899980	31177	6868803	101665	218764	1655128	4893246
机动车、电子产品和日用产品修理业	4219386	34357	4185029	409181	239987	535790	3000071
汽车、摩托车修理与维护	3205313	210	3205103	10892	114343	336105	2743763
汽车修理与维护	3181471	210	3181261	10892	114343	325485	2730541
摩托车修理与维护	23842		23842			10620	13222
计算机和办公设备维修	926656	34147	892509	398289	125644	179363	189213

国民经济行业小类按隶属关系分的固定资产投资（不含农户）

续表32　　　　　　　　　　　　　　　　　　　　　　　　　　　　　　　　　　　　　　单位：万元

行　　业	合　　计	中央项目	地方项目	省　属	地市属	县　属	其　他
计算机和辅助设备修理	516045		516045	394090	34136	13123	74696
通讯设备修理	229587		229587	1180	81461	97633	49313
其他办公设备维修	181024	34147	146877	3019	10047	68607	65204
家用电器修理	45646		45646			586	45060
家用电子产品修理	18143		18143				18143
日用电器修理	27503		27503			586	26917
其他日用产品修理业	41771		41771			19736	22035
自行车修理							
鞋和皮革修理	2935		2935				2935
家具和相关物品修理	5000		5000				5000
其他未列明日用产品修理业	33836		33836			19736	14100
其他服务业	4513429	3764	4509665	78321	286809	462241	3682294
清洁服务	246168		246168		23549	29956	192663
建筑物清洁服务	59396		59396		13470	9020	36906
其他清洁服务	186772		186772		10079	20936	155757
其他未列明服务业	4267261	3764	4263497	78321	263260	432285	3489631
（十六）教育	**53998641**	**2682339**	**51316302**	**6119749**	**8923289**	**19174477**	**17098787**
教育	53998641	2682339	51316302	6119749	8923289	19174477	17098787
学前教育	4010273	29752	3980521	39326	312258	1907014	1721923
初等教育	9002027	145506	8856521	54235	941797	5099453	2761036
普通小学教育	8839978	145506	8694472	47765	892815	5041076	2712816
成人小学教育	162049		162049	6470	48982	58377	48220
中等教育	19362731	268991	19093740	636037	3792140	9278430	5387133
普通初中教育	9054488	173887	8880601	97385	1315123	4850517	2617576
职业初中教育	584674	3524	581150	19316	113773	294180	153881
成人初中教育	109258		109258	1000	1087	38131	69040
普通高中教育	5227562	41314	5186248	77508	1048002	2825329	1235409
成人高中教育	108360	2600	105760		59464	21158	25138
中等职业学校教育	4278389	47666	4230723	440828	1254691	1249115	1286089
高等教育	13971763	2001893	11969870	4887667	2380663	1136797	3564743
普通高等教育	12767214	1982299	10784915	4566871	2137374	952448	3128222
成人高等教育	1204549	19594	1184955	320796	243289	184349	436521
特殊教育	320080	3932	316148	2753	60034	101584	151777
技能培训、教育辅助及其他教育	7331767	232265	7099502	499731	1436397	1651199	3512175
职业技能培训	4494189	184860	4309329	338190	635384	858930	2476825
体校及体育培训	235679	5876	229803	39201	26335	29130	135137
文化艺术培训	381829		381829	30242	49683	52831	249073
教育辅助服务	573990	2640	571350	31273	74684	190656	274737

国民经济行业小类按隶属关系分的固定资产投资（不含农户）

续表 33   单位：万元

行　　业	合　　计	中央项目	地方项目	省　属	地市属	县　属	其　他
其他未列明教育	1646080	38889	1607191	60825	650311	519652	376403
（十七）卫生和社会工作	**31382811**	**955088**	**30427723**	**3497148**	**6308668**	**10597446**	**10024461**
卫生	25914952	909033	25005919	3282846	5900770	8747424	7074879
医院	21281719	848151	20433568	3186591	5355245	6438573	5453159
综合医院	15507180	702256	14804924	2232945	4293114	4722185	3556680
中医医院	1912509	36347	1876162	290288	339660	939698	306516
中西医结合医院	458530		458530	33824	83710	211187	129809
民族医院	100927	20496	80431	5560	22718	39765	12388
专科医院	2542150	45999	2496151	512862	565207	418289	999793
疗养院	760423	43053	717370	111112	50836	107449	447973
社区医疗与卫生院	2393012	34026	2358986	12940	84531	1299713	961802
社区卫生服务中心（站）	786310	22089	764221	10255	50927	395243	307796
街道卫生院	192793		192793		13019	95413	84361
乡镇卫生院	1413909	11937	1401972	2685	20585	809057	569645
门诊部（所）	283247	11511	271736	2000	16663	104185	148888
计划生育技术服务活动	272338		272338	16663	54514	102975	98186
妇幼保健院（所、站）	490613		490613	30927	178435	201048	80203
专科疾病防治院（所、站）	144254	1261	142993	1402	46788	53977	40826
疾病预防控制中心	297409	5290	292119	18263	101452	150445	21959
其他卫生活动	752360	8794	743566	14060	63142	396508	269856
社会工作	5467859	46055	5421804	214302	407898	1850022	2949582
提供住宿社会工作	4928944	39232	4889712	185158	365525	1521291	2817738
干部休养所	267929	4396	263533	70361	25986	75238	91948
护理机构服务	286029		286029	7138	20511	57411	200969
精神康复服务	121279	8711	112568	10090	22719	62682	17077
老年人、残疾人养护服务	3703650	24156	3679494	89179	249795	1052504	2288016
孤残儿童收养和庇护服务	114987	1025	113962		35150	61843	16969
其他提供住宿社会救助	435070	944	434126	8390	11364	211613	202759
不提供住宿社会工作	538915	6823	532092	29144	42373	328731	131844
社会看护与帮助服务	296811	2739	294072	24308	15670	171241	82853
其他不提供住宿社会工作	242104	4084	238020	4836	26703	157490	48991
（十八）文化、体育和娱乐业	**52254726**	**901634**	**51353092**	**1595060**	**7429505**	**13460129**	**28868398**
新闻和出版业	1037573	92571	945002	209318	384212	125527	225945
新闻业	334904	77846	257058	74962	98860	57369	25867
出版业	702669	14725	687944	134356	285352	68158	200078
图书出版	226215	12054	214161	68585	24955	39000	81621
报纸出版	296958	2671	294287	59339	206390	16028	12530
期刊出版	9952		9952			683	9269

国民经济行业小类按隶属关系分的固定资产投资（不含农户）

续表34

单位：万元

行　业	合　计	中央项目	地方项目	省　属	地市属	县　属	其　他
音像制品出版	15334		15334				15334
电子出版物出版	44553		44553	6432	28085		10036
其他出版业	109657		109657		25922	12447	71288
广播、电视、电影和影视录音制作业	3110935	196056	2914879	383492	338394	565225	1627768
广播	303245	7853	295392	133213	16795	110103	35281
电视	805230	174985	630245	212895	119676	228609	69065
电影和影视节目制作	970165	6404	963761	36057	67764	87422	772518
电影和影视节目发行	105196	4800	100396		57306	6608	36482
电影放映	875394	2014	873380	1198	52853	131983	687346
录音制作	51705		51705	129	24000	500	27076
文化艺术业	23816758	251307	23565451	610443	3636906	7611729	11706373
文艺创作与表演	777309	12106	765203	47286	72873	130379	514665
艺术表演场馆	2340968	4764	2336204	92868	550360	540743	1152233
图书馆与档案馆	1293162	43810	1249352	38946	340418	617980	252008
图书馆	886060	41724	844336	30954	251715	432563	129104
档案馆	407102	2086	405016	7992	88703	185417	122904
文物及非物质文化遗产保护	4179909	11543	4168366	144785	790391	1576064	1657126
博物馆	3327025	37601	3289424	190708	468416	1131201	1499099
烈士陵园、纪念馆	605186		605186	4389	25764	368360	206673
群众文化活动	6152558	103813	6048745	38268	902775	2049379	3058323
其他文化艺术业	5140641	37670	5102971	53193	485909	1197623	3366246
体育	10409837	268007	10141830	162965	1923757	3340716	4714392
体育组织	186705	1303	185402	28002	18200	77259	61941
体育场馆	5178669	148545	5030124	85204	1489905	1959408	1495607
休闲健身活动	4338316	38170	4300146	34826	281013	1189359	2794948
其他体育	706147	79989	626158	14933	134639	114690	361896
娱乐业	13879623	93693	13785930	228842	1146236	1816932	10593920
室内娱乐活动	2851377	10616	2840761	152636	40260	273148	2374717
歌舞厅娱乐活动	1341973	9316	1332657	152636	4000	96183	1079838
电子游艺厅娱乐活动	84496		84496		1500	3200	79796
网吧活动	141561		141561		2000		139561
其他室内娱乐活动	1283347	1300	1282047		32760	173765	1075522
游乐园	6553391	22760	6530631	26580	813258	782442	4908351
彩票活动	57508		57508	13046	1579	27952	14931
文化、娱乐、体育经纪代理	25332		25332			8129	17203
文化娱乐经纪人	8129		8129			8129	
体育经纪人							
其他文化艺术经纪代理	17203		17203				17203

国民经济行业小类按隶属关系分的固定资产投资（不含农户）

续表35

单位：万元

行 业	合 计	中央项目	地方项目	省 属	地市属	县 属	其 他
其他娱乐业	4392015	60317	4331698	36580	291139	725261	3278718
（十九）公共管理、社会保障和社会组织	58737158	2428807	56308351	3386032	8209565	27292265	17420489
中国共产党机关	560627	97867	462760	81077	80083	213544	88056
中国共产党机关	560627	97867	462760	81077	80083	213544	88056
国家机构	40860558	1962476	38898082	3069299	7068285	21723680	7036818
国家权力机构	716301	2397	713904	21593	133704	351195	207412
国家行政机构	37748099	1812641	35935458	2722937	6493644	20251712	6467165
综合事务管理机构	14144450	283335	13861115	490832	2280194	7791708	3298381
对外事务管理机构	95794	3254	92540	290	61040	22319	8891
公共安全管理机构	6898820	1336847	5561973	1197068	1658415	2086492	619998
社会事务管理机构	6618518	73891	6544627	384486	798052	4032777	1329312
经济事务管理机构	8816809	86331	8730478	456143	1399853	5819524	1054958
行政监督检查机构	1173708	28983	1144725	194118	296090	498892	155625
人民法院和人民检察院	1337970	62531	1275439	129417	252879	791756	101387
人民法院	874400	56904	817496	70398	173343	516514	57241
人民检察院	463570	5627	457943	59019	79536	275242	44146
其他国家机构	1058188	84907	973281	195352	188058	329017	260854
人民政协、民主党派	130932		130932	38597	1068	2282	88985
人民政协	10660		10660	4810	1068	2282	2500
民主党派	120272		120272	33787			86485
社会保障	2169573	43046	2126527	73065	220132	939201	894129
社会保障	2169573	43046	2126527	73065	220132	939201	894129
群众团体、社会团体和其他成员组织	5710316	305663	5404653	109315	680119	2266062	2349157
群众团体	238537	32185	206352	5781	72192	73862	54517
工会	60242	9527	50715	2051	24993	23671	
妇联	46701	4484	42217	3730	9449	26022	3016
共青团	2232		2232		2027	205	
其他群众团体	129362	18174	111188		35723	23964	51501
社会团体	3503262	271612	3231650	92771	431156	1827500	880223
专业性团体	2544644	186339	2358305	21675	364073	1566638	405919
行业性团体	431059	68380	362679	69071	655	62873	230080
其他社会团体	527559	16893	510666	2025	66428	197989	244224
基金会	18840		18840		4792	13596	452
宗教组织	1949677	1866	1947811	10763	171979	351104	1413965
基层群众自治组织	9305152	19755	9285397	14679	159878	2147496	6963344
社区自治组织	3341878	6523	3335355	2548	115266	471769	2745772
村民自治组织	5963274	13232	5950042	12131	44612	1675727	4217572

国民经济行业小类按建设性质分的固定资产投资（不含农户）

单位：万元

行　业	新　建	扩　建	改建和技术改造	单纯建造生活设施	迁　建	恢　复	单纯购置
全　国　总　计	3029090612	540239620	623327540	24724508	36850292	6513159	96728525
（一）农、林、牧、渔业	83566261	17510974	10847740	184653	342206	268756	1291785
农业	31049469	5764369	3019101	93775	54141	44287	253799
谷物种植	2774582	565717	724472	87038	20020	18761	183833
稻谷种植	1467028	246728	484271	87038	14400	14954	142842
小麦种植	266490	73268	61272		5620		
玉米种植	387688	112089	103894				27023
其他谷物种植	653376	133632	75035			3807	13968
豆类、油料和薯类种植	1690329	341047	106703		20591	3163	17256
豆类种植	551437	132973	28020		8200		15256
油料种植	747155	104990	53208		9400	3163	
薯类种植	391737	103084	25475		2991		2000
棉、麻、糖、烟草种植	1073052	173018	142087		1580		1580
棉花种植	395354	78047	52975				
麻类种植	75799	17209	5300				
糖料种植	70878	21455	36458				1580
烟草种植	531021	56307	47354		1580		
蔬菜、食用菌及园艺作物种植	14007743	2774660	1071011	4547	7750	6585	29456
蔬菜种植	8103738	1735052	653530	2550		4885	15671
食用菌种植	1773732	370298	196859		1400	1700	4815
花卉种植	2535840	459919	158165	1997	3860		8970
其他园艺作物种植	1594433	209391	62457		2490		
水果种植	4623004	818018	327235	2140		750	4645
仁果类和核果类水果种植	1334787	303405	42156	550			
葡萄种植	947042	177481	81115	1000			895
柑橘类种植	342434	40814	71437			750	2880
香蕉等亚热带水果种植	180486	21160	9659	590			870
其他水果种植	1818255	275158	122868				
坚果、含油果、香料和饮料作物种植	2034458	373012	165266			8950	3683
坚果种植	903008	176642	42787			6600	2570
含油果种植	260099	21016	20115				
香料作物种植	74430	9191	9217				
茶及其他饮料作物种植	796921	166163	93147			2350	1113
中药材种植	2138744	309233	143156		4200		
其他农业	2707557	409664	339171	50		6078	13346
林业	9905447	2425403	1080782	22351	6732	100547	24528
林木育种和育苗	4130281	681919	299239	16056	6465	15339	12568
林木育种	1104220	164683	73159	2016		3901	4239
林木育苗	3026061	517236	226080	14040	6465	11438	8329
造林和更新	5025294	1284210	572771	3775	267	79513	3502

国民经济行业小类按建设性质分的固定资产投资（不含农户）

续表1 单位：万元

行　业	新　建	扩　建	改建和技术改造	单纯建造生活设施	迁　建	恢　复	单纯购置
森林经营和管护	540545	253624	167943	2520		5695	
木材和竹材采运	141129	191500	21052				8458
木材采运	124309	191500	17852				8458
竹材采运	16820		3200				
林产品采集	68198	14150	19777				
木竹材林产品采集	20438	2750	18694				
非木竹材林产品采集	47760	11400	1083				
畜牧业	24171257	4637213	1515935	31103	165544	44618	93863
牲畜饲养	18407904	3515211	945196	10460	100233	31933	48977
牛的饲养	6247526	1074713	190737		36522	591	37110
马的饲养	74035	8871	4868				
猪的饲养	8864689	1917731	633888	10460	51441	27442	8867
羊的饲养	2556995	335270	71631		11370	2600	
骆驼饲养	8300	8500	6231				
其他牲畜饲养	656359	170126	37841		900	1300	3000
家禽饲养	4370171	922503	412731	1243	38643		36968
鸡的饲养	3366257	715329	339909	1243	36201		36968
鸭的饲养	425758	103611	24276				
鹅的饲养	97745	20811	15249				
其他家禽饲养	480411	82752	33297		2442		
狩猎和捕捉动物	222735	52474	64648		12000		4300
其他畜牧业	1170447	147025	93360	19400	14668	12685	3618
渔业	3958000	1019457	1205444			9195	394314
水产养殖	3727316	958573	1146008			6100	72248
海水养殖	1362830	455189	943833				46458
内陆养殖	2364486	503384	202175			6100	25790
水产捕捞	230684	60884	59436			3095	322066
海水捕捞	204784	33854	56936			3095	312776
内陆捕捞	25900	27030	2500				9290
农、林、牧、渔服务业	14482088	3664532	4026478	37424	115789	70109	525281
农业服务业	12959166	3357071	3610747	36736	115789	66360	441743
农业机械服务	739995	282833	242667		2073	2111	300504
灌溉服务	3282548	930180	1429462		15490	25517	9300
农产品初加工服务	2130342	625317	407267		53353		44212
其他农业服务	6806281	1518741	1531351	36736	44873	38732	87727
林业服务业	527343	115762	127172			3506	3788
林业有害生物防治服务	18413	14004	16632			2674	
森林防火服务	55673	2550	3795				505
林产品初级加工服务	85532	18819	27478				1983
其他林业服务	367725	80389	79267			832	1300

国民经济行业小类按建设性质分的固定资产投资（不含农户）

续表2　　　　　　　　　　　　　　　　　　　　　　　　　　　　　　　　　　　　单位：万元

行　业	新　建	扩　建	改建和技术改造	单纯建造生活设施	迁　建	恢　复	单纯购置
畜牧服务业	654761	142351	85551	688		243	4150
渔业服务业	340818	49348	203008				75600
（二）采矿业	**71825995**	**25302173**	**46862184**	**201856**	**320910**	**155687**	**1819038**
煤炭开采和洗选业	23191467	9687845	18372469	177146	89523	98556	508669
烟煤和无烟煤开采洗选	18837509	8613978	17078434	176634	89523	73556	392046
褐煤开采洗选	3598543	742776	923128			25000	64073
其他煤炭采选	755415	331091	370907	512			52550
石油和天然气开采业	25028488	4626901	8547066				3688
石油开采	22332114	3088814	8293540				3688
天然气开采	2696374	1538087	253526				
黑色金属矿采选业	6011620	4078443	6137890	2050	80446	3832	169867
铁矿采选	5698362	3830174	5559951	100	78946	1600	135676
锰矿、铬矿采选	123189	121220	318789	1950	1500		11383
其他黑色金属矿采选	190069	127049	259150			2232	22808
有色金属矿采选业	6877886	2987581	5707709	1030	74588	37199	248863
常用有色金属矿采选	4159230	2116964	3326899	1030	61055	35589	193006
铜矿采选	738399	664674	819147	1000		9125	20392
铅锌矿采选	1794963	711766	1316113	30	3100	12382	123924
镍钴矿采选	129713	168559	87988				
锡矿采选	25121	76402	265693		25894	7423	
锑矿采选	30718	32750	69372				
铝矿采选	631396	250711	302967				
镁矿采选	174864	46160	52683			6659	32835
其他常用有色金属矿采选	634056	165942	412936		32061		15855
贵金属矿采选	1845334	587647	1652258		6320		27122
金矿采选	1729024	556812	1540231		6320		25993
银矿采选	87092	24235	82526				
其他贵金属矿采选	29218	6600	29501				1129
稀有稀土金属矿采选	873322	282970	728552		7213	1610	28735
钨钼矿采选	649058	145868	495001		7213	1310	
稀土金属矿采选	41863	59140	85238				28735
放射性金属矿采选	30339	17670	19500				
其他稀有金属矿采选	152062	60292	128813			300	
非金属矿采选业	8162061	3471143	5997499	1280	70203	6430	295244
土砂石开采	5796174	2598325	4556860	1280	68403	3500	263207
石灰石、石膏开采	1346681	684692	1517467		1500		40729
建筑装饰用石开采	2264285	932221	1509059		16720	3500	31662
耐火土石开采	406368	193620	247280		33820		5972
粘土及其他土砂石开采	1778840	787792	1283054	1280	16363		184844
化学矿开采	788499	324484	313366			2930	5517

国民经济行业小类按建设性质分的固定资产投资（不含农户）

续表3   单位：万元

行 业	新 建	扩 建	改建和技术改造	单纯建造生活设施	迁 建	恢 复	单纯购置
采盐	126692	93380	290508				
石棉及其他非金属矿采选	1450696	454954	836765		1800		26520
石棉、云母矿采选	54871	7400	38515				
石墨、滑石采选	269978	58827	318859				3557
宝石、玉石采选	109722	28331	1600				12200
其他未列明非金属矿采选	1016125	360396	477791		1800		10763
开采辅助活动	2353912	311706	1888915	20350	6150	9200	585687
煤炭开采和洗选辅助活动	932719	74600	936927		6150		159295
石油和天然气开采辅助活动	1049219	125443	774975	20350			415374
其他开采辅助活动	371974	111663	177013			9200	11018
其他采矿业	200561	138554	210636			470	7020
其他采矿业	200561	138554	210636			470	7020
（三）制造业	756576273	280651047	366609589	676701	25550654	1431757	44348319
农副食品加工业	46150572	16300231	21445611	53039	794693	17325	1039694
谷物磨制	6688960	3246450	3743441		143654	2900	197814
饲料加工	6183583	2443231	2600943	7053	89082		122889
植物油加工	4336611	1645785	2699263	43286	151419	3285	121097
食用植物油加工	3922939	1404911	2511225	43286	151419	3285	117907
非食用植物油加工	413672	240874	188038				3190
制糖业	994761	215829	694845				12862
屠宰及肉类加工	9362304	3134666	3541712	2700	94783	3500	183663
牲畜屠宰	2640387	1065226	850691		30318		62192
禽类屠宰	2282055	791955	799395		19188		46727
肉制品及副产品加工	4439862	1277485	1891626	2700	45277	3500	74744
水产品加工	3185721	1060633	1546417		56463		136523
水产品冷冻加工	1826610	641234	968295		22875		106031
鱼糜制品及水产品干腌制加工	400000	140362	277043		468		12677
水产饲料制造	363492	73197	64557		17737		16315
鱼油提取及制品制造	107797		32956				
其他水产品加工	487822	205840	203566		15383		1500
蔬菜、水果和坚果加工	6877827	2250360	2969520		165848		96944
蔬菜加工	4662644	1583870	1872963		122440		31797
水果和坚果加工	2215183	666490	1096557		43408		65147
其他农副食品加工	8520805	2303277	3649470		93444	7640	167902
淀粉及淀粉制品制造	2133513	849332	1158168		7702	6700	23875
豆制品制造	1242037	369318	577279		29340	940	48182
蛋品加工	266109	77661	235968				9278
其他未列明农副食品加工	4879146	1006966	1678055		56402		86567
食品制造业	19262323	7140246	9119354	2900	387939	1952	944558
焙烤食品制造	3068672	972156	1064141		46795		240842

国民经济行业小类按建设性质分的固定资产投资（不含农户）

续表4　　　　　　　　　　　　　　　　　　　　　　　　　　　　　　　　　单位：万元

行　　业	新　建	扩　建	改建和技术改造	单纯建造生活设施	迁　建	恢　复	单纯购置
糕点、面包制造	1303906	494434	581045		30414		161881
饼干及其他焙烤食品制造	1764766	477722	483096		16381		78961
糖果、巧克力及蜜饯制造	956372	550378	537924		24009		45267
糖果、巧克力制造	540364	225877	362125		15689		27907
蜜饯制作	416008	324501	175799		8320		17360
方便食品制造	3427813	1408293	1927599	598	52380		125868
米、面制品制造	1836507	641729	1131203		6184		28377
速冻食品制造	797766	356295	416939	598	19876		37989
方便面及其他方便食品制造	793540	410269	379457		26320		59502
乳制品制造	1171609	535629	596660		57314		101223
罐头食品制造	1267948	589535	665108		82700		94725
肉、禽类罐头制造	344319	132512	116170		1237		17220
水产品罐头制造	92394	22899	73794				59572
蔬菜、水果罐头制造	643749	332656	338984		79180		1170
其他罐头食品制造	187486	101468	136160		2283		16763
调味品、发酵制品制造	2062127	769549	1365629	983	49220		65020
味精制造	119721	132375	277253		26096		3000
酱油、食醋及类似制品制造	709333	225279	516975		1855		16867
其他调味品、发酵制品制造	1233073	411895	571401	983	21269		45153
其他食品制造	7307782	2314706	2962293	1319	75521	1952	271613
营养食品制造	1273299	307572	468349		7780		33396
保健食品制造	1593816	439336	489277		31955		37772
冷冻饮品及食用冰制造	482816	156871	121016				57512
盐加工	295060	93782	193675		11969		4150
食品及饲料添加剂制造	1748090	709611	682953	1319			53168
其他未列明食品制造	1914701	607534	1007023		23817	1952	85615
酒、饮料和精制茶制造业	16180815	7167448	9020401	4682	927571	7560	557512
酒的制造	6473883	4000032	5258419		812949	7560	232848
酒精制造	154738	163718	225051		15494		
白酒制造	3433132	2799535	3625838		441261		159071
啤酒制造	753084	390525	446168		229104		20189
黄酒制造	298505	106900	119845		20722		15816
葡萄酒制造	1061624	316328	463960		23200	7560	22757
其他酒制造	772800	223026	377557		83168		15015
饮料制造	7403256	2264561	2396854	1482	114587		308098
碳酸饮料制造	928138	193454	354735		12789		48975
瓶（罐）装饮用水制造	1774699	508527	651941		41870		48132
果菜汁及果菜汁饮料制造	1823341	701544	637473	1482	33032		75592
含乳饮料和植物蛋白饮料制造	986806	359769	246633		25596		94842
固体饮料制造	273324	84956	85204				8104

国民经济行业小类按建设性质分的固定资产投资（不含农户）

续表5   单位：万元

行　业	新　建	扩　建	改建和技术改造	单纯建造生活设施	迁　建	恢　复	单纯购置
茶饮料及其他饮料制造	1616948	416311	420868		1300		32453
精制茶加工	2303676	902855	1365128	3200	35		16566
烟草制品业	925613	341557	1290111		244399		228739
烟叶复烤	271376	61902	117357				2371
卷烟制造	444790	233388	1152781		221599		222563
其他烟草制品制造	209447	46267	19973		22800		3805
纺织业	19624346	12128870	12072829	24752	1520362	6602	1882178
棉纺织及印染精加工	9369465	5483180	6247855	2200	782069	2800	945584
棉纺纱加工	7060849	3898566	4147553	2200	483085	2800	408900
棉织造加工	1826110	1043583	1409503		26849		249463
棉印染精加工	482506	541031	690799		272135		287221
毛纺织及染整精加工	1443270	793083	579921		61339		93009
毛条和毛纱线加工	617456	233697	259189		48022		53069
毛织造加工	716718	454261	187464		12317		25406
毛染整精加工	109096	105125	133268		1000		14534
麻纺织及染整精加工	549438	217964	359244	1900	1107		18659
麻纤维纺前加工和纺纱	239740	149091	208771	1900			11695
麻织造加工	285874	50803	113999		1107		1150
麻染整精加工	23824	18070	36474				5814
丝绢纺织及印染精加工	621803	255800	598042		17258		45378
缫丝加工	252159	126040	318848		7658		2305
绢纺和丝织加工	320135	113941	203735		9600		20290
丝印染精加工	49509	15819	75459				22783
化纤织造及印染精加工	1878816	1737025	753818	1000	406327		253174
化纤织造加工	1587557	1500012	571832		396377		169002
化纤织物染整精加工	291259	237013	181986	1000	9950		84172
针织或钩针编织物及其制品制造	1450950	1451185	1007729	3900	41180		284371
针织或钩针编织物织造	1056951	1237823	765208	2352	3200		206048
针织或钩针编织物印染精加工	128920	126175	103147	1548	26161		28523
针织或钩针编织品制造	265079	87187	139374		11819		49800
家用纺织制成品制造	2221429	1104764	1449249	14585	92479		139032
床上用品制造	1056527	563296	725122	14585	30170		33845
毛巾类制品制造	328534	152729	325449				9337
窗帘、布艺类产品制造	166005	97870	78764				20873
其他家用纺织制成品制造	670363	290869	319914		62309		74977
非家用纺织制成品制造	2089175	1085869	1076971	1167	118603	3802	102971
非织造布制造	763803	454439	461389	1167	42756	3802	37099
绳、索、缆制造	136221	207672	116471		9630		1680
纺织带和帘子布制造	257714	106687	113122				10887
篷、帆布制造	147371	75424	65610		63290		15089

国民经济行业小类按建设性质分的固定资产投资（不含农户）

续表6　　　　　　　　　　　　　　　　　　　　　　　　　　　　　　　　　　　　　　单位：万元

行　业	新　建	扩　建	改建和技术改造	单纯建造生活设施	迁　建	恢　复	单纯购置
其他非家用纺织制成品制造	784066	241647	320379		2927		38216
纺织服装、服饰业	16506458	6215655	7116649	10040	287138	15879	992532
机织服装制造	9689285	3865075	4476287	5469	182747	11001	608700
针织或钩针编织服装制造	2154621	807281	1160963	4571	29892	4255	226335
服饰制造	4662552	1543299	1479399		74499	623	157497
皮革、毛皮、羽毛及其制品和制鞋业	9325064	3505889	3579530	10820	253937	3811	474934
皮革鞣制加工	587833	297578	485343		21013		11070
皮革制品制造	3114750	962387	1078051	6820	65702	3811	100884
皮革服装制造	803064	177760	209051		7530		18971
皮箱、包（袋）制造	1339655	334984	415356		21636		57912
皮手套及皮装饰制品制造	251856	81406	240931	3420	17442		8496
其他皮革制品制造	720175	368237	212713	3400	19094	3811	15505
毛皮鞣制及制品加工	1017352	739040	262162		75177		36528
毛皮鞣制加工	100933	207364	78245		510		1560
毛皮服装加工	663466	412606	88246		60025		25913
其他毛皮制品加工	252953	119070	95671		14642		9055
羽毛（绒）加工及制品制造	736074	169115	263994	4000	45210		6805
羽毛（绒）加工	286310	74781	115626	4000	22700		865
羽毛（绒）制品加工	449764	94334	148368		22510		5940
制鞋业	3869055	1337769	1489980		46835		319647
纺织面料鞋制造	828208	280813	330421				39471
皮鞋制造	1853620	634454	607134		14023		169550
塑料鞋制造	184922	120935	74811		4200		13040
橡胶鞋制造	394260	96595	283101		2918		15348
其他制鞋业	608045	204972	194513		25694		82238
木材加工和木、竹、藤、棕、草制品业	14025388	6926843	7617705	15157	192947	5212	421805
木材加工	3503543	1792863	2126122	8924	43376	295	122172
锯材加工	1046667	436608	608001		10106		34961
木片加工	793906	681130	806699	1524	12376	295	30751
单板加工	772159	361455	286941	7400	19670		26449
其他木材加工	890811	313670	424481		1224		30011
人造板制造	4938199	2491413	2914033	4513	30184	712	151332
胶合板制造	1957825	1419402	1499259		19484	712	65482
纤维板制造	1134848	400317	491296		1200		3060
刨花板制造	650888	172744	225278				44252
其他人造板制造	1194638	498950	698200	4513	9500		38538
木制品制造	4496714	1809551	1819780		103530	2250	139988
建筑用木料及木材组件加工	1367944	431040	590370		88961		38819
木门窗、楼梯制造	1014951	388309	456002		5700		47061

国民经济行业小类按建设性质分的固定资产投资（不含农户）

续表7 单位：万元

行　　业	新　建	扩　建	改建和技术改造	单纯建造生活设施	迁　建	恢　复	单纯购置
地板制造	1120460	280234	210085				41142
木制容器制造	193419	78418	42022		1090		7105
软木制品及其他木制品制造	799940	631550	521301		7779	2250	5861
竹、藤、棕、草等制品制造	1086932	833016	757770	1720	15857	1955	8313
竹制品制造	829164	639809	637398	1720	15387	755	7863
藤制品制造	89275	104166	43926				450
棕制品制造	24521	10500	18716				
草及其他制品制造	143972	78541	57730		470	1200	
家具制造业	10952165	3712712	4145959		243186		276957
木质家具制造	8211594	2824338	3085375		204457		166621
竹、藤家具制造	170507	140600	93382		250		5883
金属家具制造	940467	409051	431057		20489		62421
塑料家具制造	257011	95667	61364				5460
其他家具制造	1372586	243056	474781		17990		36572
造纸和纸制品业	11420480	6130110	7367773	29021	620918	3830	785752
纸浆制造	476857	107810	336371		13176		12419
木竹浆制造	231487	53467	284782				8740
非木竹浆制造	245370	54343	51589		13176		3679
造纸	4292535	2508068	3713316	22308	194476	30	345908
机制纸及纸板制造	3238688	2088424	3251590	22308	119229	30	293364
手工纸制造	225957	108748	109356				2877
加工纸制造	827890	310896	352370		75247		49667
纸制品制造	6651088	3514232	3318086	6713	413266	3800	427425
纸和纸板容器制造	3148735	1909812	1637054	6713	80980	3800	190453
其他纸制品制造	3502353	1604420	1681032		332286		236972
印刷和记录媒介复制业	4781686	3010868	3758346	14312	156604	3005	1106898
印刷	4474961	2867540	3528079	14312	150344	3005	1034740
书、报刊印刷	657765	393170	552898		24920	3005	245451
本册印制	198645	145345	190127		3108		32956
包装装潢及其他印刷	3618551	2329025	2785054	14312	122316		756333
装订及印刷相关服务	284290	142106	209789		6260		60951
记录媒介复制	22435	1222	20478				11207
文教、工美、体育和娱乐用品制造业	6959458	3220791	3235973	2689	245864	14950	448627
文教办公用品制造	960028	336488	322170		2660		60988
文具制造	389127	130956	123041		860		18698
笔的制造	194149	114939	79621		1800		12726
教学用模型及教具制造	209946	37241	47730				9670
墨水、墨汁制造	33831	12100	11773				1155

国民经济行业小类按建设性质分的固定资产投资（不含农户）

续表8　　　　　　　　　　　　　　　　　　　　　　　　　　　　　　　　　单位：万元

行　　业	新　建	扩　建	改建和技术改造	单纯建造生活设施	迁　建	恢　复	单纯购置
其他文教办公用品制造	132975	41252	60005				18739
乐器制造	209029	140845	144327				47680
中乐器制造	65000	19844	4400				1164
西乐器制造	73315	74318	77498				26216
电子乐器制造	51857	23610	22916				8500
其他乐器及零件制造	18857	23073	39513				11800
工艺美术品制造	3431288	1607121	1752672	2689	119988	11000	230971
雕塑工艺品制造	728426	315598	326072		3450		23449
金属工艺品制造	387063	334565	273103		11580		24072
漆器工艺品制造	92322	26586	63254		3212		3120
花画工艺品制造	197611	44188	40988				6272
天然植物纤维编织工艺品制造	192988	109315	199681		500		15173
抽纱刺绣工艺品制造	142822	101866	137096		9458		14155
地毯、挂毯制造	313074	201827	89130	1538	86018		29165
珠宝首饰及有关物品制造	616700	126140	245107			8500	59904
其他工艺美术品制造	760282	347036	378241	1151	5770	2500	55661
体育用品制造	1208575	569208	548742		10610		65958
球类制造	62682	67309	52050		8690		
体育器材及配件制造	653054	163729	236123		1920		49345
训练健身器材制造	239033	132319	114498				5958
运动防护用具制造	115986	26303	32995				951
其他体育用品制造	137820	179548	113076				9704
玩具制造	657520	457463	404253		101806	3950	35971
游艺器材及娱乐用品制造	493018	109666	63809		10800		7059
露天游乐场所游乐设备制造	271513	50530	30929		10800		7059
游艺用品及室内游艺器材制造	187055	25722	30417				
其他娱乐用品制造	34450	33414	2463				
石油加工、炼焦和核燃料加工业	17392411	5625670	7084754	5235	76746	9443	197060
精炼石油产品制造	11813778	3735742	5542600		62746	598	168767
原油加工及石油制品制造	10646950	3548725	5289136		62746	598	159167
人造原油制造	1166828	187017	253464				9600
炼焦	5578633	1889928	1542154	5235	14000	8845	28293
化学原料和化学制品制造业	67055475	22624448	36876674	22100	3101739	499063	1924681
基础化学原料制造	27517173	7528776	11698577	2253	836374	457419	339898
无机酸制造	1615125	460003	1103676		32877	109010	37007
无机碱制造	1244732	197938	865411		71300	117138	8750
无机盐制造	2451551	789300	1370215	2100	45546	580	36492
有机化学原料制造	16844443	4556028	6096855		490707	230691	168399
其他基础化学原料制造	5361322	1525507	2262420	153	195944		89250
肥料制造	8595813	2440075	5071816	1800	295857	5310	114970

国民经济行业小类按建设性质分的固定资产投资（不含农户）

续表9　　　　　　　　　　　　　　　　　　　　　　　　　　　　　　　　单位：万元

行　业	新　建	扩　建	改建和技术改造	单纯建造生活设施	迁　建	恢　复	单纯购置
氮肥制造	1878537	629333	1416859		132043		13787
磷肥制造	142667	107006	471688	1800	42510		2367
钾肥制造	657536	29795	70775			5310	7397
复混肥料制造	3017113	823529	1685784		59567		39732
有机肥料及微生物肥料制造	2353157	669330	1074168		11192		34158
其他肥料制造	546803	181082	352542		50545		17529
农药制造	1750028	577890	1397631		205459		66556
化学农药制造	990596	455344	921839		191183		48034
生物化学农药及微生物农药制造	759432	122546	475792		14276		18522
涂料、油墨、颜料及类似产品制造	4004367	1775484	2404038	10530	214531	3009	163795
涂料制造	2765636	1109897	1419873	10530	159299		122241
油墨及类似产品制造	245372	93053	91875		1637		5103
颜料制造	384509	174307	477187		19207		5310
染料制造	284115	217835	296875			3009	16595
密封用填料及类似品制造	324735	180392	118228		34388		14546
合成材料制造	9162819	3000394	5089864		756297	425	418025
初级形态塑料及合成树脂制造	5180122	1687469	2518311		649503		166480
合成橡胶制造	632784	407402	838654		23699		34171
合成纤维单（聚合）体制造	1600723	401880	580905		6000		133464
其他合成材料制造	1749190	503643	1151994		77095	425	83910
专用化学产品制造	12712524	5891081	8385049	7517	643226	27600	634066
化学试剂和助剂制造	5194915	1896589	2811493	1950	272822		281684
专项化学用品制造	3375336	2373017	2745110	5567	279168	27600	107736
林产化学产品制造	289177	186004	271529		14228		12351
信息化学品制造	1267188	464360	767632				165025
环境污染处理专用药剂材料制造	628509	199158	420130		20437		15656
动物胶制造	65081	38155	98523		10		6890
其他专用化学产品制造	1892318	733798	1270632		56561		44724
炸药、火工及焰火产品制造	1240255	529888	1906023		131117	3800	27856
焰火、鞭炮产品制造	1240255	529888	1906023		131117	3800	27856
日用化学产品制造	2072496	880860	923676		18878	1500	159515
肥皂及合成洗涤剂制造	431038	226799	241808		11600		20159
化妆品制造	425415	214764	228917		1496		39889
口腔清洁用品制造	15470	40347	18540		3032		8989
香料、香精制造	530794	217364	146501				14853
其他日用化学产品制造	669779	181586	287910		2750	1500	75625
医药制造业	23308272	8519685	11446814	12188	1168566	4370	833566
化学药品原料药制造	3894243	1847901	1860970		263786		122254
化学药品制剂制造	3379728	1825060	2164480		431127		130243
中药饮片加工	3147219	739548	1451132		132020	4370	37666

国民经济行业小类按建设性质分的固定资产投资（不含农户）

续表10　　　　　　　　　　　　　　　　　　　　　　　　　　　　　　　单位：万元

行　业	新　建	扩　建	改建和技术改造	单纯建造生活设施	迁　建	恢　复	单纯购置
中成药生产	4221073	1430517	2344172		176748		145128
兽用药品制造	762550	256057	513190		47810		21656
生物药品制造	5528357	1793807	2273452	12188	88579		252035
卫生材料及医药用品制造	2375102	626795	839418		28496		124584
化学纤维制造业	4872588	3316723	1751628	106	289685		263289
纤维素纤维原料及纤维制造	1081142	541577	586369		7185		28719
化纤浆粕制造	260666	44007	172077		1035		17528
人造纤维（纤维素纤维）制造	820476	497570	414292		6150		11191
合成纤维制造	3791446	2775146	1165259	106	282500		234570
锦纶纤维制造	483793	444140	163393		50419		5592
涤纶纤维制造	1416264	1613800	418388		182513		136831
腈纶纤维制造	28684	8630					506
维纶纤维制造	129507	8987	42857				
丙纶纤维制造	99869	75158	23877	106			5000
氨纶纤维制造	47011	251047	106821				7605
其他合成纤维制造	1586318	373384	409923		49568		79036
橡胶和塑料制品业	25651758	11966775	11655703	24907	1287765	5602	1875659
橡胶制品业	5479886	4461290	3493218	24853	792113	1600	467110
轮胎制造	1816209	2594470	1521340	11600	646463		175449
橡胶板、管、带制造	1198149	1047198	828720		22780		98307
橡胶零件制造	473059	290982	299758		38286		77715
再生橡胶制造	538532	135616	150053		12595	1600	3820
日用及医用橡胶制品制造	399423	110163	116204		32958		26084
其他橡胶制品制造	1054514	282861	577143	13253	39031		85735
塑料制品业	20171872	7505485	8162485	54	495652	4002	1408549
塑料薄膜制造	3139275	975763	1025540	54	60700		148188
塑料板、管、型材制造	6391544	1828763	1911343		163539		362554
塑料丝、绳及编织品制造	1554004	725088	898044		4980		66228
泡沫塑料制造	537481	292225	358690		9051		34292
塑料人造革、合成革制造	377474	330976	214366		41310		63157
塑料包装箱及容器制造	2143888	752086	1097167		32979		146421
日用塑料制品制造	1655534	855926	705548		5978	4002	83030
塑料零件制造	920076	414080	523255		14020		161673
其他塑料制品制造	3452596	1330578	1428532		163095		343006
非金属矿物制品业	70746104	24082317	38737068	42409	1503525	80765	2373598
水泥、石灰和石膏制造	7610390	2702189	5578496	5800	181482	56270	268960
水泥制造	6225604	2152125	4637013	5800	176461	55220	244147
石灰和石膏制造	1384786	550064	941483	.	5021	1050	24813
石膏、水泥制品及类似制品制造	13545318	4243876	6109322	1570	379139		571222
水泥制品制造	7736941	2260295	3025117	1570	218665		369645

国民经济行业小类按建设性质分的固定资产投资（不含农户）

续表 11 单位：万元

行　业	新　建	扩　建	改建和技术改造	单纯建造生活设施	迁　建	恢　复	单纯购置
砼结构构件制造	1964531	536239	1025122		46431		84026
石棉水泥制品制造	308221	79745	42457		10550		
轻质建筑材料制造	2098027	839143	1205873		78328		72509
其他水泥类似制品制造	1437598	528454	810753		25165		45042
砖瓦、石材等建筑材料制造	25098900	8457427	13965945	20771	348544	19295	581451
粘土砖瓦及建筑砌块制造	6477036	2429486	4903464	14531	64067	9019	193559
建筑陶瓷制品制造	3345760	1681137	2142501	240	26185	4150	83671
建筑用石加工	5982988	1584057	3156256	6000	90531	6126	40495
防水建筑材料制造	1056477	481881	497773		49814		26128
隔热和隔音材料制造	2614940	854712	962388		30321		40644
其他建筑材料制造	5621699	1426154	2303563		87626		196954
玻璃制造	3624108	1055656	1971700	5800	70625		192038
平板玻璃制造	1693211	380263	1088647		31937		97426
其他玻璃制造	1930897	675393	883053	5800	38688		94612
玻璃制品制造	4251524	1685352	2546531	3502	94086		310083
技术玻璃制品制造	1121408	329717	547366		30590		43140
光学玻璃制造	268851	105917	316243				96735
玻璃仪器制造	144096	83571	143258				12406
日用玻璃制品制造	717986	370986	542681		16613		59511
玻璃包装容器制造	493292	230764	433316	2	9496		16260
玻璃保温容器制造	101890	33890	100639		2346		8746
制镜及类似品加工	64519	77446	75990				11505
其他玻璃制品制造	1339482	453061	387038	3500	35041		61780
玻璃纤维和玻璃纤维增强塑料制品制造	1542235	871922	996532	4966	22559		145199
玻璃纤维及制品制造	719238	552298	669960	4966	17488		81775
玻璃纤维增强塑料制品制造	822997	319624	326572		5071		63424
陶瓷制品制造	3699096	1338922	2832191		202126		106756
卫生陶瓷制品制造	524268	302609	277583		66600		11555
特种陶瓷制品制造	1148824	488579	881855		120326		47116
日用陶瓷制品制造	1375792	342866	1421492		15200		28339
园林、陈设艺术及其他陶瓷制品制造	650212	204868	251261				19746
耐火材料制品制造	4738039	1670288	1884201		60032		65558
石棉制品制造	339011	226937	156217		18312		15330
云母制品制造	84132	106657	123292		6100		8123
耐火陶瓷制品及其他耐火材料制造	4314896	1336694	1604692		35620		42105
石墨及其他非金属矿物制品制造	6636494	2056685	2852150		144932	5200	132331
石墨及碳素制品制造	2221939	818578	1254608		21701		62146
其他非金属矿物制品制造	4414555	1238107	1597542		123231	5200	70185
黑色金属冶炼和压延加工业	19494061	10389435	18556073	8775	1759196	173133	605992
炼铁	1421342	872878	1016165	1828	6800	8800	4995

国民经济行业小类按建设性质分的固定资产投资（不含农户）

续表12　　　　　　　　　　　　　　　　　　　　　　　　　　　　　　　　单位：万元

行　业	新　建	扩　建	改建和技术改造	单纯建造生活设施	迁　建	恢　复	单纯购置
炼钢	3954940	1333731	3490225	3192	215299	64733	65114
黑色金属铸造	2157089	1961625	2763176	1650	197220		144547
钢压延加工	9639936	5561006	9940940	2105	1060334		342495
铁合金冶炼	2320754	660195	1345567		279543	99600	48841
有色金属冶炼和压延加工业	32167011	8016730	13421336	44892	581305	410144	861367
常用有色金属冶炼	9770857	3033241	5659117	18358	398287	171862	81011
铜冶炼	1493222	373152	545287	15683	37575	812	19835
铅锌冶炼	710601	195747	1084120		27400	3800	4859
镍钴冶炼	878862	262319	472686				952
锡冶炼	48535	13571	169521				1730
锑冶炼	56668	15950	94838	458			
铝冶炼	4286344	1893643	2116171		333142	158900	4324
镁冶炼	1374617	52745	208464				3254
其他常用有色金属冶炼	922008	226114	968030	2217	170	8350	46057
贵金属冶炼	855537	545365	745441				
金冶炼	285153	410468	311648				
银冶炼	252638	100211	324544				
其他贵金属冶炼	317746	34686	109249				
稀有稀土金属冶炼	786627	140741	665848		32861	2500	21104
钨钼冶炼	193811	29892	341199		18731		12223
稀土金属冶炼	291854	64537	176937		14130		8881
其他稀有金属冶炼	300962	46312	147712			2500	
有色金属合金制造	3213495	1043796	1295291	5600	36050	330	93729
有色金属铸造	802724	345324	423409		1887	1952	81545
有色金属压延加工	16737771	2908263	4632230	20934	112220	233500	583978
铜压延加工	3747493	604139	816997		30498		117123
铝压延加工	11388622	1600525	2690867	4634	39581	233500	105190
贵金属压延加工	149050	69910	116462				15570
稀有稀土金属压延加工	458693	91760	255726				31300
其他有色金属压延加工	993913	541929	752178	16300	42141		314795
金属制品业	35063962	15245173	17312939	49895	1234422	16500	2445443
结构性金属制品制造	15037413	5914487	6316062	6000	564549	16000	708997
金属结构制造	10663394	4532953	4872532	6000	394209	16000	570092
金属门窗制造	4374019	1381534	1443530		170340		138905
金属工具制造	2798786	1320160	1666129	6711	55606		479768
切削工具制造	821566	323610	451154		19489		177519
手工具制造	212951	251923	274399				19365
农用及园林用金属工具制造	234304	152192	214884		14596		5817
刀剪及类似日用金属工具制造	320571	119883	81514		1495		22714
其他金属工具制造	1209394	472552	644178	6711	20026		254353

国民经济行业小类按建设性质分的固定资产投资 （不含农户）

续表 13

单位：万元

行　业	新　建	扩　建	改建和技术改造	单纯建造生活设施	迁　建	恢　复	单纯购置
集装箱及金属包装容器制造	2666965	1074048	1266998	12143	97425		113965
集装箱制造	522592	157927	132886		400		
金属压力容器制造	931684	358357	556276	7400	74833		42279
金属包装容器制造	1212689	557764	577836	4743	22192		71686
金属丝绳及其制品制造	1277772	838761	1035174		70119		103731
建筑、安全用金属制品制造	4758670	1846791	2148583		34704	500	303470
建筑、家具用金属配件制造	1678090	571488	747038		16515		80583
建筑装饰及水暖管道零件制造	1593345	672263	634630		16949	500	124801
安全、消防用金属制品制造	639069	304485	309170		1240		56547
其他建筑、安全用金属制品制造	848166	298555	457745				41539
金属表面处理及热处理加工	1719006	953773	878856		169357		170651
搪瓷制品制造	309500	202114	136537	6731	1928		9573
生产专用搪瓷制品制造	78653	39444	43311				7833
建筑装饰搪瓷制品制造	68717	19308	21581				1740
搪瓷卫生洁具制造	87964	116302	36503				
搪瓷日用品及其他搪瓷制品制造	74166	27060	35142	6731	1928		
金属制日用品制造	2028691	810815	933615		77307		152987
金属制厨房用器具制造	525771	156704	218945		47938		17230
金属制餐具和器皿制造	483391	243890	271699		12359		35744
金属制卫生器具制造	226294	28941	50440		1777		3132
其他金属制日用品制造	793235	381280	392531		15233		96881
其他金属制品制造	4467159	2284224	2930985	18310	163427		402301
锻件及粉末冶金制品制造	1724271	1124480	1393636		87549		81705
交通及公共管理用金属标牌制造	162549	62176	99346		14500		13935
其他未列明金属制品制造	2580339	1097568	1438003	18310	61378		306661
通用设备制造业	50270082	21471970	26385051	15132	1860797	15486	4889936
锅炉及原动设备制造	4785273	2604143	3194378		250441		504951
锅炉及辅助设备制造	2386749	1541835	1367712		44014		200164
内燃机及配件制造	1449743	784349	1179721		133951		164479
汽轮机及辅机制造	218418	82352	287200		55945		86352
水轮机及辅机制造	115062	27933	50376		3500		8900
风能原动设备制造	375307	67057	204484		3331		23470
其他原动设备制造	239994	100617	104885		9700		21586
金属加工机械制造	12721030	4453883	6109336	5280	287321	4485	927502
金属切削机床制造	2506661	775158	1265799		116066		96986
金属成形机床制造	1378829	420939	660610		38024		155135

国民经济行业小类按建设性质分的固定资产投资（不含农户）

续表14　　　　　　　　　　　　　　　　　　　　　　　　　　　单位：万元

行　业	新　建	扩　建	改建和技术改造	单纯建造生活设施	迁　建	恢　复	单纯购置
铸造机械制造	2755506	755226	1481067		52313	1985	135894
金属切割及焊接设备制造	1262382	263646	347775		9406		34824
机床附件制造	1198506	440666	701147		33323		88972
其他金属加工机械制造	3619146	1798248	1652938	5280	38189	2500	415691
物料搬运设备制造	6367971	2386094	2268212		350537		311407
轻小型起重设备制造	586332	239552	237283		19010		28684
起重机制造	2552604	644354	784240		20793		51504
生产专用车辆制造	845407	429422	396033		29526		38030
连续搬运设备制造	653381	245767	161520		138799		15280
电梯、自动扶梯及升降机制造	1228752	680130	488888		141609		164609
其他物料搬运设备制造	501495	146869	200248		800		13300
泵、阀门、压缩机及类似机械制造	6153668	2621827	4136822	2690	214332		523714
泵及真空设备制造	1723583	780051	1085863	2690	103901		126522
气体压缩机械制造	925608	249552	835442		4000		101890
阀门和旋塞制造	1537434	776696	849363		59849		147280
液压和气压动力机械及元件制造	1967043	815528	1366154		46582		148022
轴承、齿轮和传动部件制造	5596623	3097545	2694749		267002		559213
轴承制造	3383206	1367948	1269566		170052		243773
齿轮及齿轮减、变速箱制造	1453832	1390454	969689		83055		240180
其他传动部件制造	759585	339143	455494		13895		75260
烘炉、风机、衡器、包装等设备制造	4848639	2178001	2547349	6017	168773	800	399173
烘炉、熔炉及电炉制造	319102	189327	223174		19090		18535
风机、风扇制造	838154	289847	587857		20210		78489
气体、液体分离及纯净设备制造	603242	421459	335522	6017	16979		48554
制冷、空调设备制造	1875250	765526	807224		65032	800	142715
风动和电动工具制造	585758	199378	171458		6655		48296
喷枪及类似器具制造	60098	38421	45965		22495		11412
衡器制造	201919	41027	99951		13322		27924
包装专用设备制造	365116	233016	276198		4990		23248
文化、办公用机械制造	618966	152646	203966		5135		87255
电影机械制造	15567		2300				999
幻灯及投影设备制造	137925	13370	11625				13454
照相机及器材制造	132381	30999	38970				9152
复印和胶印设备制造	97769	24347	53530				36928
计算器及货币专用设备制造	87720	10913	11235		420		5795

国民经济行业小类按建设性质分的固定资产投资（不含农户）

续表 15   单位：万元

行　　业	新　建	扩　建	改建和技术改造	单纯建造生活设施	迁　建	恢　复	单纯购置
其他文化、办公用机械制造	147604	73017	86306		4715		20927
通用零部件制造	6448394	3256269	4039027	145	184245	6001	1338930
金属密封件制造	597454	278001	277671		31774		43242
紧固件制造	708275	438332	657546		54262		104687
弹簧制造	174284	120181	134820		10700		30414
机械零部件加工	3238470	1697040	2087610	145	76879		1033657
其他通用零部件制造	1729911	722715	881380		10630	6001	126930
其他通用设备制造业	2729518	721562	1191212	1000	133011	4200	237791
专用设备制造业	52715730	18697782	23091893	97586	1766887	21375	3783087
采矿、冶金、建筑专用设备制造	16044717	6822465	7169524	1569	662905	5650	763896
矿山机械制造	7132676	2432832	2608533	219	380851	2650	185993
石油钻采专用设备制造	2810821	1073283	1419957		46923	3000	174311
建筑工程用机械制造	3178871	1463950	1699425	1350	125455		266448
海洋工程专用设备制造	649373	340773	328136		9000		30069
建筑材料生产专用机械制造	1322422	850445	591675		31218		62064
冶金专用设备制造	950554	661182	521798		69458		45011
化工、木材、非金属加工专用设备制造	7359678	2712916	3708833		221992		787742
炼油、化工生产专用设备制造	2353320	594822	599659		25489		75357
橡胶加工专用设备制造	506556	87828	200593		3093		23538
塑料加工专用设备制造	628937	507900	573474		21176		42414
木材加工机械制造	369091	171494	159590		38299		35229
模具制造	2787394	1062647	1582612		66095		439329
其他非金属加工专用设备制造	714380	288225	592905		67840		171875
食品、饮料、烟草及饲料生产专用设备制造	1251302	567609	715480	7000	112608		40856
食品、酒、饮料及茶生产专用设备制造	461351	134477	286790	7000	19902		22535
农副食品加工专用设备制造	587269	302254	341265		80268		14374
烟草生产专用设备制造	48408	51241	40238		12438		3947
饲料生产专用设备制造	154274	79637	47187				
印刷、制药、日化及日用品生产专用设备制造	3830208	823559	1701948		84687	6200	314877
制浆和造纸专用设备制造	352231	169101	256347		39		90083
印刷专用设备制造	613211	205675	310900		29346		65772
日用化工专用设备制造	327783	79502	144544		10545	6200	47226
制药专用设备制造	423779	83027	422623		3137		57399
照明器具生产专用设备制造	1696129	193884	331107		40020		31505
玻璃、陶瓷和搪瓷制品生产专用设备制造	228319	49010	109192		1600		15809
其他日用品生产专用设备制造	188756	43360	127235				7083
纺织、服装和皮革加工专用设备制造	1800003	871607	670239	25400	147726		246542
纺织专用设备制造	1398478	713074	464572	25400	75509		145752
皮革、毛皮及其制品加工专用设备制造	194887	46308	76919		35902		39956
缝制机械制造	191498	101070	112261		36315		58834

国民经济行业小类按建设性质分的固定资产投资（不含农户）

续表16　　　　　　　　　　　　　　　　　　　　　　　　　　　　　　　单位：万元

行　业	新　建	扩　建	改建和技术改造	单纯建造生活设施	迁　建	恢　复	单纯购置
洗涤机械制造	15140	11155	16487				2000
电子和电工机械专用设备制造	4206757	1187032	1513090	60962	56909	625	596352
电工机械专用设备制造	1523754	380223	626272	49622	39030	625	105572
电子工业专用设备制造	2683003	806809	886818	11340	17879		490780
农、林、牧、渔专用机械制造	5042132	1664612	2163997		293323		238964
拖拉机制造	638771	145213	400333		58300		63413
机械化农业及园艺机具制造	2522367	653580	613764		56020		86464
营林及木竹采伐机械制造	86740	57610	63965				6371
畜牧机械制造	295545	212911	141181				13330
渔业机械制造	63178	14460	41297				1831
农林牧渔机械配件制造	646278	285468	462963		161531		28591
棉花加工机械制造	37154	23680	43600				2045
其他农、林、牧、渔业机械制造	752099	271690	396894		17472		36919
医疗仪器设备及器械制造	3714436	1051262	1549481		71384		343728
医疗诊断、监护及治疗设备制造	1366070	218823	472868		7884		81795
口腔科用设备及器具制造	96624	47287	51705		334		8820
医疗实验室及医用消毒设备和器具制造	280316	203152	211752		16906		50006
医疗、外科及兽医用器械制造	494884	140483	239357		9631		67625
机械治疗及病房护理设备制造	234679	108019	122823		16792		10354
假肢、人工器官及植（介）入器械制造	94953	33140	31057				39216
其他医疗设备及器械制造	1146910	300358	419919		19837		85912
环保、社会公共服务及其他专用设备制造	9466497	2996720	3899301	2655	115353	8900	450130
环境保护专用设备制造	4389874	1665877	2157309		54116	8900	160582
地质勘查专用设备制造	194894	46777	123379		11000		2050
邮政专用机械及器材制造	4229	210					
商业、饮食、服务专用设备制造	169346	14529	15471				
社会公共安全设备及器材制造	358558	125697	167012		4500		66209
交通安全、管制及类似专用设备制造	593893	59864	103067		5800		17171
水资源专用机械制造	319675	97391	184727		19461		24726
其他专用设备制造	3436028	986375	1148336	2655	20476		179392
汽车制造业	46911958	16508119	24244617	50167	2060211	20828	3589294
汽车整车制造	10122583	3011324	5271823		830809		572898
改装汽车制造	1545048	450588	879679	8500	70025		28811
低速载货汽车制造	250325	78450	260293		2063		5772
电车制造	1192985	477887	187805		28671		6107
汽车车身、挂车制造	1081154	254658	881366	17400	28216		6592
汽车零部件及配件制造	32719863	12235212	16763651	24267	1100427	20828	2969114

国民经济行业小类按建设性质分的固定资产投资（不含农户）

续表 17   单位：万元

行　业	新　建	扩　建	改建和技术改造	单纯建造生活设施	迁　建	恢　复	单纯购置
铁路、船舶、航空航天和其他运输设备制造业	14833894	4334480	5995612	34854	885575	30000	1032484
铁路运输设备制造	2740873	698000	1569595		246676	30000	307389
铁路机车车辆及动车组制造	649893	58243	238294		213246		96862
窄轨机车车辆制造	21950	4039	10210		2950		
铁路机车车辆配件制造	569886	234973	833415				118872
铁路专用设备及器材、配件制造	1361501	349362	327147		13180	30000	82643
其他铁路运输设备制造	137643	51383	160529		17300		9012
城市轨道交通设备制造	545729	237612	221178		1860		6830
船舶及相关装置制造	3245492	1557725	1767704	19414	111487		373831
金属船舶制造	1167964	411796	789068	525	79419		167471
非金属船舶制造	56977	195668	123842		545		42592
娱乐船和运动船制造	123145	59577	59183				8250
船用配套设备制造	1473500	595853	652833	18889	31523		144680
船舶改装与拆除	200576	204003	57963				
航标器材及其他相关装置制造	223330	90828	84815				10838
摩托车制造	1886664	547217	532360		208653		102103
摩托车整车制造	758985	154152	223262		122083		54532
摩托车零部件及配件制造	1127679	393065	309098		86570		47571
自行车制造	1989624	700313	337180		146625		90869
脚踏自行车及残疾人座车制造	376078	228564	68167		76976		48504
助动自行车制造	1613546	471749	269013		69649		42365
非公路休闲车及零配件制造	166565	93001	27381				14376
潜水救捞及其他未列明运输设备制造	4258947	500612	1540214	15440	170274		137086
其他未列明运输设备制造	4258947	500612	1540214	15440	170274		137086
电气机械和器材制造业	51760421	16634112	19198942	21745	1260953	47074	3182853
电机制造	5110818	2192556	2275928	13847	146363		643242
发电机及发电机组制造	2094842	1053146	946068	7470	35885		315434
电动机制造	1927948	562920	790724	6376	91434		179633
微电机及其他电机制造	1088028	576490	539136	1	19044		148175
输配电及控制设备制造	16770434	5196770	6040953		427465	11808	1085870
变压器、整流器和电感器制造	2839189	1012260	1521404		160614		181275
电容器及其配套设备制造	994775	209976	271863		24636		51742
配电开关控制设备制造	2241266	1163407	1399731		52365		190419
电力电子元器件制造	3289252	998383	1298512		38238	4700	304451
光伏设备及元器件制造	5239581	1237678	960517		146992	7108	298139
其他输配电及控制设备制造	2166371	575066	588926		4620		59844
电线、电缆、光缆及电工器材制造	6810768	2931588	3437334		280817	100	397750
电线、电缆制造	4961012	2128925	2415715		272319		239685
光纤、光缆制造	638806	242384	420236		616	100	35742

国民经济行业小类按建设性质分的固定资产投资（不含农户）

续表18　　　　　　　　　　　　　　　　　　　　　　　　　　　　　　　　　　　单位：万元

行　　业	新　建	扩　建	改建和技术改造	单纯建造生活设施	迁　建	恢　复	单纯购置
绝缘制品制造	354848	258326	277318		1200		32279
其他电工器材制造	856102	301953	324065		6682		90044
电池制造	7665381	1553291	2131425		156904	11346	302583
锂离子电池制造	3739101	629457	1045665		42992		199545
镍氢电池制造	343703	149447	203356		10910		9529
其他电池制造	3582577	774387	882404		103002	11346	93509
家用电力器具制造	4959549	1786231	1547762	1648	106393		287240
家用制冷电器具制造	1441266	350201	329982				91837
家用空气调节器制造	685866	268370	142245		61919		22230
家用通风电器具制造	173993	48466	51329		11587		27402
家用厨房电器具制造	999269	218919	242085	1648			19352
家用清洁卫生电器具制造	302441	199412	173896		22740		40200
家用美容、保健电器具制造	113232	44250	108536		2005		4497
家用电力器具专用配件制造	488909	404416	253410				30417
其他家用电力器具制造	754573	252197	246279		8142		51305
非电力家用器具制造	2845516	580198	1046569	580	39213		68954
燃气、太阳能及类似能源家用器具制造	2742364	551648	916724	580	39213		62906
其他非电力家用器具制造	103152	28550	129845				6048
照明器具制造	5715489	1552588	1465825	5670	81068	23820	226187
电光源制造	1270774	668216	393294		49706		52770
照明灯具制造	3588423	775774	849186	5670	16861	23820	116991
灯用电器附件及其他照明器具制造	856292	108598	223345		14501		56426
其他电气机械及器材制造	1882466	840890	1253146		22730		171027
电气信号设备装置制造	463670	120561	100429		8978		59577
其他未列明电气机械及器材制造	1418796	720329	1152717		13752		111450
计算机、通信和其他电子设备制造业	41774028	10443822	13344220	20731	340854	16648	5931533
计算机制造	4106992	969332	1500260	2449	21017	12660	1416725
计算机整机制造	947657	286268	512082		4770	12660	1063306
计算机零部件制造	1658616	327130	356576		6247		133240
计算机外围设备制造	689642	240366	169891	2449			146275
其他计算机制造	811077	115568	461711		10000		73904
通信设备制造	5283012	1675480	1381240		64871		565534
通信系统设备制造	2569583	1084325	760764		6434		125935
通信终端设备制造	2713429	591155	620476		58437		439599
广播电视设备制造	956778	362370	610327	10429	5879		213240
广播电视节目制作及发射设备制造	259752	97697	176644		4951		72488
广播电视接收设备及器材制造	384800	158367	212621		928		101531
应用电视设备及其他广播电视设备制造	312226	106306	221062	10429			39221
视听设备制造	1263168	172047	382330		6		283425
电视机制造	832398	34590	201666				137163

国民经济行业小类按建设性质分的固定资产投资（不含农户）

续表 19 单位：万元

行 业	新 建	扩 建	改建和技术改造	单纯建造生活设施	迁 建	恢 复	单纯购置
音响设备制造	282890	124908	105118		6		68222
影视录放设备制造	147880	12549	75546				78040
电子器件制造	14756065	3367285	4787207	7853	60756	703	1878915
电子真空器件制造	655638	213376	271090		13921		63031
半导体分立器件制造	461238	318464	207732		5400		159900
集成电路制造	2595244	645486	1896394	853	11296	703	606044
光电子器件及其他电子器件制造	11043945	2189959	2411991	7000	30139		1049940
电子元件制造	9241819	2672597	3304293		133328	2565	1203621
电子元件及组件制造	7751802	2214601	2821313		124060	2565	866332
印制电路板制造	1490017	457996	482980		9268		337289
其他电子设备制造	6166194	1224711	1378563		54997	720	370073
仪器仪表制造业	7403145	2908392	2970809	3032	209986		617933
通用仪器仪表制造	3689903	1298359	1649308	1445	108649		284839
工业自动控制系统装置制造	1986523	807276	922538	1445	69342		111016
电工仪器仪表制造	534793	236844	268280		21460		33103
绘图、计算及测量仪器制造	195663	55889	103862		900		28538
实验分析仪器制造	317594	60588	95930		9700		59934
试验机制造	134153	4007	5198		1850		9632
供应用仪表及其他通用仪器制造	521177	133755	253500		5397		42616
专用仪器仪表制造	1345669	880553	710963		83097		116170
环境监测专用仪器仪表制造	171365	91925	87010		5097		30074
运输设备及生产用计数仪表制造	141263	78053	163779				3567
农林牧渔专用仪器仪表制造	10490	68650	9271				
地质勘探和地震专用仪器制造	53390	58158	40062				
教学专用仪器制造	68329	38968	43957				3005
电子测量仪器制造	324064	107302	71347		48000		28319
其他专用仪器制造	576768	437497	295537		30000		51205
钟表与计时仪器制造	210778	14025	41168				51412
光学仪器及眼镜制造	962577	389275	269159	1587			102924
光学仪器制造	618527	281143	200296	1587			83305
眼镜制造	344050	108132	68863				19619
其他仪器仪表制造业	1194218	326180	300211		18240		62588
其他制造业	11304715	2345822	1740527	30785	62403		587465
日用杂品制造	806918	408734	305920		12636		52533
鬃毛加工、制刷及清扫工具制造	213305	84307	126955		7900		8687
其他日用杂品制造	593613	324427	178965		4736		43846
煤制品制造	1161585	135916	195766				13002
其他未列明制造业	9336212	1801172	1238841	30785	49767		521930
废弃资源综合利用业	6075275	1160391	2122334	15450	161249	1200	103451
金属废料和碎屑加工处理	3683350	577414	1429606		55914		57773
非金属废料和碎屑加工处理	2391925	582977	692728	15450	105335	1200	45678

国民经济行业小类按建设性质分的固定资产投资（不含农户）

续表20 单位：万元

行　业	新　建	扩　建	改建和技术改造	单纯建造生活设施	迁　建	恢　复	单纯购置
金属制品、机械和设备修理业	1661015	557981	902354	9300	63232		89442
金属制品修理	238773	288277	206808		40840		15865
通用设备修理	135214	49552	98037				10565
专用设备修理	209352	17929	126095		22392		15827
铁路、船舶、航空航天等运输设备修理	750195	143812	291018	9300			40706
铁路运输设备修理	19518	9860	86540				11875
船舶修理	201329	72883	36621				15765
航空航天器修理	164829	31105	130455	9300			9036
其他运输设备修理	364519	29964	37402				4030
电气设备修理	54433	12000	31452				2700
仪器仪表修理	1000		2320				
其他机械和设备修理业	272048	46411	146624				3779
（四）电力、热力、燃气及水生产和供应业	128284796	32789773	31501640	382132	778085	655826	1897063
电力、热力生产和供应业	95009489	25216172	24207919	130274	473201	606644	1619853
电力生产	66149339	14746851	11472119	48069	202133	429184	423745
火力发电	13085105	6923668	6223419	4200	110953	42968	203770
水力发电	18042662	1371601	1670711		15087	259216	91840
核力发电	5784434	1319993	391210		7320		33458
风力发电	14285238	3290897	1502222	43869	10200		12500
太阳能发电	10706743	859255	361706		48723		31406
其他电力生产	4245157	981437	1322851		9850	127000	50771
电力供应	21423779	7761688	9670430	25898	266364	110185	1087579
热力生产和供应	7436371	2707633	3065370	56307	4704	67275	108529
燃气生产和供应业	16986316	2688145	2148485	101757	49733	3650	124346
燃气生产和供应业	16986316	2688145	2148485	101757	49733	3650	124346
水的生产和供应业	16288991	4885456	5145236	150101	255151	45532	152864
自来水生产和供应	7716691	2563230	2639056	90517	85832	41185	25026
污水处理及其再生利用	7039479	2053271	2182985	47501	168819	4347	70991
其他水的处理、利用与分配	1532821	268955	323195	12083	500		56847
（五）建筑业	24240337	3711077	3869904	148532	154927	234668	2964000
房屋建筑业	9017745	1125670	804753	65916	67085	10000	779802
房屋建筑业	9017745	1125670	804753	65916	67085	10000	779802
土木工程建筑业	12210742	1739378	2089899	53493	37092	53228	1291630
铁路、道路、隧道和桥梁工程建筑	8539786	1242397	1208310	39893	7499	47058	787463
铁路工程建筑	484884	21987	67737				251747
公路工程建筑	3691791	493206	566650	8083		37200	155587
市政道路工程建筑	3317118	512974	408540	28069		9278	141493
其他道路、隧道和桥梁工程建筑	1045993	214230	165383	3741	7499	580	238636
水利和内河港口工程建筑	1360482	220172	360385	2900	9035	6170	89111
水源及供水设施工程建筑	531851	91928	112704			2530	15869

国民经济行业小类按建设性质分的固定资产投资（不含农户）

续表 21 单位：万元

行　　业	新　建	扩　建	改建和技术改造	单纯建造生活设施	迁　建	恢　复	单纯购置
河湖治理及防洪设施工程建筑	700874	96822	231287	2900	9035	3640	17653
港口及航运设施工程建筑	127757	31422	16394				55589
海洋工程建筑	201055		4600				926
工矿工程建筑	84973	22937	37702				87179
架线和管道工程建筑	1037168	126914	259232	6700	20558		144891
架线及设备工程建筑	549169	54643	114091		19735		135391
管道工程建筑	487999	72271	145141	6700	823		9500
其他土木工程建筑	987278	126958	219670	4000			182060
建筑安装业	707245	217063	321154	2565	6997	119	375113
电气安装	91803	41475	90209	795	3760		66312
管道和设备安装	208126	37217	89430	570		119	75613
其他建筑安装业	407316	138371	141515	1200	3237		233188
建筑装饰和其他建筑业	2304605	628966	654098	26558	43753	171321	517455
建筑装饰业	681820	168726	390884	9545	19951		243257
工程准备活动	414866	50652	49337	9800	7070	5500	130661
建筑物拆除活动	54412	12302	16530		5770		113354
其他工程准备活动	360454	38350	32807	9800	1300	5500	17307
提供施工设备服务	68075	22521	59526		12402		58962
其他未列明建筑业	1139844	387067	154351	7213	4330	165821	84575
（六）批发和零售业	**90545930**	**15691490**	**15259233**	**133733**	**702094**	**296575**	**3382032**
批发业	40846161	7930294	8028025	23641	484097	222930	2131999
农、林、牧产品批发	5142995	561107	482896	9770	56440		56079
谷物、豆及薯类批发	1177882	202185	123861		951		17947
种子批发	225776	60918	37173		7891		9741
饲料批发	71433	33894	67300				7400
棉、麻批发	128480	11060	7164	9770			2940
林业产品批发	417272	27381	28602				4010
牲畜批发	190201	39323	25970				
其他农牧产品批发	2931951	186346	192826		47598		14041
食品、饮料及烟草制品批发	5963392	1081082	1261429	8950	182766	32832	212285
米、面制品及食用油批发	638831	104966	154230		14500	2999	78448
糕点、糖果及糖批发	109624	46905	38515	8500			8010
果品、蔬菜批发	2941844	429288	265675		118726	3308	7201
肉、禽、蛋、奶及水产品批发	1063230	135856	283253	450	10185	10453	22111
盐及调味品批发	75082	16663	45196		5556		
营养和保健品批发	40902	5920	36790		1985		5113
酒、饮料及茶叶批发	444895	156592	222549				36266
烟草制品批发	165308	41975	56378		9857	8426	8926
其他食品批发	483676	142917	158843		21957	7646	46210
纺织、服装及家庭用品批发	4835671	775226	811619		2785	50256	129256

国民经济行业小类按建设性质分的固定资产投资（不含农户）

续表22 单位：万元

行　　业	新　建	扩　建	改建和技术改造	单纯建造生活设施	迁　建	恢　复	单纯购置
纺织品、针织品及原料批发	1706305	134478	131819		2785		19047
服装批发	1317503	303241	316380			50256	50261
鞋帽批发	75507	17162	24598				9033
化妆品及卫生用品批发	57452	8978	25048				12405
厨房、卫生间用具及日用杂货批发	230086	68400	70134				6490
灯具、装饰物品批发	233775	66358	31334				8456
家用电器批发	304922	122614	111768				21094
其他家庭用品批发	910121	53995	100538				2470
文化、体育用品及器材批发	645894	318876	211113	1602	10352		92967
文具用品批发	64373	34178	55471		3522		20775
体育用品及器材批发	98371	35844	34004				4821
图书批发	72572	42719	19743	1602			9549
报刊批发	724						
音像制品及电子出版物批发	2169	17017	14701				9338
首饰、工艺品及收藏品批发	256333	119789	46537		6830		22252
其他文化用品批发	151352	69329	40657				26232
医药及医疗器材批发	1068801	350292	257635		12000		120883
西药批发	409466	83154	77695		12000		21033
中药批发	367613	141491	30490				8739
医疗用品及器材批发	291722	125647	149450				91111
矿产品、建材及化工产品批发	12378760	2887606	2021151	459	122380	9454	562235
煤炭及制品批发	1382853	411878	211010		45000		67705
石油及制品批发	1678781	451611	353264		41553		123317
非金属矿及制品批发	144058	32513	49439				41503
金属及金属矿批发	1702829	559990	331376		4910		100654
建材批发	6771751	1213670	881045		23207	9454	162471
化肥批发	190428	64178	28078				6511
农药批发	40925	12998	7842				
农用薄膜批发	3300	8483	8020				
其他化工产品批发	463835	132285	151077	459	7710		60074
机械设备、五金产品及电子产品批发	6655408	1125202	1795756	2860	71686	56418	528038
农业机械批发	648061	114042	104500	2860			24465
汽车批发	1828831	146504	285349		23296		32801
汽车零配件批发	1030237	134406	236437				42450
摩托车及零配件批发	75244	9760	5513				995
五金产品批发	1562283	231311	269194		2900	56418	23743
电气设备批发	305572	150741	182062		3344		74511
计算机、软件及辅助设备批发	238292	39757	94392				60161
通讯及广播电视设备批发	144265	10242	69312				12180
其他机械设备及电子产品批发	822623	288439	548997		42146		256732

国民经济行业小类按建设性质分的固定资产投资（不含农户）

续表23

单位：万元

行　　业	新　建	扩　建	改建和技术改造	单纯建造生活设施	迁　建	恢　复	单纯购置
贸易经纪与代理	1549708	382529	684950				237292
贸易代理	944049	264890	516154				130784
拍卖	13150	956	5542				1627
其他贸易经纪与代理	592509	116683	163254				104881
其他批发业	2605532	448374	501476		25688	73970	192964
再生物资回收与批发	946991	185465	149353		14356	9200	55433
其他未列明批发业	1658541	262909	352123		11332	64770	137531
零售业	49699769	7761196	7231208	110092	217997	73645	1250033
综合零售	23729181	3144989	2528597	56281	33235	52590	183799
百货零售	13071377	1640661	1311979	2320	3775	52590	107204
超级市场零售	5288400	740937	677243	4765	18000		49074
其他综合零售	5369404	763391	539375	49196	11460		27521
食品、饮料及烟草制品专门零售	1695900	491409	425371	3266	15560	615	52373
粮油零售	116168	54733	23050				7372
糕点、面包零售	58397	32052	7801				4438
果品、蔬菜零售	403877	91766	63078	406	5280		2816
肉、禽、蛋、奶及水产品零售	381027	120418	99814	2860	5985	615	10820
营养和保健品零售	23020	12323	17945				
酒、饮料及茶叶零售	303206	54287	92737				11863
烟草制品零售	29415	9869	17199				
其他食品零售	380790	115961	103747		4295		15064
纺织、服装及日用品专门零售	1804322	636221	876230	11500	29826		120662
纺织品及针织品零售	296271	136983	88911				25045
服装零售	1014929	353655	604801	11500	29826		29479
鞋帽零售	15518	17760	29240				29166
化妆品及卫生用品零售	10405	7200	31109				4423
钟表、眼镜零售	9108	2900	23599				14883
箱、包零售	141136	19000	1978				2766
厨房用具及日用杂品零售	17642	24674	9436				3322
自行车零售	13345	7210	2280				
其他日用品零售	285968	66839	84876				11578
文化、体育用品及器材专门零售	1111876	191267	353116		2882		76949
文具用品零售	31612	13818	17405				15843
体育用品及器材零售	15692	9130	24453				5751
图书、报刊零售	103617	20564	22643				2932
音像制品及电子出版物零售	65433	1500					8750
珠宝首饰零售	358154	95909	131668				25313
工艺美术品及收藏品零售	408295	41307	127808		2882		18360
乐器零售	6000	2580	19400				
照相器材零售	2860	2969	4779				

国民经济行业小类按建设性质分的固定资产投资（不含农户）

续表24　　　　　　　　　　　　　　　　　　　　　　　　　　　　　单位：万元

行　业	新　建	扩　建	改建和技术改造	单纯建造生活设施	迁　建	恢　复	单纯购置
其他文化用品零售	120213	3490	4960				
医药及医疗器材专门零售	256521	128729	220737		8923		92560
药品零售	146171	93726	158687				39184
医疗用品及器材零售	110350	35003	62050		8923		53376
汽车、摩托车、燃料及零配件专门零售	13409920	1984250	1160778	33480	101231	6921	322120
汽车零售	10936531	1484326	680060	33480	56035		145558
汽车零配件零售	789074	91979	101925		8790		71289
摩托车及零配件零售	49834	7396	32953				
机动车燃料零售	1634481	400549	345840		36406	6921	105273
家用电器及电子产品专门零售	1238723	160632	441425	5565	3000	13000	98937
家用视听设备零售	97625	27396	25736				2228
日用家电设备零售	456989	52947	92482	5565			37153
计算机、软件及辅助设备零售	232458	37992	131233		2000		5146
通信设备零售	91012	10320	87855				16079
其他电子产品零售	360639	31977	104119		1000	13000	38331
五金、家具及室内装饰材料专门零售	4568511	707566	768553		15697		117754
五金零售	612296	57801	182525		4877		66331
灯具零售	246325	14684	29204				6727
家具零售	2524690	277751	227402				4082
涂料零售	10671	43200	25284				2000
卫生洁具零售	10519	23236	6499				
木质装饰材料零售	290443	82841	28203				16876
陶瓷、石材装饰材料零售	424966	87865	119475		6470		13298
其他室内装饰材料零售	448601	120188	149961		4350		8440
货摊、无店铺及其他零售业	1884815	316133	456401		7643	519	184879
货摊食品零售	117045	18300	5330				
货摊纺织、服装及鞋零售	62327		11180				
货摊日用品零售	48602		2980				
互联网零售	85537		23997				8597
邮购及电视、电话零售	1000	4760					17313
旧货零售	12929	2273					
生活用燃料零售	342177	117097	73699		4993		7276
其他未列明零售业	1215198	173703	339215		2650	519	151693
（七）交通运输、仓储和邮政业	259882640	37007646	39062422	565441	696276	1005198	25073880
铁路运输业	49819570	4751966	1808551	7210	175166	22700	10321421
铁路旅客运输	33654323	1151909	491030		51764		70901
铁路货物运输	12264049	3192572	481861		66880	22700	10171570
铁路运输辅助活动	3901198	407485	835660	7210	56522		78950
客运火车站	1240480	135218	263116				20924
货运火车站	264353	87051	47000		8837		

国民经济行业小类按建设性质分的固定资产投资（不含农户）

续表 25   单位：万元

行　　业	新　建	扩　建	改建和技术改造	单纯建造生活设施	迁　建	恢　复	单纯购置
其他铁路运输辅助活动	2396365	185216	525544	7210	47685		58026
道路运输业	148814125	21378768	29430379	531172	310822	954832	3609312
城市公共交通运输	31045682	840038	932853	8700	49713	36358	1637907
公共电汽车客运	2455505	195677	245708	8600	42313	2722	1101473
城市轨道交通	26086409	319947	131296				223632
出租车客运	70840	35216	26696				239413
其他城市公共交通运输	2432928	289198	529153	100	7400	33636	73389
公路旅客运输	55180356	6852626	9378633	322474	43043	213733	321059
道路货物运输	31258396	6291608	7577480	54559	81874	165160	1506307
道路运输辅助活动	31329691	7394496	11541413	145439	136192	539581	144039
客运汽车站	1441138	204790	186384	2050	61755		33429
公路管理与养护	24181260	5912257	9457335	122550	31659	365779	53085
其他道路运输辅助活动	5707293	1277449	1897694	20839	42778	173802	57525
水上运输业	13589582	2103163	2163291		17666	7429	3352063
水上旅客运输	370687	102272	65629				225477
海洋旅客运输	183841	36960	36608				207944
内河旅客运输	161632	47677	21725				6560
客运轮渡运输	25214	17635	7296				10973
水上货物运输	2035658	385251	457058			4200	2744960
远洋货物运输	234604	108881	28291				568864
沿海货物运输	1021642	82458	341829				1271519
内河货物运输	779412	193912	86938			4200	904577
水上运输辅助活动	11183237	1615640	1640604		17666	3229	381626
客运港口	297743	15417	7531				2890
货运港口	9247255	1429912	659133				204934
其他水上运输辅助活动	1638239	170311	973940		17666	3229	173802
航空运输业	3559954	1285954	1055623		43411	8750	7186908
航空客货运输	375457	254467	937919			8750	7150943
航空旅客运输	345346	250007	926290			8750	6733799
航空货物运输	30111	4460	11629				417144
通用航空服务	264735	7407	5988		4002		7810
航空运输辅助活动	2919762	1024080	111716		39409		28155
机场	2452343	961709	76178		39409		18543
空中交通管理	66002	4649					
其他航空运输辅助活动	401417	57722	35538				9612
管道运输业	3099899	269159	352030	11200	3300		4419
管道运输业	3099899	269159	352030	11200	3300		4419
装卸搬运和运输代理业	7680893	1330406	583983	1993	56789	7275	272984
装卸搬运	982576	302561	131708	1993	11000		91544
运输代理业	6698317	1027845	452275		45789	7275	181440

国民经济行业小类按建设性质分的固定资产投资（不含农户）

续表26　　　　　　　　　　　　　　　　　　　　　　　　　　　　　　单位：万元

行　业	新　建	扩　建	改建和技术改造	单纯建造生活设施	迁　建	恢　复	单纯购置
货物运输代理	4833223	749234	371371		45789	7275	145846
旅客票务代理	39867	2500	2278				12446
其他运输代理业	1825227	276111	78626				23148
仓储业	32649209	5827053	3534205	13866	85921	4212	242861
谷物、棉花等农产品仓储	5956135	1305187	858014	4866	58825	3354	65706
谷物仓储	2783063	941125	366717	2866	55908	3354	21846
棉花仓储	285463	104752	200745				34790
其他农产品仓储	2887609	259310	290552	2000	2917		9070
其他仓储业	26693074	4521866	2676191	9000	27096	858	177155
邮政业	669408	61177	134360		3201		83912
邮政基本服务	269167	13611	53404				29781
快递服务	400241	47566	80956		3201		54131
（八）住宿和餐饮业	45872099	7547736	5749188	204059	82206	26051	642743
住宿业	35641205	5110539	3390367	78294	67254	25667	419903
旅游饭店	28573023	3588169	2338803	43272	39542	18286	248609
一般旅馆	3759123	768782	807853	21100	25342	7381	140793
其他住宿业	3309059	753588	243711	13922	2370		30501
餐饮业	10230894	2437197	2358821	125765	14952	384	222840
正餐服务	8047311	1938983	1869973	122580	14952	384	185156
快餐服务	323495	93741	184422				17517
饮料及冷饮服务	388157	154103	99295	3185			10335
茶馆服务	68789	88171	41272	3185			
咖啡馆服务	50567	25358	29064				3920
酒吧服务	256735	37871	26488				4130
其他饮料及冷饮服务	12066	2703	2471				2285
其他餐饮业	1471931	250370	205131				9832
小吃服务	260705	43058	33716				4690
餐饮配送服务	92889	7550	37350				4690
其他未列明餐饮业	1118337	199762	134065				5142
（九）信息传输、软件和信息技术服务业	15897625	6683936	5287749	50429	44656	11139	2873232
电信、广播电视和卫星传输服务	6961507	5036442	3484312	50428	17706	10252	1400221
电信	6286095	4924470	3193820	39940	7385	7091	1175358
固定电信服务	1128543	1370320	914899				77917
移动电信服务	4761909	3335337	2070370	37440	4155	7091	1074620
其他电信服务	395643	218813	208551	2500	3230		22821
广播电视传输服务	581760	107772	274153	10488	8086	3161	79212
有线广播电视传输服务	435575	95877	220328	10488	894	1352	74388
无线广播电视传输服务	146185	11895	53825		7192	1809	4824
卫星传输服务	93652	4200	16339		2235		145651
互联网和相关服务	1362842	282664	594170		14030	367	594844

271

国民经济行业小类按建设性质分的固定资产投资（不含农户）

续表 27 单位：万元

行 业	新 建	扩 建	改建和技术改造	单纯建造生活设施	迁 建	恢 复	单纯购置
互联网接入及相关服务	297100	158539	361260		8330	367	78546
互联网信息服务	875996	81450	135964				441900
其他互联网服务	189746	42675	96946		5700		74398
软件和信息技术服务业	7573276	1364830	1209267	1	12920	520	878167
软件开发	3476134	627499	449861	1	8300		490149
信息系统集成服务	1100050	98021	235790				145329
信息技术咨询服务	610687	132618	118004		3620		37022
数据处理和存储服务	961709	243554	177862		1000	520	69951
集成电路设计	73966	23942	31473				21003
其他信息技术服务业	1350730	239196	196277				114713
数字内容服务	134968	38775	9109				42404
呼叫中心	143073	41907	22467				5350
其他未列明信息技术服务业	1072689	158514	164701				66959
（十）金融业	8862943	1066708	1418275	9877	107389	15299	939230
货币金融服务	5363373	677218	1032544	9877	91824	3187	746364
中央银行服务	702719	99146	43141	3870		200	111470
货币银行服务	3391025	516642	902275	6007	91824	2987	523124
非货币银行服务	1201799	61430	85168				49850
金融租赁服务	112307	11877	5854				889
财务公司	862619	1081	16066				3128
典当	32293	13316	22296				16825
其他非货币银行服务	194580	35156	40952				29008
银行监管服务	67830		1960				61920
资本市场服务	1537834	172788	202787		8412		61391
证券市场服务	354483	6444	22200				24274
证券市场管理服务	127999		12139				5453
证券经纪交易服务	223438	6444	7111				17931
基金管理服务	3046		2950				890
期货市场服务	47788		20563		1272		1248
期货市场管理服务	32915		20563		1272		588
其他期货市场服务	14873						660
证券期货监管服务	30101	14175	4100				
资本投资服务	972581	131036	87490		7140		31799
其他资本市场服务	132881	21133	68434				4070
保险业	747800	66973	131288		3953		59953
人身保险	536275	29986	102324				4347
人寿保险	536275	29986	100096				4347
健康和意外保险			2228				
财产保险	177338	36144	28964				50132
再保险							

国民经济行业小类按建设性质分的固定资产投资（不含农户）

续表28 单位：万元

行　　业	新　建	扩　建	改建和技术改造	单纯建造生活设施	迁　建	恢　复	单纯购置
养老金	4400						
保险经纪与代理服务	28199				3953		
保险监管服务							
其他保险活动	1588	843					5474
风险和损失评估	1588	843					4645
其他未列明保险活动							829
其他金融业	1213936	149729	51656		3200	12112	71522
金融信托与管理服务	414565	27659	5680				1468
控股公司服务	239889	52065	9472			12112	5439
非金融机构支付服务	69715	2650	2414				
金融信息服务	115369	43970	568				1395
其他未列明金融业	374398	23385	33522		3200		63220
（十一）房地产业	1057399770	18345884	17486171	17896572	1909331	362989	395652
房地产业	1057399770	18345884	17486171	17896572	1909331	362989	395652
房地产开发经营	906832251	3262698	3303592	1502084	221916	32254	46071
物业管理	2382428	618055	876594	319900	43876	4990	191850
房地产中介服务	237819	33817	61722	52837			29664
自有房地产经营活动	12834238	582087	1143562	253106	77508	9201	6111
其他房地产业	135113034	13849227	12100701	15768645	1566031	316544	121956
（十二）租赁和商务服务业	44810994	6015601	4654234	384868	204571	85567	2590555
租赁业	1065084	211029	201794	3400	7797		1506711
机械设备租赁	993995	172002	199511		7797		1500472
汽车租赁	73409	30016	49534				56303
农业机械租赁	15623	24756					16812
建筑工程机械与设备租赁	596908	90525	106563		5297		319332
计算机及通讯设备租赁	4610		5087				4410
其他机械与设备租赁	303445	26705	38327		2500		1103615
文化及日用品出租	71089	39027	2283	3400			6239
娱乐及体育设备出租	59589	38035		3400			1446
图书出租		992					
音像制品出租			1989				
其他文化及日用品出租	11500		294				4793
商务服务业	43745910	5804572	4452440	381468	196774	85567	1083844
企业管理服务	17681203	2410326	2157989	148224	112476	2360	432080
企业总部管理	5728654	715852	337205	23048	12910		234613
投资与资产管理	8676071	917333	1477543	95534	98544		144027
单位后勤管理服务	628159	102647	37462	12695			
其他企业管理服务	2648319	674494	305779	16947	1022	2360	53440
法律服务	191429	107091	14724				8893
律师及相关法律服务	162054	107091	10491				4523

国民经济行业小类按建设性质分的固定资产投资（不含农户）

续表29　　　　　　　　　　　　　　　　　　　　　　　　　　　　　　　单位：万元

行　业	新　建	扩　建	改建和技术改造	单纯建造生活设施	迁　建	恢　复	单纯购置
公证服务			4233				
其他法律服务	29375						4370
咨询与调查	499917	130091	187176				68537
会计、审计及税务服务	50410	16727	21344				9559
市场调查	16618						2046
社会经济咨询	164699	27195	65777				12661
其他专业咨询	268190	86169	100055				44271
广告业	457402	254658	279904		600		208475
知识产权服务	51343	33634	24289				32458
人力资源服务	389765	67234	47428		36705		27559
公共就业服务	204043	5758	7935		347		
职业中介服务	17528	2800	11867				8388
劳务派遣服务	32227	22067	20695				19171
其他人力资源服务	135967	36609	6931		36358		
旅行社及相关服务	3858976	552113	324563			3516	64580
旅行社服务	232824	71612	50649				36109
旅游管理服务	3243719	463123	262310			3516	22075
其他旅行社相关服务	382433	17378	11604				6396
安全保护服务	278859	26871	88056		6451		60427
安全服务	127120	910	54090				18324
安全系统监控服务	106578	21661	22392				34863
其他安全保护服务	45161	4300	11574		6451		7240
其他商务服务业	20337016	2222554	1328311	233244	40542	79691	180835
市场管理	6597452	1000134	585855	16755	30200	4951	31872
会议及展览服务	5125662	301937	105889				22085
包装服务	149357	57285	82157				5798
办公服务	1761086	82628	53079		5082		4651
信用服务	24102						
担保服务	213662	19428	36697		5260		3328
其他未列明商务服务业	6465695	761142	464634	216489		74740	113101
（十三）科学研究和技术服务业	**20086547**	**3145621**	**6016986**	**84138**	**170941**	**31644**	**1796201**
研究和试验发展	7648563	1251522	1257348	50836	45866		288661
自然科学研究和试验发展	686346	72652	134795	2226	4855		50713
工程和技术研究和试验发展	4792008	645994	741419		13396		184166
农业科学研究和试验发展	1382678	370184	220453		23215		15121
医学研究和试验发展	668906	156865	105019				32961
社会人文科学研究	118625	5827	55662	48610	4400		5700
专业技术服务业	6378634	900308	2346666	18102	113847	21288	868672

国民经济行业小类按建设性质分的固定资产投资（不含农户）

续表30　　　　　　　　　　　　　　　　　　　　　　　　　　　　　　　　　单位：万元

行　业	新　建	扩　建	改建和技术改造	单纯建造生活设施	迁　建	恢　复	单纯购置
气象服务	157038	56874	25863	467	5214	2300	36450
地震服务	55301	6286	1600			688	2553
海洋服务	50816	16664	117777			10000	3849
测绘服务	61202	28052	45676				40298
质检技术服务	1014270	65482	110819		52070		140898
环境与生态监测	298786	26726	124244		1530	300	32555
环境保护监测	229444	23388	96499		1530	300	29037
生态监测	69342	3338	27745				3518
地质勘查	1223148	156860	362274	3873	3854	8000	202277
能源矿产地质勘查	909235	50978	114046				18974
固体矿产地质勘查	179422	58835	41828				2350
水、二氧化碳等矿产地质勘查	12553						2943
基础地质勘查	36952	35717	16277	250	3743		84255
地质勘查技术服务	84986	11330	190123	3623	111	8000	93755
工程技术	1861873	259827	1062226	12400	6700		106487
工程管理服务	879338	46827	205313		2300		31271
工程勘察设计	376165	92823	342643		2000		73004
规划管理	606370	120177	514270	12400	2400		2212
其他专业技术服务业	1656200	283537	496187	1362	44479		303305
专业化设计服务	636762	70797	177532	862	42859		89901
摄影扩印服务	66966	21423	76111				14256
兽医服务	5175		11350	500			
其他未列明专业技术服务业	947297	191317	231194		1620		199148
科技推广和应用服务业	6059350	993791	2412972	15200	11228	10356	638868
技术推广服务	3000183	608437	1861558	6460	9300	10356	395118
农业技术推广服务	1539460	210723	202847			10356	98795
生物技术推广服务	359517	132223	311430	4160			66204
新材料技术推广服务	225969	80691	815137		5000		72369
节能技术推广服务	258905	80669	277672	2300			42947
其他技术推广服务	616332	104131	254472		4300		114803
科技中介服务	1347675	177458	218656				50670
其他科技推广和应用服务业	1711492	207896	332758	8740	1928		193080
（十四）水利、环境和公共设施管理业	**269928982**	**52910606**	**49278305**	**1947618**	**658449**	**1184564**	**718840**
水利管理业	32856685	8325594	9240234	345707	34068	252436	133659
防洪除涝设施管理	13877649	4466328	5363349	65886	20252	167039	2745
水资源管理	4935467	940254	940558	129276	12332	40550	12790
天然水收集与分配	8350570	1769552	1197830	14884	100	20987	12790
水文服务	183896	47341	25447		217	810	8310

国民经济行业小类按建设性质分的固定资产投资（不含农户）

续表 31   单位：万元

行　　业	新　建	扩　建	改建和技术改造	单纯建造生活设施	迁　建	恢　复	单纯购置
其他水利管理业	5509103	1102119	1713050	135661	1167	23050	109814
生态保护和环境治理业	8477123	2026546	3225338	60959	115818	316114	34926
生态保护	2353134	650154	640079		75151	66919	
自然保护区管理	879875	270400	63171			15067	
野生动物保护	86083	37242	65875				
野生植物保护	89448	33514	12482				
其他自然保护	1297728	308998	498551		75151	51852	
环境治理业	6123989	1376392	2585259	60959	40667	249195	34926
水污染治理	3033812	839089	1415866	43268	12380	51557	5565
大气污染治理	339902	67379	252958				
固体废物治理	1438589	189395	267264	4380	10798	12243	5937
危险废物治理	189700	36527	36813		11009	1325	
放射性废物治理	9340	550					
其他污染治理	1112646	243452	612358	13311	6480	184070	23424
公共设施管理业	228595174	42558466	36812733	1540952	508563	616014	550255
市政设施管理	172114559	31740671	26956776	1182466	437179	344475	288927
环境卫生管理	3083211	827874	835654	23775	12909	43460	93034
城乡市容管理	7128947	1280630	2613385	114475	10676	24386	72146
绿化管理	8181262	2060413	2335393	123079	11679	38637	61003
公园和游览景区管理	38087195	6648878	4071525	97157	36120	165056	35145
公园管理	12598451	1565225	1519172	59840	4376	28177	18881
游览景区管理	25488744	5083653	2552353	37317	31744	136879	16264
（十五）居民服务、修理和其他服务业	**13961106**	**2822365**	**2219041**	**82744**	**134597**	**9056**	**715333**
居民服务业	8314632	1481616	1206017	55933	77474	7465	68290
家庭服务	333755	118478	58621	960	4580	7300	568
托儿所服务	228654	15491	15247	1899			556
洗染服务	48350	1216	12398				6075
理发及美容服务	33984	26919	96118	8690			12981
洗浴服务	850928	553686	236278	14880			6330
保健服务	240644	25450	50859				2870
婚姻服务	93570	13939	19525				4840
殡葬服务	868992	170736	70378		47202		7500
其他居民服务业	5615755	555701	646593	29504	25692	165	26570
机动车、电子产品和日用产品修理业	2345665	607581	625334	14280	38921	930	586675
汽车、摩托车修理与维护	1949273	539103	504010	2750	31592		178585
汽车修理与维护	1934708	531526	502310	2750	31592		178585
摩托车修理与维护	14565	7577	1700				
计算机和办公设备维修	351200	44028	103549	11530	7329	930	408090

国民经济行业小类按建设性质分的固定资产投资（不含农户）

续表32 单位：万元

行 业	新 建	扩 建	改建和技术改造	单纯建造生活设施	迁 建	恢 复	单纯购置
计算机和辅助设备修理	70237	15519	31330		7029		391930
通讯设备修理	134445	22049	55053	11530			6510
其他办公设备维修	146518	6460	17166		300	930	9650
家用电器修理	15234	17452	12960				
家用电子产品修理	10388	4805	2950				
日用电器修理	4846	12647	10010				
其他日用产品修理业	29958	6998	4815				
自行车修理							
鞋和皮革修理			2935				
家具和相关物品修理		5000					
其他未列明日用产品修理业	29958	1998	1880				
其他服务业	3300809	733168	387690	12531	18202	661	60368
清洁服务	147457	26692	42465		13402		16152
建筑物清洁服务	46822		5152		3952		3470
其他清洁服务	100635	26692	37313		9450		12682
其他未列明服务业	3153352	706476	345225	12531	4800	661	44216
（十六）教育	**37227136**	**9394228**	**4155936**	**290275**	**1841427**	**54901**	**1034738**
教育	37227136	9394228	4155936	290275	1841427	54901	1034738
学前教育	2790263	725128	399908	10996	61080	8793	14105
初等教育	5708975	1594999	1137684	52799	374287	21375	111908
普通小学教育	5625413	1568044	1092376	52799	369447	21375	110524
成人小学教育	83562	26955	45308		4840		1384
中等教育	12996060	3523822	1561691	114380	933385	9588	223805
普通初中教育	5763233	1874561	908960	74818	318357	5919	108640
职业初中教育	351503	121704	74109	245	21666		15447
成人初中教育	90485	4950	4373	9450			
普通高中教育	3617122	795888	389828	26998	341170	2600	53956
成人高中教育	86429	13434	3497		5000		
中等职业学校教育	3087288	713285	180924	2869	247192	1069	45762
高等教育	10014681	2646761	483177	79276	298461	5946	443461
普通高等教育	9182094	2436771	450830	73335	189922	5946	428316
成人高等教育	832587	209990	32347	5941	108539		15145
特殊教育	210879	66320	29031	4000	5499		4351
技能培训、教育辅助及其他教育	5506278	837198	544445	28824	168715	9199	237108
职业技能培训	3557329	509426	239369	27651	59623	2310	98481
体校及体育培训	189066	23722	3691		14800		4400
文化艺术培训	239104	57713	63915		15110		5987
教育辅助服务	326497	65866	89061		6300	2200	84066

国民经济行业小类按建设性质分的固定资产投资（不含农户）

续表 33

单位：万元

行　业	新　建	扩　建	改建和技术改造	单纯建造生活设施	迁　建	恢　复	单纯购置
其他未列明教育	1194282	180471	148409	1173	72882	4689	44174
（十七）卫生和社会工作	**18567687**	**5589908**	**2649099**	**120222**	**1838051**	**63323**	**2554521**
卫生	14207174	4894322	2341126	84906	1790453	59510	2537461
医院	11406920	4059489	1789065	55575	1678844	51170	2240656
综合医院	8407462	2987570	1210986	31853	1140030	605	1728674
中医医院	1104776	272318	120467	19252	277502		118194
中西医结合医院	239253	130467	21105		12880		54825
民族医院	55745	9578	15555		10569		9480
专科医院	1123339	519278	345955	4470	221150	70	327888
疗养院	476345	140278	74997		16713	50495	1595
社区医疗与卫生院	1398132	495900	337695	14136	43104	3187	100858
社区卫生服务中心（站）	526672	76234	120387	9500	12211	1253	40053
街道卫生院	96552	57318	18739		5814		14370
乡镇卫生院	774908	362348	198569	4636	25079	1934	46435
门诊部（所）	125524	81595	23944		4986		47198
计划生育技术服务活动	197099	26019	27317	7629	4938	77	9259
妇幼保健院（所、站）	277371	109247	42747		18486	4865	37897
专科疾病防治院（所、站）	57876	38538	28410		2515		16915
疾病预防控制中心	189246	36390	31360		23809		16604
其他卫生活动	555006	47144	60588	7566	13771	211	68074
社会工作	4360513	695586	307973	35316	47598	3813	17060
提供住宿社会工作	3933082	656003	274532	19123	30281	1663	14260
干部休养所	168611	69418	23710		6190		
护理机构服务	217047	35021	33961				
精神康复服务	112125	9002	152				
老年人、残疾人养护服务	2937510	513884	199944	15313	21387	1352	14260
孤残儿童收养和庇护服务	105724	3564	3955		1433	311	
其他提供住宿社会救助	392065	25114	12810	3810	1271		
不提供住宿社会工作	427431	39583	33441	16193	17317	2150	2800
社会看护与帮助服务	217491	28836	20384	16193	13907		
其他不提供住宿社会工作	209940	10747	13057		3410	2150	2800
（十八）文化、体育和娱乐业	**40695106**	**6097954**	**4114279**	**130020**	**306630**	**230246**	**680491**
新闻和出版业	669466	170811	51736		90600		54960
新闻业	218652	108853	4863				2536
出版业	450814	61958	46873		90600		52424
图书出版	137976	18389	25876		37000		6974
报纸出版	194251	21129	9860		53600		18118
期刊出版	4400	5552					

国民经济行业小类按建设性质分的固定资产投资（不含农户）

续表34　　　　　　　　　　　　　　　　　　　　　　　　　　　　　　单位：万元

行　　业	新　建	扩　建	改建和技术改造	单纯建造生活设施	迁　建	恢　复	单纯购置
音像制品出版	15334						
电子出版物出版	32027		1150				11376
其他出版业	66826	16888	9987				15956
广播、电视、电影和影视录音制作业	2239521	225880	324270	5114	20233	1491	294426
广播	233695	34218	22748		9867		2717
电视	454803	54135	111591	614	10366	1491	172230
电影和影视节目制作	869997	43635	25502				31031
电影和影视节目发行	27218	1672	27158				49148
电影放映	616808	89491	128291	4500			36304
录音制作	37000	2729	8980				2996
文化艺术业	17888993	3370492	1994968	84826	101721	215779	159979
文艺创作与表演	580383	104986	76027			234	15679
艺术表演场馆	2029707	197237	67488		4290	6110	36136
图书馆与档案馆	1052165	103434	67190		40811	1801	27761
图书馆	692597	71887	63437		28577	1801	27761
档案馆	359568	31547	3753		12234		
文物及非物质文化遗产保护	2453402	839516	683833	27239	18014	154937	2968
博物馆	2576434	545953	182956		7345	11768	2569
烈士陵园、纪念馆	465117	90701	48970		162	236	
群众文化活动	4680442	865517	479845	49077	26199	40693	10785
其他文化艺术业	4051343	623148	388659	8510	4900		64081
体育	8686948	959914	686398	4150	31899	10395	30133
体育组织	158333	18661	4427				5284
体育场馆	4398657	403835	332957	1800	28175	10395	2850
休闲健身活动	3490605	486321	334441	1350	3600		21999
其他体育	639353	51097	14573	1000	124		
娱乐业	11210178	1370857	1056907	35930	62177	2581	140993
室内娱乐活动	1878990	315153	518741	29608	1980	2581	104324
歌舞厅娱乐活动	772792	203727	263890	14608			86956
电子游艺厅娱乐活动	30175	13024	39104				2193
网吧活动	21902	12515	96542				10602
其他室内娱乐活动	1054121	85887	119205	15000	1980	2581	4573
游乐园	5571368	562547	347135		60197		12144
彩票活动	23201	13906	4346				16055
文化、娱乐、体育经纪代理	9548	12178					3606
文化娱乐经纪人	3029	5100					
体育经纪人							
其他文化艺术经纪代理	6519	7078					3606

国民经济行业小类按建设性质分的固定资产投资（不含农户）

续表 35　　　　　　　　　　　　　　　　　　　　　　　　　　单位：万元

行　　业	新　建	扩　建	改建和技术改造	单纯建造生活设施	迁　建	恢　复	单纯购置
其他娱乐业	3727071	467073	186685	6322			4864
（十九）公共管理、社会保障和社会组织	40858385	7954893	6285565	1230638	1006892	389913	1010872
中国共产党机关	325061	69100	116614	10306	20025		19521
中国共产党机关	325061	69100	116614	10306	20025		19521
国家机构	28822675	5310986	4360254	598036	645243	288112	835252
国家权力机构	430431	114792	41480	95777	31026	1925	870
国家行政机构	26545573	4985909	4148008	498079	477030	277289	816211
综合事务管理机构	10462613	1559951	1417382	240572	77985	217877	168070
对外事务管理机构	78334	11734	5726				
公共安全管理机构	5331856	650205	329865	4726	314856	7190	260122
社会事务管理机构	4043633	1417139	815223	50778	42474	26479	222792
经济事务管理机构	5826057	1227352	1424303	195914	28036	24070	91077
行政监督检查机构	803080	119528	155509	6089	13679	1673	74150
人民法院和人民检察院	1044546	120735	69894		92239	3901	6655
人民法院	692437	87409	23549		66052	1367	3586
人民检察院	352109	33326	46345		26187	2534	3069
其他国家机构	802125	89550	100872	4180	44948	4997	11516
人民政协、民主党派	37645	18400	67019		5368		2500
人民政协	7092				1068		2500
民主党派	30553	18400	67019		4300		
社会保障	1503328	338744	303434	1000	13477	660	8930
社会保障	1503328	338744	303434	1000	13477	660	8930
群众团体、社会团体和其他成员组织	3785195	1217804	348850	24163	146104	61028	127172
群众团体	196458	22537	6029	8533	4980		
工会	56692	150			3400		
妇联	31801	11170	3730				
共青团	205	2027					
其他群众团体	107760	9190	2299	8533	1580		
社会团体	2532226	542009	183868	12990	116800	1500	113869
专业性团体	1910650	365134	152761	12990	58349	1500	43260
行业性团体	365224	31551	22265		3920		8099
其他社会团体	256352	145324	8842		54531		62510
基金会	14419	452					3969
宗教组织	1042092	652806	158953	2640	24324	59528	9334
基层群众自治组织	6384481	999859	1089394	597133	176675	40113	17497
社区自治组织	2354901	325482	456551	110686	56380	27614	10264
村民自治组织	4029580	674377	632843	486447	120295	12499	7233

各地区按隶属关系分的新增固定资产

单位：万元

地　　区	合　　计	中央项目	地方项目	省　属	地市属	县　属	其　他
全国总计	2697802835	124337380	2573465455	109141498	222352681	497355040	1744616236
北　　京	29326690	4682921	24643769	7047390	7704041	44819	9847519
天　　津	55682875	4672379	51010496	3330399	10128027	3098067	34454003
河　　北	175373393	5363185	170010208	5149849	10780446	26388133	127691780
山　　西	62293323	1779194	60514129	7877287	5303340	17738751	29594751
内　蒙　古	91641265	4979485	86661780	3077551	10911102	33782525	38890602
辽　　宁	146663716	3047891	143615825	2896969	14339160	15450681	110929015
吉　　林	74330965	5203639	69127326	1190645	4924760	15948149	47063772
黑　龙　江	78415251	5435982	72979269	3294680	8023119	22160378	39501092
上　　海	26620799	2896421	23724378	4158016	4795857	334389	14436116
江　　苏	263692977	3541253	260151724	2307675	14257816	21152014	222434219
浙　　江	107835050	3432259	104402791	1344073	9138578	18078359	75841781
安　　徽	111035280	1654743	109380537	3359061	12280065	13816896	79924515
福　　建	83006608	3194306	79812302	3753398	5484015	14327258	56247631
江　　西	79136944	1210888	77926056	1097814	2821341	16226219	57780682
山　　东	229966905	5644502	224322403	4151748	9420818	22716707	188033130
河　　南	156045099	3327041	152718058	2852353	7262173	25588306	117015226
湖　　北	101822652	2533831	99288821	1414937	4396347	17582116	75895421
湖　　南	110528607	1903024	108625583	3115205	6746311	29472336	69291731
广　　东	139711754	9690380	130021374	2998234	20708900	19195528	87118712
广　　西	71160293	838870	70321423	1725167	4993632	12551859	51050765
海　　南	9419085	540464	8878621	1277444	2797861	1732934	3070382
重　　庆	65832627	2714561	63118066	6094431	10026096	10795619	36201920
四　　川	128345032	3318334	125026698	6509229	10820019	42114595	65582855
贵　　州	33123739	1510809	31612930	7864020	4265369	7577682	11905859
云　　南	46435713	3441877	42993836	2437173	3127408	16286124	21143131
西　　藏	5967128	1747092	4220036	386932	1255313	1141172	1436619
陕　　西	82549117	2146519	80402598	10714532	7783629	32406817	29497620
甘　　肃	40695015	2228564	38466451	2806949	2652270	19131858	13875374
青　　海	11726433	167392	11559041	628627	2135093	4765409	4029912
宁　　夏	14894504	1245871	13648633	1436520	671813	3003440	8536860
新　　疆	45280449	11000156	34280293	2843190	2397962	12745900	16293241
不分地区	19243547	19243547					

注：本表中新增固定资产为固定资产投资（不含农户）口径（以下表同）。

各地区按建设性质分的新增固定资产

单位：万元

地　区	新　建	扩　建	改建和技术改造	单纯建造生活设施	迁　建	恢　复	单纯购置
全国总计	1687613415	409607543	479608781	16708380	23287367	5702574	75274775
北　京	20520622	2295639	2822695	364989	71873	144725	3106147
天　津	41866121	5823235	5423234	20050	238160	16856	2295219
河　北	93974187	39808187	33069129	529690	5634669	329335	2028196
山　西	35205156	12393830	10502450	3494944	211758	70672	414513
内蒙古	63101748	11410919	14815942	272591	175125	79170	1785770
辽　宁	113987533	16251629	11445862	115298	572497	73947	4216950
吉　林	32675117	11955364	25857084	38671	2228766	113552	1462411
黑龙江	41693937	12431449	15200582	763022	128638	63948	8133675
上　海	20045160	1700981	2050784		132219		2691655
江　苏	156510618	60260715	37029621	770213	1921981	83328	7116501
浙　江	61611761	25041005	15195144	364247	2325681	125841	3171371
安　徽	75651045	16602129	16639443	132400	771976	61774	1176513
福　建	44109572	21001318	12820937	135734	676215	49638	4213194
江　西	49819339	10730465	14912655	928242	481395	102013	2162835
山　东	96867444	45519199	79560131	2469489	1815999	151644	3582999
河　南	126968556	17273714	9539032	584451	645562	33216	1000568
湖　北	69347767	11494459	18597301	209557	447560	303367	1422641
湖　南	51607527	10274455	47764704	241765	213276	215991	210889
广　东	100323899	15999392	16128737	158591	290476	80706	6729953
广　西	32566224	10509780	24921300	173867	297265	159405	2532452
海　南	8033755	903300	375067	51963		55000	
重　庆	52274324	4748217	7256914	124133	1037828	69916	321295
四　川	82522760	10982606	30484159	538312	1024961	1126866	1665368
贵　州	26863991	3456147	2321794	173130	259962		48715
云　南	31605283	6314818	6322211	360938	584977	233950	1013536
西　藏	4637369	725868	290480	129963	433	37458	145557
陕　西	60749023	9479889	8874919	785322	560342	124717	1974905
甘　肃	33891013	3915495	1998820	326192	167440	226032	170023
青　海	7393373	895803	1683594	68624	57704	1512138	115197
宁　夏	12269746	1165333	1319622	57618	44159	21456	16570
新　疆	30378855	8230948	3734724	2324374	268470	35913	307165
不分地区	8540590	11255	649710				10041992

各地区按行业门类分的新增固定资产（一）

单位：万元

地　　区	合　　计	农、林、牧、渔业	采矿业	制造业	电力、热力、燃气及水生产和供应业
全国总计	2697802835	90353180	104137964	1032446070	126012118
北　京	29326690	1063466	38649	4826042	1599944
天　津	55682875	2085060	2797413	16082155	1429164
河　北	175373393	6945743	6191898	83114609	5139517
山　西	62293323	5442216	9910145	13988246	4220649
内　蒙　古	91641265	6328621	8400713	23938749	9336273
辽　宁	146663716	3930977	4445073	60855919	5664410
吉　林	74330965	2457737	3321665	35872390	3205691
黑　龙　江	78415251	6859216	5403594	25835274	3082199
上　海	26620799	93599		4433857	795899
江　苏	263692977	1866773	714887	140739546	7534983
浙　江	107835050	1612244	307689	43256688	4288406
安　徽	111035280	2933132	2038592	47134266	2828042
福　建	83006608	2415152	2065335	34000508	5713195
江　西	79136944	2131388	1621774	43631426	2327841
山　东	229966905	6398392	4841773	102250376	6423020
河　南	156045099	6149678	4832292	78216651	5950521
湖　北	101822652	3186024	2116805	50075201	3154420
湖　南	110528607	4087247	4423028	44887490	4216451
广　东	139711754	2240139	462050	41912778	6652392
广　西	71160293	3773227	2753227	29200295	3539189
海　南	9419085	76957	75797	1080941	650104
重　庆	65832627	3258928	1579847	17448609	3327726
四　川	128345032	3311477	3736576	35369824	7761761
贵　州	33123739	58686	2412304	6145822	1645562
云　南	46435713	2023249	2919400	8165580	4095536
西　藏	5967128	332467	519504	374849	1083413
陕　西	82549117	5033437	10555598	15728867	3892915
甘　肃	40695015	1705582	2485748	7033673	5370954
青　海	11726433	730729	238332	2428490	1723433
宁　夏	14894504	524175	746952	3354747	1661352
新　疆	45280449	1297462	6133941	11062202	5611768
不分地区	19243547		6047363		2085388

各地区按行业门类分的新增固定资产（二）

单位：万元

地 区	建筑业	批发和零售业	交通运输、仓储和邮政业	住宿和餐饮业	信息传输、软件和信息技术服务业
全国总计	25927008	83081792	200806705	39258102	20305513
北 京	90763	256122	3162099	37243	691628
天 津	929692	2374105	1275463	422008	620218
河 北	155117	6915935	14765614	1579231	454032
山 西	53212	1538295	4122298	677690	287417
内 蒙 古	819393	3140611	8991781	1002526	820713
辽 宁	1524422	5930164	9423498	3919053	848089
吉 林	763548	3249214	2828967	898777	433917
黑 龙 江	2827950	4153019	3380904	968090	660889
上 海	49000	328633	3119986	190343	515051
江 苏	417863	5409409	10967644	3775638	2639129
浙 江	161523	1662458	9728657	1239161	452001
安 徽	614113	3239715	4630588	1810481	863193
福 建	527734	1804021	6382686	1272996	1034152
江 西	350670	3748184	1942262	1785457	368589
山 东	3337975	10872757	12363414	2967655	515342
河 南	137868	4451014	9096575	1486767	181708
湖 北	576385	2883400	6434561	1349996	417412
湖 南	737346	3073082	5409541	1428618	734153
广 东	493119	4256395	17860937	2784218	3236277
广 西	312042	2792936	4954534	1607315	983648
海 南	294226	72600	595296	645856	300128
重 庆	27972	1124425	8257884	635762	479676
四 川	26075	2886556	15422320	2231619	662182
贵 州		252282	6836332	228217	
云 南	22446	1363198	3913077	1198282	791363
西 藏		134719	1162483	118115	62367
陕 西	1857873	2391633	6775164	1934269	310737
甘 肃	7378205	1445015	1976402	479336	342101
青 海	493711	165857	510570	120448	39752
宁 夏	231988	352170	1272192	97120	122741
新 疆	714777	813868	2991908	365815	436908
不分地区			10251068		

各地区按行业门类分的新增固定资产（三）

单位：万元

地　　区	金融业	房地产业	租赁和商务服务业	科学研究和技术服务业	水利、环境和公共设施管理业
全国总计	**6887547**	**531340177**	**32088068**	**21979918**	**233441738**
北　京	344528	12633666	106955	619747	2049223
天　津	208043	15488319	2907103	632205	5556898
河　北	304264	26279686	2640833	1240339	12172833
山　西	49410	11831635	265547	221151	7074949
内　蒙　古	204069	11788961	489167	455464	10613654
辽　宁	1285711	24005292	2761935	1400105	12142791
吉　林	198309	8803148	520133	689044	6404162
黑　龙　江	125656	10941484	1034335	897106	6935100
上　海	1529	13824013	412480	170548	1713205
江　苏	400437	54040506	4449832	2536645	17970760
浙　江	244832	28255042	1340200	600416	9524152
安　徽	703687	26654056	1427484	766700	9751935
福　建	346937	13927048	590626	215672	8052245
江　西	175495	9274497	1000434	370047	6409822
山　东	404537	40173321	3141060	5493971	12746661
河　南	95684	27630575	595731	419937	10424046
湖　北	348644	16360571	1155179	624142	7797526
湖　南	343970	18729675	2240711	992239	11311398
广　东	269942	38464472	1384348	1052559	12143652
广　西	220213	8414302	934699	421063	6494394
海　南	47368	4820205	6000	3093	425662
重　庆	10370	19357640	427565	137340	6637770
四　川	139260	32371446	675197	340066	16293862
贵　州		6073478	98995	214186	8210299
云　南	37234	11560874	303527	142251	5789598
西　藏	43218	490460	65774	31969	575489
陕　西	171767	17143909	538112	903376	9691501
甘　肃	108357	5081451	239365	260001	3089473
青　海	29808	2545622	168507	27059	760377
宁　夏	6859	4632268	42722	45030	1132461
新　疆	17409	9742555	123512	56447	3545840
不分地区					

各地区按行业门类分的新增固定资产（四）

单位：万元

地　　区	居民服务、修理和其他服务业	教　育	卫生、和社会工作	文化、体育和娱乐业	公共管理社会保障和社会组织
全国总计	14139920	38319252	21573810	33472091	42231862
北　　京	106387	707911	119511	558317	314489
天　　津	978940	730068	304142	488796	373083
河　　北	468670	1794881	1215066	2548009	1447116
山　　西	191762	953507	476776	607094	381324
内　蒙　古	289280	991756	694041	934695	2400798
辽　　宁	1373409	1679341	1150359	2623038	1700130
吉　　林	361210	642143	554806	1643995	1482109
黑　龙　江	526858	1202172	1087756	797781	1695868
上　　海	48804	352243	287312	160476	123821
江　　苏	1224373	2699969	1514980	2449902	2339701
浙　　江	139960	1510284	756178	1395281	1359878
安　　徽	477429	1484673	795316	1102472	1779406
福　　建	250134	990844	521771	1343664	1551888
江　　西	437534	1297280	575187	759587	929470
山　　东	2800478	2948797	1476195	4183934	6627247
河　　南	1175093	1912275	1151450	1570113	567121
湖　　北	349143	885915	968828	1147548	1990952
湖　　南	549941	1570522	913338	900918	3978939
广　　东	285206	2830109	1395850	1307788	679523
广　　西	368628	1604898	776826	922584	1086273
海　　南	9800	162970	52909	98333	840
重　　庆	278451	909078	447545	674330	811709
四　　川	267384	2441242	1288354	1623981	1495850
贵　　州	60000	678715	11806	131985	65070
云　　南	130440	1500421	587567	786120	1105550
西　　藏	22236	155086	53188	170894	570897
陕　　西	461679	1393016	1325888	922940	1516436
甘　　肃	287153	817283	575617	752206	1267093
青　　海	19872	522767	68295	448452	684352
宁　　夏	114197	298462	44018	69761	145289
新　　疆	85469	650624	382935	347097	899912
不分地区					859728

各地区按工业行业大类分的新增固定资产（一）

单位：万元

地　　区	工业合计	煤炭开采和洗选业	石油和天然气开采业	黑色金属矿采选业	有色金属矿采选业	非金属矿采选业	开采辅助活动
全国总计	1262596152	33440895	28170908	12676552	11709078	14315934	3373182
北　　京	6464635	7875		30774			
天　　津	20308732		2382355	16500		9074	389484
河　　北	94446024	1019007	316308	3577934	293960	799712	165438
山　　西	28119040	7720721	905335	531145	19470	222226	483248
内 蒙 古	41675735	3435255	470084	1904001	1639798	776050	155551
辽　　宁	70965402	462101	468191	1586862	697851	957548	267680
吉　　林	42399746	447097	1244230	430609	470073	561290	162410
黑 龙 江	34321067	1184072	3422352	60819	115568	304151	292638
上　　海	5229756						
江　　苏	148989416	53550	213249	116949	2736	310303	15800
浙　　江	47852783	40		6423	39124	261602	
安　　徽	52000900	444003	18426	457807	357679	717885	30045
福　　建	41779038	869508		289595	211914	607378	79707
江　　西	47581041	423845		167002	342319	633859	32173
山　　东	113515169	354829	2844143	376217	504565	666710	82451
河　　南	88999464	1600194	261976	263726	1978125	662154	55527
湖　　北	55346426	413787	20560	274521	146982	1170636	21477
湖　　南	53526969	1800239	3000	287332	846738	1389566	68969
广　　东	49027220		5200	23945	97905	301270	21120
广　　西	35492711	87153	18000	456622	829469	1200681	37303
海　　南	1806842			17424	51373	7000	
重　　庆	22356182	889957	101872	61470	8723	439298	75528
四　　川	46868161	1720044	65070	515119	295365	971925	141195
贵　　州	10203688	2160418		32300	107747	111839	
云　　南	15180516	1501418		382253	737549	255292	40388
西　　藏	1977766	6000		36426	467800	5451	1027
陕　　西	30177380	4223366	4999309	188907	502629	296128	334843
甘　　肃	14890375	526614	656509	146943	607048	476070	72564
青　　海	4390255	61824	26710	62557	56558	26877	2706
宁　　夏	5763051	684211	51079			11662	
新　　疆	22807911	1343767	3629587	374370	280010	162297	343910
不分地区	8132751		6047363				

各地区按工业行业大类分的新增固定资产（二）

单位：万元

地　　区	其他采矿业	农副食品加工业	食品制造业	酒、饮料和精制茶制造业	烟草制品业	纺织业	纺织服装、服饰业
全国总计	451415	63152640	27146183	22924834	1850969	36430230	24133717
北　京		37486	67283	44452	25164	6570	65151
天　津		387827	331564	110263	1442	158163	366171
河　北	19539	4960545	2159919	1022644	79436	3386144	1536394
山　西	28000	1141897	312614	257764	900	158317	87001
内　蒙　古	19974	2322662	952583	551292	9752	224070	161558
辽　宁	4840	5958490	1111559	1067210	3600	824854	999132
吉　林	5956	3488666	1115027	1449581	38625	210914	201767
黑　龙　江	23994	4987393	1252138	1267842	74428	247981	225341
上　海		16417	147487	18124	8604	29037	31721
江　苏	2300	2583977	1493543	1582367	139400	7544561	3273546
浙　江	500	584668	328171	252017	418369	3199435	1277443
安　徽	12747	2672074	1142741	743942	145863	1362819	1874934
福　建	7233	2297488	1268312	1559433	30163	2715876	1435001
江　西	22576	2131984	808295	809918	235810	1463963	2787683
山　东	12858	6404497	2254719	1107889	21637	3574667	2242563
河　南	10590	5157500	3519099	1703716	222185	3522058	1654990
湖　北	68842	4324500	1784652	1544571	76404	2251411	1592824
湖　南	27184	3568114	1504748	1179397	59007	954647	774600
广　东	12610	1019819	1020306	715518	21540	1938988	2269330
广　西	123999	2094038	875881	889789	34031	660389	599505
海　南		77421	25086	1	2000		
重　庆	2999	790904	425823	229494	9722	432447	202485
四　川	27858	2219225	1058627	2469873	21076	685240	248597
贵　州		191458	64397	662906	65538	41184	45080
云　南	2500	1008278	375043	429006	89798	88960	51219
西　藏	2800	42105	16943	42401		1923	1000
陕　西	10416	955564	443289	629218	10190	313104	69708
甘　肃		715751	232867	248461	6285	88464	37405
青　海	1100	176562	45328	35471		7959	4465
宁　夏		214675	179267	120419		102140	17103
新　疆		620655	828872	179855		233945	
不分地区							

各地区按工业行业大类分的新增固定资产（三）

单位：万元

地　区	皮革、毛皮、羽毛及其制品和制鞋业	木材加工及木竹藤、棕、草制品业	家具制造业	造纸及纸制品业	印刷业和记录媒介复制业	文教、工美、体育和娱乐用品制造业	石油加工炼焦及核燃料加工业
全国总计	13098383	23213104	14349549	16821735	9775049	10389460	16879025
北　京	11160	2700	29477	9046	59832	17829	192470
天　津	40500	154135	280480	430464	57483	97646	167879
河　北	1647707	1029569	878333	1171111	715487	860768	3500101
山　西	13310	62870	105077	159209	35503	59472	919114
内 蒙 古	463074	318032	110252	160300	93500	42750	1657711
辽　宁	223637	1713181	629375	689515	401960	337347	1250402
吉　林	115067	1478291	411415	391897	273653	206711	173072
黑 龙 江	465193	1795488	533605	279984	306524	172038	346381
上　海		45270	18861	64085	34569	41329	63268
江　苏	835248	2069256	1210608	1243229	942694	1245756	737787
浙　江	742663	415997	624866	967380	408871	832760	180642
安　徽	686347	1376381	688105	669630	521366	500158	128875
福　建	1374982	1834627	908164	941661	228176	752100	46155
江　西	1141980	796641	986994	809480	677418	1028961	251296
山　东	889855	1914052	1120216	1933288	1140918	988960	2040205
河　南	1229249	1101947	1303422	1378230	647251	427252	575181
湖　北	556333	771099	705323	1118187	544713	432089	657547
湖　南	792605	1380225	716423	846405	691779	331979	130377
广　东	730126	507588	937672	782727	607548	1212800	361162
广　西	386220	3158100	675100	813268	427403	407695	146263
海　南		8000		8000	30000		26003
重　庆	381980	122027	204501	531210	178625	55956	118653
四　川	215556	638006	958007	693012	362141	80169	414056
贵　州	51170	55340	37000	39800	6287	40000	286904
云　南	19900	178556	93504	208762	114767	22931	138688
西　藏			2500		14100	14285	
陕　西	17223	170281	148547	243201	200889	37163	597564
甘　肃	32359	63301	19021	65230	19068	55831	491493
青　海					9600	74725	
宁　夏	34939	1500	1500	30995	11376		480071
新　疆		50644	11201	142429	11548	12000	799705
不分地区							

各地区按工业行业大类分的新增固定资产（四）

单位：万元

地 区	化学原料及化学制品制造业	医药制造业	化学纤维制造业	橡胶和塑料制品业	非金属矿物制品业	黑色金属冶炼和压延加工业	有色金属冶炼和压延加工业
全国总计	83600667	29894475	6371157	39771855	107906923	37067002	31349681
北 京	355073	119285	2224	3288	180759		2037
天 津	667208	366747	23311	974011	1140954	506700	512119
河 北	5217928	2201017	353183	4702865	9177119	5660223	836036
山 西	1332955	639658	57780	373748	2736642	1111490	679910
内 蒙 古	2976666	768574	9980	522558	2483417	1172237	2680712
辽 宁	3723118	1411468	179294	3107988	6495643	3652738	1359322
吉 林	2621214	1873815	50647	1088631	4105594	304445	237747
黑 龙 江	1284257	618635	11509	984105	2712903	294032	184558
上 海	342568	118111	57930	105979	66316	338832	62867
江 苏	14463493	2852158	1997441	4706469	8379636	4337920	2934521
浙 江	2925797	1095303	883849	2144072	1692836	2488520	582518
安 徽	2613155	1367640	133484	2297269	4780962	1405308	951674
福 建	1442306	413608	1193737	1415924	3629984	1172527	390893
江 西	3802967	1407932	140171	1337541	5676356	416876	2455364
山 东	10851447	3646887	221156	4801103	8441158	2847766	4189993
河 南	6167230	2764331	275358	2168478	10708880	1656857	2786374
湖 北	4057072	1658182	174059	1848388	6245636	1244553	695562
湖 南	3499673	1337680	63770	1314449	6465106	996971	2135288
广 东	2288627	903687	86620	2330064	4634099	795755	790382
广 西	1945590	681588	73512	747486	4678483	1237070	1277321
海 南	447046	38287		8647	98931	8800	
重 庆	1289211	432083	21911	413378	1518498	387833	316834
四 川	2661141	1534405	318920	976749	3605831	2099772	556243
贵 州	613175	150496		89132	1099472	230034	329664
云 南	677639	246730	4766	183165	1284285	332405	783499
西 藏	6791	15556		15000	41271		144466
陕 西	1435534	410513	9952	392331	2289401	262568	499669
甘 肃	475821	609203	3000	231765	1089258	762041	280922
青 海	652477	23331		7770	357624	272372	381854
宁 夏	529875	95062		87155	329508	357428	264488
新 疆	2233613	92503	23593	392347	1760361	712929	2046844
不 分 地 区							

各地区按工业行业大类分的新增固定资产（五）

单位：万元

地　区	金属制品业	通用设备制造业	专用设备制造业	汽车制造业	铁路、船舶、航空航天和其他运输设备制造业	电气机械和器材制造业	计算机、通信和其他电子设备制造业
全国总计	55436757	77385864	68062616	61380964	18965858	63514780	44110092
北　京	108713	68592	116125	358370	18581	99306	2768491
天　津	1764792	1272570	1070976	1224135	521661	819664	1363736
河　北	6071665	6758875	6469041	4171861	2071106	3815754	1199613
山　西	802978	680735	846765	345672	147141	410215	269493
内　蒙　古	1416573	1372678	840242	1011948	116540	1146478	81219
辽　宁	3086466	6813656	5364277	3528682	1437468	3120356	1018232
吉　林	991408	1836114	2011445	8638631	484597	1093742	352832
黑　龙　江	1433750	2454463	1997553	440646	165420	658564	223696
上　海	182406	413861	184184	522715	59610	398423	636886
江　苏	8327224	15642298	12971914	6954818	3752088	12925382	10341103
浙　江	2725018	4683311	2640168	2878303	1475321	4222127	1564348
安　徽	2724127	3766689	3420469	3064409	387488	4292363	2365738
福　建	1678644	1315237	1008226	905232	451300	1333569	1352012
江　西	2117277	1524334	1708143	1605204	314704	3366243	2413583
山　东	5916316	9689116	8044228	5972273	1872360	5551680	2552023
河　南	3564416	5621043	5701481	3293695	1169489	5592092	3080739
湖　北	2279438	2449876	2718033	4769015	568366	2600584	1511825
湖　南	1775139	3181202	2719912	1384516	1085758	2771813	1986026
广　东	3309319	1539145	1605748	1899357	690146	3199537	4583203
广　西	1096824	1021017	1289443	1351201	200851	1053364	731298
海　南		26468		11000		11000	195431
重　庆	844420	1006174	752830	2374233	808870	1003595	1136782
四　川	1038848	1967701	2455892	2926527	673539	1838284	1565271
贵　州	210824	316388	413039	485767	32940	475792	95900
云　南	220999	154362	80941	132866	15941	157100	32741
西　藏	1000	2	2001			10625	2150
陕　西	1021726	1297469	1216811	1059250	404291	751242	391709
甘　肃	459890	255012	200770	19500	7430	320738	77067
青　海	27910	38450	2100		16477	250765	
宁　夏	68241	104524	87706	27743	12675	89189	25075
新　疆	170406	114502	122153	23395	3700	135194	191870
不分地区							

各地区按工业行业大类分的新增固定资产（六）

单位：万元

地　　区	仪器仪表制造业	其他制造业	废弃资源综合利用业	金属制品机械和设备修理业	电力、热力生产和供应业	燃气生产和供应业	水的生产和供应业
全国总计	9451586	9212523	6679395	2118997	93138571	13041799	19831748
北　京	49927	1801	4850		1518899	31849	49196
天　津	118749	672574	463025	15206	1067205	195898	166061
河　北	262217	385631	623124	189193	3602962	804205	732350
山　西	44773	42271	119157	33815	3043469	740771	436409
内　蒙　古	39690	41757	129097	60847	7537182	723900	1075191
辽　宁	411349	222832	607621	105147	3892356	538921	1233133
吉　林	205515	210920	179009	31398	2424491	480224	300976
黑　龙　江	87470	165820	116622	46935	2295304	327955	458940
上　海	18226	383491	14000	8680	451952	96491	247456
江　苏	2671471	1814785	557154	207699	5599995	487551	1447437
浙　江	342118	393883	193527	92387	2725160	587829	975417
安　徽	445583	218427	340745	45501	1761199	310520	756323
福　建	265133	450851	128603	60584	4437931	291547	983717
江　西	464743	487045	447489	15031	1166472	364544	796825
山　东	1125540	238434	295095	360335	4645507	838920	938593
河　南	593826	307464	225243	97575	3912450	823356	1214715
湖　北	275682	132291	399610	87376	2003364	350267	800789
湖　南	278452	380102	334697	246630	2797543	354459	1064449
广　东	357854	258407	441190	74514	4795162	657146	1200084
广　西	114859	71471	396371	64864	2585908	290879	662402
海　南		38870	19950		345035	104220	200849
重　庆	434038	893993	127148	2951	2184704	587462	555560
四　川	476795	324619	118272	167430	5612055	591788	1557918
贵　州	6135		10000		1535482	63850	46230
云　南	28505	857072	153152		3301856	258279	535401
西　藏				730	592864	455470	35079
陕　西	244051	64855	83958	57596	2233576	1011548	647791
甘　肃	34475	52270	60512	18463	4823461	232546	314947
青　海	28500	5750	9000		1563194	100584	59655
宁　夏	21910	500	54083	5600	1525249	59704	76399
新　疆	4000	94337	27091	22510	5071196	279116	261456
不分地区					2085388		

国民经济行业大类按隶属关系分的新增固定资产

单位：万元

行　业	合　计	中央项目	地方项目	省　属	地市属	县　属	其　他
全　国　总　计	2697802835	124337380	2573465455	109141498	222352681	497355040	1744616236
（一）农、林、牧、渔业	90353180	630294	89722886	1473972	2654629	25090142	60504143
农业	30626664	140211	30486453	680847	921867	6859120	22024619
林业	10759279	94284	10664995	479594	923420	4397005	4864976
畜牧业	24310962	90982	24219980	39260	124551	4237582	19818587
渔业	5260932		5260932	4512	47463	460563	4748394
农、林、牧、渔服务业	19395343	304817	19090526	269759	637328	9135872	9047567
（二）采矿业	104137964	23418796	80719168	12429214	1826338	13519440	52944176
煤炭开采和洗选业	33440895	949447	32491448	7992580	850432	5016813	18631623
石油和天然气开采业	28170908	20356663	7814245	3024052	179355	3275812	1335026
黑色金属矿采选业	12676552	289077	12387475	315136	293435	969103	10809801
有色金属矿采选业	11709078	625529	11083549	824659	296409	2436612	7525869
非金属矿采选业	14315934	156409	14159525	81795	138636	1126745	12812349
开采辅助活动	3373182	1041671	2331511	190992	62431	640343	1437745
其他采矿业	451415		451415		5640	54012	391763
（三）制造业	1032446070	17978207	1014467863	18424494	32333309	89945852	873764208
农副食品加工业	63152640	77587	63075053	315750	1131335	6545529	55082439
食品制造业	27146183	34150	27112033	235086	476753	2811356	23588838
酒、饮料和精制茶制造业	22924834	17895	22906939	360278	1065592	2522378	18958691
烟草制品业	1850969	278646	1572323	861120	117789	199239	394175
纺织业	36430230	202209	36228021	21246	441076	2710010	33055689
纺织服装、服饰业	24133717	5021	24128696	43697	130102	1628252	22326645
皮革、毛皮、羽毛及其制品和制鞋业	13098383	5700	13092683	38500	157758	1759033	11137392
木材加工和木、竹、藤、棕、草制品业	23213104	13291	23199813	19300	316393	1907760	20956360
家具制造业	14349549		14349549		188396	998018	13163135
造纸和纸制品业	16821735	24810	16796925	212482	365896	1459605	14758942
印刷和记录媒介复制业	9775049	113072	9661977	171723	321324	558803	8610127
文教、工美、体育和娱乐用品制造业	10389460	22226	10367234	2670	116868	561448	9686248
石油加工、炼焦和核燃料加工业	16879025	2352908	14526117	1309165	913977	1629442	10673533
化学原料及化学制品制造业	83600667	2207334	81393333	2093266	3229957	10139446	65930664
医药制造业	29894475	102413	29792062	327588	1487572	4180891	23796011
化学纤维制造业	6371157	93596	6277561	63860	177449	142728	5893524
橡胶和塑料制品业	39771855	17154	39754701	66625	566815	2502638	36618623
非金属矿物制品业	107906923	502240	107404683	870929	1725842	9671633	95136279
黑色金属冶炼和压延加工业	37067002	978757	36088245	2473469	2450321	2152880	29011575
有色金属冶炼和压延加工业	31349681	364984	30984697	1090067	1446526	4691887	23756217
金属制品业	55436757	391883	55044874	642481	1387738	4244613	48770042
通用设备制造业	77385864	516562	76869302	576894	2015793	4334722	69941893
专用设备制造业	68062616	1627215	66435401	675250	1506484	4961263	59292404

国民经济行业大类按隶属关系分的新增固定资产

续表1   单位：万元

行　业	合　计	中央项目	地方项目	省　属	地市属	县　属	其　他
汽车制造业	61380964	3713307	57667657	1295889	3376171	5816643	47178954
铁路、船舶、航空航天和其他运输设备制造业	18965858	1945738	17020120	583695	1074642	1155683	14206100
电气机械和器材制造业	63514780	933501	62581279	816752	2227296	4364108	55173123
计算机、通信和其他电子设备制造业	44110092	737612	43372480	2703386	2660880	3535761	34472453
仪器仪表制造业	9451586	146854	9304732	208222	515539	505499	8075472
其他制造业	9212523	303679	8908844	229992	516579	1642710	6519563
废弃资源综合利用业	6679395	161861	6517534	25251	185615	445712	5860956
金属制品、机械和设备修理业	2118997	86002	2032995	89861	38831	166162	1738141
（四）电力、热力、燃气及水生产和供应业	126012118	27082661	98929457	13056974	12527849	28306179	45038455
电力、热力生产和供应业	93138571	25780397	67358174	11564495	7666268	17110887	31016524
燃气生产和供应业	13041799	966671	12075128	903191	1587246	2909896	6674795
水的生产和供应业	19831748	335593	19496155	589288	3274335	8285396	7347136
（五）建筑业	25927008	1336817	24590191	1043119	2273730	10668831	10604511
房屋建筑业	8140796	132344	8008452	273252	389156	3698042	3648002
土木工程建筑业	12851320	1152988	11698332	562155	1579549	5772737	3783891
建筑安装业	1311648	23895	1287753	55307	141937	228480	862029
建筑装饰和其他建筑业	3623244	27590	3595654	152405	163088	969572	2310589
（六）批发和零售业	83081792	850788	82231004	1420358	3404853	9563598	67842195
批发业	39307350	473406	38833944	644345	1256551	3860896	33072152
零售业	43774442	377382	43397060	776013	2148302	5702702	34770043
（七）交通运输、仓储和邮政业	200806705	26325174	174481531	26086617	40915975	50331390	57147549
铁路运输业	18146935	14278107	3868828	1951728	515967	698774	702359
道路运输业	125733155	2800440	122932715	22160368	33287971	42845977	24638399
水上运输业	11940321	872933	11067388	396687	3641826	1218901	5809974
航空运输业	10343240	6393005	3950235	812591	1673499	490744	973401
管道运输业	2452634	787903	1664731	11200	185010	237241	1231280
装卸搬运和运输代理业	5736466	10202	5726264	43747	280652	768815	4633050
仓储业	25679190	1005934	24673256	628378	1230984	3978285	18835609
邮政业	774764	176650	598114	81918	100066	92653	323477
（八）住宿和餐饮业	39258102	217502	39040600	858108	2072805	5475896	30633791
住宿业	27289484	188912	27100572	770928	1322353	4462535	20544756
餐饮业	11968618	28590	11940028	87180	750452	1013361	10089035
（九）信息传输、软件和信息技术服务业	20305513	6084769	14220744	2961437	2454274	1626341	7178692
电信、广播电视和卫星传输服务	12353992	5840099	6513893	2503299	1482044	1012138	1516412
互联网和相关服务	1490311	124826	1365485	111028	263587	130254	860616
软件和信息技术服务业	6461210	119844	6341366	347110	708643	483949	4801664
（十）金融业	6887547	730227	6157320	964131	677611	609731	3905847
货币金融服务	4910520	646238	4264282	886755	383035	571913	2422579
资本市场服务	935077	4875	930202	18247	103448	9184	799323

国民经济行业大类按隶属关系分的新增固定资产

续表2　　　　　　　　　　　　　　　　　　　　　　　　　　　　　　　单位：万元

行　　业	合　计	中央项目	地方项目	省　属	地市属	县　属	其　他
保险业	390575	79114	311461	51727	102718	7032	149984
其他金融业	651375		651375	7402	88410	21602	533961
（十一）房地产业	531340177	9903005	521437172	15298614	54202420	89441817	362494321
房地产业	531340177	9903005	521437172	15298614	54202420	89441817	362494321
（十二）租赁和商务服务业	32088068	351321	31736747	938620	3268329	4823941	22705857
租赁业	1807207		1807207	52125	160378	59165	1535539
商务服务业	30280861	351321	29929540	886495	3107951	4764776	21170318
（十三）科学研究和技术服务业	21979918	1698398	20281520	1058316	1737319	3051789	14434096
研究和试验发展	6145203	824413	5320790	457502	553052	698563	3611673
专业技术服务业	8194645	684969	7509676	462651	785977	900053	5360995
科技推广和应用服务业	7640070	189016	7451054	138163	398290	1453173	5461428
（十四）水利、环境和公共设施管理业	233441738	3581943	229859795	3900959	40976722	109129109	75853005
水利管理业	29476253	654346	28821907	1166812	3831954	17617018	6206123
生态保护和环境治理业	9500590	105323	9395267	585543	894906	3954955	3959863
公共设施管理业	194464895	2822274	191642621	2148604	36249862	87557136	65687019
（十五）居民服务、修理和其他服务业	14139920	79889	14060031	421521	694147	2967320	9977043
居民服务业	7484970	79889	7405081	108663	274613	2017798	5004007
机动车、电子产品和日用产品修理业	3153730		3153730	266375	204717	408715	2273923
其他服务业	3501220		3501220	46483	214817	540807	2699113
（十六）教育	38319252	1356792	36962460	3820763	6108494	14720567	12312636
教育	38319252	1356792	36962460	3820763	6108494	14720567	12312636
（十七）卫生和社会工作	21573810	686963	20886847	1696604	4351711	7717697	7120835
卫生	17246605	537986	16708619	1576509	4004989	6285789	4841332
社会工作	4327205	148977	4178228	120095	346722	1431908	2279503
（十八）文化、体育和娱乐业	33472091	461951	33010140	1024883	4808461	10337780	16839016
新闻和出版业	474432	3412	471020	144881	154424	85600	86115
广播、电视、电影和影视录音制作业	1989195	122290	1866905	440194	295484	334680	796547
文化艺术业	15348362	87431	15260931	265514	2415845	5206841	7372731
体育	7559407	226418	7332989	165714	1461811	3244911	2460553
娱乐业	8100695	22400	8078295	8580	480897	1465748	6123070
（十九）公共管理、社会保障和社会组织	42231862	1561883	40669979	2262794	5063705	20027620	13315860
中国共产党机关	382780	36375	346405	66548	55068	151918	72871
国家机构	29029804	1416770	27613034	2109129	4405845	16048153	5049907
人民政协、民主党派	88566		88566	19687		972	67907
社会保障	1539647	37902	1501745	35606	184992	636016	645131
群众团体、社会团体和其他成员组织	4045954	57422	3988532	15816	327051	1679435	1966230
基层群众自治组织	7145111	13414	7131697	16008	90749	1511126	5513814

国民经济行业大类按建设性质分的新增固定资产

单位：万元

行　业	新建	扩建	改建和技术改造	单纯建造生活设施	迁建	恢复	单纯购置
全　国　总　计	1687613415	409607543	479608781	16708380	23287367	5702574	75274775
（一）农、林、牧、渔业	64106588	15074274	9226287	193057	348256	256392	1148326
农业	22806012	4909730	2505925	72352	60150	40487	232008
林业	7795499	1887303	923363	22215	13037	93084	24778
畜牧业	18778250	4061546	1160698	9894	166631	50810	83133
渔业	3208750	827093	852744			9195	363150
农、林、牧、渔服务业	11518077	3388602	3783557	88596	108438	62816	445257
（二）采矿业	45601239	18658733	38017993	45140	207230	90499	1517130
煤炭开采和洗选业	11046311	7110450	14775863	38217	8519	65293	396242
石油和天然气开采业	18241186	2915743	7010291				3688
黑色金属矿采选业	4097508	3356218	4980917	1750	99690	2232	138237
有色金属矿采选业	4923363	2015651	4567869	2493	16633	16074	166995
非金属矿采选业	5779103	2795836	5403504	1280	76238	6430	253543
开采辅助活动	1331927	362696	1119604	1400	6150		551405
其他采矿业	181841	102139	159945			470	7020
（三）制造业	480040233	219118579	282446318	414273	16096199	1303841	33026627
农副食品加工业	31230488	13230852	17299593	56339	490508	16272	828588
食品制造业	12811642	5888040	7494751	2900	232462	1952	714436
酒、饮料和精制茶制造业	10249112	4854547	6833137	5772	546688	7560	428018
烟草制品业	504044	276497	535757		418093		116578
纺织业	14110333	10601026	9598644	7100	686148	6602	1420377
纺织服装、服饰业	11489526	5394354	6141117	7050	281455	9200	811015
皮革、毛皮、羽毛及其制品和制鞋业	6737643	2670128	3063839	5966	213074	3811	403922
木材加工和木、竹、藤、棕、草制品业	10400501	5804353	6519278	4559	127612	44000	312801
家具制造业	7692841	3046744	3256226		116671		237067
造纸和纸制品业	6874247	4159877	5051537	2530	209681	10620	513243
印刷和记录媒介复制业	3301227	2367303	3101023	14312	83648	3005	904531
文教、工美、体育和娱乐用品制造业	4729719	2365818	2694078	2510	189837	14950	392548
石油加工、炼焦和核燃料加工业	6958074	4485043	5190023	4000	66657	599	174629
化学原料及化学制品制造业	36156100	17025767	26584524	22333	1856633	293935	1661375
医药制造业	14093513	6603277	8271436		436449	2800	487000
化学纤维制造业	2278888	2634429	1240946	106	50258		166530
橡胶和塑料制品业	18524448	9246224	9625342	21649	849278	13202	1491712
非金属矿物制品业	52409457	19608937	32877322	22302	1190086	24745	1774074
黑色金属冶炼和压延加工业	13107928	7950610	13967095	6670	877611	664620	492468
有色金属冶炼和压延加工业	15434949	5473295	9524956	44585	232431	8582	630883
金属制品业	26008094	12727970	13586612	39881	1129617	16500	1928083
通用设备制造业	33750955	18125837	20537113	11245	1123382	21341	3815991
专用设备制造业	32062426	13909938	17847107	12690	977634	19515	3233306

国民经济行业大类按建设性质分的新增固定资产

续表1　　　　　　　　　　　　　　　　　　　　　　　　　　　　　　　　　　　　　单位：万元

行　业	新　建	扩　建	改建和技术改造	单纯建造生活设施	迁　建	恢　复	单纯购置
汽车制造业	27735283	11164365	17625240	23490	2111035	19468	2702083
铁路、船舶、航空航天和其他运输设备制造业	9236439	3991229	4547684	23564	426828	15000	725114
电气机械和器材制造业	32730740	13129819	14590789	9698	635129	51394	2367211
计算机、通信和其他电子设备制造业	24063867	7267408	9235535	16372	275780	32968	3218162
仪器仪表制造业	4246968	2431404	2209423	3421	158098		402272
其他制造业	5902002	1556853	1172459	18059	43126		520024
废弃资源综合利用业	4294000	760045	1505621	15870	22872	1200	79787
金属制品、机械和设备修理业	914779	366590	718111	9300	37418		72799
（四）电力、热力、燃气及水生产和供应业	74820649	23842747	25370071	219267	466557	256894	1035933
电力、热力生产和供应业	54687771	17698517	19462769	52248	247714	193507	796045
燃气生产和供应业	8961074	2122013	1761718	41423	48310	3650	103611
水的生产和供应业	11171804	4022217	4145584	125596	170533	59737	136277
（五）建筑业	17578338	2869481	2570712	110218	125662	352223	2320374
房屋建筑业	6188002	955717	389743	53871	43393		510070
土木工程建筑业	9020668	1167000	1423539	28019	13492	162851	1035751
建筑安装业	525763	195387	272390	1770	4116		312222
建筑装饰和其他建筑业	1843905	551377	485040	26558	64661	189372	462331
（六）批发和零售业	55170245	12488798	12149609	128448	386376	162698	2595618
批发业	24773446	6392817	6132911	21862	234998	64852	1686464
零售业	30396799	6095981	6016698	106586	151378	97846	909154
（七）交通运输、仓储和邮政业	126873688	24420037	26362237	214426	321841	676102	21938374
铁路运输业	6671268	575787	639064		2511	22700	10235605
道路运输业	86101954	15485564	20566384	191695	222540	630920	2534098
水上运输业	6174936	2141330	976625		5043	4200	2638187
航空运输业	2820309	770714	713962		4002		6034253
管道运输业	1725945	241228	467402	11200	3300		3559
装卸搬运和运输代理业	4137722	835185	492869	6665	30800	7275	225950
仓储业	18681360	4324026	2413994	4866	53594	11007	190343
邮政业	560194	46203	91937		51		76379
（八）住宿和餐饮业	28304798	5668678	4501533	167849	49978	18090	547176
住宿业	20680553	3643806	2494085	54816	37278	17686	361260
餐饮业	7624245	2024872	2007448	113033	12700	404	185916
（九）信息传输、软件和信息技术服务业	9060097	4293656	4955176	48880	26195	6836	1914673
电信、广播电视和卫星传输服务	4607697	3008246	3628427	48880	5945	5949	1048848
互联网和相关服务	663574	227629	362028		8330	367	228383
软件和信息技术服务业	3788826	1057781	964721		11920	520	637442
（十）金融业	4213310	702637	1189717	8413	54759	4490	714221
货币金融服务	2991944	426587	852346	8413	34859	2378	593993
资本市场服务	566929	118721	185932		16700		46795

国民经济行业大类按建设性质分的新增固定资产

续表2   单位：万元

行　　业	新　建	扩　建	改建和技术改造	单纯建造生活设施	迁　建	恢　复	单纯购置
保险业	137665	76077	124038				52795
其他金融业	516772	81252	27401		3200	2112	20638
（十一）房地产业	490489778	14060082	12472420	12008340	1429910	560196	319451
房地产业	490489778	14060082	12472420	12008340	1429910	560196	319451
（十二）租赁和商务服务业	22467225	4031307	3812776	180830	35819	98541	1461570
租赁业	851325	175965	168735	3400	4753		603029
商务服务业	21615900	3855342	3644041	177430	31066	98541	858541
（十三）科学研究和技术服务业	12051907	2945115	5225287	31562	126377	25956	1573714
研究和试验发展	3704556	1200135	977485	4800	25911		232316
专业技术服务业	4357304	890759	2058176	19862	91166	15600	761778
科技推广和应用服务业	3990047	854221	2189626	6900	9300	10356	579620
（十四）水利、环境和公共设施管理业	156316452	37295482	36407725	1317676	287432	1198791	618180
水利管理业	17046665	5645878	6300667	92687	45907	229142	115307
生态保护和环境治理业	5614200	1409507	2065771	60090	104809	214647	31566
公共设施管理业	133655587	30240097	28041287	1164899	136716	755002	471307
（十五）居民服务、修理和其他服务业	9782886	1887212	1696477	100309	141907	9056	522073
居民服务业	5520974	848500	916443	66150	61579	7465	63859
机动车、电子产品和日用产品修理业	1656760	553209	483955	14280	38926	930	405670
其他服务业	2605152	485503	296079	19879	41402	661	52544
（十六）教育	24738738	7946753	3400959	234637	1085636	53019	859510
教育	24738738	7946753	3400959	234637	1085636	53019	859510
（十七）卫生和社会工作	12560190	3760444	2130393	106588	1201458	22853	1791884
卫生	9167158	3204106	1838566	78290	1160789	11622	1786074
社会工作	3393032	556338	291827	28298	40669	11231	5810
（十八）文化、体育和娱乐业	24820825	4549050	3085747	92788	165059	228633	529989
新闻和出版业	300541	38152	51310		50400		34029
广播、电视、电影和影视录音制作业	1265629	156943	278769	5114	16121	12391	254228
文化艺术业	11051920	2390022	1448829	42124	91754	203266	120447
体育	6279372	805698	432902	4600	4804	8695	23336
娱乐业	5923363	1158235	873937	40950	1980	4281	97949
（十九）公共管理、社会保障和社会组织	28616229	5994478	4587344	1085679	730716	377464	839952
中国共产党机关	170153	70098	112477	10306			19746
国家机构	19920922	4064606	3012902	493840	572885	252271	712378
人民政协、民主党派	18947	18400	48719				2500
社会保障	1101899	143693	270648	1000	13477		8930
群众团体、社会团体和其他成员组织	2595016	934853	259941	23073	56681	88118	88272
基层群众自治组织	4809292	762828	882657	557460	87673	37075	8126

各地区固定资产投资（不含农户）项目个数

单位：个

地　　区	施工项目个数	新开工 项目个数	全部建成 投产项目 个数	项目建成 投产率 （%）
全国总计	**520732**	**363492**	**331781**	**63.71**
北　　京	3981	1604	1540	38.68
天　　津	7432	5757	4695	63.17
河　　北	20395	13127	14432	70.76
山　　西	12686	8458	8286	65.32
内　蒙　古	11255	8778	8139	72.31
辽　　宁	15880	11289	10445	65.77
吉　　林	10062	8170	8146	80.96
黑　龙　江	16080	13100	11395	70.86
上　　海	4074	2041	1027	25.21
江　　苏	41312	32306	31589	76.46
浙　　江	40906	25215	21420	52.36
安　　徽	25031	17999	16766	66.98
福　　建	22987	16007	13554	58.96
江　　西	19317	14327	13258	68.63
山　　东	37006	28823	25648	69.31
河　　南	24215	13698	14069	58.10
湖　　北	18651	13063	11184	59.96
湖　　南	28035	20839	18182	64.85
广　　东	21367	13391	12191	57.06
广　　西	34039	25751	23016	67.62
海　　南	959	400	243	25.34
重　　庆	12213	8846	7994	65.45
四　　川	28729	17235	16341	56.88
贵　　州	1979	974	582	29.41
云　　南	17310	12521	11313	65.36
西　　藏	2750	1800	1743	63.38
陕　　西	16331	10789	10118	61.96
甘　　肃	9357	6629	5342	57.09
青　　海	4082	2404	2346	57.47
宁　　夏	3856	2744	2398	62.19
新　　疆	8388	5398	4379	52.21
不分地区	67	9		

注：本表不含房地产开发投资。

国民经济行业小类固定资产投资（不含农户）项目个数

单位：个

行　　　业	施工项目个数	新开工项目个数	全部建成投产项目个数	项目建成投产率（%）
全　国　总　计	520732	363492	331781	63.71
（一）农、林、牧、渔业	31950	24730	22836	71.47
农业	10816	8306	7454	68.92
谷物种植	1390	1143	1026	73.81
稻谷种植	870	728	651	74.83
小麦种植	126	98	84	66.67
玉米种植	173	148	132	76.30
其他谷物种植	221	169	159	71.95
豆类、油料和薯类种植	600	451	409	68.17
豆类种植	206	155	149	72.33
油料种植	241	171	164	68.05
薯类种植	153	125	96	62.75
棉、麻、糖、烟草种植	412	338	328	79.61
棉花种植	117	91	90	76.92
麻类种植	22	14	12	54.55
糖料种植	63	54	54	85.71
烟草种植	210	179	172	81.90
蔬菜、食用菌及园艺作物种植	4250	3161	2895	68.12
蔬菜种植	2478	1862	1737	70.10
食用菌种植	587	441	390	66.44
花卉种植	752	537	476	63.30
其他园艺作物种植	433	321	292	67.44
水果种植	1615	1246	1082	67.00
仁果类和核果类水果种植	454	353	310	68.28
葡萄种植	336	251	215	63.99
柑橘类种植	154	118	104	67.53
香蕉等亚热带水果种植	78	65	61	78.21
其他水果种植	593	459	392	66.10
坚果、含油果、香料和饮料作物种植	855	661	593	69.36
坚果种植	334	275	245	73.35
含油果种植	91	67	67	73.63
香料作物种植	34	28	22	64.71
茶及其他饮料作物种植	396	291	259	65.40
中药材种植	860	654	561	65.23
其他农业	834	652	560	67.15
林业	3449	2771	2559	74.20
林木育种和育苗	1402	1129	997	71.11
林木育种	364	285	248	68.13
林木育苗	1038	844	749	72.16
造林和更新	1698	1381	1302	76.68

国民经济行业小类固定资产投资（不含农户）项目个数

续表1

单位：个

行　　业	施工项目个数	新开工项目个数	全部建成投产项目个数	项目建成投产率（%）
森林经营和管护	267	193	204	76.40
木材和竹材采运	53	42	37	69.81
木材采运	43	32	29	67.44
竹材采运	10	10	8	80.00
林产品采集	29	26	19	65.52
木竹材林产品采集	15	14	11	73.33
非木竹材林产品采集	14	12	8	57.14
畜牧业	8756	6696	6264	71.54
牲畜饲养	6542	5071	4675	71.46
牛的饲养	1843	1487	1319	71.57
马的饲养	28	25	17	60.71
猪的饲养	3376	2448	2372	70.26
羊的饲养	1010	888	755	74.75
骆驼饲养	6	6	6	100.00
其他牲畜饲养	279	217	206	73.84
家禽饲养	1633	1200	1194	73.12
鸡的饲养	1191	886	884	74.22
鸭的饲养	160	107	113	70.63
鹅的饲养	63	45	41	65.08
其他家禽饲养	219	162	156	71.23
狩猎和捕捉动物	90	66	65	72.22
其他畜牧业	491	359	330	67.21
渔业	1661	1252	1206	72.61
水产养殖	1576	1186	1142	72.46
海水养殖	509	362	381	74.85
内陆养殖	1067	824	761	71.32
水产捕捞	85	66	64	75.29
海水捕捞	72	53	54	75.00
内陆捕捞	13	13	10	76.92
农、林、牧、渔服务业	7268	5705	5353	73.65
农业服务业	6559	5166	4885	74.48
农业机械服务	414	309	324	78.26
灌溉服务	2200	1758	1682	76.45
农产品初加工服务	814	662	571	70.15
其他农业服务	3131	2437	2308	73.71
林业服务业	285	226	183	64.21
林业有害生物防治服务	30	22	18	60.00
森林防火服务	42	31	22	52.38
林产品初级加工服务	43	35	29	67.44
其他林业服务	170	138	114	67.06

国民经济行业小类固定资产投资（不含农户）项目个数

续表2

单位：个

行　　业	施工项目个数	新开工项目个数	全部建成投产项目个数	项目建成投产率（%）
畜牧服务业	299	213	203	67.89
渔业服务业	125	100	82	65.60
（二）采矿业	**15977**	**11334**	**10885**	**68.13**
煤炭开采和洗选业	5812	3689	3770	64.87
烟煤和无烟煤开采洗选	5375	3376	3500	65.12
褐煤开采洗选	217	154	120	55.30
其他煤炭采选	220	159	150	68.18
石油和天然气开采业	542	408	367	67.71
石油开采	329	253	232	70.52
天然气开采	213	155	135	63.38
黑色金属矿采选业	2469	1856	1778	72.01
铁矿采选	2201	1654	1587	72.10
锰矿、铬矿采选	145	122	104	71.72
其他黑色金属矿采选	123	80	87	70.73
有色金属矿采选业	2338	1673	1575	67.37
常用有色金属矿采选	1550	1129	1063	68.58
铜矿采选	395	268	249	63.04
铅锌矿采选	683	519	497	72.77
镍钴矿采选	30	15	14	46.67
锡矿采选	103	84	76	73.79
锑矿采选	42	27	32	76.19
铝矿采选	78	62	51	65.38
镁矿采选	41	23	35	85.37
其他常用有色金属矿采选	178	131	109	61.24
贵金属矿采选	562	405	380	67.62
金矿采选	507	362	353	69.63
银矿采选	43	35	21	48.84
其他贵金属矿采选	12	8	6	50.00
稀有稀土金属矿采选	226	139	132	58.41
钨钼矿采选	124	84	72	58.06
稀土金属矿采选	33	18	19	57.58
放射性金属矿采选	11	6	7	63.64
其他稀有金属矿采选	58	31	34	58.62
非金属矿采选业	4179	3224	2985	71.43
土砂石开采	3332	2592	2401	72.06
石灰石、石膏开采	825	652	621	75.27
建筑装饰用石开采	1178	893	814	69.10
耐火土石开采	192	144	141	73.44
粘土及其他土砂石开采	1137	903	825	72.56
化学矿开采	194	132	121	62.37

国民经济行业小类固定资产投资（不含农户）项目个数

续表3　　　　　　　　　　　　　　　　　　　　　　　　　　　　　　　　单位：个

行　　业	施工项目个数	新开工项目个数	全部建成投产项目个数	项目建成投产率（%）
采盐	72	56	54	75.00
石棉及其他非金属矿采选	581	444	409	70.40
石棉、云母矿采选	17	11	12	70.59
石墨、滑石采选	132	99	97	73.48
宝石、玉石采选	35	27	25	71.43
其他未列明非金属矿采选	397	307	275	69.27
开采辅助活动	486	380	314	64.61
煤炭开采和洗选辅助活动	223	170	142	63.68
石油和天然气开采辅助活动	156	123	105	67.31
其他开采辅助活动	107	87	67	62.62
其他采矿业	151	104	96	63.58
其他采矿业	151	104	96	63.58
（三）制造业	214681	153839	142785	66.51
农副食品加工业	15995	11693	10712	66.97
谷物磨制	3050	2387	2208	72.39
饲料加工	2107	1553	1450	68.82
植物油加工	1502	1076	990	65.91
食用植物油加工	1335	966	878	65.77
非食用植物油加工	167	110	112	67.07
制糖业	280	191	195	69.64
屠宰及肉类加工	2539	1766	1580	62.23
牲畜屠宰	807	542	544	67.41
禽类屠宰	453	308	268	59.16
肉制品及副产品加工	1279	916	768	60.05
水产品加工	1093	822	729	66.70
水产品冷冻加工	670	505	466	69.55
鱼糜制品及水产品干腌制加工	161	120	103	63.98
水产饲料制造	86	61	52	60.47
鱼油提取及制品制造	14	10	8	57.14
其他水产品加工	162	126	100	61.73
蔬菜、水果和坚果加工	2550	1840	1650	64.71
蔬菜加工	1591	1156	1019	64.05
水果和坚果加工	959	684	631	65.80
其他农副食品加工	2874	2058	1910	66.46
淀粉及淀粉制品制造	788	556	534	67.77
豆制品制造	515	366	348	67.57
蛋品加工	111	82	82	73.87
其他未列明农副食品加工	1460	1054	946	64.79
食品制造业	6322	4526	4189	66.26
焙烤食品制造	1003	754	682	68.00

国民经济行业小类固定资产投资（不含农户）项目个数

续表4 单位：个

行　　业	施工项目个数	新开工项目个数	全部建成投产项目个数	项目建成投产率（%）
糕点、面包制造	493	368	335	67.95
饼干及其他焙烤食品制造	510	386	347	68.04
糖果、巧克力及蜜饯制造	495	349	332	67.07
糖果、巧克力制造	229	158	143	62.45
蜜饯制作	266	191	189	71.05
方便食品制造	1278	936	877	68.62
米、面制品制造	740	549	508	68.65
速冻食品制造	296	214	212	71.62
方便面及其他方便食品制造	242	173	157	64.88
乳制品制造	348	239	220	63.22
罐头食品制造	517	354	373	72.15
肉、禽类罐头制造	98	70	68	69.39
水产品罐头制造	42	31	29	69.05
蔬菜、水果罐头制造	289	187	213	73.70
其他罐头食品制造	88	66	63	71.59
调味品、发酵制品制造	769	538	516	67.10
味精制造	71	57	44	61.97
酱油、食醋及类似制品制造	276	193	185	67.03
其他调味品、发酵制品制造	422	288	287	68.01
其他食品制造	1912	1356	1189	62.19
营养食品制造	310	208	208	67.10
保健食品制造	347	242	199	57.35
冷冻饮品及食用冰制造	117	83	75	64.10
盐加工	73	51	47	64.38
食品及饲料添加剂制造	409	296	240	58.68
其他未列明食品制造	656	476	420	64.02
酒、饮料和精制茶制造业	5498	3921	3477	63.24
酒的制造	2284	1516	1401	61.34
酒精制造	109	72	81	74.31
白酒制造	1332	883	816	61.26
啤酒制造	183	114	118	64.48
黄酒制造	99	74	55	55.56
葡萄酒制造	308	198	184	59.74
其他酒制造	253	175	147	58.10
饮料制造	1885	1334	1212	64.30
碳酸饮料制造	184	125	124	67.39
瓶（罐）装饮用水制造	605	436	417	68.93
果菜汁及果菜汁饮料制造	444	315	258	58.11
含乳饮料和植物蛋白饮料制造	196	132	125	63.78
固体饮料制造	92	75	53	57.61

国民经济行业小类固定资产投资（不含农户）项目个数

续表5

单位：个

行　业	施工项目个数	新开工项目个数	全部建成投产项目个数	项目建成投产率（%）
茶饮料及其他饮料制造	364	251	235	64.56
精制茶加工	1329	1071	864	65.01
烟草制品业	283	162	160	56.54
烟叶复烤	107	80	85	79.44
卷烟制造	141	57	53	37.59
其他烟草制品制造	35	25	22	62.86
纺织业	9241	7026	6730	72.83
棉纺织及印染精加工	3866	2793	2746	71.03
棉纺纱加工	2489	1733	1751	70.35
棉织造加工	937	728	689	73.53
棉印染精加工	440	332	306	69.55
毛纺织及染整精加工	527	420	375	71.16
毛条和毛纱线加工	208	162	158	75.96
毛织造加工	243	189	170	69.96
毛染整精加工	76	69	47	61.84
麻纺织及染整精加工	234	179	168	71.79
麻纤维纺前加工和纺纱	130	96	96	73.85
麻织造加工	86	71	60	69.77
麻染整精加工	18	12	12	66.67
丝绢纺织及印染精加工	435	328	294	67.59
缫丝加工	205	150	144	70.24
绢纺和丝织加工	177	133	114	64.41
丝印染精加工	53	45	36	67.92
化纤织造及印染精加工	1259	1038	1013	80.46
化纤织造加工	1071	879	866	80.86
化纤织物染整精加工	188	159	147	78.19
针织或钩针编织物及其制品制造	1074	847	836	77.84
针织或钩针编织物织造	838	674	664	79.24
针织或钩针编织物印染精加工	101	67	75	74.26
针织或钩针编织品制造	135	106	97	71.85
家用纺织制成品制造	1001	784	715	71.43
床上用品制造	500	405	384	76.80
毛巾类制品制造	134	109	88	65.67
窗帘、布艺类产品制造	89	66	54	60.67
其他家用纺织制成品制造	278	204	189	67.99
非家用纺织制成品制造	845	637	583	68.99
非织造布制造	314	233	214	68.15
绳、索、缆制造	97	85	66	68.04
纺织带和帘子布制造	106	76	71	66.98
篷、帆布制造	72	58	55	76.39

国民经济行业小类固定资产投资（不含农户）项目个数

续表6 单位：个

行 业	施工项目个数	新开工项目个数	全部建成投产项目个数	项目建成投产率（%）
其他非家用纺织制成品制造	256	185	177	69.14
纺织服装、服饰业	6879	5209	4891	71.10
机织服装制造	4240	3188	3032	71.51
针织或钩针编织服装制造	968	779	693	71.59
服饰制造	1671	1242	1166	69.78
皮革、毛皮、羽毛及其制品和制鞋业	3481	2521	2364	67.91
皮革鞣制加工	273	178	194	71.06
皮革制品制造	1110	801	758	68.29
皮革服装制造	247	165	181	73.28
皮箱、包（袋）制造	486	363	327	67.28
皮手套及皮装饰制品制造	149	107	99	66.44
其他皮革制品制造	228	166	151	66.23
毛皮鞣制及制品加工	337	268	255	75.67
毛皮鞣制加工	77	57	66	85.71
毛皮服装加工	132	115	98	74.24
其他毛皮制品加工	128	96	91	71.09
羽毛（绒）加工及制品制造	266	179	166	62.41
羽毛（绒）加工	114	66	56	49.12
羽毛（绒）制品加工	152	113	110	72.37
制鞋业	1495	1095	991	66.29
纺织面料鞋制造	266	187	196	73.68
皮鞋制造	649	470	409	63.02
塑料鞋制造	110	85	84	76.36
橡胶鞋制造	247	200	163	65.99
其他制鞋业	223	153	139	62.33
木材加工和木、竹、藤、棕、草制品业	7408	5831	5256	70.95
木材加工	2335	1903	1690	72.38
锯材加工	569	443	444	78.03
木片加工	894	751	654	73.15
单板加工	444	362	296	66.67
其他木材加工	428	347	296	69.16
人造板制造	2261	1756	1599	70.72
胶合板制造	1329	1064	943	70.96
纤维板制造	277	175	187	67.51
刨花板制造	155	114	105	67.74
其他人造板制造	500	403	364	72.80
木制品制造	1902	1489	1296	68.14
建筑用木料及木材组件加工	538	402	371	68.96
木门窗、楼梯制造	413	324	274	66.34

国民经济行业小类固定资产投资（不含农户）项目个数

续表7 单位：个

行　　业	施工项目个数	新开工项目个数	全部建成投产项目个数	项目建成投产率（%）
地板制造	268	188	186	69.40
木制容器制造	86	66	67	77.91
软木制品及其他木制品制造	597	509	398	66.67
竹、藤、棕、草等制品制造	910	683	671	73.74
竹制品制造	768	573	568	73.96
藤制品制造	40	34	29	72.50
棕制品制造	16	14	11	68.75
草及其他制品制造	86	62	63	73.26
家具制造业	3604	2672	2465	68.40
木质家具制造	2654	1988	1816	68.43
竹、藤家具制造	96	65	66	68.75
金属家具制造	365	244	253	69.32
塑料家具制造	86	59	55	63.95
其他家具制造	403	316	275	68.24
造纸和纸制品业	3803	2797	2602	68.42
纸浆制造	124	77	70	56.45
木竹浆制造	74	47	43	58.11
非木竹浆制造	50	30	27	54.00
造纸	1339	979	920	68.71
机制纸及纸板制造	1006	722	691	68.69
手工纸制造	74	60	47	63.51
加工纸制造	259	197	182	70.27
纸制品制造	2340	1741	1612	68.89
纸和纸板容器制造	1245	917	903	72.53
其他纸制品制造	1095	824	709	64.75
印刷和记录媒介复制业	2564	1977	1790	69.81
印刷	2383	1844	1661	69.70
书、报刊印刷	354	267	256	72.32
本册印制	135	111	115	85.19
包装装潢及其他印刷	1894	1466	1290	68.11
装订及印刷相关服务	167	125	117	70.06
记录媒介复制	14	8	12	85.71
文教、工美、体育和娱乐用品制造业	3309	2482	2157	65.19
文教办公用品制造	410	311	270	65.85
文具制造	150	112	86	57.33
笔的制造	132	105	95	71.97
教学用模型及教具制造	58	49	41	70.69
墨水、墨汁制造	12	8	8	66.67

国民经济行业小类固定资产投资（不含农户）项目个数

续表 8   单位：个

行　　业	施工项目个数	新开工项目个数	全部建成投产项目个数	项目建成投产率（％）
其他文教办公用品制造	58	37	40	68.97
乐器制造	116	82	71	61.21
中乐器制造	18	15	7	38.89
西乐器制造	50	35	35	70.00
电子乐器制造	22	13	14	63.64
其他乐器及零件制造	26	19	15	57.69
工艺美术品制造	1779	1348	1145	64.36
雕塑工艺品制造	372	283	236	63.44
金属工艺品制造	249	185	161	64.66
漆器工艺品制造	34	22	18	52.94
花画工艺品制造	70	53	42	60.00
天然植物纤维编织工艺品制造	178	146	128	71.91
抽纱刺绣工艺品制造	110	86	79	71.82
地毯、挂毯制造	102	70	60	58.82
珠宝首饰及有关物品制造	207	156	119	57.49
其他工艺美术品制造	457	347	302	66.08
体育用品制造	459	327	282	61.44
球类制造	52	40	37	71.15
体育器材及配件制造	162	119	90	55.56
训练健身器材制造	115	74	69	60.00
运动防护用具制造	33	24	26	78.79
其他体育用品制造	97	70	60	61.86
玩具制造	426	332	306	71.83
游艺器材及娱乐用品制造	119	82	83	69.75
露天游乐场所游乐设备制造	70	46	51	72.86
游艺用品及室内游艺器材制造	25	18	18	72.00
其他娱乐用品制造	24	18	14	58.33
石油加工、炼焦和核燃料加工业	1696	1043	907	53.48
精炼石油产品制造	1301	834	694	53.34
原油加工及石油制品制造	1176	749	622	52.89
人造原油制造	125	85	72	57.60
炼焦	395	209	213	53.92
化学原料和化学制品制造业	14094	9928	9324	66.16
基础化学原料制造	3449	2287	2206	63.96
无机酸制造	350	223	231	66.00
无机碱制造	145	79	87	60.00
无机盐制造	468	309	296	63.25
有机化学原料制造	1604	1079	1014	63.22
其他基础化学原料制造	882	597	578	65.53
肥料制造	2014	1456	1340	66.53

国民经济行业小类固定资产投资（不含农户）项目个数

续表9　　　　　　　　　　　　　　　　　　　　　　　　　　　　　　　　　　　　单位：个

行　　业	施工项目个数	新开工项目个数	全部建成投产项目个数	项目建成投产率（％）
氮肥制造	218	140	137	62.84
磷肥制造	109	74	79	72.48
钾肥制造	67	43	40	59.70
复混肥料制造	703	525	470	66.86
有机肥料及微生物肥料制造	732	543	500	68.31
其他肥料制造	185	131	114	61.62
农药制造	502	358	334	66.53
化学农药制造	337	244	239	70.92
生物化学农药及微生物农药制造	165	114	95	57.58
涂料、油墨、颜料及类似产品制造	1530	1145	1052	68.76
涂料制造	1050	794	717	68.29
油墨及类似产品制造	91	69	62	68.13
颜料制造	157	122	113	71.97
染料制造	111	74	81	72.97
密封用填料及类似品制造	121	86	79	65.29
合成材料制造	1528	1046	926	60.60
初级形态塑料及合成树脂制造	678	443	391	57.67
合成橡胶制造	227	167	146	64.32
合成纤维单（聚合）体制造	152	95	90	59.21
其他合成材料制造	471	341	299	63.48
专用化学产品制造	3323	2345	2257	67.92
化学试剂和助剂制造	1225	883	860	70.20
专项化学用品制造	906	660	620	68.43
林产化学产品制造	213	153	142	66.67
信息化学品制造	259	135	160	61.78
环境污染处理专用药剂材料制造	178	124	112	62.92
动物胶制造	38	25	30	78.95
其他专用化学产品制造	504	365	333	66.07
炸药、火工及焰火产品制造	968	742	690	71.28
焰火、鞭炮产品制造	968	742	690	71.28
日用化学产品制造	780	549	519	66.54
肥皂及合成洗涤剂制造	170	118	103	60.59
化妆品制造	188	126	122	64.89
口腔清洁用品制造	14	10	12	85.71
香料、香精制造	178	133	123	69.10
其他日用化学产品制造	230	162	159	69.13
医药制造业	5755	3706	3335	57.95
化学药品原料药制造	923	589	553	59.91
化学药品制剂制造	887	528	495	55.81
中药饮片加工	914	636	526	57.55

国民经济行业小类固定资产投资（不含农户）项目个数

续表 10   单位：个

行　业	施工项目个数	新开工项目个数	全部建成投产项目个数	项目建成投产率（%）
中成药生产	1131	718	652	57.65
兽用药品制造	268	172	180	67.16
生物药品制造	1025	642	546	53.27
卫生材料及医药用品制造	607	421	383	63.10
化学纤维制造业	944	679	612	64.83
纤维素纤维原料及纤维制造	224	174	143	63.84
化纤浆粕制造	41	31	27	65.85
人造纤维（纤维素纤维）制造	183	143	116	63.39
合成纤维制造	720	505	469	65.14
锦纶纤维制造	93	59	48	51.61
涤纶纤维制造	290	201	198	68.28
腈纶纤维制造	10	6	4	40.00
维纶纤维制造	14	8	7	50.00
丙纶纤维制造	27	20	17	62.96
氨纶纤维制造	34	22	21	61.76
其他合成纤维制造	252	189	174	69.05
橡胶和塑料制品业	8989	6512	6150	68.42
橡胶制品业	1786	1234	1195	66.91
轮胎制造	385	248	250	64.94
橡胶板、管、带制造	481	310	324	67.36
橡胶零件制造	274	200	181	66.06
再生橡胶制造	151	122	96	63.58
日用及医用橡胶制品制造	124	75	83	66.94
其他橡胶制品制造	371	279	261	70.35
塑料制品业	7203	5278	4955	68.79
塑料薄膜制造	746	519	490	65.68
塑料板、管、型材制造	1719	1195	1143	66.49
塑料丝、绳及编织品制造	693	514	483	69.70
泡沫塑料制造	291	224	210	72.16
塑料人造革、合成革制造	202	128	140	69.31
塑料包装箱及容器制造	883	674	601	68.06
日用塑料制品制造	837	634	575	68.70
塑料零件制造	467	338	353	75.59
其他塑料制品制造	1365	1052	960	70.33
非金属矿物制品业	24093	17781	16867	70.01
水泥、石灰和石膏制造	2388	1652	1695	70.98
水泥制造	1747	1183	1246	71.32
石灰和石膏制造	641	469	449	70.05
石膏、水泥制品及类似制品制造	4911	3768	3546	72.21
水泥制品制造	2836	2176	2074	73.13

国民经济行业小类固定资产投资（不含农户）项目个数

续表11

单位：个

行　　业	施工项目个数	新开工项目个数	全部建成投产项目个数	项目建成投产率（％）
砼结构构件制造	677	524	469	69.28
石棉水泥制品制造	73	52	48	65.75
轻质建筑材料制造	773	603	553	71.54
其他水泥类似制品制造	552	413	402	72.83
砖瓦、石材等建筑材料制造	10300	7830	7217	70.07
粘土砖瓦及建筑砌块制造	4074	3182	2990	73.39
建筑陶瓷制品制造	910	666	612	67.25
建筑用石加工	2469	1847	1649	66.79
防水建筑材料制造	401	307	279	69.58
隔热和隔音材料制造	657	490	462	70.32
其他建筑材料制造	1789	1338	1225	68.47
玻璃制造	693	439	445	64.21
平板玻璃制造	293	166	175	59.73
其他玻璃制造	400	273	270	67.50
玻璃制品制造	1243	868	808	65.00
技术玻璃制品制造	250	171	154	61.60
光学玻璃制造	115	76	65	56.52
玻璃仪器制造	49	34	38	77.55
日用玻璃制品制造	308	226	210	68.18
玻璃包装容器制造	152	99	104	68.42
玻璃保温容器制造	45	28	30	66.67
制镜及类似品加工	37	26	24	64.86
其他玻璃制品制造	287	208	183	63.76
玻璃纤维和玻璃纤维增强塑料制品制造	498	351	344	69.08
玻璃纤维及制品制造	282	201	191	67.73
玻璃纤维增强塑料制品制造	216	150	153	70.83
陶瓷制品制造	1292	948	898	69.50
卫生陶瓷制品制造	158	101	110	69.62
特种陶瓷制品制造	354	268	257	72.60
日用陶瓷制品制造	565	410	410	72.57
园林、陈设艺术及其他陶瓷制品制造	215	169	121	56.28
耐火材料制品制造	1212	847	879	72.52
石棉制品制造	141	108	113	80.14
云母制品制造	56	41	41	73.21
耐火陶瓷制品及其他耐火材料制造	1015	698	725	71.43
石墨及其他非金属矿物制品制造	1556	1078	1035	66.52
石墨及碳素制品制造	567	412	388	68.43
其他非金属矿物制品制造	989	666	647	65.42
黑色金属冶炼和压延加工业	5001	3483	3224	64.47
炼铁	317	223	213	67.19

国民经济行业小类固定资产投资（不含农户）项目个数

续表 12

单位：个

行　　业	施工项目个数	新开工项目个数	全部建成投产项目个数	项目建成投产率（％）
炼钢	507	353	269	53.06
黑色金属铸造	1124	836	855	76.07
钢压延加工	2514	1703	1542	61.34
铁合金冶炼	539	368	345	64.01
有色金属冶炼和压延加工业	4288	2934	2702	63.01
常用有色金属冶炼	1227	811	777	63.33
铜冶炼	209	130	121	57.89
铅锌冶炼	272	211	171	62.87
镍钴冶炼	76	41	42	55.26
锡冶炼	38	15	26	68.42
锑冶炼	37	25	23	62.16
铝冶炼	273	189	182	66.67
镁冶炼	70	32	42	60.00
其他常用有色金属冶炼	252	168	170	67.46
贵金属冶炼	196	142	90	45.92
金冶炼	101	67	58	57.43
银冶炼	57	50	13	22.81
其他贵金属冶炼	38	25	19	50.00
稀有稀土金属冶炼	214	144	128	59.81
钨钼冶炼	63	46	35	55.56
稀土金属冶炼	74	56	53	71.62
其他稀有金属冶炼	77	42	40	51.95
有色金属合金制造	529	373	350	66.16
有色金属铸造	215	157	148	68.84
有色金属压延加工	1907	1307	1209	63.40
铜压延加工	543	380	346	63.72
铝压延加工	866	552	523	60.39
贵金属压延加工	40	26	21	52.50
稀有稀土金属压延加工	104	66	68	65.38
其他有色金属压延加工	354	283	251	70.90
金属制品业	12137	8988	8378	69.03
结构性金属制品制造	4587	3455	3202	69.81
金属结构制造	3109	2315	2210	71.08
金属门窗制造	1478	1140	992	67.12
金属工具制造	1247	927	858	68.81
切削工具制造	335	244	229	68.36
手工具制造	192	155	128	66.67
农用及园林用金属工具制造	174	122	110	63.22
刀剪及类似日用金属工具制造	115	85	90	78.26
其他金属工具制造	431	321	301	69.84

国民经济行业小类固定资产投资（不含农户）项目个数

续表13 单位：个

行　　业	施工项目个数	新开工项目个数	全部建成投产项目个数	项目建成投产率（%）
集装箱及金属包装容器制造	658	467	434	65.96
集装箱制造	82	51	60	73.17
金属压力容器制造	274	204	168	61.31
金属包装容器制造	302	212	206	68.21
金属丝绳及其制品制造	552	418	399	72.28
建筑、安全用金属制品制造	1565	1150	1063	67.92
建筑、家具用金属配件制造	530	375	345	65.09
建筑装饰及水暖管道零件制造	548	399	379	69.16
安全、消防用金属制品制造	249	199	179	71.89
其他建筑、安全用金属制品制造	238	177	160	67.23
金属表面处理及热处理加工	755	573	547	72.45
搪瓷制品制造	154	107	104	67.53
生产专用搪瓷制品制造	28	22	23	82.14
建筑装饰搪瓷制品制造	31	23	17	54.84
搪瓷卫生洁具制造	66	41	42	63.64
搪瓷日用品及其他搪瓷制品制造	29	21	22	75.86
金属制日用品制造	931	680	611	65.63
金属制厨房用器具制造	206	150	124	60.19
金属制餐具和器皿制造	258	168	175	67.83
金属制卫生器具制造	58	43	40	68.97
其他金属制日用品制造	409	319	272	66.50
其他金属制品制造	1688	1211	1160	68.72
锻件及粉末冶金制品制造	634	451	412	64.98
交通及公共管理用金属标牌制造	65	50	46	70.77
其他未列明金属制品制造	989	710	702	70.98
通用设备制造业	16465	12006	11298	68.62
锅炉及原动设备制造	1584	1130	1110	70.08
锅炉及辅助设备制造	880	662	646	73.41
内燃机及配件制造	442	298	303	68.55
汽轮机及辅机制造	89	54	53	59.55
水轮机及辅机制造	37	26	21	56.76
风能原动设备制造	67	40	41	61.19
其他原动设备制造	69	50	46	66.67
金属加工机械制造	3700	2735	2635	71.22
金属切削机床制造	686	479	456	66.47
金属成形机床制造	396	264	276	69.70

国民经济行业小类固定资产投资（不含农户）项目个数

续表 14
单位：个

行　　业	施工项目个数	新开工项目个数	全部建成投产项目个数	项目建成投产率（%）
铸造机械制造	882	652	645	73.13
金属切割及焊接设备制造	265	184	183	69.06
机床附件制造	370	289	284	76.76
其他金属加工机械制造	1101	867	791	71.84
物料搬运设备制造	1376	963	795	57.78
轻小型起重设备制造	198	127	137	69.19
起重机制造	390	278	218	55.90
生产专用车辆制造	173	128	96	55.49
连续搬运设备制造	140	100	94	67.14
电梯、自动扶梯及升降机制造	371	253	180	48.52
其他物料搬运设备制造	104	77	70	67.31
泵、阀门、压缩机及类似机械制造	2377	1667	1501	63.15
泵及真空设备制造	687	519	458	66.67
气体压缩机械制造	240	166	141	58.75
阀门和旋塞制造	823	551	516	62.70
液压和气压动力机械及元件制造	627	431	386	61.56
轴承、齿轮和传动部件制造	1811	1317	1228	67.81
轴承制造	967	687	642	66.39
齿轮及齿轮减、变速箱制造	587	442	407	69.34
其他传动部件制造	257	188	179	69.65
烘炉、风机、衡器、包装等设备制造	1646	1185	1140	69.26
烘炉、熔炉及电炉制造	143	106	104	72.73
风机、风扇制造	261	202	184	70.50
气体、液体分离及纯净设备制造	230	162	151	65.65
制冷、空调设备制造	476	315	325	68.28
风动和电动工具制造	237	182	162	68.35
喷枪及类似器具制造	42	27	29	69.05
衡器制造	67	49	48	71.64
包装专用设备制造	190	142	137	72.11
文化、办公用机械制造	156	108	84	53.85
电影机械制造	5	2	1	20.00
幻灯及投影设备制造	18	12	11	61.11
照相机及器材制造	27	20	14	51.85
复印和胶印设备制造	28	24	14	50.00
计算器及货币专用设备制造	21	10	12	57.14

国民经济行业小类固定资产投资（不含农户）项目个数

续表 15　　　　　　　　　　　　　　　　　　　　　　　　　　　　　　　　单位：个

行　　业	施工项目个数	新开工项目个数	全部建成投产项目个数	项目建成投产率（%）
其他文化、办公用机械制造	57	40	32	56.14
通用零部件制造	2927	2235	2178	74.41
金属密封件制造	221	157	172	77.83
紧固件制造	478	355	345	72.18
弹簧制造	94	78	70	74.47
机械零部件加工	1497	1194	1100	73.48
其他通用零部件制造	637	451	491	77.08
其他通用设备制造业	888	666	627	70.61
专用设备制造业	14148	10049	9266	65.49
采矿、冶金、建筑专用设备制造	3759	2623	2466	65.60
矿山机械制造	1541	1073	975	63.27
石油钻采专用设备制造	623	439	424	68.06
建筑工程用机械制造	769	528	502	65.28
海洋工程专用设备制造	96	73	66	68.75
建筑材料生产专用机械制造	439	318	315	71.75
冶金专用设备制造	291	192	184	63.23
化工、木材、非金属加工专用设备制造	2401	1745	1594	66.39
炼油、化工生产专用设备制造	352	257	241	68.47
橡胶加工专用设备制造	126	91	89	70.63
塑料加工专用设备制造	358	234	218	60.89
木材加工机械制造	134	102	98	73.13
模具制造	1172	861	770	65.70
其他非金属加工专用设备制造	259	200	178	68.73
食品、饮料、烟草及饲料生产专用设备制造	495	355	327	66.06
食品、酒、饮料及茶生产专用设备制造	181	141	118	65.19
农副食品加工专用设备制造	219	145	145	66.21
烟草生产专用设备制造	28	20	16	57.14
饲料生产专用设备制造	67	49	48	71.64
印刷、制药、日化及日用品生产专用设备制造	862	615	563	65.31
制浆和造纸专用设备制造	141	98	90	63.83
印刷专用设备制造	172	125	120	69.77
日用化工专用设备制造	121	90	74	61.16
制药专用设备制造	124	86	87	70.16
照明器具生产专用设备制造	151	108	88	58.28
玻璃、陶瓷和搪瓷制品生产专用设备制造	82	51	52	63.41
其他日用品生产专用设备制造	71	57	52	73.24
纺织、服装和皮革加工专用设备制造	742	522	492	66.31
纺织专用设备制造	528	370	365	69.13
皮革、毛皮及其制品加工专用设备制造	77	58	51	66.23
缝制机械制造	121	81	64	52.89

国民经济行业小类固定资产投资（不含农户）项目个数

续表16
单位：个

行　　业	施工项目个数	新开工项目个数	全部建成投产项目个数	项目建成投产率（%）
洗涤机械制造	16	13	12	75.00
电子和电工机械专用设备制造	1042	700	676	64.88
电工机械专用设备制造	419	283	273	65.16
电子工业专用设备制造	623	417	403	64.69
农、林、牧、渔专用机械制造	1482	1079	945	63.77
拖拉机制造	155	103	100	64.52
机械化农业及园艺机具制造	510	368	278	54.51
营林及木竹采伐机械制造	37	25	27	72.97
畜牧机械制造	92	70	66	71.74
渔业机械制造	31	24	23	74.19
农林牧渔机械配件制造	324	254	204	62.96
棉花加工机械制造	30	20	22	73.33
其他农、林、牧、渔业机械制造	303	215	225	74.26
医疗仪器设备及器械制造	1064	771	702	65.98
医疗诊断、监护及治疗设备制造	285	200	170	59.65
口腔科用设备及器具制造	52	40	38	73.08
医疗实验室及医用消毒设备和器具制造	163	119	118	72.39
医疗、外科及兽医用器械制造	160	117	109	68.13
机械治疗及病房护理设备制造	71	51	45	63.38
假肢、人工器官及植（介）入器械制造	23	17	13	56.52
其他医疗设备及器械制造	310	227	209	67.42
环保、社会公共服务及其他专用设备制造	2301	1639	1501	65.23
环境保护专用设备制造	1193	865	797	66.81
地质勘查专用设备制造	50	36	35	70.00
邮政专用机械及器材制造	2		1	50.00
商业、饮食、服务专用设备制造	38	25	30	78.95
社会公共安全设备及器材制造	130	95	85	65.38
交通安全、管制及类似专用设备制造	82	58	52	63.41
水资源专用机械制造	114	67	70	61.40
其他专用设备制造	692	493	431	62.28
汽车制造业	9665	6401	5987	61.95
汽车整车制造	606	319	299	49.34
改装汽车制造	242	146	152	62.81
低速载货汽车制造	61	31	29	47.54
电车制造	160	110	83	51.88
汽车车身、挂车制造	243	153	152	62.55
汽车零部件及配件制造	8353	5642	5272	63.12

国民经济行业小类固定资产投资（不含农户）项目个数

续表 17

单位：个

行　　业	施工项目个数	新开工项目个数	全部建成投产项目个数	项目建成投产率（%）
铁路、船舶、航空航天和其他运输设备制造业	3040	1953	1914	62.96
铁路运输设备制造	560	360	368	65.71
铁路机车车辆及动车组制造	72	37	38	52.78
窄轨机车车辆制造	11	5	5	45.45
铁路机车车辆配件制造	222	157	160	72.07
铁路专用设备及器材、配件制造	210	133	132	62.86
其他铁路运输设备制造	45	28	33	73.33
城市轨道交通设备制造	69	44	44	63.77
船舶及相关装置制造	915	586	576	62.95
金属船舶制造	334	208	197	58.98
非金属船舶制造	81	64	57	70.37
娱乐船和运动船制造	44	28	19	43.18
船用配套设备制造	389	257	255	65.55
船舶改装与拆除	40	17	28	70.00
航标器材及其他相关装置制造	27	12	20	74.07
摩托车制造	526	340	353	67.11
摩托车整车制造	115	72	70	60.87
摩托车零部件及配件制造	411	268	283	68.86
自行车制造	445	323	285	64.04
脚踏自行车及残疾人座车制造	126	91	84	66.67
助动自行车制造	319	232	201	63.01
非公路休闲车及零配件制造	54	41	32	59.26
潜水救捞及其他未列明运输设备制造	471	259	256	54.35
其他未列明运输设备制造	471	259	256	54.35
电气机械和器材制造业	12738	8630	7999	62.80
电机制造	1474	998	931	63.16
发电机及发电机组制造	487	300	280	57.49
电动机制造	524	359	338	64.50
微电机及其他电机制造	463	339	313	67.60
输配电及控制设备制造	4198	2855	2640	62.89
变压器、整流器和电感器制造	873	587	556	63.69
电容器及其配套设备制造	208	147	152	73.08
配电开关控制设备制造	1103	759	701	63.55
电力电子元器件制造	1018	717	637	62.57
光伏设备及元器件制造	560	332	324	57.86
其他输配电及控制设备制造	436	313	270	61.93
电线、电缆、光缆及电工器材制造	2012	1455	1347	66.95
电线、电缆制造	1474	1072	984	66.76
光纤、光缆制造	176	112	116	65.91

国民经济行业小类固定资产投资（不含农户）项目个数

续表 18

单位：个

行　　业	施工项目个数	新开工项目个数	全部建成投产项目个数	项目建成投产率（%）
绝缘制品制造	151	111	108	71.52
其他电工器材制造	211	160	139	65.88
电池制造	966	557	519	53.73
锂离子电池制造	453	258	226	49.89
镍氢电池制造	71	44	38	53.52
其他电池制造	442	255	255	57.69
家用电力器具制造	1324	897	853	64.43
家用制冷电器具制造	203	138	122	60.10
家用空气调节器制造	112	72	66	58.93
家用通风电器具制造	60	46	45	75.00
家用厨房电器具制造	323	217	201	62.23
家用清洁卫生电器具制造	128	80	86	67.19
家用美容、保健电器具制造	55	37	36	65.45
家用电力器具专用配件制造	209	148	148	70.81
其他家用电力器具制造	234	159	149	63.68
非电力家用器具制造	583	394	359	61.58
燃气、太阳能及类似能源家用器具制造	543	361	329	60.59
其他非电力家用器具制造	40	33	30	75.00
照明器具制造	1554	1013	949	61.07
电光源制造	412	254	246	59.71
照明灯具制造	914	601	571	62.47
灯用电器附件及其他照明器具制造	228	158	132	57.89
其他电气机械及器材制造	627	461	401	63.96
电气信号设备装置制造	112	74	69	61.61
其他未列明电气机械及器材制造	515	387	332	64.47
计算机、通信和其他电子设备制造业	7252	4821	4279	59.00
计算机制造	750	490	438	58.40
计算机整机制造	128	65	71	55.47
计算机零部件制造	276	184	167	60.51
计算机外围设备制造	130	92	85	65.38
其他计算机制造	216	149	115	53.24
通信设备制造	791	480	399	50.44
通信系统设备制造	500	313	255	51.00
通信终端设备制造	291	167	144	49.48
广播电视设备制造	315	192	223	70.79
广播电视节目制作及发射设备制造	105	61	74	70.48
广播电视接收设备及器材制造	127	77	98	77.17
应用电视设备及其他广播电视设备制造	83	54	51	61.45
视听设备制造	193	131	116	60.10
电视机制造	71	43	40	56.34

国民经济行业小类固定资产投资（不含农户）项目个数

续表 19

单位：个

行　　业	施工项目个数	新开工项目个数	全部建成投产项目个数	项目建成投产率（％）
音响设备制造	82	59	53	64.63
影视录放设备制造	40	29	23	57.50
电子器件制造	1608	1014	930	57.84
电子真空器件制造	186	108	129	69.35
半导体分立器件制造	117	71	72	61.54
集成电路制造	249	142	127	51.00
光电子器件及其他电子器件制造	1056	693	602	57.01
电子元件制造	2606	1858	1600	61.40
电子元件及组件制造	2285	1644	1381	60.44
印制电路板制造	321	214	219	68.22
其他电子设备制造	989	656	573	57.94
仪器仪表制造业	2092	1405	1333	63.72
通用仪器仪表制造	1059	728	689	65.06
工业自动控制系统装置制造	520	355	344	66.15
电工仪器仪表制造	204	145	125	61.27
绘图、计算及测量仪器制造	59	45	36	61.02
实验分析仪器制造	100	68	69	69.00
试验机制造	26	16	16	61.54
供应用仪表及其他通用仪器制造	150	99	99	66.00
专用仪器仪表制造	498	334	308	61.85
环境监测专用仪器仪表制造	70	47	45	64.29
运输设备及生产用计数仪表制造	65	42	42	64.62
农林牧渔专用仪器仪表制造	13	12	9	69.23
地质勘探和地震专用仪器制造	26	17	11	42.31
教学专用仪器制造	46	30	33	71.74
电子测量仪器制造	91	63	56	61.54
其他专用仪器制造	187	123	112	59.89
钟表与计时仪器制造	58	33	30	51.72
光学仪器及眼镜制造	231	154	143	61.90
光学仪器制造	146	94	90	61.64
眼镜制造	85	60	53	62.35
其他仪器仪表制造业	246	156	163	66.26
其他制造业	2140	1462	1292	60.37
日用杂品制造	436	322	304	69.72
鬃毛加工、制刷及清扫工具制造	108	82	71	65.74
其他日用杂品制造	328	240	233	71.04
煤制品制造	147	109	109	74.15
其他未列明制造业	1557	1031	879	56.45
废弃资源综合利用业	1297	927	820	63.22
金属废料和碎屑加工处理	711	509	427	60.06
非金属废料和碎屑加工处理	586	418	393	67.06

国民经济行业小类固定资产投资（不含农户）项目个数

续表20

单位：个

行　　业	施工项目个数	新开工项目个数	全部建成投产项目个数	项目建成投产率（%）
金属制品、机械和设备修理业	460	314	305	66.30
金属制品修理	95	54	67	70.53
通用设备修理	71	56	50	70.42
专用设备修理	73	50	40	54.79
铁路、船舶、航空航天等运输设备修理	112	72	69	61.61
铁路运输设备修理	11	7	7	63.64
船舶修理	42	26	27	64.29
航空航天器修理	16	10	6	37.50
其他运输设备修理	43	29	29	67.44
电气设备修理	23	19	16	69.57
仪器仪表修理	2	1	2	100.00
其他机械和设备修理业	84	62	61	72.62
（四）电力、热力、燃气及水生产和供应业	**22524**	**14538**	**13045**	**57.92**
电力、热力生产和供应业	13115	8255	7399	56.42
电力生产	5197	2935	2680	51.57
火力发电	1004	630	542	53.98
水力发电	2007	1016	1052	52.42
核力发电	23	5	7	30.43
风力发电	859	418	399	46.45
太阳能发电	703	507	339	48.22
其他电力生产	601	359	341	56.74
电力供应	6179	4135	3652	59.10
热力生产和供应	1739	1185	1067	61.36
燃气生产和供应业	2738	1836	1629	59.50
燃气生产和供应业	2738	1836	1629	59.50
水的生产和供应业	6671	4447	4017	60.22
自来水生产和供应	3672	2498	2287	62.28
污水处理及其再生利用	2523	1576	1446	57.31
其他水的处理、利用与分配	476	373	284	59.66
（五）建筑业	**6385**	**5015**	**4097**	**64.17**
房屋建筑业	2217	1588	1341	60.49
房屋建筑业	2217	1588	1341	60.49
土木工程建筑业	3107	2507	1955	62.92
铁路、道路、隧道和桥梁工程建筑	2005	1579	1237	61.70
铁路工程建筑	45	31	28	62.22
公路工程建筑	820	640	497	60.61
市政道路工程建筑	759	608	470	61.92
其他道路、隧道和桥梁工程建筑	381	300	242	63.52
水利和内河港口工程建筑	487	395	300	61.60
水源及供水设施工程建筑	203	162	148	72.91

国民经济行业小类固定资产投资（不含农户）项目个数

续表21

单位：个

行　　业	施工项目个数	新开工项目个数	全部建成投产项目个数	项目建成投产率（%）
河湖治理及防洪设施工程建筑	254	213	140	55.12
港口及航运设施工程建筑	30	20	12	40.00
海洋工程建筑	10	10	1	10.00
工矿工程建筑	40	33	31	77.50
架线和管道工程建筑	254	218	171	67.32
架线及设备工程建筑	93	79	66	70.97
管道工程建筑	161	139	105	65.22
其他土木工程建筑	311	272	215	69.13
建筑安装业	279	243	206	73.84
电气安装	58	49	48	82.76
管道和设备安装	60	54	44	73.33
其他建筑安装业	161	140	114	70.81
建筑装饰和其他建筑业	782	677	595	76.09
建筑装饰业	360	324	269	74.72
工程准备活动	111	91	93	83.78
建筑物拆除活动	28	23	24	85.71
其他工程准备活动	83	68	69	83.13
提供施工设备服务	42	36	36	85.71
其他未列明建筑业	269	226	197	73.23
（六）批发和零售业	**20528**	**15557**	**14120**	**68.78**
批发业	9380	7277	6519	69.50
农、林、牧产品批发	956	714	624	65.27
谷物、豆及薯类批发	289	218	200	69.20
种子批发	74	54	52	70.27
饲料批发	57	48	40	70.18
棉、麻批发	18	11	12	66.67
林业产品批发	83	70	51	61.45
牲畜批发	54	44	36	66.67
其他农牧产品批发	381	269	233	61.15
食品、饮料及烟草制品批发	1467	1111	988	67.35
米、面制品及食用油批发	161	117	108	67.08
糕点、糖果及糖批发	46	35	35	76.09
果品、蔬菜批发	527	386	333	63.19
肉、禽、蛋、奶及水产品批发	218	167	143	65.60
盐及调味品批发	26	19	22	84.62
营养和保健品批发	23	22	18	78.26
酒、饮料及茶叶批发	197	172	137	69.54
烟草制品批发	117	74	83	70.94
其他食品批发	152	119	109	71.71
纺织、服装及家庭用品批发	822	661	548	66.67

国民经济行业小类固定资产投资（不含农户）项目个数

续表 22　　　　　　　　　　　　　　　　　　　　　　　　　　　　　单位：个

行　　业	施工项目个数	新开工项目个数	全部建成投产项目个数	项目建成投产率（%）
纺织品、针织品及原料批发	158	122	100	63.29
服装批发	243	198	158	65.02
鞋帽批发	33	29	24	72.73
化妆品及卫生用品批发	30	28	20	66.67
厨房、卫生间用具及日用杂货批发	67	54	53	79.10
灯具、装饰物品批发	64	54	45	70.31
家用电器批发	111	94	84	75.68
其他家庭用品批发	116	82	64	55.17
文化、体育用品及器材批发	232	195	169	72.84
文具用品批发	40	34	31	77.50
体育用品及器材批发	39	35	32	82.05
图书批发	27	18	12	44.44
报刊批发	1	1	1	100.00
音像制品及电子出版物批发	11	10	7	63.64
首饰、工艺品及收藏品批发	68	56	51	75.00
其他文化用品批发	46	41	35	76.09
医药及医疗器材批发	315	247	232	73.65
西药批发	106	76	72	67.92
中药批发	70	49	49	70.00
医疗用品及器材批发	139	122	111	79.86
矿产品、建材及化工产品批发	2813	2156	1986	70.60
煤炭及制品批发	305	224	239	78.36
石油及制品批发	486	378	366	75.31
非金属矿及制品批发	49	39	41	83.67
金属及金属矿批发	412	326	283	68.69
建材批发	1284	972	845	65.81
化肥批发	79	60	59	74.68
农药批发	14	11	12	85.71
农用薄膜批发	5	4	5	100.00
其他化工产品批发	179	142	136	75.98
机械设备、五金产品及电子产品批发	1561	1260	1051	67.33
农业机械批发	159	121	105	66.04
汽车批发	250	176	132	52.80
汽车零配件批发	179	140	110	61.45
摩托车及零配件批发	23	18	13	56.52
五金产品批发	291	222	199	68.38
电气设备批发	130	114	104	80.00
计算机、软件及辅助设备批发	92	84	74	80.43
通讯及广播电视设备批发	48	45	43	89.58
其他机械设备及电子产品批发	389	340	271	69.67

国民经济行业小类固定资产投资（不含农户）项目个数

续表23　　　　　　　　　　　　　　　　　　　　　　　　　　　　　　　　　　　单位：个

行　　业	施工项目个数	新开工项目个数	全部建成投产项目个数	项目建成投产率（%）
贸易经纪与代理	617	468	476	77.15
贸易代理	444	339	339	76.35
拍卖	8	7	5	62.50
其他贸易经纪与代理	165	122	132	80.00
其他批发业	597	465	445	74.54
再生物资回收与批发	249	198	188	75.50
其他未列明批发业	348	267	257	73.85
零售业	11148	8280	7601	68.18
综合零售	4068	2880	2607	64.09
百货零售	1804	1242	1107	61.36
超级市场零售	1088	786	738	67.83
其他综合零售	1176	852	762	64.80
食品、饮料及烟草制品专门零售	746	568	511	68.50
粮油零售	68	51	44	64.71
糕点、面包零售	14	11	12	85.71
果品、蔬菜零售	158	114	110	69.62
肉、禽、蛋、奶及水产品零售	178	130	131	73.60
营养和保健品零售	14	13	11	78.57
酒、饮料及茶叶零售	106	92	80	75.47
烟草制品零售	21	15	17	80.95
其他食品零售	187	142	106	56.68
纺织、服装及日用品专门零售	754	561	603	79.97
纺织品及针织品零售	92	70	73	79.35
服装零售	463	330	370	79.91
鞋帽零售	15	12	14	93.33
化妆品及卫生用品零售	19	18	16	84.21
钟表、眼镜零售	15	14	15	100.00
箱、包零售	6	3	5	83.33
厨房用具及日用杂品零售	18	16	10	55.56
自行车零售	9	7	9	100.00
其他日用品零售	117	91	91	77.78
文化、体育用品及器材专门零售	285	229	188	65.96
文具用品零售	19	18	14	73.68
体育用品及器材零售	13	12	10	76.92
图书、报刊零售	43	29	23	53.49
音像制品及电子出版物零售	10	8	8	80.00
珠宝首饰零售	88	72	60	68.18
工艺美术品及收藏品零售	78	61	54	69.23
乐器零售	6	5	4	66.67
照相器材零售	4	3	4	100.00

国民经济行业小类固定资产投资（不含农户）项目个数

续表 24   单位：个

行　　业	施工项目个数	新开工项目个数	全部建成投产项目个数	项目建成投产率（%）
其他文化用品零售	24	21	11	45.83
医药及医疗器材专门零售	193	170	158	81.87
药品零售	142	121	116	81.69
医疗用品及器材零售	51	49	42	82.35
汽车、摩托车、燃料及零配件专门零售	3144	2334	2130	67.75
汽车零售	2124	1537	1352	63.65
汽车零配件零售	158	119	109	68.99
摩托车及零配件零售	37	27	30	81.08
机动车燃料零售	825	651	639	77.45
家用电器及电子产品专门零售	456	387	351	76.97
家用视听设备零售	42	35	34	80.95
日用家电设备零售	162	136	116	71.60
计算机、软件及辅助设备零售	114	98	94	82.46
通信设备零售	54	49	47	87.04
其他电子产品零售	84	69	60	71.43
五金、家具及室内装饰材料专门零售	913	686	639	69.99
五金零售	163	133	130	79.75
灯具零售	30	18	19	63.33
家具零售	387	274	254	65.63
涂料零售	16	16	13	81.25
卫生洁具零售	12	10	9	75.00
木质装饰材料零售	52	42	32	61.54
陶瓷、石材装饰材料零售	115	85	84	73.04
其他室内装饰材料零售	138	108	98	71.01
货摊、无店铺及其他零售业	589	465	414	70.29
货摊食品零售	38	30	29	76.32
货摊纺织、服装及鞋零售	7	5	6	85.71
货摊日用品零售	13	10	10	76.92
互联网零售	18	13	8	44.44
邮购及电视、电话零售	3	2	2	66.67
旧货零售	3	3	2	66.67
生活用燃料零售	135	103	97	71.85
其他未列明零售业	372	299	260	69.89
（七）交通运输、仓储和邮政业	32909	21998	19128	**58.12**
铁路运输业	702	326	224	31.91
铁路旅客运输	192	51	35	18.23
铁路货物运输	273	132	87	31.87
铁路运输辅助活动	237	143	102	43.04
客运火车站	69	35	27	39.13
货运火车站	28	16	13	46.43

国民经济行业小类固定资产投资（不含农户）项目个数

续表 25

单位：个

行　业	施工项目个数	新开工项目个数	全部建成投产项目个数	项目建成投产率（%）
其他铁路运输辅助活动	140	92	62	44.29
道路运输业	24356	16719	14651	60.15
城市公共交通运输	1473	890	656	44.53
公共电汽车客运	554	305	262	47.29
城市轨道交通	223	80	32	14.35
出租车客运	42	37	34	80.95
其他城市公共交通运输	654	468	328	50.15
公路旅客运输	6155	3974	3448	56.02
道路货物运输	8681	6452	5486	63.20
道路运输辅助活动	8047	5403	5061	62.89
客运汽车站	471	270	242	51.38
公路管理与养护	5513	3612	3456	62.69
其他道路运输辅助活动	2063	1521	1363	66.07
水上运输业	1250	652	539	43.12
水上旅客运输	75	46	36	48.00
海洋旅客运输	20	10	9	45.00
内河旅客运输	34	23	16	47.06
客运轮渡运输	21	13	11	52.38
水上货物运输	241	144	127	52.70
远洋货物运输	25	15	14	56.00
沿海货物运输	100	59	49	49.00
内河货物运输	116	70	64	55.17
水上运输辅助活动	934	462	376	40.26
客运港口	37	21	11	29.73
货运港口	658	302	261	39.67
其他水上运输辅助活动	239	139	104	43.51
航空运输业	240	122	99	41.25
航空客货运输	62	26	23	37.10
航空旅客运输	52	18	17	32.69
航空货物运输	10	8	6	60.00
通用航空服务	31	26	19	61.29
航空运输辅助活动	147	70	57	38.78
机场	116	56	40	34.48
空中交通管理	4	2	3	75.00
其他航空运输辅助活动	27	12	14	51.85
管道运输业	343	242	179	52.19
管道运输业	343	242	179	52.19
装卸搬运和运输代理业	1082	711	633	58.50
装卸搬运	214	145	119	55.61
运输代理业	868	566	514	59.22

国民经济行业小类固定资产投资（不含农户）项目个数

续表 26 单位：个

行　业	施工项目个数	新开工项目个数	全部建成投产项目个数	项目建成投产率（%）
货物运输代理	624	415	371	59.46
旅客票务代理	7	6	2	28.57
其他运输代理业	237	145	141	59.49
仓储业	4756	3099	2682	56.39
谷物、棉花等农产品仓储	1315	901	827	62.89
谷物仓储	781	521	485	62.10
棉花仓储	57	41	31	54.39
其他农产品仓储	477	339	311	65.20
其他仓储业	3441	2198	1855	53.91
邮政业	180	127	121	67.22
邮政基本服务	89	56	59	66.29
快递服务	91	71	62	68.13
（八）住宿和餐饮业	9520	6576	6094	64.01
住宿业	6104	3865	3506	57.44
旅游饭店	3980	2326	2035	51.13
一般旅馆	1418	1040	1024	72.21
其他住宿业	706	499	447	63.31
餐饮业	3416	2711	2588	75.76
正餐服务	2696	2112	2038	75.59
快餐服务	157	144	134	85.35
饮料及冷饮服务	171	142	141	82.46
茶馆服务	63	53	57	90.48
咖啡馆服务	38	35	32	84.21
酒吧服务	58	44	45	77.59
其他饮料及冷饮服务	12	10	7	58.33
其他餐饮业	392	313	275	70.15
小吃服务	85	73	65	76.47
餐饮配送服务	36	29	28	77.78
其他未列明餐饮业	271	211	182	67.16
（九）信息传输、软件和信息技术服务业	4007	2913	2619	65.36
电信、广播电视和卫星传输服务	2286	1684	1610	70.43
电信	1989	1487	1408	70.79
固定电信服务	428	307	302	70.56
移动电信服务	1350	1033	947	70.15
其他电信服务	211	147	159	75.36
广播电视传输服务	280	186	193	68.93
有线广播电视传输服务	226	156	159	70.35
无线广播电视传输服务	54	30	34	62.96
卫星传输服务	17	11	9	52.94
互联网和相关服务	384	301	265	69.01

国民经济行业小类固定资产投资（不含农户）项目个数

续表 27　　　　　　　　　　　　　　　　　　　　　　　　　　　　　　　　单位：个

行　业	施工项目个数	新开工项目个数	全部建成投产项目个数	项目建成投产率（％）
互联网接入及相关服务	148	133	115	77.70
互联网信息服务	167	113	99	59.28
其他互联网服务	69	55	51	73.91
软件和信息技术服务业	1337	928	744	55.65
软件开发	626	418	335	53.51
信息系统集成服务	202	147	133	65.84
信息技术咨询服务	142	122	95	66.90
数据处理和存储服务	118	70	43	36.44
集成电路设计	31	22	14	45.16
其他信息技术服务业	218	149	124	56.88
数字内容服务	37	22	19	51.35
呼叫中心	18	13	13	72.22
其他未列明信息技术服务业	163	114	92	56.44
（十）金融业	**1605**	**1168**	**963**	**60.00**
货币金融服务	1059	756	663	62.61
中央银行服务	114	69	72	63.16
货币银行服务	810	576	484	59.75
非货币银行服务	129	108	103	79.84
金融租赁服务	25	21	17	68.00
财务公司	39	34	37	94.87
典当	20	18	17	85.00
其他非货币银行服务	45	35	32	71.11
银行监管服务	6	3	4	66.67
资本市场服务	302	241	169	55.96
证券市场服务	25	12	12	48.00
证券市场管理服务	10	5	5	50.00
证券经纪交易服务	12	6	6	50.00
基金管理服务	3	1	1	33.33
期货市场服务	8	5	3	37.50
期货市场管理服务	7	5	3	42.86
其他期货市场服务	1			
证券期货监管服务	5	3	4	80.00
资本投资服务	220	184	117	53.18
其他资本市场服务	44	37	33	75.00
保险业	99	62	56	56.57
人身保险	49	27	22	44.90
人寿保险	48	26	21	43.75
健康和意外保险	1	1	1	100.00
财产保险	42	28	28	66.67
再保险				

国民经济行业小类固定资产投资（不含农户）项目个数

续表 28   单位：个

行　　业	施工项目个数	新开工项目个数	全部建成投产项目个数	项目建成投产率（%）
养老金	2	2	2	100.00
保险经纪与代理服务	3	2	1	33.33
保险监管服务				
其他保险活动	3	3	3	100.00
风险和损失评估	3	3	3	100.00
其他未列明保险活动				
其他金融业	145	109	75	51.72
金融信托与管理服务	36	27	17	47.22
控股公司服务	22	14	14	63.64
非金融机构支付服务	8	7	3	37.50
金融信息服务	16	11	8	50.00
其他未列明金融业	63	50	33	52.38
（十一）房地产业	**35414**	**21307**	**19838**	**56.02**
房地产业	35414	21307	19838	56.02
房地产开发经营	6909	3780	3697	53.51
物业管理	589	514	454	77.08
房地产中介服务	84	63	63	75.00
自有房地产经营活动	1977	1115	1010	51.09
其他房地产业	25855	15835	14614	56.52
（十二）租赁和商务服务业	**6771**	**4757**	**3906**	**57.69**
租赁业	353	311	283	80.17
机械设备租赁	333	295	273	81.98
汽车租赁	43	40	33	76.74
农业机械租赁	12	11	10	83.33
建筑工程机械与设备租赁	209	187	180	86.12
计算机及通讯设备租赁	4	4	4	100.00
其他机械与设备租赁	65	53	46	70.77
文化及日用品出租	20	16	10	50.00
娱乐及体育设备出租	15	12	7	46.67
图书出租	1	1	1	100.00
音像制品出租	1	1	1	100.00
其他文化及日用品出租	3	2	1	33.33
商务服务业	6418	4446	3623	56.45
企业管理服务	2293	1501	1175	51.24
企业总部管理	589	354	245	41.60
投资与资产管理	1181	785	631	53.43
单位后勤管理服务	96	69	57	59.38
其他企业管理服务	427	293	242	56.67
法律服务	40	33	30	75.00
律师及相关法律服务	31	25	23	74.19

国民经济行业小类固定资产投资（不含农户）项目个数

续表 29

单位：个

行业	施工项目个数	新开工项目个数	全部建成投产项目个数	项目建成投产率（%）
公证服务	1	1	1	100.00
其他法律服务	8	7	6	75.00
咨询与调查	209	185	162	77.51
会计、审计及税务服务	33	30	27	81.82
市场调查	5	5	4	80.00
社会经济咨询	57	48	37	64.91
其他专业咨询	114	102	94	82.46
广告业	336	316	255	75.89
知识产权服务	23	18	11	47.83
人力资源服务	134	106	88	65.67
公共就业服务	47	31	31	65.96
职业中介服务	12	11	8	66.67
劳务派遣服务	32	30	24	75.00
其他人力资源服务	43	34	25	58.14
旅行社及相关服务	720	471	382	53.06
旅行社服务	78	54	50	64.10
旅游管理服务	577	371	299	51.82
其他旅行社相关服务	65	46	33	50.77
安全保护服务	107	92	74	69.16
安全服务	28	20	16	57.14
安全系统监控服务	58	54	41	70.69
其他安全保护服务	21	18	17	80.95
其他商务服务业	2556	1724	1446	56.57
市场管理	1103	753	651	59.02
会议及展览服务	327	198	156	47.71
包装服务	75	68	52	69.33
办公服务	221	144	114	51.58
信用服务	4			
担保服务	30	24	26	86.67
其他未列明商务服务业	796	537	447	56.16
（十三）科学研究和技术服务业	**4659**	**3323**	**2965**	**63.64**
研究和试验发展	1217	795	674	55.38
自然科学研究和试验发展	128	70	56	43.75
工程和技术研究和试验发展	662	421	378	57.10
农业科学研究和试验发展	269	202	160	59.48
医学研究和试验发展	131	83	70	53.44
社会人文科学研究	27	19	10	37.04
专业技术服务业	1912	1360	1275	66.68

国民经济行业小类固定资产投资（不含农户）项目个数

续表 30   单位：个

行　　业	施工项目个数	新开工项目个数	全部建成投产项目个数	项目建成投产率（%）
气象服务	109	68	52	47.71
地震服务	25	11	14	56.00
海洋服务	33	19	17	51.52
测绘服务	53	41	35	66.04
质检技术服务	315	201	200	63.49
环境与生态监测	156	117	96	61.54
环境保护监测	121	87	78	64.46
生态监测	35	30	18	51.43
地质勘查	262	159	191	72.90
能源矿产地质勘查	86	59	68	79.07
固体矿产地质勘查	71	46	44	61.97
水、二氧化碳等矿产地质勘查	6	5	4	66.67
基础地质勘查	32	21	17	53.13
地质勘查技术服务	67	28	58	86.57
工程技术	551	437	373	67.70
工程管理服务	162	135	93	57.41
工程勘察设计	152	106	108	71.05
规划管理	237	196	172	72.57
其他专业技术服务业	408	307	297	72.79
专业化设计服务	140	99	99	70.71
摄影扩印服务	59	53	54	91.53
兽医服务	9	7	8	88.89
其他未列明专业技术服务业	200	148	136	68.00
科技推广和应用服务业	1530	1168	1016	66.41
技术推广服务	1011	798	717	70.92
农业技术推广服务	481	376	333	69.23
生物技术推广服务	135	110	93	68.89
新材料技术推广服务	111	94	83	74.77
节能技术推广服务	121	101	88	72.73
其他技术推广服务	163	117	120	73.62
科技中介服务	190	122	96	50.53
其他科技推广和应用服务业	329	248	203	61.70
（十四）水利、环境和公共设施管理业	65176	44400	38850	59.61
水利管理业	12067	8630	7803	64.66
防洪除涝设施管理	5936	4288	3735	62.92
水资源管理	1712	1220	1137	66.41
天然水收集与分配	2063	1424	1320	63.98
水文服务	71	42	46	64.79

国民经济行业小类固定资产投资（不含农户）项目个数

续表 31

单位：个

行　　业	施工项目个数	新开工项目个数	全部建成投产项目个数	项目建成投产率（%）
其他水利管理业	2285	1656	1565	68.49
生态保护和环境治理业	2802	1902	1720	61.38
生态保护	572	366	342	59.79
自然保护区管理	184	117	98	53.26
野生动物保护	31	18	11	35.48
野生植物保护	19	13	10	52.63
其他自然保护	338	218	223	65.98
环境治理业	2230	1536	1378	61.79
水污染治理	1210	802	682	56.36
大气污染治理	94	77	59	62.77
固体废物治理	384	265	262	68.23
危险废物治理	51	36	27	52.94
放射性废物治理	3	3	3	100.00
其他污染治理	488	353	345	70.70
公共设施管理业	50307	33868	29327	58.30
市政设施管理	36298	24180	20670	56.95
环境卫生管理	1538	1117	1077	70.03
城乡市容管理	2596	2084	1842	70.96
绿化管理	2493	1961	1768	70.92
公园和游览景区管理	7382	4526	3970	53.78
公园管理	2288	1403	1265	55.29
游览景区管理	5094	3123	2705	53.10
（十五）居民服务、修理和其他服务业	**3914**	**2981**	**2735**	**69.88**
居民服务业	2244	1688	1526	68.00
家庭服务	140	92	108	77.14
托儿所服务	46	36	32	69.57
洗染服务	23	19	13	56.52
理发及美容服务	70	61	62	88.57
洗浴服务	239	187	178	74.48
保健服务	76	67	61	80.26
婚姻服务	25	23	20	80.00
殡葬服务	397	267	234	58.94
其他居民服务业	1228	936	818	66.61
机动车、电子产品和日用产品修理业	986	767	750	76.06
汽车、摩托车修理与维护	836	662	637	76.20
汽车修理与维护	826	655	629	76.15
摩托车修理与维护	10	7	8	80.00
计算机和办公设备维修	124	83	92	74.19

国民经济行业小类固定资产投资（不含农户）项目个数

续表 32

单位：个

行　业	施工项目个数	新开工项目个数	全部建成投产项目个数	项目建成投产率（%）
计算机和辅助设备修理	35	29	27	77.14
通讯设备修理	44	28	33	75.00
其他办公设备维修	45	26	32	71.11
家用电器修理	16	14	13	81.25
家用电子产品修理	5	4	4	80.00
日用电器修理	11	10	9	81.82
其他日用产品修理业	10	8	8	80.00
自行车修理				
鞋和皮革修理	1	1	1	100.00
家具和相关物品修理	1	1	1	100.00
其他未列明日用产品修理业	8	6	6	75.00
其他服务业	684	526	459	67.11
清洁服务	81	68	58	71.60
建筑物清洁服务	14	13	13	92.86
其他清洁服务	67	55	45	67.16
其他未列明服务业	603	458	401	66.50
（十六）教育	**14848**	**9698**	**9050**	**60.95**
教育	14848	9698	9050	60.95
学前教育	2209	1649	1516	68.63
初等教育	4088	2866	2644	64.68
普通小学教育	4030	2839	2611	64.79
成人小学教育	58	27	33	56.90
中等教育	5447	3468	3272	60.07
普通初中教育	3228	2171	2074	64.25
职业初中教育	137	80	83	60.58
成人初中教育	19	12	11	57.89
普通高中教育	1250	766	687	54.96
成人高中教育	31	18	17	54.84
中等职业学校教育	782	421	400	51.15
高等教育	1569	729	702	44.74
普通高等教育	1400	646	620	44.29
成人高等教育	169	83	82	48.52
特殊教育	139	77	77	55.40
技能培训、教育辅助及其他教育	1396	909	839	60.10
职业技能培训	782	524	467	59.72
体校及体育培训	49	29	26	53.06
文化艺术培训	79	57	58	73.42
教育辅助服务	137	100	97	70.80

国民经济行业小类固定资产投资（不含农户）项目个数

续表33

单位：个

行　　业	施工项目个数	新开工项目个数	全部建成投产项目个数	项目建成投产率（％）
其他未列明教育	349	199	191	54.73
（十七）卫生和社会工作	**6906**	**4125**	**3986**	**57.72**
卫生	5278	3040	2948	55.85
医院	3374	1680	1676	49.67
综合医院	2289	1084	1098	47.97
中医医院	400	200	200	50.00
中西医结合医院	92	53	47	51.09
民族医院	43	20	27	62.79
专科医院	438	251	246	56.16
疗养院	112	72	58	51.79
社区医疗与卫生院	1154	875	786	68.11
社区卫生服务中心（站）	272	194	183	67.28
街道卫生院	70	47	46	65.71
乡镇卫生院	812	634	557	68.60
门诊部（所）	84	58	68	80.95
计划生育技术服务活动	120	93	99	82.50
妇幼保健院（所、站）	146	77	68	46.58
专科疾病防治院（所、站）	45	28	25	55.56
疾病预防控制中心	117	77	63	53.85
其他卫生活动	238	152	163	68.49
社会工作	1628	1085	1038	63.76
提供住宿社会工作	1434	959	906	63.18
干部休养所	52	29	31	59.62
护理机构服务	98	67	58	59.18
精神康复服务	38	22	24	63.16
老年人、残疾人养护服务	1082	743	681	62.94
孤残儿童收养和庇护服务	50	29	38	76.00
其他提供住宿社会救助	114	69	74	64.91
不提供住宿社会工作	194	126	132	68.04
社会看护与帮助服务	111	67	72	64.86
其他不提供住宿社会工作	83	59	60	72.29
（十八）文化、体育和娱乐业	**7957**	**5163**	**4574**	**57.48**
新闻和出版业	130	72	57	43.85
新闻业	43	27	16	37.21
出版业	87	45	41	47.13
图书出版	33	18	18	54.55
报纸出版	33	12	12	36.36
期刊出版	4	4	3	75.00

国民经济行业小类固定资产投资（不含农户）项目个数

续表 34

单位：个

行　业	施工项目个数	新开工项目个数	全部建成投产项目个数	项目建成投产率（%）
音像制品出版	3		2	66.67
电子出版物出版	5	3		
其他出版业	9	8	6	66.67
广播、电视、电影和影视录音制作业	489	326	286	58.49
广播	71	31	48	67.61
电视	141	88	80	56.74
电影和影视节目制作	76	47	34	44.74
电影和影视节目发行	14	10	6	42.86
电影放映	176	140	111	63.07
录音制作	11	10	7	63.64
文化艺术业	4122	2595	2297	55.73
文艺创作与表演	127	83	65	51.18
艺术表演场馆	245	137	117	47.76
图书馆与档案馆	370	193	176	47.57
图书馆	232	129	113	48.71
档案馆	138	64	63	45.65
文物及非物质文化遗产保护	610	369	336	55.08
博物馆	502	297	213	42.43
烈士陵园、纪念馆	230	158	128	55.65
群众文化活动	1508	1004	992	65.78
其他文化艺术业	530	354	270	50.94
体育	1476	912	806	54.61
体育组织	31	16	19	61.29
体育场馆	640	328	301	47.03
休闲健身活动	712	505	421	59.13
其他体育	93	63	65	69.89
娱乐业	1740	1258	1128	64.83
室内娱乐活动	673	569	540	80.24
歌舞厅娱乐活动	343	291	289	84.26
电子游艺厅娱乐活动	21	17	19	90.48
网吧活动	71	65	65	91.55
其他室内娱乐活动	238	196	167	70.17
游乐园	425	246	223	52.47
彩票活动	15	6	6	40.00
文化、娱乐、体育经纪代理	6	3	5	83.33
文化娱乐经纪人	3	1	3	100.00
体育经纪人				
其他文化艺术经纪代理	3	2	2	66.67

国民经济行业小类固定资产投资（不含农户）项目个数

续表35　　　　　　　　　　　　　　　　　　　　　　　　　　　　　　单位：个

行　业	施工项目个数	新开工项目个数	全部建成投产项目个数	项目建成投产率（％）
其他娱乐业	621	434	354	57.00
（十九）公共管理、社会保障和社会组织	**15001**	**10070**	**9305**	**62.03**
中国共产党机关	120	89	69	57.50
中国共产党机关	120	89	69	57.50
国家机构	10561	6781	6356	60.18
国家权力机构	189	124	119	62.96
国家行政机构	9462	6145	5771	60.99
综合事务管理机构	3588	2378	2375	66.19
对外事务管理机构	28	13	20	71.43
公共安全管理机构	1879	1015	940	50.03
社会事务管理机构	1771	1235	1102	62.22
经济事务管理机构	1856	1286	1135	61.15
行政监督检查机构	340	218	199	58.53
人民法院和人民检察院	645	331	314	48.68
人民法院	416	222	199	47.84
人民检察院	229	109	115	50.22
其他国家机构	265	181	152	57.36
人民政协、民主党派	23	13	15	65.22
人民政协	5	2	1	20.00
民主党派	18	11	14	77.78
社会保障	503	357	288	57.26
社会保障	503	357	288	57.26
群众团体、社会团体和其他成员组织	1399	953	911	65.12
群众团体	99	53	57	57.58
工会	25	9	11	44.00
妇联	18	7	11	61.11
共青团	3	2	1	33.33
其他群众团体	53	35	34	64.15
社会团体	597	399	362	60.64
专业性团体	431	304	263	61.02
行业性团体	71	40	31	43.66
其他社会团体	95	55	68	71.58
基金会	8	3	5	62.50
宗教组织	695	498	487	70.07
基层群众自治组织	2395	1877	1666	69.56
社区自治组织	710	542	510	71.83
村民自治组织	1685	1335	1156	68.61

各地区固定资产投资（不含农户）财务拨款

单位：万元

地　　区	本年实际到位 资金合计	上年末 结余资金	本年实际到位 资金小计	本年各项应 付款合计
全国总计	5243422735	432764229	4810658506	450295481
北　　京	134811292	30781353	104029939	6700226
天　　津	115402256	11214220	104188036	15798210
河　　北	237881652	9208451	228673201	19986191
山　　西	101920120	5953243	95966877	18330651
内　蒙　古	142701563	2688730	140012833	10095425
辽　　宁	288924806	18874369	270050437	18651411
吉　　林	104204082	2999184	101204898	6610159
黑　龙　江	124403684	4853193	119550491	4174480
上　　海	99936989	21691354	78245635	11969413
江　　苏	465215761	35093049	430122712	46649838
浙　　江	269844297	36056361	233787936	23321627
安　　徽	214033309	14677865	199355444	17004319
福　　建	182778287	13248706	169529581	13871210
江　　西	149381231	9215299	140165932	6618483
山　　东	417270278	23112561	394157717	34023923
河　　南	264982242	8670471	256311771	10020831
湖　　北	212355270	11043832	201311438	17468612
湖　　南	202310119	12649041	189661078	12861799
广　　东	306058439	42678983	263379456	24755036
广　　西	130201408	8266276	121935132	8375575
海　　南	58703290	11988678	46714612	5640440
重　　庆	139737619	14501674	125235945	15227415
四　　川	258857526	42677267	216180259	28310375
贵　　州	83184849	7544029	75640820	16165443
云　　南	101163695	9633215	91530480	19587065
西　　藏	11014576	846839	10167737	752138
陕　　西	161933351	11297652	150635699	14934351
甘　　肃	75080547	2358074	72722473	6091981
青　　海	25131162	2453553	22677609	2571821
宁　　夏	26728302	1064976	25663326	3813510
新　　疆	83209399	4631323	78578076	7474175
不分地区	54061334	790408	53270926	2439348

各地区固定资产投资（不含农户）本年实际到位资金构成（一）

单位：万元

地　区	本年实际到位资金小计	国家预算资金	国内贷款	债　券
全国总计	4810658506	223052551	590563074	12370829
北　京	104029939	8412742	25123924	7928
天　津	104188036	1190154	21614464	19703
河　北	228673201	5590375	15485234	11960
山　西	95966877	6368540	7458388	80000
内　蒙　古	140012833	5344068	15237270	142044
辽　宁	270050437	12517297	37254449	165820
吉　林	101204898	2983950	5835380	150
黑　龙　江	119550491	4177151	3859082	265000
上　海	78245635	3682503	17823860	
江　苏	430122712	5291915	50910389	
浙　江	233787936	11878193	31891416	106523
安　徽	199355444	9395367	15093885	89823
福　建	169529581	12826978	18919752	20350
江　西	140165932	5130450	9223638	93623
山　东	394157717	7069625	39058381	115150
河　南	256311771	5783190	32703076	
湖　北	201311438	7307543	26969337	
湖　南	189661078	9245179	17446430	20021
广　东	263379456	10734712	38834897	64255
广　西	121935132	7046423	15846451	227710
海　南	46714612	1480264	8293117	44867
重　庆	125235945	7014515	23326835	105364
四　川	216180259	16747074	23558119	223879
贵　州	75640820	4010854	12451691	328162
云　南	91530480	7178851	13811202	258107
西　藏	10167737	5753892	161191	
陕　西	150635699	8179120	9936740	20623
甘　肃	72722473	9285048	8973074	7049
青　海	22677609	3773300	5304656	10305
宁　夏	25663326	2405411	5547842	9564
新　疆	78578076	9241020	9942035	209280
不分地区	53270926	6006847	22666869	9723569

各地区固定资产投资（不含农户）本年实际到位资金构成（二）

单位：万元

地　　区	利用外资	外商直接投资	自筹资金	企事业单位自有资金	其他资金
全国总计	43194445	26039665	3244315014	986284945	697162593
北　　京	234906	172003	34980909	15213980	35269530
天　　津	842004	412228	66151507	17875860	14370204
河　　北	888241	609933	187871579	46123362	18825812
山　　西	264197	233007	73384490	27690474	8411262
内 蒙 古	87914	50277	112419318	25693123	6782219
辽　　宁	3729441	2326516	189332847	91124997	27050583
吉　　林	278972	102885	84271908	29217879	7834538
黑 龙 江	104351	18020	102288349	20215308	8856558
上　　海	1725201	1290041	32807336	20445156	22206735
江　　苏	11275488	7599577	294415337	123214630	68229583
浙　　江	2442116	2082618	137159169	42623682	50310519
安　　徽	1073675	548284	143440423	33668494	30262271
福　　建	2560842	1717471	100975486	29987218	34226173
江　　西	859522	494550	107718651	21903957	17140048
山　　东	3789046	2139124	302935897	78988321	41189618
河　　南	868766	436934	194738820	43472648	22217919
湖　　北	633433	155236	143773835	24542240	22627290
湖　　南	1200717	720467	135763181	23898255	25985550
广　　东	6553984	2927468	143190675	43722061	64000933
广　　西	151993	106342	82188988	43264402	16473567
海　　南	314631	285346	20147515	5521175	16434218
重　　庆	941047	586931	64461421	17250191	29386763
四　　川	966520	504885	138723076	75152846	35961591
贵　　州	45000	45000	44950890	13549708	13854223
云　　南	242110	63644	55933494	14662231	14106716
西　　藏	18519	15519	3601519	1343805	632616
陕　　西	458341	318313	114509546	19498901	17531329
甘　　肃	303241	51352	46058031	6232239	8096030
青　　海	91248	16651	11726584	3395274	1771516
宁　　夏	29320	5373	14078695	2518984	3592494
新　　疆	37100	3670	49617800	20788132	9530841
不 分 地 区	182559		10697738	3485412	3993344

国民经济行业大类固定资产投资（不含农户）财务拨款

单位：万元

行　业	本年实际到位资金合计	上年末结余资金	本年实际到位资金小计	本年各项应付款合计
全　国　总　计	5243422735	432764229	4810658506	450295481
（一）农、林、牧、渔业	118271123	2403859	115867264	6147171
农业	42022690	679516	41343174	1930441
林业	13442467	301522	13140945	1408382
畜牧业	32209079	751787	31457292	1328374
渔业	6795030	223265	6571765	378580
农、林、牧、渔服务业	23801857	447769	23354088	1101394
（二）采矿业	150134665	2394638	147740027	8552871
煤炭开采和洗选业	53289247	1294352	51994895	3807525
石油和天然气开采业	37415195	70696	37344499	1968894
黑色金属矿采选业	17866482	289872	17576610	450449
有色金属矿采选业	16617462	393582	16223880	487013
非金属矿采选业	18550827	282606	18268221	904844
开采辅助活动	5814044	37884	5776160	919780
其他采矿业	581408	25646	555762	14366
（三）制造业	1566561029	37740760	1528820269	68253333
农副食品加工业	90548319	2039639	88508680	3175216
食品制造业	38588691	732425	37856266	1389390
酒、饮料和精制茶制造业	36210605	626313	35584292	2259531
烟草制品业	3431834	346290	3085544	197428
纺织业	49177372	788933	48388439	1655580
纺织服装、服饰业	32680400	377437	32302963	801788
皮革、毛皮、羽毛及其制品和制鞋业	18084738	258255	17826483	380251
木材加工和木、竹、藤、棕、草制品业	30486335	518826	29967509	1220290
家具制造业	20382802	501001	19881801	721065
造纸和纸制品业	27524224	454076	27070148	1061463
印刷和记录媒介复制业	13580137	346840	13233297	409404
文教、工美、体育和娱乐用品制造业	14928749	176308	14752441	670307
石油加工、炼焦和核燃料加工业	33283321	1711254	31572067	2791891
化学原料及化学制品制造业	139197579	3237925	135959654	7598278
医药制造业	48899074	1599198	47299876	2093031
化学纤维制造业	10829919	86612	10743307	374330
橡胶和塑料制品业	54784495	1143069	53641426	2493844
非金属矿物制品业	145775948	2880152	142895796	5140985
黑色金属冶炼和压延加工业	54246433	1824345	52422088	2733349
有色金属冶炼和压延加工业	58206469	1421575	56784894	2523128
金属制品业	75974360	1301335	74673025	4483456
通用设备制造业	111037107	1914408	109122699	4450423
专用设备制造业	105573744	1676994	103896750	3924492

国民经济行业大类固定资产投资（不含农户）财务拨款

续表1 单位：万元

行　业	本年实际到位资金合计	上年末结余资金	本年实际到位资金小计	本年各项应付款合计
汽车制造业	100569215	2476390	98092825	4075415
铁路、船舶、航空航天和其他运输设备制造业	29225844	1164978	28060866	1030768
电气机械和器材制造业	97816075	2504565	95311510	4596594
计算机、通信和其他电子设备制造业	79483789	4741472	74742317	3276984
仪器仪表制造业	15217472	280452	14937020	731250
其他制造业	16984166	239766	16744400	1220998
废弃资源综合利用业	10378460	200687	10177773	641623
金属制品、机械和设备修理业	3453353	169240	3284113	130781
（四）电力、热力、燃气及水生产和供应业	205501499	7156011	198345488	15705903
电力、热力生产和供应业	155243140	5412236	149830904	11515721
燃气生产和供应业	22183444	429740	21753704	1979050
水的生产和供应业	28074915	1314035	26760880	2211132
（五）建筑业	38031429	422612	37608817	2200176
房屋建筑业	12275475	139192	12136283	620237
土木工程建筑业	19518593	270232	19248361	1455100
建筑安装业	1689695	40	1689655	24556
建筑装饰和其他建筑业	4547666	13148	4534518	100283
（六）批发和零售业	135368197	3907238	131460959	5371802
批发业	63083950	1557765	61526185	2484299
零售业	72284247	2349473	69934774	2887503
（七）交通运输、仓储和邮政业	386723866	17971727	368752139	43889067
铁路运输业	64119336	1083906	63035430	6086907
道路运输业	212069588	13537396	198532192	30268323
水上运输业	23076319	836100	22240219	2915189
航空运输业	26692150	724502	25967648	957535
管道运输业	4288550	87250	4201300	259212
装卸搬运和运输代理业	10303162	199520	10103642	461963
仓储业	45161068	1478087	43682981	2910403
邮政业	1013693	24966	988727	29535
（八）住宿和餐饮业	66624202	2424229	64199973	3656199
住宿业	50463347	2128862	48334485	2926209
餐饮业	16160855	295367	15865488	729990
（九）信息传输、软件和信息技术服务业	33050866	664498	32386368	1779171
电信、广播电视和卫星传输服务	17555344	227492	17327852	1035332
互联网和相关服务	3014703	64667	2950036	114164
软件和信息技术服务业	12480819	372339	12108480	629675
（十）金融业	13847232	745292	13101940	614202
货币金融服务	8817722	522931	8294791	297963
资本市场服务	2341314	106882	2234432	176004

国民经济行业大类固定资产投资（不含农户）财务拨款

续表2

单位：万元

行　　业	本年实际到位资金合计	上年末结余资金	本年实际到位资金小计	本年各项应付款合计
保险业	1175875	25339	1150536	22820
其他金融业	1512321	90140	1422181	117415
（十一）房地产业	**1806610993**	**325606486**	**1481004507**	**234209700**
房地产业	1806610993	325606486	1481004507	234209700
（十二）租赁和商务服务业	**64542194**	**3006684**	**61535510**	**3418663**
租赁业	3049144	117277	2931867	38903
商务服务业	61493050	2889407	58603643	3379760
（十三）科学研究和技术服务业	**34634182**	**1722241**	**32911941**	**1395299**
研究和试验发展	11878507	808888	11069619	532420
专业技术服务业	11581658	614693	10966965	558681
科技推广和应用服务业	11174017	298660	10875357	304198
（十四）水利、环境和公共设施管理业	**390506065**	**15777500**	**374728565**	**39513543**
水利管理业	52358041	3168665	49189376	5720408
生态保护和环境治理业	14696757	623897	14072860	1233183
公共设施管理业	323451267	11984938	311466329	32559952
（十五）居民服务、修理和其他服务业	**21005221**	**564467**	**20440754**	**1075050**
居民服务业	11732477	335544	11396933	784478
机动车、电子产品和日用产品修理业	4387357	95599	4291758	78341
其他服务业	4885387	133324	4752063	212231
（十六）教育	**57447749**	**2832708**	**54615041**	**4516974**
教育	57447749	2832708	54615041	4516974
（十七）卫生和社会工作	**34153195**	**2065022**	**32088173**	**2166854**
卫生	28228834	1787355	26441479	1836727
社会工作	5924361	277667	5646694	330127
（十八）文化、体育和娱乐业	**58098193**	**2838474**	**55259719**	**3362205**
新闻和出版业	1136172	70620	1065552	73688
广播、电视、电影和影视录音制作业	3970140	497329	3472811	178288
文化艺术业	26543349	831652	25711697	1650381
体育	10716516	632050	10084466	756644
娱乐业	15732016	806823	14925193	703204
（十九）公共管理、社会保障和社会组织	**62310835**	**2519783**	**59791052**	**4467298**
中国共产党机关	611719	30934	580785	22839
国家机构	43038039	1803834	41234205	3473054
人民政协、民主党派	140586	28	140558	3938
社会保障	2247673	59493	2188180	126809
群众团体、社会团体和其他成员组织	6457389	419053	6038336	263063
基层群众自治组织	9815429	206441	9608988	577595

国民经济行业小类固定资产投资（不含农户）实际到位资金构成（一）

单位：万元

行　业	本年实际到位资金小计	国家预算资金	国内贷款	债　券
全　国　总　计	4810658506	223052551	590563074	12370829
（一）农、林、牧、渔业	115867264	11435045	5774947	12470
农业	41343174	2213625	2323684	
谷物种植	4543995	831778	235514	
稻谷种植	2473410	587627	47443	
小麦种植	406568	61092	23844	
玉米种植	749957	61203	126400	
其他谷物种植	914060	121856	37827	
豆类、油料和薯类种植	2242811	79103	137509	
豆类种植	773109	24554	61034	
油料种植	915214	33221	43300	
薯类种植	554488	21328	33175	
棉、麻、糖、烟草种植	1409297	122251	70013	
棉花种植	513066	11162	35825	
麻类种植	105742	200	21006	
糖料种植	133908	17148	461	
烟草种植	656581	93741	12721	
蔬菜、食用菌及园艺作物种植	18201513	484870	1041491	
蔬菜种植	10546779	386251	557017	
食用菌种植	2422905	35883	155149	
花卉种植	3338233	42781	207016	
其他园艺作物种植	1893596	19955	122309	
水果种植	6047975	193668	342545	
仁果类和核果类水果种植	1692614	75700	134367	
葡萄种植	1230399	32170	61069	
柑橘类种植	495488	39158	16070	
香蕉等亚热带水果种植	209977	100	7950	
其他水果种植	2419497	46540	123089	
坚果、含油果、香料和饮料作物种植	2731005	116328	240298	
坚果种植	1137752	38694	161822	
含油果种植	302502	15687	16850	
香料作物种植	83952	4193	4308	
茶及其他饮料作物种植	1206799	57754	57318	
中药材种植	2659865	73284	105509	
其他农业	3506713	312343	150805	
林业	13140945	3287569	408592	8000
林木育种和育苗	5215868	237062	196705	500
林木育种	1351823	50928	60262	
林木育苗	3864045	186134	136443	500
造林和更新	6428311	2708596	168728	

国民经济行业小类固定资产投资（不含农户）实际到位资金构成（一）

续表1　　　　　　　　　　　　　　　　　　　　　　　　　　　　　　　　　　单位：万元

行　　业	本年实际到位资金小计	国家预算资金	国内贷款	债　券
森林经营和管护	996308	238857	38114	
木材和竹材采运	342849	92869	4745	
木材采运	323629	92869	4395	
竹材采运	19220		350	
林产品采集	157609	10185	300	7500
木竹材林产品采集	39382	80		
非木竹材林产品采集	118227	10105	300	7500
畜牧业	31457292	573935	1833016	970
牲畜饲养	23582273	431271	1252430	470
牛的饲养	7753918	125829	473525	
马的饲养	92281	13878	650	
猪的饲养	11829160	208504	609547	470
羊的饲养	2988432	71473	145957	
骆驼饲养	23031	751	6000	
其他牲畜饲养	895451	10836	16751	
家禽饲养	5932218	43894	415696	500
鸡的饲养	4580680	41964	343800	500
鸭的饲养	555925	980	38189	
鹅的饲养	149986		14709	
其他家禽饲养	645627	950	18998	
狩猎和捕捉动物	366462	927	22015	
其他畜牧业	1576339	97843	142875	
渔业	6571765	94316	492688	
水产养殖	5877371	81735	474514	
海水养殖	2806496	8191	335996	
内陆养殖	3070875	73544	138518	
水产捕捞	694394	12581	18174	
海水捕捞	632132	12081	15974	
内陆捕捞	62262	500	2200	
农、林、牧、渔服务业	23354088	5265600	716967	3500
农业服务业	20920446	4915702	605420	2000
农业机械服务	1571204	316565	33289	
灌溉服务	5759296	2190071	61787	
农产品初加工服务	3347635	116296	208966	2000
其他农业服务	10242311	2292770	301378	
林业服务业	826754	158235	24577	
林业有害生物防治服务	56971	13802	2000	
森林防火服务	60194	19469	401	
林产品初级加工服务	140753	2443	3350	
其他林业服务	568836	122521	18826	

国民经济行业小类固定资产投资（不含农户）实际到位资金构成（一）

续表 2

单位：万元

行　　业	本年实际到位资金小计	国家预算资金	国内贷款	债　券
畜牧服务业	873038	161776	23451	1500
渔业服务业	733850	29887	63519	
（二）采矿业	**147740027**	**1699331**	**14207014**	**22651**
煤炭开采和洗选业	51994895	770938	5743185	
烟煤和无烟煤开采洗选	45409995	764688	4658641	
褐煤开采洗选	4939086		1004376	
其他煤炭采选	1645814	6250	80168	
石油和天然气开采业	37344499	609687	4955266	
石油开采	32994659	362687	4339527	
天然气开采	4349840	247000	615739	
黑色金属矿采选业	17576610	88024	851287	2000
铁矿采选	16261014	78824	740872	2000
锰矿、铬矿采选	568159	9200	12270	
其他黑色金属矿采选	747437		98145	
有色金属矿采选业	16223880	160124	1107323	
常用有色金属矿采选	10186206	87993	662988	
铜矿采选	2288482	6708	130542	
铅锌矿采选	4068122	59127	68125	
镍钴矿采选	529352		162950	
锡矿采选	377311	500	17454	
锑矿采选	136891	3500	500	
铝矿采选	1175714		175750	
镁矿采选	328596	10360	33100	
其他常用有色金属矿采选	1281738	7798	74567	
贵金属矿采选	4074999	31915	234898	
金矿采选	3797339	30915	230398	
银矿采选	206097	1000	3500	
其他贵金属矿采选	71563		1000	
稀有稀土金属矿采选	1962675	40216	209437	
钨钼矿采选	1329858	29216	120837	
稀土金属矿采选	228157		19900	
放射性金属矿采选	69245	11000	16800	
其他稀有金属矿采选	335415		51900	
非金属矿采选业	18268221	18833	1127474	
土砂石开采	13513047	14150	762486	
石灰石、石膏开采	3664776	4154	155103	
建筑装饰用石开采	4756053	990	281644	
耐火土石开采	895359		43649	
粘土及其他土砂石开采	4196859	9006	282090	
化学矿开采	1417977		134600	

国民经济行业小类固定资产投资（不含农户）实际到位资金构成（一）

续表3

单位：万元

行　　业	本年实际到位资金小计	国家预算资金	国内贷款	债　券
采盐	497555		5900	
石棉及其他非金属矿采选	2839642	4683	224488	
石棉、云母矿采选	101328		900	
石墨、滑石采选	656154		34549	
宝石、玉石采选	155391		26650	
其他未列明非金属矿采选	1926769	4683	162389	
开采辅助活动	5776160	46329	402279	20651
煤炭开采和洗选辅助活动	2188277	5270	82020	
石油和天然气开采辅助活动	2341236	14442	258205	20000
其他开采辅助活动	1246647	26617	62054	651
其他采矿业	555762	5396	20200	
其他采矿业	555762	5396	20200	
（三）**制造业**	**1528820269**	**5747529**	**129414308**	**386812**
农副食品加工业	88508680	317658	7406007	
谷物磨制	14481344	38994	918513	
饲料加工	12034165	24284	857615	
植物油加工	9437267	32766	840774	
食用植物油加工	8563097	30526	751325	
非食用植物油加工	874170	2240	89449	
制糖业	1955684	11472	184689	
屠宰及肉类加工	16617971	48706	1468690	
牲畜屠宰	4706521	11923	419025	
禽类屠宰	4029547	4830	405905	
肉制品及副产品加工	7881903	31953	643760	
水产品加工	6219051	26135	475503	
水产品冷冻加工	3655866	15655	265479	
鱼糜制品及水产品干腌制加工	861840	6680	56640	
水产饲料制造	587022		28850	
鱼油提取及制品制造	134543		11560	
其他水产品加工	979780	3800	112974	
蔬菜、水果和坚果加工	12520878	92861	973334	
蔬菜加工	8335586	59682	689720	
水果和坚果加工	4185292	33179	283614	
其他农副食品加工	15242320	42440	1686889	
淀粉及淀粉制品制造	4152753	11047	467157	
豆制品制造	2496879	1325	193250	
蛋品加工	598789		89560	
其他未列明农副食品加工	7993899	30068	936922	
食品制造业	37856266	120640	3017732	
焙烤食品制造	5472312	6808	508920	

国民经济行业小类固定资产投资（不含农户）实际到位资金构成（一）

续表4   单位：万元

行　业	本年实际到位资金小计	国家预算资金	国内贷款	债　券
糕点、面包制造	2614056	108	227794	
饼干及其他焙烤食品制造	2858256	6700	281126	
糖果、巧克力及蜜饯制造	2176713	830	121298	
糖果、巧克力制造	1225749	830	62540	
蜜饯制作	950964		58758	
方便食品制造	7288852	37017	456229	
米、面制品制造	3884859	12050	261937	
速冻食品制造	1681631	22156	72908	
方便面及其他方便食品制造	1722362	2811	121384	
乳制品制造	2551472	12652	193943	
罐头食品制造	2765663	1327	218484	
肉、禽类罐头制造	635018		86950	
水产品罐头制造	281940		6270	
蔬菜、水果罐头制造	1398138	1197	104046	
其他罐头食品制造	450567	130	21218	
调味品、发酵制品制造	4481882	1682	527979	
味精制造	592080		188400	
酱油、食醋及类似制品制造	1557146		101853	
其他调味品、发酵制品制造	2332656	1682	237726	
其他食品制造	13119372	60324	990879	
营养食品制造	2169984		152523	
保健食品制造	2580716	501	158883	
冷冻饮品及食用冰制造	821011	300	50698	
盐加工	570772	753	31280	
食品及饲料添加剂制造	3243227	300	270228	
其他未列明食品制造	3733662	58470	327267	
酒、饮料和精制茶制造业	35584292	127296	1979723	1810
酒的制造	18083621	76894	844313	1810
酒精制造	547486		56250	
白酒制造	11677001	68006	530048	1810
啤酒制造	1947954	7000	81489	
黄酒制造	545183		42920	
葡萄酒制造	1920525	1808	63982	
其他酒制造	1445472	80	69624	
饮料制造	12796767	31012	851563	
碳酸饮料制造	1573773		84372	
瓶（罐）装饮用水制造	2996254	7139	164830	
果菜汁及果菜汁饮料制造	3428772	3997	255315	
含乳饮料和植物蛋白饮料制造	1761527	8288	85073	
固体饮料制造	471014		44413	

国民经济行业小类固定资产投资（不含农户）实际到位资金构成（一）

续表5　　　　　　　　　　　　　　　　　　　　　　　　　　　　　　　单位：万元

行　　业	本年实际到位资金小计	国家预算资金	国内贷款	债　券
茶饮料及其他饮料制造	2565427	11588	217560	
精制茶加工	4703904	19390	283847	
烟草制品业	3085544	100761	176170	
烟叶复烤	449829	70094	5150	
卷烟制造	2348837	17907	111190	
其他烟草制品制造	286878	12760	59830	
纺织业	48388439	82817	3703944	4700
棉纺织及印染精加工	23639304	62582	1982432	1400
棉纺纱加工	16594049	41579	1666079	400
棉织造加工	4688774	20208	226725	
棉印染精加工	2356481	795	89628	1000
毛纺织及染整精加工	2951204	6359	328895	
毛条和毛纱线加工	1135667	2370	127444	
毛织造加工	1453751	3989	167166	
毛染整精加工	361786		34285	
麻纺织及染整精加工	1173093		88631	
麻纤维纺前加工和纺纱	624847		50146	
麻织造加工	461628		35485	
麻染整精加工	86618		3000	
丝绢纺织及印染精加工	1565279	190	70096	
缫丝加工	733054	190	36049	
绢纺和丝织加工	663887		30047	
丝印染精加工	168338		4000	
化纤织造及印染精加工	5058807	8000	442982	2800
化纤织造加工	4269056	8000	401976	2800
化纤织物染整精加工	789751		41006	
针织或钩针编织物及其制品制造	4307401	2744	195217	500
针织或钩针编织物织造	3330515	2744	137423	
针织或钩针编织物印染精加工	416353		22114	500
针织或钩针编织品制造	560533		35680	
家用纺织制成品制造	5107873	902	326243	
床上用品制造	2422857	672	149632	
毛巾类制品制造	840015		56843	
窗帘、布艺类产品制造	391010	230	15500	
其他家用纺织制成品制造	1453991		104268	
非家用纺织制成品制造	4585478	2040	269448	
非织造布制造	1842076	2040	86361	
绳、索、缆制造	466849		15630	
纺织带和帘子布制造	481956		29111	
篷、帆布制造	367598		44473	

国民经济行业小类固定资产投资（不含农户）实际到位资金构成（一）

续表6   单位：万元

行　业	本年实际到位资金小计	国家预算资金	国内贷款	债　券
其他非家用纺织制成品制造	1426999		93873	
纺织服装、服饰业	32302963	237354	2078822	
机织服装制造	19651596	199394	1395354	
针织或钩针编织服装制造	4475124	3260	191274	
服饰制造	8176243	34700	492194	
皮革、毛皮、羽毛及其制品和制鞋业	17826483	24340	1018038	
皮革鞣制加工	1685047	100	98756	
皮革制品制造	5464169		324084	
皮革服装制造	1248247		30477	
皮箱、包（袋）制造	2250251		189959	
皮手套及皮装饰制品制造	597531		29260	
其他皮革制品制造	1368140		74388	
毛皮鞣制及制品加工	2189823		156273	
毛皮鞣制加工	427296		12310	
毛皮服装加工	1268492		103728	
其他毛皮制品加工	494035		40235	
羽毛（绒）加工及制品制造	1253826	20	72422	
羽毛（绒）加工	517442		33427	
羽毛（绒）制品加工	736384	20	38995	
制鞋业	7233618	24220	366503	
纺织面料鞋制造	1450594	4384	126112	
皮鞋制造	3350002	19836	132887	
塑料鞋制造	398038		32110	
橡胶鞋制造	861045		38516	
其他制鞋业	1173939		36878	
木材加工和木、竹、藤、棕、草制品业	29967509	107010	1858186	7100
木材加工	7735913	46548	373329	
锯材加工	2039544	22095	67519	
木片加工	2478001	2430	93554	
单板加工	1518765	1050	101181	
其他木材加工	1699603	20973	111075	
人造板制造	10785165	26420	775774	
胶合板制造	5084351	25420	401780	
纤维板制造	2065829		175762	
刨花板制造	1134649		65247	
其他人造板制造	2500336	1000	132985	
木制品制造	8672789	34042	569063	7000
建筑用木料及木材组件加工	2575559	29092	121251	7000
木门窗、楼梯制造	1968026	4150	157026	

国民经济行业小类固定资产投资（不含农户）实际到位资金构成（一）

续表7　　　　　　　　　　　　　　　　　　　　　　　　　　　　　　　　　　单位：万元

行　　业	本年实际到位资金小计	国家预算资金	国内贷款	债　券
地板制造	1708591		170127	
木制容器制造	310792		26250	
软木制品及其他木制品制造	2109821	800	94409	
竹、藤、棕、草等制品制造	2773642		140020	100
竹制品制造	2154477		85858	100
藤制品制造	271258		39700	
棕制品制造	58246		1700	
草及其他制品制造	289661		12762	
家具制造业	19881801	8337	1504496	500
木质家具制造	14968443	2344	1185851	500
竹、藤家具制造	421705		17262	
金属家具制造	1853571	5993	72678	
塑料家具制造	428192		18864	
其他家具制造	2209890		209841	
造纸和纸制品业	27070148	63294	3043556	
纸浆制造	1007266	38000	182517	
木竹浆制造	579720	2000	85998	
非木竹浆制造	427546	36000	96519	
造纸	11494943	13000	1711659	
机制纸及纸板制造	9365622	13000	1579262	
手工纸制造	494549		57890	
加工纸制造	1634772		74507	
纸制品制造	14567939	12294	1149380	
纸和纸板容器制造	7040935	1500	545541	
其他纸制品制造	7527004	10794	603839	
印刷和记录媒介复制业	13233297	11090	914998	1400
印刷	12449429	11090	853428	1400
书、报刊印刷	2012559	7532	106352	400
本册印制	579671	71	33705	
包装装潢及其他印刷	9857199	3487	713371	1000
装订及印刷相关服务	727199		51370	
记录媒介复制	56669		10200	
文教、工美、体育和娱乐用品制造业	14752441	37758	851402	
文教办公用品制造	1774638	18488	97054	
文具制造	668383	6450	51282	
笔的制造	397304		20577	
教学用模型及教具制造	336300		8380	
墨水、墨汁制造	56360		500	

国民经济行业小类固定资产投资（不含农户）实际到位资金构成（一）

续表8 单位：万元

行　业	本年实际到位资金小计	国家预算资金	国内贷款	债　券
其他文教办公用品制造	316291	12038	16315	
乐器制造	578863		31819	
中乐器制造	110270		2120	
西乐器制造	264677		12799	
电子乐器制造	107652		11100	
其他乐器及零件制造	96264		5800	
工艺美术品制造	7496080	17809	459835	
雕塑工艺品制造	1452639	14000	73930	
金属工艺品制造	1046691	3409	80835	
漆器工艺品制造	196933	100	13658	
花画工艺品制造	300515		19925	
天然植物纤维编织工艺品制造	580102		37035	
抽纱刺绣工艺品制造	412387		32337	
地毯、挂毯制造	705930		26641	
珠宝首饰及有关物品制造	1166866		80902	
其他工艺美术品制造	1634017	300	94572	
体育用品制造	2525542	961	125625	
球类制造	204871		7000	
体育器材及配件制造	1180287	250	66470	
训练健身器材制造	517935	711	15815	
运动防护用具制造	180299		4990	
其他体育用品制造	442150		31350	
玩具制造	1721839	500	102689	
游艺器材及娱乐用品制造	655479		34380	
露天游乐场所游乐设备制造	382537		19700	
游艺用品及室内游艺器材制造	202425		11650	
其他娱乐用品制造	70517		3030	
石油加工、炼焦和核燃料加工业	31572067	527750	4019201	
精炼石油产品制造	22569842	215450	2830828	
原油加工及石油制品制造	21069485	197550	2652807	
人造原油制造	1500357	17900	178021	
炼焦	9002225	312300	1188373	
化学原料和化学制品制造业	135959654	107306	15637236	34703
基础化学原料制造	48933585	23803	7185232	21000
无机酸制造	3340881	4891	481917	
无机碱制造	2449789	1620	256946	
无机盐制造	4656762	11000	422957	
有机化学原料制造	28918534	4942	4682810	
其他基础化学原料制造	9567619	1350	1340602	21000
肥料制造	16474585	27368	1912334	

国民经济行业小类固定资产投资（不含农户）实际到位资金构成（一）

续表9

单位：万元

行　　业	本年实际到位 资金小计	国家预算 资金	国内贷款	债　券
氮肥制造	3785092	30	694896	
磷肥制造	754267	1140	85289	
钾肥制造	708760	6600	90676	
复混肥料制造	5811903	3600	510557	
有机肥料及微生物肥料制造	4219325	15982	397789	
其他肥料制造	1195238	16	133127	
农药制造	4094182	760	257795	
化学农药制造	2586848		164800	
生物化学农药及微生物农药制造	1507334	760	92995	
涂料、油墨、颜料及类似产品制造	8724280	5553	564461	
涂料制造	5696535	5553	339676	
油墨及类似产品制造	449841		29400	
颜料制造	1095437		114565	
染料制造	799440		57251	
密封用填料及类似品制造	683027		23569	
合成材料制造	19911829	3112	2213788	
初级形态塑料及合成树脂制造	11263954	3112	1108535	
合成橡胶制造	2170261		214807	
合成纤维单（聚合）体制造	2771487		605405	
其他合成材料制造	3706127		285041	
专用化学产品制造	29549803	33779	3122380	12703
化学试剂和助剂制造	10763343	2406	915709	12703
专项化学用品制造	9444298	11650	1236719	
林产化学产品制造	782976		44120	
信息化学品制造	2872749	7820	303596	
环境污染处理专用药剂材料制造	1332626	6903	114168	
动物胶制造	225591		13898	
其他专用化学产品制造	4128220	5000	494170	
炸药、火工及焰火产品制造	3934457	821	173612	
焰火、鞭炮产品制造	3934457	821	173612	
日用化学产品制造	4336933	12110	207634	1000
肥皂及合成洗涤剂制造	1022703		87134	
化妆品制造	956654		19790	
口腔清洁用品制造	83896		1600	
香料、香精制造	956552	300	34470	1000
其他日用化学产品制造	1317128	11810	64640	
医药制造业	47299876	112192	4046076	18073
化学药品原料药制造	8460675	16670	775878	
化学药品制剂制造	8300667	10060	591354	7000
中药饮片加工	5973334	6599	324426	

国民经济行业小类固定资产投资（不含农户）实际到位资金构成（一）

续表10 单位：万元

行　　业	本年实际到位资金小计	国家预算资金	国内贷款	债　券
中成药生产	8609955	25027	536950	7928
兽用药品制造	1609366	1559	120154	
生物药品制造	10204612	42906	1399864	
卫生材料及医药用品制造	4141267	9371	297450	3145
化学纤维制造业	10743307	5479	943167	
纤维素纤维原料及纤维制造	2312868	300	376687	
化纤浆粕制造	482969		11500	
人造纤维（纤维素纤维）制造	1829899	300	365187	
合成纤维制造	8430439	5179	566480	
锦纶纤维制造	1218938	500	185235	
涤纶纤维制造	3871721	129	231491	
腈纶纤维制造	39545		1200	
维纶纤维制造	190859		4990	
丙纶纤维制造	209190		12400	
氨纶纤维制造	397400	4550	5500	
其他合成纤维制造	2502786		125664	
橡胶和塑料制品业	53641426	25770	3951923	120
橡胶制品业	15424101	5988	1462814	120
轮胎制造	7078215		924799	
橡胶板、管、带制造	3326563	101	246408	
橡胶零件制造	1223658		56303	
再生橡胶制造	1060349	260	82839	
日用及医用橡胶制品制造	696210		35517	
其他橡胶制品制造	2039106	5627	116948	120
塑料制品业	38217325	19782	2489109	
塑料薄膜制造	5524533	1100	398056	
塑料板、管、型材制造	10752151	2280	843069	
塑料丝、绳及编织品制造	3274680	306	168292	
泡沫塑料制造	1241328		72126	
塑料人造革、合成革制造	1049782		52380	
塑料包装箱及容器制造	4294811	1001	314835	
日用塑料制品制造	3350164	7828	178080	
塑料零件制造	1997714	103	127403	
其他塑料制品制造	6732162	7164	334868	
非金属矿物制品业	142895796	345861	11198314	110
水泥、石灰和石膏制造	17506021	55846	1663791	
水泥制造	14396408	53246	1505018	
石灰和石膏制造	3109613	2600	158773	
石膏、水泥制品及类似制品制造	25625037	159696	1747630	
水泥制品制造	13981935	133056	874908	

国民经济行业小类固定资产投资（不含农户）实际到位资金构成（一）

续表11　　　　　　　　　　　　　　　　　　　　　　　　　　　　　　　单位：万元

行　业	本年实际到位资金小计	国家预算资金	国内贷款	债　券
砼结构构件制造	3822593	5000	251151	
石棉水泥制品制造	433384		18732	
轻质建筑材料制造	4425062	17055	416055	
其他水泥类似制品制造	2962063	4585	186784	
砖瓦、石材等建筑材料制造	50374683	54333	3341447	
粘土砖瓦及建筑砌块制造	14600817	4935	746901	
建筑陶瓷制品制造	7426199	7800	723444	
建筑用石加工	11553135	31995	729009	
防水建筑材料制造	2171297	363	153544	
隔热和隔音材料制造	4707832	1240	417125	
其他建筑材料制造	9915403	8000	571424	
玻璃制造	7125298	6980	563816	
平板玻璃制造	3414735		352166	
其他玻璃制造	3710563	6980	211650	
玻璃制品制造	9141185	17157	570363	
技术玻璃制品制造	2111164	540	210704	
光学玻璃制造	801631	25	13738	
玻璃仪器制造	392461		29550	
日用玻璃制品制造	1777454	12005	131666	
玻璃包装容器制造	1298086		116728	
玻璃保温容器制造	272968		18094	
制镜及类似品加工	208477		3900	
其他玻璃制品制造	2278944	4587	45983	
玻璃纤维和玻璃纤维增强塑料制品制造	3624940	920	324626	110
玻璃纤维及制品制造	2065071		182405	
玻璃纤维增强塑料制品制造	1559869	920	142221	110
陶瓷制品制造	8227191	21277	438002	
卫生陶瓷制品制造	1162540	50	85422	
特种陶瓷制品制造	2736187	500	182752	
日用陶瓷制品制造	3191031	1910	104652	
园林、陈设艺术及其他陶瓷制品制造	1137433	18817	65176	
耐火材料制品制造	8502642	14125	1049505	
石棉制品制造	769356	3625	50046	
云母制品制造	323231		32122	
耐火陶瓷制品及其他耐火材料制造	7410055	10500	967337	
石墨及其他非金属矿物制品制造	12768799	15527	1499134	
石墨及碳素制品制造	4969401	9682	538439	
其他非金属矿物制品制造	7799398	5845	960695	
黑色金属冶炼和压延加工业	52422088	25893	4885260	46350
炼铁	3396836	3600	349093	1000

国民经济行业小类固定资产投资（不含农户）实际到 资金构成（一）

续表12　　　　　　　　　　　　　　　　　　　　　　　　　　　　　　　　单位：万元

行　业	本年实际到位资金小计	国家预算资金	国内贷款	债　券
炼钢	9635071		1126192	
黑色金属铸造	7458478	2990	643867	350
钢压延加工	27076663	11158	2365468	45000
铁合金冶炼	4855040	8145	400640	
有色金属冶炼和压延加工业	56784894	243861	6888950	2421
常用有色金属冶炼	18817690	31247	2917958	2421
铜冶炼	2726880	180	425359	
铅锌冶炼	2016136	3523	250659	
镍钴冶炼	1614886	3400	192546	
锡冶炼	288712		30454	
锑冶炼	167098			
铝冶炼	8340605		936190	2421
镁冶炼	1463826		650801	
其他常用有色金属冶炼	2199547	24144	431949	
贵金属冶炼	2292007	98779	142651	
金冶炼	1102619	68299	65579	
银冶炼	669939		18500	
其他贵金属冶炼	519449	30480	58572	
稀有稀土金属冶炼	1844600	34308	61121	
钨钼冶炼	647886	6000	25036	
稀土金属冶炼	654403	3020	15235	
其他稀有金属冶炼	542311	25288	20850	
有色金属合金制造	6041841	1236	707980	
有色金属铸造	1639579		141802	
有色金属压延加工	26149177	78291	2917438	
铜压延加工	5764031	12100	526734	
铝压延加工	16377882	10581	2173744	
贵金属压延加工	369034	1120	10639	
稀有稀土金属压延加工	857874		81161	
其他有色金属压延加工	2780356	54490	125160	
金属制品业	74673025	111564	5029877	43251
结构性金属制品制造	30649662	21231	2125782	30000
金属结构制造	22916535	20760	1460668	30000
金属门窗制造	7733127	471	665114	
金属工具制造	6458701	12626	423701	
切削工具制造	1906858	4246	133798	
手工具制造	782136	340	64720	
农用及园林用金属工具制造	647592	40	53660	
刀剪及类似日用金属工具制造	520920		39977	
其他金属工具制造	2601195	8000	131546	

国民经济行业小类固定资产投资（不含农户）实际到位资金构成（一）

续表13

单位：万元

行　　业	本年实际到位资金小计	国家预算资金	国内贷款	债　券
集装箱及金属包装容器制造	5238741	11082	362861	
集装箱制造	744899		24802	
金属压力容器制造	2025713	10282	178570	
金属包装容器制造	2468129	800	159489	
金属丝绳及其制品制造	3475142	1800	316768	
建筑、安全用金属制品制造	9396142	7016	512834	10001
建筑、家具用金属配件制造	3186348	3000	158211	10001
建筑装饰及水暖管道零件制造	3158446	4016	227031	
安全、消防用金属制品制造	1330250		88252	
其他建筑、安全用金属制品制造	1721098		39340	
金属表面处理及热处理加工	3958311	40800	282094	
搪瓷制品制造	690291		50080	
生产专用搪瓷制品制造	169506		13600	
建筑装饰搪瓷制品制造	123254		8745	
搪瓷卫生洁具制造	246655		22535	
搪瓷日用品及其他搪瓷制品制造	150876		5200	
金属制日用品制造	4150113		237457	3250
金属制厨房用器具制造	1010591		81843	
金属制餐具和器皿制造	1107218		53293	
金属制卫生器具制造	308559		17379	
其他金属制日用品制造	1723745		84942	3250
其他金属制品制造	10655922	17009	718300	
锻件及粉末冶金制品制造	4719584		399375	
交通及公共管理用金属标牌制造	372150	2803	50327	
其他未列明金属制品制造	5564188	14206	268598	
通用设备制造业	109122699	264184	8771489	105534
锅炉及原动设备制造	12402846	197285	1245675	88474
锅炉及辅助设备制造	5879112	41785	541793	40000
内燃机及配件制造	4191511	1500	534591	48474
汽轮机及辅机制造	957933	154000	40533	
水轮机及辅机制造	237121		33350	
风能原动设备制造	712423		64518	
其他原动设备制造	424746		30890	
金属加工机械制造	25468938	14233	1930193	860
金属切削机床制造	5160315	650	524818	400
金属成形机床制造	2657230	240	279233	

国民经济行业小类固定资产投资（不含农户）实际到位资金构成（一）

续表 14   单位：万元

行　　业	本年实际到位资金小计	国家预算资金	国内贷款	债　券
铸造机械制造	5305832	2422	403196	
金属切割及焊接设备制造	1985155	6000	97798	
机床附件制造	2528027	121	162033	
其他金属加工机械制造	7832379	4800	463115	460
物料搬运设备制造	12031272	102	1001409	
轻小型起重设备制造	1131625		50518	
起重机制造	4164376		463838	
生产专用车辆制造	1784650	12	57662	
连续搬运设备制造	1214068		79602	
电梯、自动扶梯及升降机制造	2805131	90	234296	
其他物料搬运设备制造	931422		115493	
泵、阀门、压缩机及类似机械制造	14157880	7313	1105728	
泵及真空设备制造	3940417	1000	354298	
气体压缩机械制造	2136267	720	162389	
阀门和旋塞制造	3485806	5573	151228	
液压和气压动力机械及元件制造	4595390	20	437813	
轴承、齿轮和传动部件制造	12834261	22631	1325015	15800
轴承制造	6764597	21001	703739	
齿轮及齿轮减、变速箱制造	4337418	1630	463698	15800
其他传动部件制造	1732246		157578	
烘炉、风机、衡器、包装等设备制造	10332025	9600	722717	400
烘炉、熔炉及电炉制造	819693		61597	
风机、风扇制造	1846286		128051	
气体、液体分离及纯净设备制造	1472356	840	112619	
制冷、空调设备制造	3661536	8300	311884	
风动和电动工具制造	1021280	460	39696	
喷枪及类似器具制造	187756		8000	400
衡器制造	394363		25390	
包装专用设备制造	928755		35480	
文化、办公用机械制造	1115648	2460	67762	
电影机械制造	20915	2100		
幻灯及投影设备制造	185484		100	
照相机及器材制造	219054		3698	
复印和胶印设备制造	219864	360	19178	
计算器及货币专用设备制造	113200		920	

国民经济行业小类固定资产投资（不含农户）实际到位资金构成（一）

续表15　　　　　　　　　　　　　　　　　　　　　　　　　　　　　　　单位：万元

行　　业	本年实际到位 资金小计	国家预算 资金	国内贷款	债　券
其他文化、办公用机械制造	357131		43866	
通用零部件制造	15619521	6200	849887	
金属密封件制造	1186332	120	73964	
紧固件制造	1984211		44102	
弹簧制造	474534		27353	
机械零部件加工	8374557		555485	
其他通用零部件制造	3599887	6080	148983	
其他通用设备制造业	5160308	4360	523103	
专用设备制造业	103896750	454499	8379627	3500
采矿、冶金、建筑专用设备制造	32727007	124558	2611051	
矿山机械制造	13115700	81050	1173319	
石油钻采专用设备制造	5880158	8060	432209	
建筑工程用机械制造	7152264	5620	516943	
海洋工程专用设备制造	1392094	20000	156624	
建筑材料生产专用机械制造	2915956	9828	212646	
冶金专用设备制造	2270835		119310	
化工、木材、非金属加工专用设备制造	15281281	66378	1100825	
炼油、化工生产专用设备制造	3747778	2731	261271	
橡胶加工专用设备制造	846807	13598	119270	
塑料加工专用设备制造	1802593		145649	
木材加工机械制造	814229		66781	
模具制造	6133750	50	300012	
其他非金属加工专用设备制造	1936124	49999	207842	
食品、饮料、烟草及饲料生产专用设备制造	2777529	8775	265077	
食品、酒、饮料及茶生产专用设备制造	963598		52601	
农副食品加工专用设备制造	1329738	270	160915	
烟草生产专用设备制造	168327	7205	9400	
饲料生产专用设备制造	315866	1300	42161	
印刷、制药、日化及日用品生产专用设备制造	7064769	3337	527706	
制浆和造纸专用设备制造	901256		116673	
印刷专用设备制造	1311149		168934	
日用化工专用设备制造	617353		33617	
制药专用设备制造	1033143	357	52012	
照明器具生产专用设备制造	2412203	2980	101363	
玻璃、陶瓷和搪瓷制品生产专用设备制造	427795		26877	
其他日用品生产专用设备制造	361870		28230	
纺织、服装和皮革加工专用设备制造	3965192	5797	288103	
纺织专用设备制造	2997647	5797	248322	
皮革、毛皮及其制品加工专用设备制造	387735		34062	
缝制机械制造	527551		4719	

国民经济行业小类固定资产投资（不含农户）实际到位资金构成（一）

续表 16   单位：万元

行　　业	本年实际到位资金小计	国家预算资金	国内贷款	债　　券
洗涤机械制造	52259		1000	
电子和电工机械专用设备制造	8118130	143786	657292	3000
电工机械专用设备制造	3038830	11730	235431	3000
电子工业专用设备制造	5079300	132056	421861	
农、林、牧、渔专用机械制造	9713062	26119	936080	500
拖拉机制造	1297401		127680	
机械化农业及园艺机具制造	4139394	26039	510990	500
营林及木竹采伐机械制造	194623		8640	
畜牧机械制造	663668		56953	
渔业机械制造	119136		3869	
农林牧渔机械配件制造	1648220	80	151038	
棉花加工机械制造	108531		4000	
其他农、林、牧、渔业机械制造	1542089		72910	
医疗仪器设备及器械制造	7143274	23359	456756	
医疗诊断、监护及治疗设备制造	2335235	6654	166312	
口腔科用设备及器具制造	210117	672	8992	
医疗实验室及医用消毒设备和器具制造	805900	1000	43615	
医疗、外科及兽医用器械制造	967158		32934	
机械治疗及病房护理设备制造	490603	5100	30260	
假肢、人工器官及植（介）入器械制造	197372	227	11400	
其他医疗设备及器械制造	2136889	9706	163243	
环保、社会公共服务及其他专用设备制造	17106506	52390	1536737	
环境保护专用设备制造	8586625	32725	660742	
地质勘查专用设备制造	399429		6622	
邮政专用机械及器材制造	3710			
商业、饮食、服务专用设备制造	192418	1		
社会公共安全设备及器材制造	729003	523	39842	
交通安全、管制及类似专用设备制造	735784		177033	
水资源专用机械制造	645993	2147	35068	
其他专用设备制造	5813544	16994	617430	
汽车制造业	98092825	181417	8478471	10400
汽车整车制造	21798460	71060	1783921	
改装汽车制造	2993907	500	288327	
低速载货汽车制造	590220	968	37152	
电车制造	1954927		278868	
汽车车身、挂车制造	2282526	9410	386705	
汽车零部件及配件制造	68472785	99479	5703498	10400

国民经济行业小类固定资产投资（不含农户）实际到位资金构成（一）

续表17 单位：万元

行　　业	本年实际到位资金小计	国家预算资金	国内贷款	债　券
铁路、船舶、航空航天和其他运输设备制造业	28060866	356564	2067670	87000
铁路运输设备制造	5729014	26135	446258	
铁路机车车辆及动车组制造	1200209	5000	196047	
窄轨机车车辆制造	38945		3088	
铁路机车车辆配件制造	1746494	303	63658	
铁路专用设备及器材、配件制造	2360451	30	144205	
其他铁路运输设备制造	382915	20802	39260	
城市轨道交通设备制造	1023007	11020	62343	
船舶及相关装置制造	7478880	46471	778236	87000
金属船舶制造	2675799	33371	219394	87000
非金属船舶制造	433031		8040	
娱乐船和运动船制造	306802		62075	
船用配套设备制造	3141685	13100	380499	
船舶改装与拆除	510238		5468	
航标器材及其他相关装置制造	411325		102760	
摩托车制造	3395352	76150	177324	
摩托车整车制造	1327488	65300	47224	
摩托车零部件及配件制造	2067864	10850	130100	
自行车制造	3354837		154440	
脚踏自行车及残疾人座车制造	839907		41135	
助动自行车制造	2514930		113305	
非公路休闲车及零配件制造	305002		7030	
潜水救捞及其他未列明运输设备制造	6774774	196788	442039	
其他未列明运输设备制造	6774774	196788	442039	
电气机械和器材制造业	95311510	203133	7318527	12140
电机制造	10847181	19659	839802	
发电机及发电机组制造	4676262	10347	371325	
电动机制造	3676172	3420	337295	
微电机及其他电机制造	2494747	5892	131182	
输配电及控制设备制造	30585605	81678	2637309	2500
变压器、整流器和电感器制造	5929018	15656	473885	2500
电容器及其配套设备制造	1576107	348	122843	
配电开关控制设备制造	5219271	849	389580	
电力电子元器件制造	6254945	5572	350087	
光伏设备及元器件制造	8075715	16815	953654	
其他输配电及控制设备制造	3530549	42438	347260	
电线、电缆、光缆及电工器材制造	14019568	16900	1061535	6650
电线、电缆制造	10317400	12900	777202	6650
光纤、光缆制造	1347961	1032	109991	

国民经济行业小类固定资产投资（不含农户）实际到位资金构成（一）

续表 18

单位：万元

行　业	本年实际到位资金小计	国家预算资金	国内贷款	债　券
绝缘制品制造	927640	2292	36103	
其他电工器材制造	1426567	676	138239	
电池制造	12022315	37250	855702	2990
锂离子电池制造	6013102	8900	286076	
镍氢电池制造	749830		82260	
其他电池制造	5259383	28350	487366	2990
家用电力器具制造	9262451	16000	523449	
家用制冷电器具制造	2602476		70694	
家用空气调节器制造	1167816		118210	
家用通风电器具制造	330872		10670	
家用厨房电器具制造	1579862		51358	
家用清洁卫生电器具制造	753355		122039	
家用美容、保健电器具制造	292341		8463	
家用电力器具专用配件制造	1203668	16000	56760	
其他家用电力器具制造	1332061		85255	
非电力家用器具制造	4769683	11686	372888	
燃气、太阳能及类似能源家用器具制造	4498324	11330	358382	
其他非电力家用器具制造	271359	356	14506	
照明器具制造	9440947	7943	648958	
电光源制造	2497460	36	158502	
照明灯具制造	5600993	7607	345556	
灯用电器附件及其他照明器具制造	1342494	300	144900	
其他电气机械及器材制造	4363760	12017	378884	
电气信号设备装置制造	798674		33732	
其他未列明电气机械及器材制造	3565086	12017	345152	
计算机、通信和其他电子设备制造业	74742317	338460	6004934	200
计算机制造	8616510	79117	477287	
计算机整机制造	2791043	21950	90691	
计算机零部件制造	2945362	56434	252979	
计算机外围设备制造	1291202	148	83540	
其他计算机制造	1588903	585	50077	
通信设备制造	9321854	20754	864645	
通信系统设备制造	4711337	5697	272629	
通信终端设备制造	4610517	15057	592016	
广播电视设备制造	2350498	3850	313690	
广播电视节目制作及发射设备制造	674567	3640	77517	
广播电视接收设备及器材制造	788138	210	43559	
应用电视设备及其他广播电视设备制造	887793		192614	
视听设备制造	2136075	4620	175464	
电视机制造	1216861	3280	110731	

国民经济行业小类固定资产投资（不含农户）实际到位资金构成（一）

续表 19　　　　　　　　　　　　　　　　　　　　　　　　　　　　单位：万元

行　业	本年实际到位资金小计	国家预算资金	国内贷款	债　券
音响设备制造	589786		19469	
影视录放设备制造	329428	1340	45264	
电子器件制造	25791510	88464	2334442	
电子真空器件制造	1270962		45605	
半导体分立器件制造	1243655	453	39891	
集成电路制造	5614985	82333	320468	
光电子器件及其他电子器件制造	17661908	5678	1928478	
电子元件制造	17207097	65312	1300766	200
电子元件及组件制造	14211724	60782	996696	
印制电路板制造	2995373	4530	304070	200
其他电子设备制造	9318773	76343	538640	
仪器仪表制造业	14937020	170153	876351	
通用仪器仪表制造	7352049	123309	499620	
工业自动控制系统装置制造	4047553	119791	276459	
电工仪器仪表制造	1203222	600	33375	
绘图、计算及测量仪器制造	402781		32140	
实验分析仪器制造	547384	22	59650	
试验机制造	160452	1887	5731	
供应用仪表及其他通用仪器制造	990657	1009	92265	
专用仪器仪表制造	3295981	1017	141413	
环境监测专用仪器仪表制造	387242		21037	
运输设备及生产用计数仪表制造	395805		14280	
农林牧渔专用仪器仪表制造	93931		17300	
地质勘探和地震专用仪器制造	167974		4750	
教学专用仪器制造	162045		2500	
电子测量仪器制造	595014		9650	
其他专用仪器制造	1493970	1017	71896	
钟表与计时仪器制造	311880	2000	22500	
光学仪器及眼镜制造	1708401		146317	
光学仪器制造	1174860		102789	
眼镜制造	533541		43528	
其他仪器仪表制造业	2268709	43827	66501	
其他制造业	16744400	978250	2316193	7500
日用杂品制造	1619891	166	75802	
鬃毛加工、制刷及清扫工具制造	443301		29315	
其他日用杂品制造	1176590	166	46487	
煤制品制造	1538827	482	81380	
其他未列明制造业	13585682	977602	2159011	7500
废弃资源综合利用业	10177773	30112	885359	
金属废料和碎屑加工处理	6281898	9351	624173	
非金属废料和碎屑加工处理	3895875	20761	261186	

国民经济行业小类固定资产投资（不含农户）实际到位资金构成（一）

续表20
单位：万元

行　　业	本年实际到位资金小计	国家预算资金	国内贷款	债　券
金属制品、机械和设备修理业	3284113	26726	162609	
金属制品修理	828086	150	51284	
通用设备修理	292528	1800	17190	
专用设备修理	407536		12085	
铁路、船舶、航空航天等运输设备修理	1201310	19300	51260	
铁路运输设备修理	148058	9800	11800	
船舶修理	322681		23010	
航空航天器修理	358783		450	
其他运输设备修理	371788	9500	16000	
电气设备修理	99756	3604	16900	
仪器仪表修理	3320			
其他机械和设备修理业	451577	1872	13890	
（四）电力、热力、燃气及水生产和供应业	198345488	13984906	47732080	167106
电力、热力生产和供应业	149830904	8442884	43605752	150721
电力生产	95484484	2721034	32796019	85086
火力发电	26153956	475606	8476046	7000
水力发电	21982625	1127076	8101189	78086
核力发电	7623684	225651	5359336	
风力发电	19886571	283817	6273937	
太阳能发电	12840488	307060	3592757	
其他电力生产	6997160	301824	992754	
电力供应	41036102	4727820	9534733	64835
热力生产和供应	13310318	994030	1275000	800
燃气生产和供应业	21753704	772627	2220609	
燃气生产和供应业	21753704	772627	2220609	
水的生产和供应业	26760880	4769395	1905719	16385
自来水生产和供应	13014154	2566047	935292	13885
污水处理及其再生利用	11429276	1903089	814119	2500
其他水的处理、利用与分配	2317450	300259	156308	
（五）建筑业	37608817	6258725	2221782	4392
房屋建筑业	12136283	1227063	399338	900
房屋建筑业	12136283	1227063	399338	900
土木工程建筑业	19248361	4784887	1484674	3492
铁路、道路、隧道和桥梁工程建筑	13310945	3837061	1035515	3492
铁路工程建筑	867400	138368	80706	
公路工程建筑	6240507	2758463	485328	516
市政道路工程建筑	4500226	616229	409076	2976
其他道路、隧道和桥梁工程建筑	1702812	324001	60405	
水利和内河港口工程建筑	2165749	607931	108544	
水源及供水设施工程建筑	747305	218453	77458	

国民经济行业小类固定资产投资（不含农户）实际到位资金构成（一）

续表21

单位：万元

行　　业	本年实际到位资金小计	国家预算资金	国内贷款	债　券
河湖治理及防洪设施工程建筑	1124651	373018	21246	
港口及航运设施工程建筑	293793	16460	9840	
海洋工程建筑	174285	4600		
工矿工程建筑	232507	5250	10155	
架线和管道工程建筑	1792323	182954	245588	
架线及设备工程建筑	877269	37897	167812	
管道工程建筑	915054	145057	77776	
其他土木工程建筑	1572552	147091	84872	
建筑安装业	1689655	59328	113147	
电气安装	295425	10095	33172	
管道和设备安装	433564	14620	53775	
其他建筑安装业	960666	34613	26200	
建筑装饰和其他建筑业	4534518	187447	224623	
建筑装饰业	1520205	62953	96207	
工程准备活动	682485	25724	12966	
建筑物拆除活动	202699	3400	2000	
其他工程准备活动	479786	22324	10966	
提供施工设备服务	220679		7450	
其他未列明建筑业	2111149	98770	108000	
（六）批发和零售业	131460959	1114268	8609993	9603
批发业	61526185	525931	4137481	7553
农、林、牧产品批发	6844402	69341	424307	120
谷物、豆及薯类批发	1569742	14788	163769	120
种子批发	356123	1470	26367	
饲料批发	201384		6610	
棉、麻批发	165838		10658	
林业产品批发	574181	12250	44500	
牲畜批发	265993	2705	23101	
其他农牧产品批发	3711141	38128	149302	
食品、饮料及烟草制品批发	8937625	151783	706369	200
米、面制品及食用油批发	987822	11589	77620	
糕点、糖果及糖批发	231834		6423	
果品、蔬菜批发	3840446	100386	365652	
肉、禽、蛋、奶及水产品批发	1519663	5874	170253	
盐及调味品批发	142524	3940	5700	200
营养和保健品批发	90993		2903	
酒、饮料及茶叶批发	895612	400	38552	
烟草制品批发	328543	20764	5050	
其他食品批发	900188	8830	34216	
纺织、服装及家庭用品批发	6886960	91581	868497	

国民经济行业小类固定资产投资（不含农户）实际到位资金构成（一）

续表22

单位：万元

行　　业	本年实际到位资金小计	国家预算资金	国内贷款	债　券
纺织品、针织品及原料批发	2067035	82234	344958	
服装批发	2225322	4902	224522	
鞋帽批发	157514		3700	
化妆品及卫生用品批发	103434		6164	
厨房、卫生间用具及日用杂货批发	379388	140	44301	
灯具、装饰物品批发	339524		60930	
家用电器批发	549481		17963	
其他家庭用品批发	1065262	4305	165959	
文化、体育用品及器材批发	1353817	27001	82495	
文具用品批发	181475		2722	
体育用品及器材批发	178791		7921	
图书批发	181749	9167	21480	
报刊批发	724			
音像制品及电子出版物批发	44172		4000	
首饰、工艺品及收藏品批发	471563	14754	32352	
其他文化用品批发	295343	3080	14020	
医药及医疗器材批发	1808061	9459	90015	
西药批发	582920		59064	
中药批发	541237	4000	3000	
医疗用品及器材批发	683904	5459	27951	
矿产品、建材及化工产品批发	18244711	63610	906040	7233
煤炭及制品批发	2095695	1400	148290	
石油及制品批发	2693091	11968	82993	
非金属矿及制品批发	271189		26904	
金属及金属矿批发	2592914	3000	102732	5000
建材批发	9333159	42055	452169	2233
化肥批发	300844	4187	11904	
农药批发	54227		1000	
农用薄膜批发	21903		3000	
其他化工产品批发	881689	1000	77048	
机械设备、五金产品及电子产品批发	10528426	76423	651250	
农业机械批发	909366	3775	60927	
汽车批发	2315671	7550	127230	
汽车零配件批发	1482100	2600	74102	
摩托车及零配件批发	110832		8000	
五金产品批发	2198412		81532	
电气设备批发	753493		34024	
计算机、软件及辅助设备批发	495362	500	57402	
通讯及广播电视设备批发	245484	56699	4800	
其他机械设备及电子产品批发	2017706	5299	203233	

国民经济行业小类固定资产投资（不含农户）实际到位资金构成（一）

续表23

单位：万元

行　　业	本年实际到位资金小计	国家预算资金	国内贷款	债　券
贸易经纪与代理	2878970	21630	121579	
贸易代理	1878300	16000	61035	
拍卖	21446			
其他贸易经纪与代理	979224	5630	60544	
其他批发业	4043213	15103	286929	
再生物资回收与批发	1443219	4030	110741	
其他未列明批发业	2599994	11073	176188	
零售业	69934774	588337	4472512	2050
综合零售	31499169	168487	2464936	850
百货零售	16946819	43096	1538292	700
超级市场零售	7394639	62944	551956	
其他综合零售	7157711	62447	374688	150
食品、饮料及烟草制品专门零售	2742029	85731	127577	
粮油零售	198941	4805	4990	
糕点、面包零售	102489		2600	
果品、蔬菜零售	604714	20315	36680	
肉、禽、蛋、奶及水产品零售	636012	25504	10827	
营养和保健品零售	53388			
酒、饮料及茶叶零售	464335		26188	
烟草制品零售	56963		2900	
其他食品零售	625187	35107	43392	
纺织、服装及日用品专门零售	3554609	188509	113408	150
纺织品及针织品零售	549656		8739	150
服装零售	2083540	165988	70803	
鞋帽零售	90721		3400	
化妆品及卫生用品零售	54983	1000		
钟表、眼镜零售	43300		1500	
箱、包零售	164611		8000	
厨房用具及日用杂品零售	53687		11100	
自行车零售	22735	1500	1000	
其他日用品零售	491376	20021	8866	
文化、体育用品及器材专门零售	1825414	11761	64727	
文具用品零售	80011		500	
体育用品及器材零售	53881	747	1000	
图书、报刊零售	145562	2014	11860	
音像制品及电子出版物零售	75785		2000	
珠宝首饰零售	637956	450	20558	
工艺美术品及收藏品零售	649220	6550	12309	
乐器零售	44380			
照相器材零售	7893			

国民经济行业小类固定资产投资（不含农户）实际到位资金构成（一）

续表24 单位：万元

行　　业	本年实际到位资金小计	国家预算资金	国内贷款	债　券
其他文化用品零售	130726	2000	16500	
医药及医疗器材专门零售	751717	7592	13438	
药品零售	476199	2223	11938	
医疗用品及器材零售	275518	5369	1500	
汽车、摩托车、燃料及零配件专门零售	18108018	92708	1093450	
汽车零售	14287851	33843	865091	
汽车零配件零售	1149764	11500	55291	
摩托车及零配件零售	93770		8530	
机动车燃料零售	2576633	47365	164538	
家用电器及电子产品专门零售	2032600	600	77611	
家用视听设备零售	177024		1400	
日用家电设备零售	645459		36562	
计算机、软件及辅助设备零售	426803	600	6706	
通信设备零售	209052		1300	
其他电子产品零售	574262		31643	
五金、家具及室内装饰材料专门零售	6344479	680	402214	50
五金零售	911637		53530	
灯具零售	287256		1000	
家具零售	3090367		166514	
涂料零售	83455		5280	
卫生洁具零售	41880			
木质装饰材料零售	395085	80	11160	50
陶瓷、石材装饰材料零售	671778	600	39800	
其他室内装饰材料零售	863021		124930	
货摊、无店铺及其他零售业	3076739	32269	115151	1000
货摊食品零售	160827	3320	8675	1000
货摊纺织、服装及鞋零售	70200			
货摊日用品零售	50938		200	
互联网零售	123187			
邮购及电视、电话零售	23073		1000	
旧货零售	15355			
生活用燃料零售	551634	9120	24525	
其他未列明零售业	2081525	19829	80751	
（七）交通运输、仓储和邮政业	368752139	46124831	95069823	11365537
铁路运输业	63035430	6910548	25407882	11094501
铁路旅客运输	32656936	5198849	11247900	8133569
铁路货物运输	25705314	1373904	13039110	2721600
铁路运输辅助活动	4673180	337795	1120872	239332
客运火车站	1424415	110143	302537	150000
货运火车站	468588	66133	29150	

国民经济行业小类固定资产投资（不含农户）实际到位资金构成（一）

续表25　　　　　　　　　　　　　　　　　　　　　　　　　　　　　　　　单位：万元

行　　业	本年实际到位资金小计	国家预算资金	国内贷款	债　券
其他铁路运输辅助活动	2780177	161519	789185	89332
道路运输业	198532192	34862806	51801311	128396
城市公共交通运输	34930675	5507306	14048068	305
公共电汽车客运	4598426	831853	408094	305
城市轨道交通	26334889	3843433	13371501	
出租车客运	373945	6577	43016	
其他城市公共交通运输	3623415	825443	225457	
公路旅客运输	67386490	11033504	21585761	58833
道路货物运输	48643860	7186356	8274300	57450
道路运输辅助活动	47571167	11135640	7893182	11808
客运汽车站	2021674	224109	123549	754
公路管理与养护	36682017	8487041	6678713	10054
其他道路运输辅助活动	8867476	2424490	1090920	1000
水上运输业	22240219	2169435	5049425	54140
水上旅客运输	794401	79335	91255	
海洋旅客运输	430677	25517	73055	
内河旅客运输	306507	46094	17200	
客运轮渡运输	57217	7724	1000	
水上货物运输	6214464	231913	1381039	
远洋货物运输	1049605	35120	344411	
沿海货物运输	3161683	48646	859518	
内河货物运输	2003176	148147	177110	
水上运输辅助活动	15231354	1858187	3577131	54140
客运港口	343880	107505	9200	27259
货运港口	11859012	1023381	2817526	26881
其他水上运输辅助活动	3028462	727301	750405	
航空运输业	25967648	765215	6116304	82000
航空客货运输	21819245	229125	4971157	70000
航空旅客运输	21347723	229125	4952631	70000
航空货物运输	471522		18526	
通用航空服务	306280	14982	117175	
航空运输辅助活动	3842123	521108	1027972	12000
机场	3246694	369205	1001972	
空中交通管理	70002	61003		
其他航空运输辅助活动	525427	90900	26000	12000
管道运输业	4201300	357423	1165952	
管道运输业	4201300	357423	1165952	
装卸搬运和运输代理业	10103642	67726	866411	
装卸搬运	1600570	28542	109927	
运输代理业	8503072	39184	756484	

国民经济行业小类固定资产投资（不含农户）实际到位资金构成（一）

续表26 单位：万元

行　　业	本年实际到位资金小计	国家预算资金	国内贷款	债　券
货物运输代理	6078777	22184	476165	
旅客票务代理	59989		20400	
其他运输代理业	2364306	17000	259919	
仓储业	43682981	974887	4631188	6500
谷物、棉花等农产品仓储	8575575	353894	793513	
谷物仓储	4293849	320782	345216	
棉花仓储	629177		77850	
其他农产品仓储	3652549	33112	370447	
其他仓储业	35107406	620993	3837675	6500
邮政业	988727	16791	31350	
邮政基本服务	377479	10579	17700	
快递服务	611248	6212	13650	
（八）住宿和餐饮业	**64199973**	**746315**	**4929224**	**2700**
住宿业	48334485	556939	3905794	
旅游饭店	37848145	400228	3445140	
一般旅馆	5689194	10777	244765	
其他住宿业	4797146	145934	215889	
餐饮业	15865488	189376	1023430	2700
正餐服务	12574319	65999	747636	2700
快餐服务	641115		14131	
饮料及冷饮服务	670464	8000	61647	
茶馆服务	200154		7946	
咖啡馆服务	108649		1600	
酒吧服务	341852	8000	52101	
其他饮料及冷饮服务	19809			
其他餐饮业	1979590	115377	200016	
小吃服务	344740	5928	33838	
餐饮配送服务	136885	6847	7600	
其他未列明餐饮业	1497965	102602	158578	
（九）信息传输、软件和信息技术服务业	**32386368**	**811950**	**1286056**	
电信、广播电视和卫星传输服务	17327852	474286	475095	
电信	15947056	311088	381555	
固定电信服务	3549547	101568	42428	
移动电信服务	11564733	147791	307708	
其他电信服务	832776	61729	31419	
广播电视传输服务	1106604	157231	85140	
有线广播电视传输服务	814430	96105	38689	
无线广播电视传输服务	292174	61126	46451	
卫星传输服务	274192	5967	8400	
互联网和相关服务	2950036	48061	91189	

国民经济行业小类固定资产投资（不含农户）实际到位资金构成（一）

续表 27　　　　　　　　　　　　　　　　　　　　　　　　　　　　　　　　　　　　单位：万元

行　业	本年实际到位资金小计	国家预算资金	国内贷款	债　券
互联网接入及相关服务	967472	26674	23228	
互联网信息服务	1581377	13906	48534	
其他互联网服务	401187	7481	19427	
软件和信息技术服务业	12108480	289603	719772	
软件开发	5552605	132294	391203	
信息系统集成服务	1969982	28591	76781	
信息技术咨询服务	1007803	700	76050	
数据处理和存储服务	1421547	88729	50319	
集成电路设计	157553		33000	
其他信息技术服务业	1998990	39289	92419	
数字内容服务	246570	20276	11500	
呼叫中心	225760		41000	
其他未列明信息技术服务业	1526660	19013	39919	
（十）金融业	**13101940**	**177522**	**290966**	
货币金融服务	8294791	140903	201237	
中央银行服务	1049736	10387	25906	
货币银行服务	5693382	92355	166440	
非货币银行服务	1410473	20516	3891	
金融租赁服务	129305			
财务公司	902900	516		
典当	86718		900	
其他非货币银行服务	291550	20000	2991	
银行监管服务	141200	17645	5000	
资本市场服务	2234432	29629	60179	
证券市场服务	619374			
证券市场管理服务	93897			
证券经纪交易服务	517043			
基金管理服务	8434			
期货市场服务	54985			
期货市场管理服务	54325			
其他期货市场服务	660			
证券期货监管服务	48425	2000	1700	
资本投资服务	1308434	27629	41248	
其他资本市场服务	203214		17231	
保险业	1150536	6065	1600	
人身保险	759727	1945	600	
人寿保险	757499	1945	600	
健康和意外保险	2228			
财产保险	342235	4120	1000	
再保险				

国民经济行业小类固定资产投资（不含农户）实际到位资金构成（一）

续表 28 单位：万元

行　业	本年实际到位资金小计	国家预算资金	国内贷款	债　券
养老金	4400			
保险经纪与代理服务	36269			
保险监管服务				
其他保险活动	7905			
风险和损失评估	7076			
其他未列明保险活动	829			
其他金融业	1422181	925	27950	
金融信托与管理服务	436801		10800	
控股公司服务	314003	925	6800	
非金融机构支付服务	22648			
金融信息服务	167662			
其他未列明金融业	481067		10350	
（十一）房地产业	**1481004507**	**23538199**	**216928813**	**255393**
房地产业	1481004507	23538199	216928813	255393
房地产开发经营	1277822371	2545852	201311847	12062
物业管理	4516580	43069	245486	
房地产中介服务	419924	27139	4500	
自有房地产经营活动	15097553	1025560	1024021	600
其他房地产业	183148079	19896579	14342959	242731
（十二）租赁和商务服务业	**61535510**	**1848347**	**5880725**	
租赁业	2931867	25916	272948	
机械设备租赁	2800758	20176	258136	
汽车租赁	185920	1627	15990	
农业机械租赁	59295	18252	3076	
建筑工程机械与设备租赁	1142382	297	59736	
计算机及通讯设备租赁	14112			
其他机械与设备租赁	1399049		179334	
文化及日用品出租	131109	5740	14812	
娱乐及体育设备出租	111528	5640	14812	
图书出租	992			
音像制品出租	1989			
其他文化及日用品出租	16600	100		
商务服务业	58603643	1822431	5607777	
企业管理服务	23943598	844543	2600210	
企业总部管理	7668228	326689	884568	
投资与资产管理	11732315	438351	1316899	
单位后勤管理服务	846490	27991	56300	
其他企业管理服务	3696565	51512	342443	
法律服务	318905	14307	1000	
律师及相关法律服务	280990	500	1000	

国民经济行业小类固定资产投资（不含农户）实际到位资金构成（一）

续表29　　　　　　　　　　　　　　　　　　　　　　　　　　单位：万元

行　业	本年实际到位资金小计	国家预算资金	国内贷款	债　券
公证服务	4356	4356		
其他法律服务	33559	9451		
咨询与调查	905014	24204	36847	
会计、审计及税务服务	98726	1816	7674	
市场调查	18664			
社会经济咨询	268437	5338	18165	
其他专业咨询	519187	17050	11008	
广告业	1227155	1428	31168	
知识产权服务	162709		3300	
人力资源服务	578589	95571	7350	
公共就业服务	224945	19097	600	
职业中介服务	43734		500	
劳务派遣服务	93738		5750	
其他人力资源服务	216172	76474	500	
旅行社及相关服务	5002245	226402	333500	
旅行社服务	395845	2650	5572	
旅游管理服务	4163440	223342	324339	
其他旅行社相关服务	442960	410	3589	
安全保护服务	467913	131238	15839	
安全服务	211404	90712	1000	
安全系统监控服务	182447	26004	13839	
其他安全保护服务	74062	14522	1000	
其他商务服务业	25997515	484738	2578563	
市场管理	8645554	142616	705913	
会议及展览服务	5610061	153118	664720	
包装服务	310896		43533	
办公服务	2531373	81350	38088	
信用服务	19000			
担保服务	286858		200000	
其他未列明商务服务业	8593773	107654	926309	
（十三）科学研究和技术服务业	32911941	2270672	2539301	2000
研究和试验发展	11069619	917515	854259	
自然科学研究和试验发展	1149849	183306	94346	
工程和技术研究和试验发展	6628821	587858	453044	
农业科学研究和试验发展	2010137	115905	189859	
医学研究和试验发展	1038011	3244	114210	
社会人文科学研究	242801	27202	2800	
专业技术服务业	10966965	868479	618294	

国民经济行业小类固定资产投资（不含农户）实际到位资金构成（一）

续表30　　　　　　　　　　　　　　　　　　　　　　　　　　　　　　　　单位：万元

行　　业	本年实际到位资金小计	国家预算资金	国内贷款	债　券
气象服务	334396	183294	1519	
地震服务	66656	30726		
海洋服务	192264	30507	6224	
测绘服务	166865	2640	6999	
质检技术服务	1480166	142392	78244	
环境与生态监测	500075	107323	49740	
环境保护监测	368792	84883	17549	
生态监测	131283	22440	32191	
地质勘查	1962181	168342	88111	
能源矿产地质勘查	1029477	90712	33902	
固体矿产地质勘查	273249	1238	2700	
水、二氧化碳等矿产地质勘查	15496	1530	500	
基础地质勘查	199452	16762		
地质勘查技术服务	444507	58100	51009	
工程技术	3445285	179829	180536	
工程管理服务	1239249	58750	53244	
工程勘察设计	909558	31275	52151	
规划管理	1296478	89804	75141	
其他专业技术服务业	2819077	23426	206921	
专业化设计服务	1057024	10961	66822	
摄影扩印服务	181519	986	5000	
兽医服务	17250	1200	5000	
其他未列明专业技术服务业	1563284	10279	130099	
科技推广和应用服务业	10875357	484678	1066748	2000
技术推广服务	6274026	284169	524255	
农业技术推广服务	2266548	220299	94339	
生物技术推广服务	895435	24535	93934	
新材料技术推广服务	1276926	809	183428	
节能技术推广服务	687494	21830	55924	
其他技术推广服务	1147623	16696	96630	
科技中介服务	1796184	138860	223473	2000
其他科技推广和应用服务业	2805147	61649	319020	
（十四）水利、环境和公共设施管理业	374728565	66507811	42222820	99166
水利管理业	49189376	16276619	4240973	9799
防洪除涝设施管理	23599898	7584447	2575613	2505
水资源管理	6962831	2766276	762570	350
天然水收集与分配	10041163	3026569	344119	5000
水文服务	268765	43633	34935	1944

国民经济行业小类固定资产投资（不含农户）实际到位资金构成（一）

续表31　　　　　　　　　　　　　　　　　　　　　　　　　　　　　　　单位：万元

行　　业	本年实际到位资金小计	国家预算资金	国内贷款	债　券
其他水利管理业	8316719	2855694	523736	
生态保护和环境治理业	14072860	2457844	1120595	10000
生态保护	3519055	620581	93663	
自然保护区管理	1162666	177211	55878	
野生动物保护	160778	9581	13142	
野生植物保护	127835	10307		
其他自然保护	2067776	423482	24643	
环境治理业	10553805	1837263	1026932	10000
水污染治理	5508139	1130227	683637	10000
大气污染治理	650622	3835	11324	
固体废物治理	2003702	117623	200105	
危险废物治理	286140	56714	13736	
放射性废物治理	9890	4000		
其他污染治理	2095312	524864	118130	
公共设施管理业	311466329	47773348	36861252	79367
市政设施管理	232974747	38216767	32254047	75067
环境卫生管理	4804168	1227245	125102	1100
城乡市容管理	11250762	1719659	365899	
绿化管理	12522743	2439967	746616	
公园和游览景区管理	49913909	4169710	3369588	3200
公园管理	15557645	2496566	1035294	3000
游览景区管理	34356264	1673144	2334294	200
（十五）居民服务、修理和其他服务业	**20440754**	**1733633**	**1016095**	
居民服务业	11396933	747291	507115	
家庭服务	534215	120915	10000	
托儿所服务	271752	7892	12000	
洗染服务	71117		3655	
理发及美容服务	180449		50	
洗浴服务	1697617	8462	108277	
保健服务	379656	19000	11515	
婚姻服务	133296		4218	
殡葬服务	1136527	134420	51700	
其他居民服务业	6992304	456602	305700	
机动车、电子产品和日用产品修理业	4291758	424210	173410	
汽车、摩托车修理与维护	3281461	42144	124258	
汽车修理与维护	3257618	42144	124258	
摩托车修理与维护	23843			
计算机和办公设备维修	916645	382066	43152	

国民经济行业小类固定资产投资（不含农户）实际到位资金构成（一）

续表 32 单位：万元

行　　业	本年实际到位资金小计	国家预算资金	国内贷款	债　券
计算机和辅助设备修理	506696	348335	14123	
通讯设备修理	236163	13217	16300	
其他办公设备维修	173786	20514	12729	
家用电器修理	51258		1500	
家用电子产品修理	18185		1500	
日用电器修理	33073			
其他日用产品修理业	42394		4500	
自行车修理				
鞋和皮革修理	2935			
家具和相关物品修理	5200			
其他未列明日用产品修理业	34259		4500	
其他服务业	4752063	562132	335570	
清洁服务	254832	3293	15910	
建筑物清洁服务	60427	500	4180	
其他清洁服务	194405	2793	11730	
其他未列明服务业	4497231	558839	319660	
（十六）教育	**54615041**	**14284993**	**3608398**	**5229**
教育	54615041	14284993	3608398	5229
学前教育	3999785	1195319	92805	
初等教育	9131519	3603753	184751	2729
普通小学教育	8984231	3586107	184511	2729
成人小学教育	147288	17646	240	
中等教育	19665802	6317349	1163570	2000
普通初中教育	9101926	3283895	242255	2000
职业初中教育	598716	154472	12360	
成人初中教育	146604	15172	6000	
普通高中教育	5341678	1875774	350629	
成人高中教育	108681	28653		
中等职业学校教育	4368197	959383	552326	
高等教育	14052755	2101222	1532573	500
普通高等教育	12848867	1915498	1462736	500
成人高等教育	1203888	185724	69837	
特殊教育	303856	111296	2389	
技能培训、教育辅助及其他教育	7461324	956054	632310	
职业技能培训	4544271	362476	423551	
体校及体育培训	263352	28228	39800	
文化艺术培训	418444	84217	25065	
教育辅助服务	572466	176221	21296	

国民经济行业小类固定资产投资（不含农户）实际到位资金构成（一）

续表33

单位：万元

行　业	本年实际到位资金小计	国家预算资金	国内贷款	债　券
其他未列明教育	1662791	304912	122598	
（十七）卫生和社会工作	**32088173**	**5542160**	**2375991**	**8411**
卫生	26441479	4596030	2161819	7911
医院	21749561	3483968	1990192	7911
综合医院	15948180	2513465	1611073	7800
中医医院	1843597	360869	173559	100
中西医结合医院	528147	151181	21250	
民族医院	100915	31593	5402	11
专科医院	2531395	348552	147245	
疗养院	797327	78308	31663	
社区医疗与卫生院	2409498	531240	66018	
社区卫生服务中心（站）	784156	170990	10943	
街道卫生院	200725	19983	20308	
乡镇卫生院	1424617	340267	34767	
门诊部（所）	287783	37857	2121	
计划生育技术服务活动	290436	73064	24494	
妇幼保健院（所、站）	493718	91249	46921	
专科疾病防治院（所、站）	144005	46342	5050	
疾病预防控制中心	303068	109379	130	
其他卫生活动	763410	222931	26893	
社会工作	5646694	946130	214172	500
提供住宿社会工作	5095892	817695	199540	500
干部休养所	300860	38820	1000	
护理机构服务	299659	35256	11734	500
精神康复服务	127175	22233	2885	
老年人、残疾人养护服务	3823132	565867	167403	
孤残儿童收养和庇护服务	105591	58412		
其他提供住宿社会救助	439475	97107	16518	
不提供住宿社会工作	550802	128435	14632	
社会看护与帮助服务	303045	81823	13432	
其他不提供住宿社会工作	247757	46612	1200	
（十八）文化、体育和娱乐业	**55259719**	**5653296**	**4669502**	**3071**
新闻和出版业	1065552	52217	120658	
新闻业	375973	46911	44000	
出版业	689579	5306	76658	
图书出版	248621		35800	
报纸出版	271588	5206	35858	
期刊出版	11852	100		

国民经济行业小类固定资产投资（不含农户）实际到位资金构成（一）

续表 34 单位：万元

行　　业	本年实际到位资金小计	国家预算资金	国内贷款	债　券
音像制品出版	22569			
电子出版物出版	45836			
其他出版业	89113		5000	
广播、电视、电影和影视录音制作业	3472811	169058	477289	
广播	301697	71076	6586	
电视	939086	60736	14840	
电影和影视节目制作	1073813	4850	388063	
电影和影视节目发行	104596		5740	
电影放映	1001173	31766	62060	
录音制作	52446	630		
文化艺术业	25711697	3686837	2246315	3071
文艺创作与表演	875405	81479	116974	
艺术表演场馆	2426243	307766	253009	
图书馆与档案馆	1367067	569735	43794	
图书馆	907574	415385	23404	
档案馆	459493	154350	20390	
文物及非物质文化遗产保护	4473678	814743	390078	
博物馆	3464977	715807	321343	
烈士陵园、纪念馆	601090	158950	24328	
群众文化活动	6603660	664428	629280	1071
其他文化艺术业	5899577	373929	467509	2000
体育	10084466	1366018	818083	
体育组织	206072	63071	18000	
体育场馆	4766139	845193	442626	
休闲健身活动	4402028	260336	329957	
其他体育	710227	197418	27500	
娱乐业	14925193	379166	1007157	
室内娱乐活动	2950403	28101	230315	
歌舞厅娱乐活动	1379225	14754	164537	
电子游艺厅娱乐活动	91746		1900	
网吧活动	141712		470	
其他室内娱乐活动	1337720	13347	63408	
游乐园	7019567	223904	246554	
彩票活动	51086	15366	6263	
文化、娱乐、体育经纪代理	60939		7000	
文化娱乐经纪人	8200			
体育经纪人				
其他文化艺术经纪代理	52739		7000	

国民经济行业小类固定资产投资（不含农户）实际到位资金构成（一）

续表 35

单位：万元

行　　业	本年实际到位资金小计	国家预算资金	国内贷款	债　券
其他娱乐业	4843198	111795	517025	
（十九）公共管理、社会保障和社会组织	59791052	13573018	1785236	26288
中国共产党机关	580785	294963	10130	
中国共产党机关	580785	294963	10130	
国家机构	41234205	11444142	1179095	24888
国家权力机构	697240	226991	21892	
国家行政机构	38089644	10319977	1109122	23750
综合事务管理机构	14765974	3074812	536423	4407
对外事务管理机构	100033	15350		
公共安全管理机构	6974562	3674863	106687	2708
社会事务管理机构	6598778	1337393	131641	
经济事务管理机构	8487874	1890117	251369	16635
行政监督检查机构	1162423	327442	83002	
人民法院和人民检察院	1297574	620912	19368	1138
人民法院	866879	414937	9846	750
人民检察院	430695	205975	9522	388
其他国家机构	1149747	276262	28713	
人民政协、民主党派	140558	23972	3350	
人民政协	7104	2372		
民主党派	133454	21600	3350	
社会保障	2188180	386690	106390	
社会保障	2188180	386690	106390	
群众团体、社会团体和其他成员组织	6038336	865833	205446	
群众团体	245018	83862	900	
工会	51143	8626		
妇联	49813	24257		
共青团	8100	8100		
其他群众团体	135962	42879	900	
社会团体	3751991	677774	197494	
专业性团体	2786551	524881	165370	
行业性团体	439847	13080	20255	
其他社会团体	525593	139813	11869	
基金会	19771			
宗教组织	2021556	104197	7052	
基层群众自治组织	9608988	557418	280825	1400
社区自治组织	3275608	223898	108256	
村民自治组织	6333380	333520	172569	1400

国民经济行业小类固定资产投资（不含农户）实际到位资金构成（二）

单位：万元

行　　业	利用外资	外商直接投资	自筹资金	企事业单位自有资金	其他资金
全 国 总 计	43194445	26039665	3244315014	986284945	697162593
（一）农、林、牧、渔业	458149	196165	91437796	20484110	6748857
农业	115955	36942	34262931	7826265	2426979
谷物种植	3506		3033733	754390	439464
稻谷种植			1493594	430072	344746
小麦种植			313740	61619	7892
玉米种植			531829	182371	30525
其他谷物种植	3506		694570	80328	56301
豆类、油料和薯类种植	850	850	1904550	444340	120799
豆类种植			650394	194971	37127
油料种植	850	850	784490	179697	53353
薯类种植			469666	69672	30319
棉、麻、糖、烟草种植	695		1127801	208555	88537
棉花种植	695		452508	97289	12876
麻类种植			67774	8623	16762
糖料种植			101842	18922	14457
烟草种植			505677	83721	44442
蔬菜、食用菌及园艺作物种植	37955	8917	15841299	3691933	795898
蔬菜种植	14227	990	9064406	2000554	524878
食用菌种植	10500	1000	2108840	418071	112533
花卉种植	10928	6927	2990853	811987	86655
其他园艺作物种植	2300		1677200	461321	71832
水果种植	39511	19250	5156959	1277733	315292
仁果类和核果类水果种植	7000	2500	1406603	222732	68944
葡萄种植	5281	2040	1093378	281724	38501
柑橘类种植	14240	14220	319036	93529	106984
香蕉等亚热带水果种植	12500		178252	61842	11175
其他水果种植	490	490	2159690	617906	89688
坚果、含油果、香料和饮料作物种植	9018	505	2146814	533656	218547
坚果种植			864993	216360	72243
含油果种植			237336	23488	32629
香料作物种植			51609	3040	23842
茶及其他饮料作物种植	9018	505	992876	290768	89833
中药材种植	12750	1750	2286805	481520	181517
其他农业	11670	5670	2764970	434138	266925
林业	27011	18173	8290385	1833759	1119388
林木育种和育苗	2374	2374	4432789	1023745	346438
林木育种	1674	1674	1154464	169067	84495
林木育苗	700	700	3278325	854678	261943
造林和更新	24637	15799	2986479	663731	539871

国民经济行业小类固定资产投资（不含农户）实际到位资金构成（二）

续表1

单位：万元

行　　业	利用外资	外商直接投资	自筹资金	企事业单位自有资金	其他资金
森林经营和管护			504208	74405	215129
木材和竹材采运			240100	30064	5135
木材采运			225080	21264	1285
竹材采运			15020	8800	3850
林产品采集			126809	41814	12815
木竹材林产品采集			29769	2030	9533
非木竹材林产品采集			97040	39784	3282
畜牧业	259616	104101	27707251	6577407	1082504
牲畜饲养	135073	35721	20969680	4931139	793349
牛的饲养	44879	4179	6849513	1353749	260172
马的饲养	2000		74880	7177	873
猪的饲养	77112	23960	10568383	2541237	365144
羊的饲养			2642012	790603	128990
骆驼饲养			16280		
其他牲畜饲养	11082	7582	818612	238373	38170
家禽饲养	102423	48260	5195084	1278844	174621
鸡的饲养	100423	46260	3959456	946196	134537
鸭的饲养			507810	133806	8946
鹅的饲养			131977	34909	3300
其他家禽饲养	2000	2000	595841	163933	27838
狩猎和捕捉动物	20420	18420	321222	70504	1878
其他畜牧业	1700	1700	1221265	296920	112656
渔业	17019	16810	5724262	1338275	243480
水产养殖	17019	16810	5087931	1272687	216172
海水养殖			2397507	741289	64802
内陆养殖	17019	16810	2690424	531398	151370
水产捕捞			636331	65588	27308
海水捕捞			582799	56188	21278
内陆捕捞			53532	9400	6030
农、林、牧、渔服务业	38548	20139	15452967	2908404	1876506
农业服务业	37987	20139	13634909	2603507	1724428
农业机械服务	820		1144674	181034	75856
灌溉服务	13336	9752	2872164	477998	621938
农产品初加工服务	17075	9587	2866460	736378	136838
其他农业服务	6756	800	6751611	1208097	889796
林业服务业	561		575190	63069	68191
林业有害生物防治服务			36312	7230	4857
森林防火服务			30143	7014	10181
林产品初级加工服务			126110	18563	8850
其他林业服务	561		382625	30262	44303

国民经济行业小类固定资产投资（不含农户）实际到位资金构成（二）

续表2

单位：万元

行　　业	利用外资	外商直接投资	自筹资金	企事业单位自有资金	其他资金
畜牧服务业			638046	167044	48265
渔业服务业			604822	74784	35622
（二）采矿业	1162758	879028	127285622	46808054	3362651
煤炭开采和洗选业	41514	31033	44208965	14145406	1230293
烟煤和无烟煤开采洗选	33513	31033	38814836	12958375	1138317
褐煤开采洗选	8001		3869720	978288	56989
其他煤炭采选			1524409	208743	34987
石油和天然气开采业	799910	681969	30385677	15197074	593959
石油开采	780741	664798	26985893	13529940	525811
天然气开采	19169	17171	3399784	1667134	68148
黑色金属矿采选业	58700	25000	16295683	6851841	280916
铁矿采选	46900	25000	15133677	6270681	258741
锰矿、铬矿采选	2800		537289	237318	6600
其他黑色金属矿采选	9000		624717	343842	15575
有色金属矿采选业	126560	31365	14418100	4493363	411773
常用有色金属矿采选	27075	3100	9177851	2987717	230299
铜矿采选	1850	200	2094167	585245	55215
铅锌矿采选	3955		3877519	1360805	59396
镍钴矿采选			366402	279484	
锡矿采选	5600	2900	333884	43464	19873
锑矿采选			118621	37447	14270
铝矿采选			959930	309802	40034
镁矿采选	15670		253746	81634	15720
其他常用有色金属矿采选			1173582	289836	25791
贵金属矿采选	79485	8265	3600617	956760	128084
金矿采选	79485	8265	3328457	899254	128084
银矿采选			201597	32056	
其他贵金属矿采选			70563	25450	
稀有稀土金属矿采选	20000	20000	1639632	548886	53390
钨钼矿采选	20000	20000	1128897	258649	30908
稀土金属矿采选			205855	138571	2402
放射性金属矿采选			28945	3000	12500
其他稀有金属矿采选			275935	148666	7580
非金属矿采选业	29562	16660	16402521	4961509	689831
土砂石开采	19352	7500	12276692	3321616	440367
石灰石、石膏开采	3740		3399218	1017436	102561
建筑装饰用石开采	14500	7500	4267089	1006380	191830
耐火土石开采	1112		825593	237606	25005
粘土及其他土砂石开采			3784792	1060194	120971
化学矿开采	1530	1530	1272952	558153	8895

国民经济行业小类固定资产投资（不含农户）实际到位资金构成（二）

续表3

单位：万元

行　　业	利用外资	外商直接投资	自筹资金	企事业单位自有资金	其他资金
采盐			488835	227678	2820
石棉及其他非金属矿采选	8680	7630	2364042	854062	237749
石棉、云母矿采选			98208	28407	2220
石墨、滑石采选			482934	148728	138671
宝石、玉石采选			109375	23451	19366
其他未列明非金属矿采选	8680	7630	1673525	653476	77492
开采辅助活动	105512	93001	5064741	1011859	136648
煤炭开采和洗选辅助活动			2082068	158809	18919
石油和天然气开采辅助活动	98162	93001	1855668	758302	94759
其他开采辅助活动	7350		1127005	94748	22970
其他采矿业	1000		509935	147002	19231
其他采矿业	1000		509935	147002	19231
（三）制造业	26648202	16709270	1337677313	406917750	28946105
农副食品加工业	736322	374543	77237793	20162972	2810900
谷物磨制	37928	1208	12855286	3236533	630623
饲料加工	64706	46474	10901405	2817789	186155
植物油加工	111870	90379	8058287	1986608	393570
食用植物油加工	110870	90379	7328290	1806263	342086
非食用植物油加工	1000		729997	180345	51484
制糖业	10410	5410	1647219	653222	101894
屠宰及肉类加工	222931	59517	14408068	3377069	469576
牲畜屠宰	23497	20000	4155212	1177909	96864
禽类屠宰	69525	6525	3400669	755112	148618
肉制品及副产品加工	129909	32992	6852187	1444048	224094
水产品加工	69437	54861	5436702	1669723	211274
水产品冷冻加工	44047	41731	3267599	967374	63086
鱼糜制品及水产品干腌制加工	13265	1005	726555	258006	58700
水产饲料制造			545459	144667	12713
鱼油提取及制品制造	7515	7515	115168	16250	300
其他水产品加工	4610	4610	781921	283426	76475
蔬菜、水果和坚果加工	126178	102978	10941349	3429278	387156
蔬菜加工	64440	43740	7269930	2356879	251814
水果和坚果加工	61738	59238	3671419	1072399	135342
其他农副食品加工	92862	13716	12989477	2992750	430652
淀粉及淀粉制品制造	13094	7866	3599977	909641	61478
豆制品制造	8000		2207616	654247	86688
蛋品加工	8500		484896	101985	15833
其他未列明农副食品加工	63268	5850	6696988	1326877	266653
食品制造业	678780	379084	33270368	9460659	768746
焙烤食品制造	134708	95988	4685643	1382307	136233

国民经济行业小类固定资产投资（不含农户）实际到位资金构成（二）

续表4

单位：万元

行 业	利用外资	外商直接投资	自筹资金	企事业单位自有资金	其他资金
糕点、面包制造	85408	72748	2236198	650707	64548
饼干及其他焙烤食品制造	49300	23240	2449445	731600	71685
糖果、巧克力及蜜饯制造	25363	4312	1998814	612596	30408
糖果、巧克力制造	18635	3184	1119472	418408	24272
蜜饯制作	6728	1128	879342	194188	6136
方便食品制造	73805	46530	6621788	1993276	100013
米、面制品制造	31034	18977	3517688	999508	62150
速冻食品制造	35862	26590	1532341	428412	18364
方便面及其他方便食品制造	6909	963	1571759	565356	19499
乳制品制造	55795	55795	2277132	534594	11950
罐头食品制造	196920	20410	2258113	700120	90819
肉、禽类罐头制造	900	900	529907	109746	17261
水产品罐头制造	132000		140670	51780	3000
蔬菜、水果罐头制造	38510		1216098	445995	38287
其他罐头食品制造	25510	19510	371438	92599	32271
调味品、发酵制品制造	47021	44021	3841759	1303592	63441
味精制造			402900	136596	780
酱油、食醋及类似制品制造	3235	1835	1423677	408626	28381
其他调味品、发酵制品制造	43786	42186	2015182	758370	34280
其他食品制造	145168	112028	11587119	2934174	335882
营养食品制造	55040	55040	1909600	481255	52821
保健食品制造	22912	20632	2240205	616306	158215
冷冻饮品及食用冰制造			764095	214976	5918
盐加工			533202	169576	5537
食品及饲料添加剂制造	18810	18810	2924179	644449	29710
其他未列明食品制造	48406	17546	3215838	807612	83681
酒、饮料和精制茶制造业	660732	329602	32128453	10581889	686278
酒的制造	110399	69345	16665691	6159191	384514
酒精制造	3995	3995	470909	148526	16332
白酒制造	14100	14100	10790316	4459931	272721
啤酒制造	82232	51250	1730625	388964	46608
黄酒制造			496050	139328	6213
葡萄酒制造	10072		1825801	640403	18862
其他酒制造			1351990	382039	23778
饮料制造	536414	249377	11206450	3375757	171328
碳酸饮料制造	5900	100	1472032	494782	11469
瓶（罐）装饮用水制造	55239	27500	2699583	971376	69463
果菜汁及果菜汁饮料制造	303747	103709	2844498	733648	21215
含乳饮料和植物蛋白饮料制造	38362	31000	1616695	474192	13109
固体饮料制造	8104	8104	417789	145181	708

国民经济行业小类固定资产投资（不含农户）实际到位资金构成（二）

续表5 单位：万元

行　　业	利用外资	外商直接投资	自筹资金	企事业单位自有资金	其他资金
茶饮料及其他饮料制造	125062	78964	2155853	556578	55364
精制茶加工	13919	10880	4256312	1046941	130436
烟草制品业			2764472	1152080	44141
烟叶复烤			360241	55994	14344
卷烟制造			2219740	1032517	
其他烟草制品制造			184491	63569	29797
纺织业	601288	330150	43144756	13823210	850934
棉纺织及印染精加工	314614	167167	20883123	6526636	395153
棉纺纱加工	172190	71925	14507904	4317637	205897
棉织造加工	39890	32242	4242915	1506534	159036
棉印染精加工	102534	63000	2132304	702465	30220
毛纺织及染整精加工	7900	7900	2545544	790039	62506
毛条和毛纱线加工	7900	7900	967664	243808	30289
毛织造加工			1252539	403357	30057
毛染整精加工			325341	142874	2160
麻纺织及染整精加工	375		1032591	316936	51496
麻纤维纺前加工和纺纱	375		545009	184460	29317
麻织造加工			405564	115596	20579
麻染整精加工			82018	16880	1600
丝绢纺织及印染精加工	22400		1453737	526855	18856
缫丝加工			685056	282440	11759
绢纺和丝织加工	14640		612103	184790	7097
丝印染精加工	7760		156578	59625	
化纤织造及印染精加工	79092	46767	4464080	1175519	61853
化纤织造加工	48902	20527	3748810	809178	58568
化纤织物染整精加工	30190	26240	715270	366341	3285
针织或钩针编织物及其制品制造	56768	51018	4012910	1727906	39262
针织或钩针编织物织造	34523	31648	3131927	1381564	23898
针织或钩针编织物印染精加工	18008	15333	372470	180144	3261
针织或钩针编织品制造	4237	4037	508513	166198	12103
家用纺织制成品制造	46941	19300	4631738	1470153	102049
床上用品制造	12050	400	2231801	844723	28702
毛巾类制品制造	391		757353	136697	25428
窗帘、布艺类产品制造			352280	139291	23000
其他家用纺织制成品制造	34500	18900	1290304	349442	24919
非家用纺织制成品制造	73198	37998	4121033	1289166	119759
非织造布制造	31500	28730	1667615	604602	54560
绳、索、缆制造	1981	1981	438928	127898	10310
纺织带和帘子布制造	800	800	449024	140145	3021
篷、帆布制造	3500		316739	135557	2886

国民经济行业小类固定资产投资（不含农户）实际到位资金构成（二）

续表6 单位：万元

行　　业	利用外资	外商直接投资	自筹资金	企事业单位自有资金	其他资金
其他非家用纺织制成品制造	35417	6487	1248727	280964	48982
纺织服装、服饰业	556367	326769	28648330	8953665	782090
机织服装制造	332446	174963	17374407	5717767	349995
针织或钩针编织服装制造	123158	97358	4078713	1391307	78719
服饰制造	100763	54448	7195210	1844591	353376
皮革、毛皮、羽毛及其制品和制鞋业	647185	522892	15377626	4052490	759294
皮革鞣制加工	239850	211980	1191855	409181	154486
皮革制品制造	125538	114120	4889982	1188623	124565
皮革服装制造	5800	5800	1177310	193485	34660
皮箱、包（袋）制造	45351	36703	1957367	500815	57574
皮手套及皮装饰制品制造	12547	9777	538674	131162	17050
其他皮革制品制造	61840	61840	1216631	363161	15281
毛皮鞣制及制品加工	5925	5745	1825658	825083	201967
毛皮鞣制加工			310336	191021	104650
毛皮服装加工			1119855	514499	44909
其他毛皮制品加工	5925	5745	395467	119563	52408
羽毛（绒）加工及制品制造	28574	10774	1086193	197890	66617
羽毛（绒）加工	22774	4974	432741	67559	28500
羽毛（绒）制品加工	5800	5800	653452	130331	38117
制鞋业	247298	180273	6383938	1431713	211659
纺织面料鞋制造	21994	7044	1251901	192192	46203
皮鞋制造	160604	124889	2932842	760571	103833
塑料鞋制造			355538	98372	10390
橡胶鞋制造	28109	22749	781640	199825	12780
其他制鞋业	36591	25591	1062017	180753	38453
木材加工和木、竹、藤、棕、草制品业	164975	111465	27016537	8395599	813701
木材加工	13300	2000	6998488	2154973	304248
锯材加工	3120	500	1879338	641951	67472
木片加工	900		2267663	665864	113454
单板加工	7780		1345908	361259	62846
其他木材加工	1500	1500	1505579	485899	60476
人造板制造	58810	34480	9665509	3322259	258652
胶合板制造	27100	20070	4499702	1511149	130349
纤维板制造			1825122	612085	64945
刨花板制造			1058650	449822	10752
其他人造板制造	31710	14410	2282035	749203	52606
木制品制造	73655	59775	7830936	2191152	158093
建筑用木料及木材组件加工	19100	14100	2362308	638207	36808
木门窗、楼梯制造	9370	2370	1732203	477392	65277

国民经济行业小类固定资产投资（不含农户）实际到位资金构成（二）

续表7　　　　　　　　　　　　　　　　　　　　　　　　　　　　　　　　　单位：万元

行　业	利用外资	外商直接投资	自筹资金	企事业单位自有资金	其他资金
地板制造	1900	1900	1529251	543637	7313
木制容器制造			276562	90931	7980
软木制品及其他木制品制造	43285	41405	1930612	440985	40715
竹、藤、棕、草等制品制造	19210	15210	2521604	727215	92708
竹制品制造	6910	2910	1971301	570857	90308
藤制品制造			230028	102255	1530
棕制品制造			56096	5150	450
草及其他制品制造	12300	12300	264179	48953	420
家具制造业	215083	156265	17748960	4899902	404425
木质家具制造	167287	120709	13356696	3547961	255765
竹、藤家具制造	1040		361764	77668	41639
金属家具制造	11700	1700	1729399	687489	33801
塑料家具制造			399194	92136	10134
其他家具制造	35056	33856	1901907	494648	63086
造纸和纸制品业	1010852	316405	22480173	6621698	472273
纸浆制造	11200		718867	151282	56682
木竹浆制造	11200		435240	89326	45282
非木竹浆制造			283627	61956	11400
造纸	717972	157684	8904626	2527940	147686
机制纸及纸板制造	710666	156279	6960052	1785193	102642
手工纸制造	1405	1405	432054	131142	3200
加工纸制造	5901		1512520	611605	41844
纸制品制造	281680	158721	12856680	3942476	267905
纸和纸板容器制造	118903	79519	6209194	1846352	165797
其他纸制品制造	162777	79202	6647486	2096124	102108
印刷和记录媒介复制业	67525	56452	11982945	3837504	255339
印刷	67525	56452	11276585	3630123	239401
书、报刊印刷	20591	15644	1846318	604061	31366
本册印制			541467	107963	4428
包装装潢及其他印刷	46934	40808	8888800	2918099	203607
装订及印刷相关服务			659891	191526	15938
记录媒介复制			46469	15855	
文教、工美、体育和娱乐用品制造业	375284	233112	13090945	3818435	397052
文教办公用品制造	23862	18226	1585984	522275	49250
文具制造	8970	6200	598381	311378	3300
笔的制造	1966		371361	113575	3400
教学用模型及教具制造			322330	48273	5590
墨水、墨汁制造			55860	25725	

国民经济行业小类固定资产投资（不含农户）实际到位资金构成（二）

续表 8 单位：万元

行　业	利用外资	外商直接投资	自筹资金	企事业单位自有资金	其他资金
其他文教办公用品制造	12926	12026	238052	23324	36960
乐器制造	12613	12613	493095	163386	41336
中乐器制造			108150	33255	
西乐器制造	6013	6013	211039	50535	34826
电子乐器制造	6600	6600	88352	45909	1600
其他乐器及零件制造			85554	33687	4910
工艺美术品制造	127028	76538	6687356	1733087	204052
雕塑工艺品制造	15596	8236	1301603	441531	47510
金属工艺品制造	9794	9794	948754	269754	3899
漆器工艺品制造			179503	10626	3672
花画工艺品制造	12392	12392	232500	50888	35698
天然植物纤维编织工艺品制造	11980	11980	506370	122901	24717
抽纱刺绣工艺品制造			377400	101433	2650
地毯、挂毯制造	19457	19457	653239	135520	6593
珠宝首饰及有关物品制造	38830		1018086	191875	29048
其他工艺美术品制造	18979	14679	1469901	408559	50265
体育用品制造	125961	90915	2224664	553707	48331
球类制造	3159	1622	179322	73989	15390
体育器材及配件制造	31346	2759	1074561	211609	7660
训练健身器材制造	64925	64925	433403	120773	3081
运动防护用具制造	6622	5000	152687	64901	16000
其他体育用品制造	19909	16609	384691	82435	6200
玩具制造	69320	34820	1529547	666046	19783
游艺器材及娱乐用品制造	16500		570299	179934	34300
露天游乐场所游乐设备制造	16500		312037	136245	34300
游艺用品及室内游艺器材制造			190775	34405	
其他娱乐用品制造			67487	9284	
石油加工、炼焦和核燃料加工业	156751	83556	26162631	8401934	705734
精炼石油产品制造	142951	70556	18713850	6746233	666763
原油加工及石油制品制造	112401	70556	17444334	6389495	662393
人造原油制造	30550		1269516	356738	4370
炼焦	13800	13000	7448781	1655701	38971
化学原料和化学制品制造业	2701247	1927387	115098292	31844542	2380870
基础化学原料制造	882194	715990	39978779	10296887	842577
无机酸制造	15810	10986	2734111	799748	104152
无机碱制造	126012	112012	1969827	772449	95384
无机盐制造	1000		4100420	883870	121385
有机化学原料制造	430914	350094	23434015	6297097	365853
其他基础化学原料制造	308458	242898	7740406	1543723	155803
肥料制造	10307		14196683	3643231	327893

国民经济行业小类固定资产投资（不含农户）实际到位资金构成（二）

续表9　　　　　　　　　　　　　　　　　　　　　　　　　　　　　　　单位：万元

行　　业	利用外资	外商直接投资	自筹资金	企事业单位自有资金	其他资金
氮肥制造			2999628	690216	90538
磷肥制造			658538	189152	9300
钾肥制造			596184	267595	15300
复混肥料制造	1510		5231500	1273829	64736
有机肥料及微生物肥料制造	8797		3660786	960277	135971
其他肥料制造			1050047	262162	12048
农药制造			3750608	1057889	85019
化学农药制造			2372188	664236	49860
生物化学农药及微生物农药制造			1378420	393653	35159
涂料、油墨、颜料及类似产品制造	119460	81320	7860876	2215500	173930
涂料制造	82398	59158	5119403	1622106	149505
油墨及类似产品制造	2350		416491	79438	1600
颜料制造	5364	5364	972208	238868	3300
染料制造	12550		710614	113901	19025
密封用填料及类似品制造	16798	16798	642160	161187	500
合成材料制造	757903	533821	16732655	3840786	204371
初级形态塑料及合成树脂制造	475569	266417	9578808	2194620	97930
合成橡胶制造	246812	246812	1664592	404639	44050
合成纤维单（聚）体制造			2155227	485756	10855
其他合成材料制造	35522	20592	3334028	755771	51536
专用化学产品制造	815250	503459	24978387	7831968	587304
化学试剂和助剂制造	194507	120988	9370905	3420799	267113
专项化学用品制造	267919	144590	7735612	2510438	192398
林产化学产品制造	6154	6154	716697	241692	16005
信息化学品制造	139806	57806	2410917	538354	10610
环境污染处理专用药剂材料制造	48619	39298	1142043	370778	20893
动物胶制造			211193	30486	500
其他专用化学产品制造	158245	134623	3391020	719421	79785
炸药、火工及焰火产品制造	14296	12266	3696938	1681054	48790
焰火、鞭炮产品制造	14296	12266	3696938	1681054	48790
日用化学产品制造	101837	80531	3903366	1277227	110986
肥皂及合成洗涤剂制造			927468	210206	8101
化妆品制造	20784	10064	902754	354860	13326
口腔清洁用品制造			81796	13516	500
香料、香精制造	65238	65238	778675	286269	76869
其他日用化学产品制造	15815	5229	1212673	412376	12190
医药制造业	465612	314474	41804635	11563373	853288
化学药品原料药制造	158078	135177	7424939	2151230	85110
化学药品制剂制造	92117	65310	7482043	1972173	118093
中药饮片加工	18740	2000	5482937	1518155	140632

国民经济行业小类固定资产投资（不含农户）实际到位资金构成（二）

续表 10   单位：万元

行　　业	利用外资	外商直接投资	自筹资金	企事业单位自有资金	其他资金
中成药生产	18872	13863	7938120	1910478	83058
兽用药品制造	7986	3000	1454967	514659	24700
生物药品制造	87523	28439	8315166	2501772	359153
卫生材料及医药用品制造	82296	66685	3706463	994906	42542
化学纤维制造业	145392	109462	9516972	3531464	132297
纤维素纤维原料及纤维制造	9930	9930	1904965	724094	20986
化纤浆粕制造			466469	160664	5000
人造纤维（纤维素纤维）制造	9930	9930	1438496	563430	15986
合成纤维制造	135462	99532	7612007	2807370	111311
锦纶纤维制造	22890	2890	958028	308213	52285
涤纶纤维制造	77050	62120	3539493	1526765	23558
腈纶纤维制造			38345	8551	
维纶纤维制造			185869	39139	
丙纶纤维制造			196162	20119	628
氨纶纤维制造			383350	42413	4000
其他合成纤维制造	35522	34522	2310760	862170	30840
橡胶和塑料制品业	1073352	408348	47471047	16187696	1119214
橡胶制品业	514304	93454	13117368	4721344	323507
轮胎制造	267645	40050	5714043	2092050	171728
橡胶板、管、带制造	14705	1659	3019487	1409324	45862
橡胶零件制造	28785	19537	1110738	416161	27832
再生橡胶制造	2950		955650	104270	18650
日用及医用橡胶制品制造	23543	16813	620170	201518	16980
其他橡胶制品制造	176676	15395	1697280	498021	42455
塑料制品业	559048	314894	34353679	11466352	795707
塑料薄膜制造	183096	78218	4846642	1637239	95639
塑料板、管、型材制造	56482	17839	9670803	3415353	179517
塑料丝、绳及编织品制造	5300	5300	3025337	990252	75445
泡沫塑料制造	12550		1152879	402789	3773
塑料人造革、合成革制造	12921	7371	972544	327872	11937
塑料包装箱及容器制造	37344	23650	3873210	1137734	68421
日用塑料制品制造	53848	17791	3043026	989469	67382
塑料零件制造	92146	77470	1741890	542230	36172
其他塑料制品制造	105361	87255	6027348	2023414	257421
非金属矿物制品业	859218	561973	127505967	35747848	2986326
水泥、石灰和石膏制造	126145	108246	15312877	4021127	347362
水泥制造	121445	108246	12412578	3361219	304121
石灰和石膏制造	4700		2900299	659908	43241
石膏、水泥制品及类似制品制造	151778	115140	23082984	6471138	482949
水泥制品制造	85955	64502	12664267	3499519	223749

国民经济行业小类固定资产投资（不含农户）实际到位资金构成（二）

续表11　　　　　　　　　　　　　　　　　　　　　　　　　　　　　　　单位：万元

行　　业	利用外资	外商直接投资	自筹资金	企事业单位自有资金	其他资金
砼结构构件制造	6997	3600	3437513	1178516	121932
石棉水泥制品制造			414352	162176	300
轻质建筑材料制造	57826	47038	3866023	1009808	68103
其他水泥类似制品制造	1000		2700829	621119	68865
砖瓦、石材等建筑材料制造	253532	117395	45417944	13019314	1307427
粘土砖瓦及建筑砌块制造	25618	10560	13281378	3956762	541985
建筑陶瓷制品制造	31105	15345	6537405	1660699	126445
建筑用石加工	100355	24566	10488441	3072214	203335
防水建筑材料制造	28948	26400	1916077	712213	72365
隔热和隔音材料制造	41548	40524	4175315	1390031	72604
其他建筑材料制造	25958		9019328	2227395	290693
玻璃制造	75928	43000	6403954	1539186	74620
平板玻璃制造	25000	25000	3030498	744421	7071
其他玻璃制造	50928	18000	3373456	794765	67549
玻璃制品制造	131070	116950	8287800	2312535	134795
技术玻璃制品制造	38073	32473	1814818	551297	47029
光学玻璃制造	14250	7230	757593	254556	16025
玻璃仪器制造			362791	121174	120
日用玻璃制品制造	28059	26559	1597309	558559	8415
玻璃包装容器制造			1138905	235512	42453
玻璃保温容器制造			249324	71232	5550
制镜及类似品加工	650	650	198642	77314	5285
其他玻璃制品制造	50038	50038	2168418	442891	9918
玻璃纤维和玻璃纤维增强塑料制品制造	26410	7660	3249362	1064666	23512
玻璃纤维及制品制造	8260	1660	1855401	640553	19005
玻璃纤维增强塑料制品制造	18150	6000	1393961	424113	4507
陶瓷制品制造	48433	18100	7324796	1643912	394683
卫生陶瓷制品制造	20288	288	1038329	276109	18451
特种陶瓷制品制造	17333	8000	2442173	405028	93429
日用陶瓷制品制造	1020	1020	2876324	714060	207125
园林、陈设艺术及其他陶瓷制品制造	9792	8792	967970	248715	75678
耐火材料制品制造	8819	3619	7375124	1994394	55069
石棉制品制造	1829	1829	703046	166044	10810
云母制品制造			289609	58155	1500
耐火陶瓷制品及其他耐火材料制造	6990	1790	6382469	1770195	42759
石墨及其他非金属矿物制品制造	37103	31863	11051126	3681576	165909
石墨及碳素制品制造	15161	12371	4318182	1307721	87937
其他非金属矿物制品制造	21942	19492	6732944	2373855	77972
黑色金属冶炼和压延加工业	294991	221995	46314655	15949900	854939
炼铁	13826		3000247	1563342	29070

国民经济行业小类固定资产投资（不含农户）实际到位资金构成（二）

续表 12　　　　　　　　　　　　　　　　　　　　　　　　　　　　　单位：万元

行　　业	利用外资	外商直接投资	自筹资金	企事业单位自有资金	其他资金
炼钢			8355552	2427024	153327
黑色金属铸造	104466	93666	6558643	2372165	148162
钢压延加工	117170	68800	24101385	8485517	436482
铁合金冶炼	59529	59529	4298828	1101852	87898
有色金属冶炼和压延加工业	329590	244541	48533190	12431330	786882
常用有色金属冶炼	33900	17100	15461656	4673496	370508
铜冶炼			2285441	821594	15900
铅锌冶炼	2000		1714116	327375	45838
镍钴冶炼			1398199	261454	20741
锡冶炼	6500	6500	240258	111145	11500
锑冶炼			166098	21400	1000
铝冶炼	8000		7172190	2369646	221804
镁冶炼	6800		804025	212879	2200
其他常用有色金属冶炼	10600	10600	1681329	548003	51525
贵金属冶炼	20850	20850	1999610	103556	30117
金冶炼			963805	72448	4936
银冶炼	17547	17547	617892	2605	16000
其他贵金属冶炼	3303	3303	417913	28503	9181
稀有稀土金属冶炼	21122		1707344	373484	20705
钨钼冶炼	6420		596230	91544	14200
稀土金属冶炼			635313	192176	835
其他稀有金属冶炼	14702		475801	89764	5670
有色金属合金制造	3600	3600	5301311	1608294	27714
有色金属铸造	52977	49977	1423186	434553	21614
有色金属压延加工	197141	153014	22640083	5237947	316224
铜压延加工	17510	17510	5103495	1133869	104192
铝压延加工	112310	90024	13892706	2995416	188541
贵金属压延加工	21191		333684	44216	2400
稀有稀土金属压延加工			775713	387678	1000
其他有色金属压延加工	46130	45480	2534485	676768	20091
金属制品业	770122	538941	67159732	19663539	1558479
结构性金属制品制造	191535	112516	27859284	7514029	421830
金属结构制造	151135	104787	20936178	5627405	317794
金属门窗制造	40400	7729	6923106	1886624	104036
金属工具制造	138901	128964	5716421	1809412	167052
切削工具制造	29110	19173	1701892	529462	37812
手工具制造	42486	42486	623380	222769	51210
农用及园林用金属工具制造			580845	198558	13047
刀剪及类似日用金属工具制造	46763	46763	430480	112477	3700
其他金属工具制造	20542	20542	2379824	746146	61283

国民经济行业小类固定资产投资（不含农户）实际到位资金构成（二）

续表13 単位：万元

行　　业	利用外资	外商直接投资	自筹资金	企事业单位自有资金	其他资金
集装箱及金属包装容器制造	92644	59303	4743284	1138082	28870
集装箱制造	11150	2800	704497	173406	4450
金属压力容器制造	4023	4023	1824837	374977	8001
金属包装容器制造	77471	52480	2213950	589699	16419
金属丝绳及其制品制造	5500	3500	3074780	920923	76294
建筑、安全用金属制品制造	63043	55567	8397494	2861261	405754
建筑、家具用金属配件制造	15404	7928	2849484	839760	150248
建筑装饰及水暖管道零件制造	38153	38153	2842199	1047819	47047
安全、消防用金属制品制造	3613	3613	1207926	599645	30459
其他建筑、安全用金属制品制造	5873	5873	1497885	374037	178000
金属表面处理及热处理加工	31739	28554	3522299	1005501	81379
搪瓷制品制造	5	5	633722	126220	6484
生产专用搪瓷制品制造			155906	33780	
建筑装饰搪瓷制品制造			113938	40433	571
搪瓷卫生洁具制造	5	5	218302	28837	5813
搪瓷日用品及其他搪瓷制品制造			145576	23170	100
金属制日用品制造	108666	67432	3754339	958312	46401
金属制厨房用器具制造	1527	1527	916961	254519	10260
金属制餐具和器皿制造	21918	14840	1027141	251267	4866
金属制卫生器具制造	19013	19013	266162	50839	6005
其他金属制日用品制造	66208	32052	1544075	401687	25270
其他金属制品制造	138089	83100	9458109	3329799	324415
锻件及粉末冶金制品制造	57186	25486	4183051	1455921	79972
交通及公共管理用金属标牌制造			314382	144767	4638
其他未列明金属制品制造	80903	57614	4960676	1729111	239805
通用设备制造业	1907387	1282915	96478094	31778771	1596011
锅炉及原动设备制造	116443	47210	10594438	2938022	160531
锅炉及辅助设备制造	48600	23500	5120033	1272409	86901
内燃机及配件制造	29686	3053	3530329	1096909	46931
汽轮机及辅机制造	19500	6000	734923	337429	8977
水轮机及辅机制造	4000		198445	20036	1326
风能原动设备制造			631509	137410	16396
其他原动设备制造	14657	14657	379199	73829	
金属加工机械制造	366768	284901	22770229	6872606	386655
金属切削机床制造	148553	122984	4404133	1243149	81761
金属成形机床制造	51808	26416	2278700	760698	47249

国民经济行业小类固定资产投资（不含农户）实际到位资金构成（二）

续表 14 单位：万元

行　　业	利用外资	外商直接投资	自筹资金	企事业单位自有资金	其他资金
铸造机械制造	76576	54562	4777576	1412776	46062
金属切割及焊接设备制造	27171	27171	1838696	687809	15490
机床附件制造	6600	3200	2312512	756284	46761
其他金属加工机械制造	56060	50568	7158612	2011890	149332
物料搬运设备制造	358743	185293	10557285	3181386	113733
轻小型起重设备制造	22751	2821	1044616	497643	13740
起重机制造	60680	7800	3623320	882986	16538
生产专用车辆制造	93064	64122	1623541	504076	10371
连续搬运设备制造	53260	42462	1066406	271146	14800
电梯、自动扶梯及升降机制造	117428	56528	2437730	850855	15587
其他物料搬运设备制造	11560	11560	761672	174680	42697
泵、阀门、压缩机及类似机械制造	203749	142280	12637035	4378954	204055
泵及真空设备制造	41381	12349	3486517	1338580	57221
气体压缩机械制造	11944		1925313	418202	35901
阀门和旋塞制造	43258	36008	3265673	1268244	20074
液压和气压动力机械及元件制造	107166	93923	3959532	1353928	90859
轴承、齿轮和传动部件制造	378396	297554	10796529	4171376	295890
轴承制造	216812	141730	5660940	2148734	162105
齿轮及齿轮减、变速箱制造	141943	136183	3599762	1384508	114585
其他传动部件制造	19641	19641	1535827	638134	19200
烘炉、风机、衡器、包装等设备制造	121453	81900	9362129	3381169	115726
烘炉、熔炉及电炉制造	4015	4015	740023	228355	14058
风机、风扇制造	5842	2500	1686373	527872	26020
气体、液体分离及纯净设备制造	5431	3556	1344096	496506	9370
制冷、空调设备制造	84607	58386	3227239	1103365	29506
风动和电动工具制造	1016	1016	959879	617928	20229
喷枪及类似器具制造	11768	5028	166388	52574	1200
衡器制造			367739	126119	1234
包装专用设备制造	8774	7399	870392	228450	14109
文化、办公用机械制造	23241	6866	1004726	316593	17459
电影机械制造	2000	2000	16815	11000	
幻灯及投影设备制造			180110	49496	5274
照相机及器材制造	4866	4866	208640	63027	1850
复印和胶印设备制造	14500		181126	27708	4700
计算器及货币专用设备制造			106645	51858	5635

国民经济行业小类固定资产投资（不含农户）实际到位资金构成（二）

续表15   单位：万元

行　　业	利用外资	外商直接投资	自筹资金	企事业单位自有资金	其他资金
其他文化、办公用机械制造	1875		311390	113504	
通用零部件制造	286961	205130	14286042	5155523	190431
金属密封件制造	7170	4998	1093280	338319	11798
紧固件制造	46914	30343	1875477	577167	17718
弹簧制造	34815	23315	411866	129184	500
机械零部件加工	99939	54264	7593226	2787884	125907
其他通用零部件制造	98123	92210	3312193	1322969	34508
其他通用设备制造业	51633	31781	4469681	1383142	111531
专用设备制造业	1416464	903642	92122896	30843792	1519764
采矿、冶金、建筑专用设备制造	182780	69344	29348440	10160239	460178
矿山机械制造	27171	25871	11573424	4375986	260736
石油钻采专用设备制造	13350	7850	5368545	1869989	57994
建筑工程用机械制造	61078	2286	6476140	1849629	92483
海洋工程专用设备制造	5360		1209710	402077	400
建筑材料生产专用机械制造	22456	2776	2628981	822773	42045
冶金专用设备制造	53365	30561	2091640	839785	6520
化工、木材、非金属加工专用设备制造	229023	169534	13721302	4341972	163753
炼油、化工生产专用设备制造	4836	3836	3445606	852200	33334
橡胶加工专用设备制造	15828	14566	696591	225145	1520
塑料加工专用设备制造	26485	26485	1604614	590697	25845
木材加工机械制造	9359	3500	713392	255613	24697
模具制造	169415	118047	5595218	1930449	69055
其他非金属加工专用设备制造	3100	3100	1665881	487868	9302
食品、饮料、烟草及饲料生产专用设备制造	59870	54320	2405812	688711	37995
食品、酒、饮料及茶生产专用设备制造	19820	19820	885991	249797	5186
农副食品加工专用设备制造	39500	34500	1110029	306253	19024
烟草生产专用设备制造	150		150472	48030	1100
饲料生产专用设备制造	400		259320	84631	12685
印刷、制药、日化及日用品生产专用设备制造	118350	92606	6277511	1498459	137865
制浆和造纸专用设备制造	40750	30900	733738	256368	10095
印刷专用设备制造	46290	30396	1093696	309691	2229
日用化工专用设备制造	3400	3400	569782	165371	10554
制药专用设备制造			900100	273206	80674
照明器具生产专用设备制造	27410	27410	2267660	339483	12790
玻璃、陶瓷和搪瓷制品生产专用设备制造	500	500	384178	94909	16240
其他日用品生产专用设备制造			328357	59431	5283
纺织、服装和皮革加工专用设备制造	108578	60133	3481882	1350190	80832
纺织专用设备制造	107713	59283	2567393	986889	68422
皮革、毛皮及其制品加工专用设备制造	15		348658	161587	5000
缝制机械制造			515422	182995	7410

国民经济行业小类固定资产投资（不含农户）实际到位资金构成（二）

续表16 单位：万元

行　　　业	利用外资	外商直接投资	自筹资金	企事业单位自有资金	其他资金
洗涤机械制造	850	850	50409	18719	
电子和电工机械专用设备制造	212073	137623	6954169	2325119	147810
电工机械专用设备制造	10140	1840	2751159	1026754	27370
电子工业专用设备制造	201933	135783	4203010	1298365	120440
农、林、牧、渔专用机械制造	175390	172390	8416898	2940660	158075
拖拉机制造			1154424	311509	15297
机械化农业及园艺机具制造	102210	99210	3416884	1424992	82771
营林及木竹采伐机械制造			185063	30899	920
畜牧机械制造			602865	253527	3850
渔业机械制造			115067	53742	200
农林牧渔机械配件制造	63200	63200	1414368	439971	19534
棉花加工机械制造			104161	28510	370
其他农、林、牧、渔业机械制造	9980	9980	1424066	397510	35133
医疗仪器设备及器械制造	82874	39976	6495923	2096345	84362
医疗诊断、监护及治疗设备制造	36413	16275	2107861	729824	17995
口腔科用设备及器具制造	8500	8500	173464	53680	18489
医疗实验室及医用消毒设备和器具制造			748159	196071	13126
医疗、外科及兽医用器械制造			928808	297042	5416
机械治疗及病房护理设备制造	14460	1500	440539	102736	244
假肢、人工器官及植（介）入器械制造	14100	6300	168506	101203	3139
其他医疗设备及器械制造	9401	7401	1928586	615789	25953
环保、社会公共服务及其他专用设备制造	247526	107716	15020959	5442097	248894
环境保护专用设备制造	138379	19734	7648280	2773520	106499
地质勘查专用设备制造			391307	154894	1500
邮政专用机械及器材制造			3710	3500	
商业、饮食、服务专用设备制造			189923	72222	2494
社会公共安全设备及器材制造			668738	249414	19900
交通安全、管制及类似专用设备制造	42000	42000	508172	199225	8579
水资源专用机械制造	19465	19360	573955	103494	15358
其他专用设备制造	47682	26622	5036874	1885828	94564
汽车制造业	3467828	1534574	84574504	29051889	1380205
汽车整车制造	1174149	313759	18591952	8170860	177378
改装汽车制造	7806		2597498	749661	99776
低速载货汽车制造	2852	2852	532348	142233	16900
电车制造	9000		1641150	427709	25909
汽车车身、挂车制造	7458	3158	1844996	452799	33957
汽车零部件及配件制造	2266563	1214805	59366560	19108627	1026285

国民经济行业小类固定资产投资（不含农户）实际到位资金构成（二）

续表17

单位：万元

行 业	利用外资	外商直接投资	自筹资金	企事业单位自有资金	其他资金
铁路、船舶、航空航天和其他运输设备制造业	346815	211217	24624060	6962999	578757
铁路运输设备制造	1800	1800	5132950	1327213	121871
铁路机车车辆及动车组制造			963004	195997	36158
窄轨机车车辆制造			35857	20912	
铁路机车车辆配件制造	1800	1800	1678263	362641	2470
铁路专用设备及器材、配件制造			2137213	589779	79003
其他铁路运输设备制造			318613	157884	4240
城市轨道交通设备制造	12531	6006	844671	158040	92442
船舶及相关装置制造	114025	73525	6391634	1746785	61514
金属船舶制造	20239	17239	2287840	625586	27955
非金属船舶制造			421526	160898	3465
娱乐船和运动船制造	4150	4150	240077	32919	500
船用配套设备制造	89636	52136	2629556	676435	28894
船舶改装与拆除			504070	203692	700
航标器材及其他相关装置制造			308565	47255	
摩托车制造	26350	15350	3090417	1246976	25111
摩托车整车制造	6000	6000	1195894	427663	13070
摩托车零部件及配件制造	20350	9350	1894523	819313	12041
自行车制造	45210	20568	3105404	865580	49783
脚踏自行车及残疾人座车制造	17110	12500	771293	291374	10369
助动自行车制造	28100	8068	2334111	574206	39414
非公路休闲车及零配件制造	5202	1202	285270	120876	7500
潜水救捞及其他未列明运输设备制造	141697	92766	5773714	1497529	220536
其他未列明运输设备制造	141697	92766	5773714	1497529	220536
电气机械和器材制造业	1467442	1018157	85111179	25945926	1199089
电机制造	166818	50441	9719398	3323706	101504
发电机及发电机组制造	93758	4208	4170202	1099632	30630
电动机制造	13251	550	3266055	1043300	56151
微电机及其他电机制造	59809	45683	2283141	1180774	14723
输配电及控制设备制造	392665	272130	27001433	9111098	470020
变压器、整流器和电感器制造	62635	25683	5277726	1295039	96616
电容器及其配套设备制造	13296	12295	1423935	523453	15685
配电开关控制设备制造	17165	16210	4727530	1863961	84147
电力电子元器件制造	90703	60322	5713679	1952978	94904
光伏设备及元器件制造	199767	150521	6781180	2273349	124299
其他输配电及控制设备制造	9099	7099	3077383	1202318	54369
电线、电缆、光缆及电工器材制造	110759	57697	12693706	3823375	130018
电线、电缆制造	50257	36997	9368870	2830848	101521
光纤、光缆制造	9002	9000	1222636	352549	5300

国民经济行业小类固定资产投资（不含农户）实际到位资金构成（二）

续表 18
单位：万元

行　　业	利用外资	外商直接投资	自筹资金	企事业单位自有资金	其他资金
绝缘制品制造	11700	11700	867000	280618	10545
其他电工器材制造	39800		1235200	359360	12652
电池制造	355829	283166	10590830	2585734	179714
锂离子电池制造	322774	260861	5306355	1287480	88997
镍氢电池制造	4759	4759	649556	222000	13255
其他电池制造	28296	17546	4634919	1076254	77462
家用电力器具制造	199125	177330	8442716	2076898	81161
家用制冷电器具制造	94595	94595	2435496	335725	1691
家用空气调节器制造	5411	2611	1037765	189999	6430
家用通风电器具制造	320	320	304457	125614	15425
家用厨房电器具制造	40229	28477	1478522	501260	9753
家用清洁卫生电器具制造	1200	1200	618316	247005	11800
家用美容、保健电器具制造	7598	7598	276080	85483	200
家用电力器具专用配件制造	10388	10388	1098908	272748	21612
其他家用电力器具制造	39384	32141	1193172	319064	14250
非电力家用器具制造	37015	19818	4297898	1750478	50196
燃气、太阳能及类似能源家用器具制造	37015	19818	4055751	1705196	35846
其他非电力家用器具制造			242147	45282	14350
照明器具制造	186028	143645	8529849	2465218	68169
电光源制造	54546	52446	2262861	817724	21515
照明灯具制造	106339	83749	5114568	1317431	26923
灯用电器附件及其他照明器具制造	25143	7450	1152420	330063	19731
其他电气机械及器材制造	19203	13930	3835349	809419	118307
电气信号设备装置制造	3202	3202	733442	152360	28298
其他未列明电气机械及器材制造	16001	10728	3101907	657059	90009
计算机、通信和其他电子设备制造业	4745658	3754804	62595513	19933198	1057552
计算机制造	506806	380488	7412081	3902378	141219
计算机整机制造	12038	12038	2666364	1701812	
计算机零部件制造	235632	164190	2320442	930625	79875
计算机外围设备制造	69490	32920	1100632	691781	37392
其他计算机制造	189646	171340	1324643	578160	23952
通信设备制造	594097	430255	7592062	2758159	250296
通信系统设备制造	182715	146006	4241396	1609821	8900
通信终端设备制造	411382	284249	3350666	1148338	241396
广播电视设备制造	224747	204491	1802088	666299	6123
广播电视节目制作及发射设备制造	30108	20522	560572	136684	2730
广播电视接收设备及器材制造	14929	14909	726747	413279	2693
应用电视设备及其他广播电视设备制造	179710	169060	514769	116336	700
视听设备制造	70206	46062	1858681	428415	27104
电视机制造	12229	10226	1069417	169864	21204

国民经济行业小类固定资产投资（不含农户）实际到位资金构成（二）

续表19

单位：万元

行　　业	利用外资	外商直接投资	自筹资金	企事业单位自有资金	其他资金
音响设备制造	34890	25650	533427	223560	2000
影视录放设备制造	23087	10186	255837	34991	3900
电子器件制造	1318100	1030894	21796871	5862475	253633
电子真空器件制造	35580	5580	1170900	268944	18877
半导体分立器件制造	170341	155948	1027789	390777	5181
集成电路制造	791244	690453	4409187	1564880	11753
光电子器件及其他电子器件制造	320935	178913	15188995	3637874	217822
电子元件制造	1677794	1356056	13941951	4040502	221074
电子元件及组件制造	1428279	1194409	11530488	3338620	195479
印制电路板制造	249515	161647	2411463	701882	25595
其他电子设备制造	353908	306558	8191779	2274970	158103
仪器仪表制造业	539320	297994	13140150	4114654	211046
通用仪器仪表制造	307630	156779	6315817	2255011	105673
工业自动控制系统装置制造	244913	117168	3364305	1295686	42085
电工仪器仪表制造	2000	2000	1136570	302386	30677
绘图、计算及测量仪器制造			357436	106729	13205
实验分析仪器制造			481856	205309	5856
试验机制造	5352	5352	147482	94793	
供应用仪表及其他通用仪器制造	55365	32259	828168	250108	13850
专用仪器仪表制造	75977	28902	3033508	998408	44066
环境监测专用仪器仪表制造	4998	4998	350047	172975	11160
运输设备及生产用计数仪表制造	6300	6300	372685	137992	2540
农林牧渔专用仪器仪表制造			76631	11350	
地质勘探和地震专用仪器制造			163224	44806	
教学专用仪器制造			143915	34967	15630
电子测量仪器制造	9254	9254	574187	111851	1923
其他专用仪器制造	55425	8350	1352819	484467	12813
钟表与计时仪器制造	49700	16200	233150	89508	4530
光学仪器及眼镜制造	89904	80004	1434535	385659	37645
光学仪器制造	55305	45405	1011496	309338	5270
眼镜制造	34599	34599	423039	76321	32375
其他仪器仪表制造业	16109	16109	2123140	386068	19132
其他制造业	119567	98122	12773892	3449068	548998
日用杂品制造	34543	18663	1464314	437556	45066
鬃毛加工、制刷及清扫工具制造			382131	126872	31855
其他日用杂品制造	34543	18663	1082183	310684	13211
煤制品制造			1433012	193745	23953
其他未列明制造业	85024	79459	9876566	2817767	479979
废弃资源综合利用业	105592	48428	8815699	2951548	341011
金属废料和碎屑加工处理	42668	42668	5310637	1963676	295069
非金属废料和碎屑加工处理	62924	5760	3505062	987872	45942

国民经济行业小类固定资产投资（不含农户）实际到位资金构成（二）

续表20　　　　　　　　　　　　　　　　　　　　　　　　　　　　　单位：万元

行　业	利用外资	外商直接投资	自筹资金	企事业单位自有资金	其他资金
金属制品、机械和设备修理业	21461	12001	2982847	804176	90470
金属制品修理	19761	10301	743811	182609	13080
通用设备修理			268930	65884	4608
专用设备修理	700	700	385317	104447	9434
铁路、船舶、航空航天等运输设备修理	1000	1000	1067162	302290	62588
铁路运输设备修理			65080	24800	61378
船舶修理			299071	166532	600
航空航天器修理			358333	85556	
其他运输设备修理	1000	1000	344678	25402	610
电气设备修理			78492	32278	760
仪器仪表修理			3320	2320	
其他机械和设备修理业			435815	114348	
（四）电力、热力、燃气及水生产和供应业	**687199**	**346079**	**127184694**	**37496622**	**8589503**
电力、热力生产和供应业	477083	234415	91180824	27570551	5973640
电力生产	386062	196165	56776663	16014100	2719620
火力发电	176259	114247	16362822	4945204	656223
水力发电	7180		11600414	4780410	1068680
核力发电			1926491	298677	112206
风力发电	127936	62003	12839890	2797416	360991
太阳能发电	17772		8575626	1907258	347273
其他电力生产	56915	19915	5471420	1285135	174247
电力供应	56930	36450	23868655	8588791	2783129
热力生产和供应	34091	1800	10535506	2967660	470891
燃气生产和供应业	108358	101064	17802803	5520086	849307
燃气生产和供应业	108358	101064	17802803	5520086	849307
水的生产和供应业	101758	10600	18201067	4405985	1766556
自来水生产和供应	34450	10600	8544729	2075310	919751
污水处理及其再生利用	67308		7976712	2104024	665548
其他水的处理、利用与分配			1679626	226651	181257
（五）建筑业	**265496**	**28010**	**26987852**	**5502367**	**1870570**
房屋建筑业	149904	8150	9749111	1240138	609967
房屋建筑业	149904	8150	9749111	1240138	609967
土木工程建筑业	107962	14960	11977653	2565587	889693
铁路、道路、隧道和桥梁工程建筑	98492	12860	7662802	1606923	673583
铁路工程建筑			648326	76397	
公路工程建筑	500		2724754	495082	270946
市政道路工程建筑	28602		3109122	892335	334221
其他道路、隧道和桥梁工程建筑	69390	12860	1180600	143109	68416
水利和内河港口工程建筑	2100	2100	1328328	349939	118846
水源及供水设施工程建筑			398132	105586	53262

国民经济行业小类固定资产投资（不含农户）实际到位资金构成（二）

续表21　　　　　　　　　　　　　　　　　　　　　　　　　　　　　　　单位：万元

行　业	利用外资	外商直接投资	自筹资金	企事业单位自有资金	其他资金
河湖治理及防洪设施工程建筑	2100	2100	663303	179862	64984
港口及航运设施工程建筑			266893	64491	600
海洋工程建筑			169685		
工矿工程建筑			215985	60829	1117
架线和管道工程建筑	7370		1322422	291140	33989
架线及设备工程建筑	7370		659887	178117	4303
管道工程建筑			662535	113023	29686
其他土木工程建筑			1278431	256756	62158
建筑安装业			1465962	372049	51218
电气安装			241881	107228	10277
管道和设备安装			364260	62054	909
其他建筑安装业			859821	202767	40032
建筑装饰和其他建筑业	7630	4900	3795126	1324593	319692
建筑装饰业	1000	1000	1326722	349619	33323
工程准备活动	2400	2400	561873	153957	79522
建筑物拆除活动			197299	102382	
其他工程准备活动	2400	2400	364574	51575	79522
提供施工设备服务	2730		209999	58999	500
其他未列明建筑业	1500	1500	1696532	762018	206347
（六）批发和零售业	**881900**	**462412**	**116710354**	**33394146**	**4134841**
批发业	239044	118194	54779907	15638091	1836269
农、林、牧产品批发	15474	5261	6050877	1160346	284283
谷物、豆及薯类批发			1354718	424784	36347
种子批发	2153		319600	130917	6533
饲料批发			193714	43986	1060
棉、麻批发			148460	49618	6720
林业产品批发	6160	510	496897	130601	14374
牲畜批发			224439	80691	15748
其他农牧产品批发	7161	4751	3313049	299749	203501
食品、饮料及烟草制品批发	56626	20064	7778817	2254692	243830
米、面制品及食用油批发	5298	5298	887823	298788	5492
糕点、糖果及糖批发			205883	92690	19528
果品、蔬菜批发	14200	12000	3215461	801230	144747
肉、禽、蛋、奶及水产品批发	34162		1260035	329378	49339
盐及调味品批发	200		132384	24167	100
营养和保健品批发			87052	41167	1038
酒、饮料及茶叶批发			850998	258716	5662
烟草制品批发	1000	1000	297334	90700	4395
其他食品批发	1766	1766	841847	317856	13529
纺织、服装及家庭用品批发	12621	8621	5661869	1436665	252392

国民经济行业小类固定资产投资（不含农户）实际到位资金构成（二）

续表 22

单位：万元

行 业	利用外资	外商直接投资	自筹资金	企事业单位自有资金	其他资金
纺织品、针织品及原料批发	1000	1000	1483792	273522	155051
服装批发	7621	7621	1961252	642165	27025
鞋帽批发			148504	26094	5310
化妆品及卫生用品批发			95365	25380	1905
厨房、卫生间用具及日用杂货批发			334607	66413	340
灯具、装饰物品批发			275124	71572	3470
家用电器批发	4000		520535	143422	6983
其他家庭用品批发			842690	188097	52308
文化、体育用品及器材批发	2000	2000	1240723	506802	1598
文具用品批发	1000	1000	177753	74968	
体育用品及器材批发			170348	108682	522
图书批发			151102	60479	
报刊批发			724	724	
音像制品及电子出版物批发			40172	16728	
首饰、工艺品及收藏品批发			423381	133883	1076
其他文化用品批发	1000	1000	277243	111338	
医药及医疗器材批发			1681617	614219	26970
西药批发			519661	207957	4195
中药批发			517037	187106	17200
医疗用品及器材批发			644919	219156	5575
矿产品、建材及化工产品批发	65919	19424	16827782	4571722	374127
煤炭及制品批发			1939598	413773	6407
石油及制品批发	5000		2548223	679462	44907
非金属矿及制品批发			239663	74326	4622
金属及金属矿批发	13990		2428869	858659	39323
建材批发	44229	19424	8564047	2230802	228426
化肥批发	1700		270248	87692	12805
农药批发			50527	5021	2700
农用薄膜批发			18903	7850	
其他化工产品批发	1000		767704	214137	34937
机械设备、五金产品及电子产品批发	51792	48874	9421190	3226026	327771
农业机械批发			811897	245940	32767
汽车批发			2050569	424702	130322
汽车零配件批发			1391045	453349	14353
摩托车及零配件批发			102832	49506	
五金产品批发	3718	3718	2045920	811268	67242
电气设备批发			718688	347130	781
计算机、软件及辅助设备批发	43200	43200	387440	144894	6820
通讯及广播电视设备批发	4874	1956	165423	57819	13688
其他机械设备及电子产品批发			1747376	691418	61798

国民经济行业小类固定资产投资（不含农户）实际到位资金构成（二）

续表23　　　　　　　　　　　　　　　　　　　　　　　　　　　　　　　单位：万元

行　业	利用外资	外商直接投资	自筹资金	企事业单位自有资金	其他资金
贸易经纪与代理	15000		2676350	1031098	44411
贸易代理			1770380	881971	30885
拍卖			21446	7207	
其他贸易经纪与代理	15000		884524	141920	13526
其他批发业	19612	13950	3440682	836521	280887
再生物资回收与批发	662		1256955	302332	70831
其他未列明批发业	18950	13950	2183727	534189	210056
零售业	642856	344218	61930447	17756055	2298572
综合零售	506233	273070	27133822	7053891	1224841
百货零售	255690	89327	14545468	3608700	563573
超级市场零售	217693	179693	6338344	1810622	223702
其他综合零售	32850	4050	6250010	1634569	437566
食品、饮料及烟草制品专门零售	15718	8830	2339076	738836	173927
粮油零售	1000	1000	158234	65421	29912
糕点、面包零售			97889	54247	2000
果品、蔬菜零售	4688		519481	178326	23550
肉、禽、蛋、奶及水产品零售			549890	176335	49791
营养和保健品零售	6030	5030	46031	6800	1327
酒、饮料及茶叶零售	2000	800	426827	116654	9320
烟草制品零售	2000	2000	52063	15066	
其他食品零售			488661	125987	58027
纺织、服装及日用品专门零售	4010		3095099	862037	153433
纺织品及针织品零售	1000		528767	180405	11000
服装零售	3010		1741713	443232	102026
鞋帽零售			75925	10791	11396
化妆品及卫生用品零售			53983	20652	
钟表、眼镜零售			41800	14738	
箱、包零售			156611	9834	
厨房用具及日用杂品零售			39637	13474	2950
自行车零售			15085	6705	5150
其他日用品零售			441578	162206	20911
文化、体育用品及器材专门零售			1707702	581192	41224
文具用品零售			79511	19176	
体育用品及器材零售			51634	16257	500
图书、报刊零售			130268	78234	1420
音像制品及电子出版物零售			69008	2300	4777
珠宝首饰零售			597921	240114	19027
工艺美术品及收藏品零售			614861	200590	15500
乐器零售			44380		
照相器材零售			7893	4774	

国民经济行业小类固定资产投资（不含农户）实际到位资金构成（二）

续表 24   单位：万元

行　　业	利用外资	外商直接投资	自筹资金	企事业单位自有资金	其他资金
其他文化用品零售			112226	19747	
医药及医疗器材专门零售			724447	302907	6240
药品零售			455798	182325	6240
医疗用品及器材零售			268649	120582	
汽车、摩托车、燃料及零配件专门零售	91327	51886	16436648	5241068	393885
汽车零售	86587	47146	13002554	4005130	299776
汽车零配件零售			1073084	340993	9889
摩托车及零配件零售			84620	35020	620
机动车燃料零售	4740	4740	2276390	859925	83600
家用电器及电子产品专门零售	10993	7432	1916652	626441	26744
家用视听设备零售	2461	2460	173163	39868	
日用家电设备零售	2860		582816	155256	23221
计算机、软件及辅助设备零售	2972	2972	413302	164941	3223
通信设备零售	700		207052	78143	
其他电子产品零售	2000	2000	540319	188233	300
五金、家具及室内装饰材料专门零售	5575	2000	5762262	1542236	173698
五金零售	2000	2000	847037	184786	9070
灯具零售	1925		284271	20929	60
家具零售			2855849	825336	68004
涂料零售			78175	21506	
卫生洁具零售			41880	4664	
木质装饰材料零售	650		382645	51981	500
陶瓷、石材装饰材料零售	1000		547284	210578	83094
其他室内装饰材料零售			725121	222456	12970
货摊、无店铺及其他零售业	9000	1000	2814739	807447	104580
货摊食品零售	1000		140958	49890	5874
货摊纺织、服装及鞋零售			68200	52527	2000
货摊日用品零售			50738	8063	
互联网零售			122887	33342	300
邮购及电视、电话零售			22073	3960	
旧货零售			15355	2273	
生活用燃料零售			486929	207294	31060
其他未列明零售业	8000	1000	1907599	450098	65346
（七）交通运输、仓储和邮政业	3408879	615280	184979575	43209804	27803494
铁路运输业	240559		16776434	4041130	2605506
铁路旅客运输	209765		6052008	505860	1814845
铁路货物运输	7794		8146536	2868368	416370
铁路运输辅助活动	23000		2577890	666902	374291
客运火车站			687009	322872	174726
货运火车站			373305	83879	

国民经济行业小类固定资产投资（不含农户）实际到位资金构成（二）

续表25 单位：万元

行　　业	利用外资	外商直接投资	自筹资金	企事业单位自有资金	其他资金
其他铁路运输辅助活动	23000		1517576	260151	199565
道路运输业	668055	321696	95823545	20025358	15248079
城市公共交通运输	56451	25600	11303940	2634333	4014605
公共电汽车客运	25600	25600	3084779	1116541	247795
城市轨道交通	30851		5514990	725922	3574114
出租车客运			321292	198268	3060
其他城市公共交通运输			2382879	593602	189636
公路旅客运输	314996	70167	30403904	5932294	3989492
道路货物运输	138535	86929	28922681	6626379	4064538
道路运输辅助活动	158073	139000	25193020	4832352	3179444
客运汽车站			1544665	266324	128597
公路管理与养护	143000	139000	18858809	3711516	2504400
其他道路运输辅助活动	15073		4789546	854512	546447
水上运输业	92350	38843	14152861	4264894	722008
水上旅客运输	18000		498495	103233	107316
海洋旅客运输	18000		242808	83072	71297
内河旅客运输			209394	9388	33819
客运轮渡运输			46293	10773	2200
水上货物运输			4182818	1218401	418694
远洋货物运输			518927	101266	151147
沿海货物运输			2110649	811535	142870
内河货物运输			1553242	305600	124677
水上运输辅助活动	74350	38843	9471548	2943260	195998
客运港口			148579	11568	51337
货运港口	69744	38843	7794532	2317142	126948
其他水上运输辅助活动	4606		1528437	614550	17713
航空运输业	1896922	9000	9247340	1250089	7859867
航空客货运输	1896422	9000	6835568	509639	7816973
航空旅客运输	1887422		6391572	478250	7816973
航空货物运输	9000	9000	443996	31389	
通用航空服务			172752	65451	1371
航空运输辅助活动	500		2239020	674999	41523
机场	500		1842441	548536	32576
空中交通管理			8999	3800	
其他航空运输辅助活动			387580	122663	8947
管道运输业	3425	3425	2623809	755441	50691
管道运输业	3425	3425	2623809	755441	50691
装卸搬运和运输代理业	99014	5998	8916360	2679162	154131
装卸搬运	20516		1406634	337235	34951
运输代理业	78498	5998	7509726	2341927	119180

国民经济行业小类固定资产投资（不含农户）实际到位资金构成（二）

续表 26
单位：万元

行 业	利用外资	外商直接投资	自筹资金	企事业单位自有资金	其他资金
货物运输代理	74998	4998	5420270	1744107	85160
旅客票务代理			39589	20189	
其他运输代理业	3500	1000	2049867	577631	34020
仓储业	406228	236318	36511773	10017260	1152405
谷物、棉花等农产品仓储	10000		7112720	1864956	305448
谷物仓储			3499655	847300	128196
棉花仓储			545327	103056	6000
其他农产品仓储	10000		3067738	914600	171252
其他仓储业	396228	236318	29399053	8152304	846957
邮政业	2326		927453	176470	10807
邮政基本服务			339475	82447	9725
快递服务	2326		587978	94023	1082
（八）住宿和餐饮业	788793	566455	56134875	15452436	1598066
住宿业	701118	485964	42078300	11503909	1092334
旅游饭店	620559	443714	32633733	8687444	748485
一般旅馆	42900	42250	5248752	1540740	142000
其他住宿业	37659		4195815	1275725	201849
餐饮业	87675	80491	14056575	3948527	505732
正餐服务	24834	20311	11364308	3266507	368842
快餐服务	59361	56700	558813	162883	8810
饮料及冷饮服务	3480	3480	566168	165050	31169
茶馆服务	520	520	188555	62581	3133
咖啡馆服务	2960	2960	103139	53501	950
酒吧服务			255850	42927	25901
其他饮料及冷饮服务			18624	6041	1185
其他餐饮业			1567286	354087	96911
小吃服务			273961	18629	31013
餐饮配送服务			121378	27866	1060
其他未列明餐饮业			1171947	307592	64838
（九）信息传输、软件和信息技术服务业	202835	173249	29609579	13329316	475948
电信、广播电视和卫星传输服务	56599	41249	16162469	8813209	159403
电信	55284	39934	15097899	8334297	101230
固定电信服务			3393931	2090939	11620
移动电信服务	55284	39934	10977416	5826674	76534
其他电信服务			726552	416684	13076
广播电视传输服务	1315	1315	808995	278455	53923
有线广播电视传输服务	1315	1315	641458	277955	36863
无线广播电视传输服务			167537	500	17060
卫星传输服务			255575	200457	4250
互联网和相关服务	23543	21643	2653187	771136	134056

国民经济行业小类固定资产投资（不含农户）实际到位资金构成（二）

续表 27　　　　　　　　　　　　　　　　　　　　　　　　　　　　　　单位：万元

行　　业	利用外资	外商直接投资	自筹资金	企事业单位自有资金	其他资金
互联网接入及相关服务	12000	12000	896070	194630	9500
互联网信息服务	11543	9643	1397633	417489	109761
其他互联网服务			359484	159017	14795
软件和信息技术服务业	122693	110357	10793923	3744971	182489
软件开发	65126	65126	4882704	1629298	81278
信息系统集成服务			1805922	1054806	58688
信息技术咨询服务	1000	1000	916828	283043	13225
数据处理和存储服务	5081	5081	1274014	242495	3404
集成电路设计	1000	1000	119953	55456	3600
其他信息技术服务业	50486	38150	1794502	479873	22294
数字内容服务			213609	48222	1185
呼叫中心	12336		162424	4980	10000
其他未列明信息技术服务业	38150	38150	1418469	426671	11109
（十）金融业	43787	34807	12168817	4365651	420848
货币金融服务	27780	22900	7771694	2652816	153177
中央银行服务	22900	22900	923683	261132	66860
货币银行服务	4880		5353498	2253022	76209
非货币银行服务			1375958	119662	10108
金融租赁服务			122217	10179	7088
财务公司			902384	49134	
典当			85818	21554	
其他非货币银行服务			265539	38795	3020
银行监管服务			118555	19000	
资本市场服务			2110946	790348	33678
证券市场服务			619286	234346	88
证券市场管理服务			93819	77967	78
证券经纪交易服务			517033	152539	10
基金管理服务			8434	3840	
期货市场服务			54985	13891	
期货市场管理服务			54325	13231	
其他期货市场服务			660	660	
证券期货监管服务			44725	42625	
资本投资服务			1212967	429444	26590
其他资本市场服务			178983	70042	7000
保险业			1129931	665486	12940
人身保险			757182	417896	
人寿保险			754954	415668	
健康和意外保险			2228	2228	
财产保险			324175	239497	12940
再保险					

国民经济行业小类固定资产投资（不含农户）实际到位资金构成（二）

续表28 单位：万元

行　业	利用外资	外商直接投资	自筹资金	企事业单位自有资金	其他资金
养老金			4400		
保险经纪与代理服务			36269	2316	
保险监管服务					
其他保险活动			7905	5777	
风险和损失评估			7076	5338	
其他未列明保险活动			829	439	
其他金融业	16007	11907	1156246	257001	221053
金融信托与管理服务	600	600	213648	81521	211753
控股公司服务	3000	3000	297878	21376	5400
非金融机构支付服务	2407	2407	20241	974	
金融信息服务	4100		163562	61644	
其他未列明金融业	5900	5900	460917	91486	3900
（十一）房地产业	**5652907**	**4752571**	**667912922**	**247861774**	**566716273**
房地产业	5652907	4752571	667912922	247861774	566716273
房地产开发经营	5453797	4704822	519551685	213200280	548947128
物业管理	5880	4880	4112745	1777900	109400
房地产中介服务			357111	85833	31174
自有房地产经营活动	1000		12307496	3221757	738876
其他房地产业	192230	42869	131583885	29576004	16889695
（十二）租赁和商务服务业	**445477**	**293061**	**50297081**	**14321002**	**3063880**
租赁业	32136	29276	1879301	516402	721566
机械设备租赁	30147	27287	1770733	467798	721566
汽车租赁			167550	71629	753
农业机械租赁			33467	7525	4500
建筑工程机械与设备租赁	30147	27287	1047402	240953	4800
计算机及通讯设备租赁			14112	5517	
其他机械与设备租赁			508202	142174	711513
文化及日用品出租	1989	1989	108568	48604	
娱乐及体育设备出租			91076	48397	
图书出租			992		
音像制品出租	1989	1989			
其他文化及日用品出租			16500	207	
商务服务业	413341	263785	48417780	13804600	2342314
企业管理服务	131390	29908	19409137	5991801	958318
企业总部管理	103480	29908	6207172	1559519	146319
投资与资产管理	27910		9260141	3077640	689014
单位后勤管理服务			743748	198919	18451
其他企业管理服务			3198076	1155723	104534
法律服务			303038	66885	560
律师及相关法律服务			279490	64485	

国民经济行业小类固定资产投资（不含农户）实际到位资金构成（二）

续表 29　　　　　　　　　　　　　　　　　　　　　　　　　　　　　　　　单位：万元

行　业	利用外资	外商直接投资	自筹资金	企事业单位自有资金	其他资金
公证服务					
其他法律服务			23548	2400	560
咨询与调查	5600	4600	824865	212026	13498
会计、审计及税务服务			89236	27662	
市场调查			18664	4306	
社会经济咨询			236320	71005	8614
其他专业咨询	5600	4600	480645	109053	4884
广告业	1000	1000	1186059	420508	7500
知识产权服务			159409	58331	
人力资源服务			469568	117761	6100
公共就业服务			200148	18725	5100
职业中介服务			42234	14518	1000
劳务派遣服务			87988	31262	
其他人力资源服务			139198	53256	
旅行社及相关服务	7063	3000	4085697	964819	349583
旅行社服务			374018	123493	13605
旅游管理服务	7063	3000	3289117	760746	319579
其他旅行社相关服务			422562	80580	16399
安全保护服务			311033	88598	9803
安全服务			115272	16454	4420
安全系统监控服务			142571	36050	33
其他安全保护服务			53190	36094	5350
其他商务服务业	268288	225277	21668974	5883871	996952
市场管理	34811	10245	7304503	2074730	457711
会议及展览服务	108482	108437	4352616	1160221	331125
包装服务			266763	78260	600
办公服务	41383	41383	2300855	541688	69697
信用服务			19000		
担保服务			86858	26586	
其他未列明商务服务业	83612	65212	7338379	2002386	137819
（十三）科学研究和技术服务业	**286646**	**168270**	**26844164**	**8315507**	**969158**
研究和试验发展	160175	108945	8891568	2840633	246102
自然科学研究和试验发展	13054		839335	133675	19808
工程和技术研究和试验发展	131366	105290	5343072	1779328	113481
农业科学研究和试验发展	12100		1644151	482921	48122
医学研究和试验发展	3655	3655	870002	403233	46900
社会人文科学研究			195008	41476	17791
专业技术服务业	39502	30391	9030307	2735156	410383

国民经济行业小类固定资产投资（不含农户）实际到位资金构成（二）

续表30 单位：万元

行　　业	利用外资	外商直接投资	自筹资金	企事业单位自有资金	其他资金
气象服务			118017	35340	31566
地震服务			35480	150	450
海洋服务			154633	41334	900
测绘服务			156926	79536	300
质检技术服务			1200600	401434	58930
环境与生态监测			289889	79860	53123
环境保护监测			215867	74529	50493
生态监测			74022	5331	2630
地质勘查			1571718	441462	134010
能源矿产地质勘查			787884	155251	116979
固体矿产地质勘查			265211	34868	4100
水、二氧化碳等矿产地质勘查			13466	7561	
基础地质勘查			181960	108153	730
地质勘查技术服务			323197	135629	12201
工程技术	30391	30391	2985705	767113	68824
工程管理服务			1122392	272344	4863
工程勘察设计	1000	1000	815412	309463	9720
规划管理	29391	29391	1047901	185306	54241
其他专业技术服务业	9111		2517339	888927	62280
专业化设计服务	7900		939013	362000	32328
摄影扩印服务			174333	62570	1200
兽医服务			11050	5261	
其他未列明专业技术服务业	1211		1392943	459096	28752
科技推广和应用服务业	86969	28934	8922289	2739718	312673
技术推广服务	41455	3420	5229741	1476506	194406
农业技术推广服务	5994	1350	1816104	486836	129812
生物技术推广服务	2671	2070	761114	141014	13181
新材料技术推广服务			1084236	501985	8453
节能技术推广服务			603962	141717	5778
其他技术推广服务	32790		964325	204954	37182
科技中介服务			1388335	593380	43516
其他科技推广和应用服务业	45514	25514	2304213	669832	74751
（十四）水利、环境和公共设施管理业	921958	257643	236785535	51244147	28191275
水利管理业	50373	13550	22194389	3968711	6417223
防洪除涝设施管理	20473	13550	11617427	2034740	1799433
水资源管理	6561		2824536	495962	602538
天然水收集与分配	17472		3161192	521867	3486811
水文服务			167878	32639	20375

国民经济行业小类固定资产投资（不含农户）实际到位资金构成（二）

续表31   单位：万元

行　业	利用外资	外商直接投资	自筹资金	企事业单位自有资金	其他资金
其他水利管理业	5867		4423356	883503	508066
生态保护和环境治理业	26577	11906	9632808	2177428	825036
生态保护	10793	8200	2492941	684081	301077
自然保护区管理	8200	8200	833922	340701	87455
野生动物保护			110555	22850	27500
野生植物保护			107429	43773	10099
其他自然保护	2593		1441035	276757	176023
环境治理业	15784	3706	7139867	1493347	523959
水污染治理	6340	1850	3384567	719763	293368
大气污染治理	3688		618472	190534	13303
固体废物治理	3900		1607261	279116	74813
危险废物治理	1856	1856	210346	34451	3488
放射性废物治理			550		5340
其他污染治理			1318671	269483	133647
公共设施管理业	845008	232187	204958338	45098008	20949016
市政设施管理	400425	31200	146687353	33264540	15341088
环境卫生管理	3200		3072294	593067	375227
城乡市容管理	32227	16600	7774242	1364900	1358735
绿化管理	575		8237025	1582175	1098560
公园和游览景区管理	408581	184387	39187424	8293326	2775406
公园管理	36310	21116	10946370	2173925	1040105
游览景区管理	372271	163271	28241054	6119401	1735301
（十五）居民服务、修理和其他服务业	**133233**	**17023**	**16393245**	**4296835**	**1164548**
居民服务业	113660	50	9137242	2228184	891625
家庭服务			339785	102787	63515
托儿所服务			250122	47702	1738
洗染服务	2000		64462	22484	1000
理发及美容服务			173013	114986	7386
洗浴服务			1449128	583598	131750
保健服务			329233	87406	19908
婚姻服务			128920	44756	158
殡葬服务	50	50	881919	200990	68438
其他居民服务业	111610		5520660	1023475	597732
机动车、电子产品和日用产品修理业	2873	2873	3580752	866943	110513
汽车、摩托车修理与维护	2873	2873	3055094	707989	57092
汽车修理与维护	2873	2873	3031251	702479	57092
摩托车修理与维护			23843	5510	
计算机和办公设备维修			443743	136319	47684

国民经济行业小类固定资产投资（不含农户）实际到位资金构成（二）

续表 32 单位：万元

行 业	利用外资	外商直接投资	自筹资金	企事业单位自有资金	其他资金
计算机和辅助设备修理			135238	17554	9000
通讯设备修理			180808	50982	25838
其他办公设备维修			127697	67783	12846
家用电器修理			46221	18201	3537
家用电子产品修理			16685	12375	
日用电器修理			29536	5826	3537
其他日用产品修理业			35694	4434	2200
自行车修理					
鞋和皮革修理			2935		
家具和相关物品修理			3000		2200
其他未列明日用产品修理业			29759	4434	
其他服务业	16700	14100	3675251	1201708	162410
清洁服务	10100	7500	224529	85424	1000
建筑物清洁服务			55747	17534	
其他清洁服务	10100	7500	168782	67890	1000
其他未列明服务业	6600	6600	3450722	1116284	161410
（十六）教育	335294	56531	33226828	8809596	3154299
教育	335294	56531	33226828	8809596	3154299
学前教育	10371	3450	2466680	640111	234610
初等教育	25357	780	4562319	1091399	752610
普通小学教育	25357	780	4450747	1060336	734780
成人小学教育			111572	31063	17830
中等教育	37320	8600	10921005	2479664	1224558
普通初中教育	20285	1000	4921381	916740	632110
职业初中教育			411680	99303	20204
成人初中教育	4000		90021	49709	31411
普通高中教育	8686	6600	2825494	829758	281095
成人高中教育			78798	10000	1230
中等职业学校教育	4349	1000	2593631	574154	258508
高等教育	248145	40000	9640843	3338320	529472
普通高等教育	212925	40000	8793556	3153811	463652
成人高等教育	35220		847287	184509	65820
特殊教育			180226	23844	9945
技能培训、教育辅助及其他教育	14101	3701	5455755	1236258	403104
职业技能培训	14101	3701	3512890	853161	231253
体校及体育培训			160709	14699	34615
文化艺术培训			301262	85663	7900
教育辅助服务			318890	92113	56059

国民经济行业小类固定资产投资（不含农户）实际到位资金构成（二）

续表33

单位：万元

行　业	利用外资	外商直接投资	自筹资金	企事业单位自有资金	其他资金
其他未列明教育			1162004	190622	73277
（十七）卫生和社会工作	**52655**	**8035**	**22611427**	**6513310**	**1497529**
卫生	44079	8035	18409231	5421548	1222409
医院	34999	7955	15312563	4672277	919928
综合医院	26244		11098347	3388950	691251
中医医院	6762	6762	1256093	316157	46214
中西医结合医院	193	193	335678	72656	19845
民族医院			52169	16867	11740
专科医院	1800	1000	1947832	693070	85966
疗养院			622444	184577	64912
社区医疗与卫生院	210	80	1646604	405693	165426
社区卫生服务中心（站）			569605	151536	32618
街道卫生院			137214	35178	23220
乡镇卫生院	210	80	939785	218979	109588
门诊部（所）			244060	63849	3745
计划生育技术服务活动	6000		167924	20745	18954
妇幼保健院（所、站）			330468	66711	25080
专科疾病防治院（所、站）			84703	31412	7910
疾病预防控制中心			173939	23414	19620
其他卫生活动	2870		448970	137447	61746
社会工作	8576		4202196	1091762	275120
提供住宿社会工作	7978		3826523	1000989	243656
干部休养所			257140	6199	3900
护理机构服务	1396		235131	90037	15642
精神康复服务			97390	19195	4667
老年人、残疾人养护服务	6582		2896026	739215	187254
孤残儿童收养和庇护服务			38596	8017	8583
其他提供住宿社会救助			302240	138326	23610
不提供住宿社会工作	598		375673	90773	31464
社会看护与帮助服务	598		186411	40664	20781
其他不提供住宿社会工作			189262	50109	10683
（十八）文化、体育和娱乐业	**715903**	**439082**	**41489914**	**10254388**	**2728033**
新闻和出版业			875995	301828	16682
新闻业			279571	153995	5491
出版业			596424	147833	11191
图书出版			212621	61054	200
报纸出版			219533	52801	10991
期刊出版			11752	6883	

国民经济行业小类固定资产投资（不含农户）实际到位资金构成（二）

续表34　　　　　　　　　　　　　　　　　　　　　　　　　　　　单位：万元

行　　业	利用外资	外商直接投资	自筹资金	企事业单位自有资金	其他资金
音像制品出版			22569	3569	
电子出版物出版			45836	10166	
其他出版业			84113	13360	
广播、电视、电影和影视录音制作业	7460	7460	2671628	924916	147376
广播			215956	28432	8079
电视			751070	341778	112440
电影和影视节目制作			678400	151042	2500
电影和影视节目发行			98008	52650	848
电影放映	7460	7460	876378	344748	23509
录音制作			51816	6266	
文化艺术业	115483	2210	17902327	3380267	1757664
文艺创作与表演			651672	152077	25280
艺术表演场馆			1532452	267261	333016
图书馆与档案馆			674550	178626	78988
图书馆			406848	87726	61937
档案馆			267702	90900	17051
文物及非物质文化遗产保护	16677		2852348	628914	399832
博物馆	1700	500	2175854	441283	250273
烈士陵园、纪念馆	1500	1500	347468	61679	68844
群众文化活动	88986	210	4796022	848457	423873
其他文化艺术业	6620		4871961	801970	177558
体育	97232	55581	7363266	2021986	439867
体育组织	20102	20102	89699	26050	15200
体育场馆	20228	7628	3192689	521956	265403
休闲健身活动	56171	27120	3612738	1268338	142826
其他体育	731	731	468140	205642	16438
娱乐业	495728	373831	12676698	3625391	366444
室内娱乐活动	7800	6800	2568291	633571	115896
歌舞厅娱乐活动	800	800	1128666	310856	70468
电子游艺厅娱乐活动			89246	17716	600
网吧活动			134844	77574	6398
其他室内娱乐活动	7000	6000	1215535	227425	38430
游乐园	346231	333131	6097557	2111205	105321
彩票活动			29457	21828	
文化、娱乐、体育经纪代理	5000		42939	9408	6000
文化娱乐经纪人			8200	6800	
体育经纪人					
其他文化艺术经纪代理	5000		34739	2608	6000

国民经济行业小类固定资产投资（不含农户）实际到位资金构成（二）

续表35 单位：万元

行　　业	利用外资	外商直接投资	自筹资金	企事业单位自有资金	其他资金
其他娱乐业	136697	33900	3938454	849379	139227
（十九）公共管理、社会保障和社会组织	102374	36694	38577421	7708130	5726715
中国共产党机关			212510	26699	63182
中国共产党机关			212510	26699	63182
国家机构	87233	28948	24639649	5046280	3859198
国家权力机构	9065		389116	17550	50176
国家行政机构	63168	28948	22909983	4803495	3663644
综合事务管理机构	36218	10888	9580744	2004703	1533370
对外事务管理机构			79436	13000	5247
公共安全管理机构	1000		2833786	677410	355518
社会事务管理机构	11330	10100	4378107	1104628	740307
经济事务管理机构	13960	7960	5357397	823047	958396
行政监督检查机构	660		680513	180707	70806
人民法院和人民检察院			598264	85650	57892
人民法院			401240	62765	40106
人民检察院			197024	22885	17786
其他国家机构	15000		742286	139585	87486
人民政协、民主党派			112736	84950	500
人民政协			4232	2500	500
民主党派			108504	82450	
社会保障			1434338	152862	260762
社会保障			1434338	152862	260762
群众团体、社会团体和其他成员组织	6386	2746	4237561	806269	723110
群众团体			151499	4250	8757
工会			40137		2380
妇联			25556		
共青团					
其他群众团体			85806	4250	6377
社会团体	2746	2746	2563343	471296	310634
专业性团体			1828173	334281	268127
行业性团体			383703	95226	22809
其他社会团体	2746	2746	351467	41789	19698
基金会			19771	3969	
宗教组织	3640		1502948	326754	403719
基层群众自治组织	8755	5000	7940627	1591070	819963
社区自治组织			2722139	647267	221315
村民自治组织	8755	5000	5218488	943803	598648

各地区固定资产投资（不含农户）房屋建筑面积和造价

地　　区	房屋施工面积（万平方米）	房屋竣工面积（万平方米）	房屋建筑面积竣工率（%）	房屋竣工价值（万元）	房屋竣工造价（元/平方米）
全国总计	1227045.61	257234.12	20.96	545053003	2118.90
北　　京	20879.22	3641.68	17.44	11746841	3225.67
天　　津	21406.55	4800.56	22.43	12086074	2517.64
河　　北	72773.45	12142.86	16.69	26287234	2164.83
山　　西	26793.32	5943.02	22.18	12295892	2068.96
内 蒙 古	26261.09	5432.36	20.69	12392373	2281.21
辽　　宁	66871.53	14548.63	21.76	33980430	2335.65
吉　　林	18948.48	4877.62	25.74	11150155	2285.98
黑 龙 江	27748.41	9777.10	35.23	18978521	1941.12
上　　海	17161.77	2683.35	15.64	12320936	4591.62
江　　苏	100944.93	33342.59	33.03	70415679	2111.88
浙　　江	82814.71	18779.95	22.68	37273086	1984.73
安　　徽	57468.65	10536.05	18.33	22075392	2095.22
福　　建	49445.05	10495.56	21.23	18669724	1778.82
江　　西	30268.57	7139.53	23.59	10249074	1435.54
山　　东	96532.11	18260.46	18.92	35466889	1942.28
河　　南	84386.05	14701.06	17.42	22685139	1543.10
湖　　北	44676.55	12209.50	27.33	23265887	1905.56
湖　　南	35991.96	6220.79	17.28	14684765	2360.59
广　　东	72317.80	14998.01	20.74	39280468	2619.05
广　　西	29401.77	3998.97	13.60	7684817	1921.70
海　　南	7179.37	703.11	9.79	2801195	3984.00
重　　庆	34828.47	5217.78	14.98	14351079	2750.42
四　　川	61507.49	12202.85	19.84	25941135	2125.83
贵　　州	24165.35	3649.03	15.10	6435660	1763.66
云　　南	29705.43	5192.46	17.48	10236202	1971.36
西　　藏	678.60	246.29	36.29	285811	1160.47
陕　　西	32030.45	4684.36	14.62	10756970	2296.36
甘　　肃	14188.96	2443.43	17.22	5436106	2224.79
青　　海	4760.66	1084.87	22.79	2584236	2382.08
宁　　夏	9789.23	1473.47	15.05	3830539	2599.68
新　　疆	24423.11	5467.04	22.38	8730230	1596.88
不分地区	696.52	339.79	48.78	674464	1984.96

各地区固定资产投资（不含农户）住宅建筑面积和造价

地 区	住宅施工面积（万平方米）	住宅竣工面积（万平方米）	住宅建筑面积竣工率（%）	住宅竣工价值（万元）	住宅竣工造价（元/平方米）
全国总计	573119.89	107375.49	18.74	246699652	2297.54
北 京	9102.11	1826.18	20.06	4727865	2588.94
天 津	8726.04	2362.60	27.08	6486616	2745.55
河 北	26143.23	4483.87	17.15	10816523	2412.32
山 西	15390.59	3250.60	21.12	6847359	2106.49
内 蒙 古	14434.77	2893.72	20.05	6072459	2098.49
辽 宁	31953.65	5155.70	16.13	12341931	2393.84
吉 林	9920.79	1946.83	19.62	4143409	2128.28
黑 龙 江	12123.72	3472.11	28.64	6789566	1955.46
上 海	8171.36	1425.20	17.44	6126614	4298.77
江 苏	42305.79	9251.55	21.87	25789917	2787.63
浙 江	29368.59	4690.68	15.97	13312324	2838.04
安 徽	25931.16	5039.85	19.44	11497479	2281.32
福 建	19289.58	2811.81	14.58	6364016	2263.32
江 西	13079.45	2923.59	22.35	4531053	1549.82
山 东	44157.66	8239.91	18.66	17239002	2092.13
河 南	34649.82	6602.76	19.06	11058745	1674.87
湖 北	18829.01	3534.36	18.77	7361142	2082.74
湖 南	23733.11	4280.06	18.03	9576141	2237.38
广 东	36165.29	5551.05	15.35	16821064	3030.25
广 西	13465.83	1755.96	13.04	3651009	2079.21
海 南	5515.85	542.94	9.84	2043908	3764.55
重 庆	21552.29	3604.60	16.72	9903121	2747.36
四 川	30919.77	6393.25	20.68	13958864	2183.38
贵 州	13678.74	2193.09	16.03	3191748	1455.36
云 南	16711.90	3061.05	18.32	5971340	1950.75
西 藏	367.83	195.40	53.12	127955	654.84
陕 西	19152.45	2729.40	14.25	6758373	2476.14
甘 肃	7436.90	1260.17	16.94	3005296	2384.84
青 海	2691.58	737.96	27.42	1648163	2233.40
宁 夏	4803.89	989.38	20.60	2358925	2384.26
新 疆	13182.62	4061.49	30.81	6177725	1521.05
不分地区	164.51	108.39	65.88		

国民经济行业大类固定资产投资（不含农户）房屋建筑面积和造价

行　　业	房屋施工面积（万平方米）	房屋竣工面积（万平方米）	房屋建筑面积竣工率（%）	房屋竣工价值（万元）	房屋竣工造价（元/平方米）
全　国　总　计	1227045.61	257234.12	20.96	545053003	2118.90
（一）农、林、牧、渔业	21667.62	5984.32	27.62	6433423	1075.05
农业	9029.41	2366.07	26.20	1957477	827.31
林业	1641.60	238.17	14.51	298899	1254.96
畜牧业	6613.03	2395.14	36.22	2873680	1199.80
渔业	667.91	194.17	29.07	275968	1421.26
农、林、牧、渔服务业	3715.67	790.77	21.28	1027399	1299.23
（二）采矿业	3022.69	1138.03	37.65	2166437	1903.67
煤炭开采和洗选业	1311.64	408.24	31.12	796989	1952.25
石油和天然气开采业	61.73	11.45	18.56	20419	1782.66
黑色金属矿采选业	407.84	200.30	49.11	417894	2086.37
有色金属矿采选业	305.69	115.87	37.90	227860	1966.48
非金属矿采选业	817.38	364.06	44.54	623971	1713.92
开采辅助活动	98.46	24.24	24.62	45684	1884.56
其他采矿业	19.95	13.87	69.51	33620	2424.62
（三）制造业	206389.14	70513.12	34.17	120279308	1705.77
农副食品加工业	12845.29	4686.77	36.49	8196070	1748.77
食品制造业	5473.12	1975.44	36.09	3292084	1666.51
酒、饮料和精制茶制造业	5236.46	1773.77	33.87	2983430	1681.97
烟草制品业	372.36	66.51	17.86	150067	2256.34
纺织业	7693.18	3361.22	43.69	4647475	1382.68
纺织服装、服饰业	6704.80	2578.09	38.45	3751500	1455.15
皮革、毛皮、羽毛及其制品和制鞋业	3798.49	1377.57	36.27	2283788	1657.84
木材加工和木、竹、藤、棕、草制品业	3938.99	1796.82	45.62	2895831	1611.64
家具制造业	4206.62	1806.52	42.94	2310849	1279.17
造纸和纸制品业	3689.40	1322.08	35.83	2180986	1649.66
印刷和记录媒介复制业	1821.54	685.30	37.62	1265090	1846.03
文教、工美、体育和娱乐用品制造业	2891.13	1064.39	36.82	1680818	1579.13
石油加工、炼焦和核燃料加工业	972.19	371.76	38.24	795668	2140.27
化学原料及化学制品制造业	10913.49	3453.40	31.65	5903288	1709.22
医药制造业	6463.43	1751.31	27.10	3336187	1904.96
化学纤维制造业	1876.79	587.39	31.30	879449	1497.21
橡胶和塑料制品业	8117.12	3132.93	38.60	5025465	1604.08
非金属矿物制品业	16923.41	6093.75	36.01	10325458	1694.43
黑色金属冶炼和压延加工业	5870.80	1684.45	28.69	2538726	1507.16
有色金属冶炼和压延加工业	4386.94	1183.67	26.98	2001700	1691.09
金属制品业	10864.67	4335.19	39.90	7754214	1788.67
通用设备制造业	17633.00	5793.38	32.86	9755807	1683.96
专用设备制造业	14527.27	4928.32	33.92	8710859	1767.51

国民经济行业大类固定资产投资（不含农户）房屋建筑面积和造价

续表1

行　业	房屋施工面积（万平方米）	房屋竣工面积（万平方米）	房屋建筑面积竣工率（%）	房屋竣工价值（万元）	房屋竣工造价（元/平方米）
汽车制造业	11841.36	3669.79	30.99	6830832	1861.37
铁路、船舶、航空航天和其他运输设备制造业	3961.05	1131.31	28.56	2145887	1896.82
电气机械和器材制造业	15519.98	5165.14	33.28	9165289	1774.45
计算机、通信和其他电子设备制造业	11056.88	2620.24	23.70	5950304	2270.90
仪器仪表制造业	2202.22	687.50	31.22	1277072	1857.55
其他制造业	3067.30	906.59	29.56	1369535	1510.64
废弃资源综合利用业	1146.74	422.52	36.85	705880	1670.65
金属制品、机械和设备修理业	373.16	99.61	26.69	169700	1703.69
（四）电力、热力、燃气及水生产和供应业	**4061.55**	**1226.62**	**30.20**	**2768997**	**2257.43**
电力、热力生产和供应业	2801.46	720.18	25.71	1690618	2347.49
燃气生产和供应业	508.96	169.33	33.27	372268	2198.43
水的生产和供应业	751.13	337.10	44.88	706111	2094.65
（五）建筑业	**4413.40**	**1114.70**	**25.26**	**2021032**	**1813.07**
房屋建筑业	3095.76	852.17	27.53	1523884	1788.23
土木工程建筑业	649.07	152.91	23.56	214424	1402.27
建筑安装业	119.76	42.47	35.46	129749	3054.89
建筑装饰和其他建筑业	548.82	67.14	12.23	152975	2278.39
（六）批发和零售业	**26762.69**	**6893.44**	**25.76**	**15299853**	**2219.48**
批发业	11594.46	2988.19	25.77	6491600	2172.42
零售业	15168.23	3905.26	25.75	8808253	2255.49
（七）交通运输、仓储和邮政业	**22268.24**	**3910.28**	**17.56**	**8075295**	**2065.15**
铁路运输业	679.38	170.73	25.13	825900	4837.55
道路运输业	4004.75	801.84	20.02	1606683	2003.74
水上运输业	471.01	115.44	24.51	208640	1807.41
航空运输业	538.00	181.80	33.79	822580	4524.61
管道运输业	21.99	6.12	27.83	13244	2164.44
装卸搬运和运输代理业	2351.95	323.34	13.75	601669	1860.78
仓储业	14020.12	2261.70	16.13	3874553	1713.12
邮政业	181.06	49.31	27.24	122026	2474.58
（八）住宿和餐饮业	**11962.53**	**3054.68**	**25.54**	**7940825**	**2599.56**
住宿业	9908.55	2253.28	22.74	5833185	2588.75
餐饮业	2053.98	801.40	39.02	2107640	2629.95
（九）信息传输、软件和信息技术服务业	**3687.42**	**677.98**	**18.39**	**1131215**	**1668.50**
电信、广播电视和卫星传输服务	323.92	64.47	19.90	161416	2503.70
互联网和相关服务	261.22	38.39	14.70	115711	3013.91
软件和信息技术服务业	3102.29	575.12	18.54	854088	1485.06
（十）金融业	**2347.36**	**452.12**	**19.26**	**1140121**	**2521.71**
货币金融服务	1167.07	275.31	23.59	617703	2243.68
资本市场服务	381.05	110.54	29.01	206788	1870.70

国民经济行业大类固定资产投资（不含农户）房屋建筑面积和造价

续表2

行　　业	房屋施工 面积 （万平方米）	房屋竣工 面积 （万平方米）	房屋建筑 面积竣工率 （%）	房屋竣工 价值 （万元）	房屋竣工 造价 （元/平方米）
保险业	383.44	19.57	5.10	100103	5115.10
其他金融业	415.80	46.70	11.23	215527	4614.86
（十一）房地产业	800028.41	137836.40	17.23	327732216	2377.69
房地产业	800028.41	137836.40	17.23	327732216	2377.69
（十二）租赁和商务服务业	14484.74	3208.44	22.15	6731300	2098.00
租赁业	137.11	45.26	33.01	121013	2673.62
商务服务业	14347.62	3163.18	22.05	6610287	2089.76
（十三）科学研究和技术服务业	6111.90	1128.00	18.46	3134303	2778.64
研究和试验发展	2500.96	486.19	19.44	1419866	2920.38
专业技术服务业	1917.70	273.65	14.27	713827	2608.57
科技推广和应用服务业	1693.24	368.16	21.74	1000610	2717.85
（十四）水利、环境和公共设施管理业	25992.60	4066.91	15.65	6770618	1664.81
水利管理业	678.16	125.87	18.56	209317	1663.01
生态保护和环境治理业	593.15	137.45	23.17	296162	2154.74
公共设施管理业	24721.29	3803.59	15.39	6265139	1647.16
（十五）居民服务、修理和其他服务业	17857.42	993.31	5.56	2191360	2206.12
居民服务业	2764.27	608.94	22.03	1269243	2084.36
机动车、电子产品和日用产品修理业	14146.66	136.59	0.97	304517	2229.47
其他服务业	946.49	247.79	26.18	617600	2492.47
（十六）教育	20890.17	5484.84	26.26	11804273	2152.16
教育	20890.17	5484.84	26.26	11804273	2152.16
（十七）卫生和社会工作	9933.57	2171.97	21.86	5277342	2429.75
卫生	8237.03	1575.76	19.13	3999539	2538.17
社会工作	1696.54	596.21	35.14	1277803	2143.20
（十八）文化、体育和娱乐业	9589.44	1798.10	18.75	4777804	2657.13
新闻和出版业	332.22	27.90	8.40	96087	3444.05
广播、电视、电影和影视录音制作业	671.58	60.22	8.97	151401	2514.11
文化艺术业	4409.52	981.67	22.22	2769096	2820.80
体育	1908.78	316.36	16.57	748251	2365.22
娱乐业	2267.35	411.96	18.17	1012969	2458.91
（十九）公共管理、社会保障和社会组织	15574.71	5580.86	35.83	9377281	1680.26
中国共产党机关	90.55	24.47	27.02	98694	4033.48
国家机构	9506.56	3126.91	32.89	6050868	1935.09
人民政协、民主党派	10.69	6.48	60.66	49224	7593.72
社会保障	554.73	85.63	15.44	132358	1545.66
群众团体、社会团体和其他成员组织	898.25	255.34	28.43	662430	2594.32
基层群众自治组织	4513.93	2082.02	46.12	2383707	1144.90

国民经济行业大类固定资产投资（不含农户）住宅建筑面积和造价

行　　业	住宅施工面积（万平方米）	住宅竣工面积（万平方米）	住宅建筑面积竣工率（%）	住宅竣工价值（万元）	住宅竣工造价（元/平方米）
全 国 总 计	573119.89	107375.49	18.74	246699652	2297.54
（一）农、林、牧、渔业	942.72	426.49	45.24	607577	1424.59
农业	384.81	196.77	51.14	257855	1310.43
林业	181.28	78.49	43.30	116118	1479.33
畜牧业	88.51	32.59	36.82	90306	2770.76
渔业	3.42	2.33	68.17	6087	2607.30
农、林、牧、渔服务业	284.70	116.30	40.85	137211	1179.78
（二）采矿业	421.65	51.99	12.33	110181	2119.42
煤炭开采和洗选业	351.95	24.60	6.99	58788	2389.82
石油和天然气开采业	13.01				
黑色金属矿采选业	7.96	1.97	24.70	4962	2522.50
有色金属矿采选业	14.65	9.42	64.29	17793	1888.53
非金属矿采选业	14.06	8.64	61.46	15388	1780.09
开采辅助活动	19.78	7.35	37.18	13250	1801.74
其他采矿业	0.22				
（三）制造业	1320.02	544.96	41.28	1138718	2089.56
农副食品加工业	78.54	38.74	49.33	69029	1781.75
食品制造业	31.26	14.39	46.04	19325	1342.80
酒、饮料和精制茶制造业	38.56	20.57	53.34	36844	1791.31
烟草制品业	15.26	0.06	0.39	50	833.33
纺织业	35.52	13.63	38.37	31478	2309.53
纺织服装、服饰业	63.41	44.99	70.95	101167	2248.67
皮革、毛皮、羽毛及其制品和制鞋业	20.98	3.78	18.00	5732	1517.61
木材加工和木、竹、藤、棕、草制品业	40.27	24.27	60.26	42434	1748.62
家具制造业	28.81	10.98	38.10	14247	1297.79
造纸和纸制品业	12.14	8.14	67.07	24695	3032.11
印刷和记录媒介复制业	14.00	2.61	18.65	10990	4210.73
文教、工美、体育和娱乐用品制造业	21.01	11.15	53.09	34183	3064.56
石油加工、炼焦和核燃料加工业	11.04	1.65	14.97	3865	2339.16
化学原料及化学制品制造业	66.22	28.32	42.76	53281	1881.63
医药制造业	23.22	3.62	15.61	9644	2661.44
化学纤维制造业	1.71	0.75	44.19	989	1311.67
橡胶和塑料制品业	57.41	38.43	66.94	95169	2476.39
非金属矿物制品业	134.03	55.82	41.65	111984	2006.14
黑色金属冶炼和压延加工业	28.75	10.27	35.74	36835	3585.47
有色金属冶炼和压延加工业	52.70	14.37	27.27	31277	2176.08
金属制品业	95.51	19.99	20.93	38927	1947.62
通用设备制造业	68.16	35.88	52.64	35012	975.72
专用设备制造业	72.36	30.80	42.56	72472	2353.25

国民经济行业大类固定资产投资（不含农户）住宅建筑面积和造价

续表 1

行 业	住宅施工面积（万平方米）	住宅竣工面积（万平方米）	住宅建筑面积竣工率（%）	住宅竣工价值（万元）	住宅竣工造价（元/平方米）
汽车制造业	39.77	24.36	61.26	99031	4065.05
铁路、船舶、航空航天和其他运输设备制造业	37.10	4.78	12.89	5991	1252.61
电气机械和器材制造业	60.12	27.07	45.02	51684	1909.46
计算机、通信和其他电子设备制造业	91.51	27.40	29.94	57326	2092.51
仪器仪表制造业	6.54	4.01	61.32	3536	881.91
其他制造业	68.30	21.98	32.18	35111	1597.49
废弃资源综合利用业	5.57	1.89	33.88	5975	3168.42
金属制品、机械和设备修理业	0.25	0.25	100.00	435	1740.00
（四）电力、热力、燃气及水生产和供应业	83.63	42.43	50.73	90944	2143.61
电力、热力生产和供应业	53.21	25.81	48.50	46188	1789.70
燃气生产和供应业	8.70	7.24	83.24	20979	2897.93
水的生产和供应业	21.72	9.38	43.19	23777	2535.21
（五）建筑业	1070.58	512.17	47.84	932146	1819.98
房屋建筑业	992.34	468.48	47.21	883869	1886.68
土木工程建筑业	52.46	38.15	72.72	37938	994.47
建筑安装业	3.22				
建筑装饰和其他建筑业	22.56	5.55	24.58	10339	1864.29
（六）批发和零售业	509.89	156.15	30.62	303325	1942.49
批发业	184.54	65.70	35.60	110637	1684.02
零售业	325.35	90.45	27.80	192688	2130.22
（七）交通运输、仓储和邮政业	194.83	74.07	38.02	176351	2380.93
铁路运输业	38.45				
道路运输业	102.21	44.98	44.01	92221	2050.05
水上运输业	1.95				
航空运输业					
管道运输业	0.06				
装卸搬运和运输代理业	10.40	5.12	49.21	11150	2179.52
仓储业	34.06	16.70	49.04	36780	2202.20
邮政业	7.72	7.27	94.17	36200	4982.04
（八）住宿和餐饮业	638.50	134.48	21.06	339953	2527.99
住宿业	572.61	99.39	17.36	267107	2687.44
餐饮业	65.89	35.08	53.24	72846	2076.28
（九）信息传输、软件和信息技术服务业	14.38	0.50	3.49	884	1759.90
电信、广播电视和卫星传输服务	0.08	0.08	100.00	90	1125.00
互联网和相关服务					
软件和信息技术服务业	14.30	0.42	2.95	794	1880.18
（十）金融业	36.73	2.29	6.25	5420	2362.79
货币金融服务	12.53	1.54	12.29	2786	1809.80
资本市场服务	23.30				

国民经济行业大类固定资产投资（不含农户）住宅建筑面积和造价

续表2

行　　业	住宅施工面积（万平方米）	住宅竣工面积（万平方米）	住宅建筑面积竣工率（%）	住宅竣工价值（万元）	住宅竣工造价（元/平方米）
保险业	0.36	0.36	100.00	654	1804.14
其他金融业	0.54	0.39	72.32	1980	5051.02
（十一）房地产业	558132.55	101472.32	18.18	236523650	2330.92
房地产业	558132.55	101472.32	18.18	236523650	2330.92
（十二）租赁和商务服务业	1059.55	460.35	43.45	1124245	2442.18
租赁业	1.97	1.01	51.42	1719	1695.27
商务服务业	1057.58	459.33	43.43	1122526	2443.82
（十三）科学研究和技术服务业	159.38	27.74	17.40	64836	2337.60
研究和试验发展	34.03	9.54	28.03	19778	2073.80
专业技术服务业	88.50	12.12	13.69	36037	2973.60
科技推广和应用服务业	36.85	6.08	16.50	9021	1483.72
（十四）水利、环境和公共设施管理业	2289.12	1107.51	48.38	1293350	1167.80
水利管理业	7.90	2.11	26.73	4747	2249.23
生态保护和环境治理业	45.56	10.86	23.83	18184	1674.99
公共设施管理业	2235.66	1094.54	48.96	1270419	1160.69
（十五）居民服务、修理和其他服务业	798.50	168.06	21.05	280611	1669.75
居民服务业	697.19	118.92	17.06	186614	1569.21
机动车、电子产品和日用产品修理业	7.15	3.02	42.29	12341	4081.02
其他服务业	94.16	46.11	48.97	81656	1770.89
（十六）教育	851.04	282.49	33.19	558637	1977.58
教育	851.04	282.49	33.19	558637	1977.58
（十七）卫生和社会工作	358.60	162.15	45.22	313766	1935.06
卫生	172.49	60.64	35.15	103512	1707.03
社会工作	186.10	101.51	54.55	210254	2071.27
（十八）文化、体育和娱乐业	140.31	42.25	30.11	92835	2197.39
新闻和出版业	13.69				
广播、电视、电影和影视录音制作业	0.11	0.11	100.00	275	2500.00
文化艺术业	50.03	19.67	39.32	33262	1690.74
体育	25.64	12.70	49.54	42560	3350.05
娱乐业	50.84	9.76	19.20	16738	1714.87
（十九）公共管理、社会保障和社会组织	4097.91	1707.12	41.66	2742223	1606.35
中国共产党机关	12.30	6.50	52.80	16815	2588.40
国家机构	2104.95	1037.41	49.28	1644623	1585.32
人民政协、民主党派					
社会保障	255.75	47.96	18.75	50676	1056.70
群众团体、社会团体和其他成员组织	102.03	10.42	10.22	20900	2004.93
基层群众自治组织	1622.87	604.83	37.27	1009209	1668.58

（二）房地产开发

房地产开发投资主要指标

指　标	2013 年	2012 年	2013 年比 2012 年增减	
			绝对数	%
一、**投资总额（亿元）**	**86013.38**	**71803.79**	**14209.60**	**19.8**
1. 按构成分				
建筑安装工程	63919.25	52036.26	11882.99	22.8
设备、工具、器具投资	1250.03	1019.39	230.64	22.6
其他费用	20844.10	18748.13	2095.97	11.2
2. 按工程用途分				
住宅	58950.76	49374.21	9576.55	19.4
办公楼	4652.45	3366.61	1285.83	38.2
商业营业用房	11944.83	9312.00	2632.83	28.3
其他	10465.34	9750.96	714.38	7.3
二、**全部建设规模（亿元）**				
建设总规模	430922.15	358819.77	72102.38	20.1
自开始建设至本年底	275881.28	223645.54	52235.74	23.4
累计完成投资				
在建总规模	378516.65	320763.55	57753.10	18.0
在建净规模	161235.64	138547.11	22688.53	16.4
三、**新增固定资产（亿元）**	**37400.56**	**33541.42**	**3859.14**	**11.5**
四、**房屋建筑面积（万平方米）**				
施工面积	665571.89	573417.52	92154.37	16.1
其中：住宅	486347.33	428964.05	57383.28	13.4
竣工面积	101434.99	99424.96	2010.03	2.0
其中：住宅	78740.62	79043.20	−302.58	−0.4
五、**投资实际到位资金小计（亿元）**	**122122.47**	**96536.81**	**25585.66**	**26.5**
国内贷款	19672.66	14778.39	4894.27	33.1
利用外资	534.17	402.09	132.08	32.8
其中：外商直接投资	·467.12	358.52	108.60	30.3
自筹资金	47424.95	39081.96	8342.99	21.3
其他资金	54490.70	42274.38	12216.32	28.9
其中：定金及预收款	34498.97	26558.02	7940.95	29.9

各地区按登记注册类型分的房地产开发单位个数（一）

单位：个

地　区	合　计	内　资	国　有	集　体	股份合作	国有联营	集体联营
全国总计	91444	86379	1739	570	101	7	4
北　京	2957	2694	70	19	2		
天　津	1209	1103	85	12	1	2	1
河　北	3283	3225	23		5		
山　西	2269	2254	73	10			
内　蒙　古	2192	2184	16	1	1		
辽　宁	4082	3671	33	6	8		
吉　林	1700	1670	6	1	1		
黑　龙　江	2118	2081	49	1	2		
上　海	3045	2579	86	23	1	2	1
江　苏	6784	6164	101	43	6		
浙　江	6114	5801	56	25	5	1	
安　徽	3418	3321	70	6		1	
福　建	3187	2725	88	23			
江　西	2080	1980	50	8	2		1
山　东	6113	5885	130	79	14		
河　南	5438	5318	91	19	5		
湖　北	4267	4139	101	21	2		
湖　南	3739	3621	87	8	6		
广　东	6581	5706	134	191	10		1
广　西	2685	2557	75	19	7		
海　南	1030	951	26	1	1		
重　庆	2594	2470	37	5	2		
四　川	3962	3829	56	14	9		
贵　州	2300	2261	30	4	1		
云　南	2736	2697	51	4	3		
西　藏	29	29					
陕　西	1690	1656	62	7	3		
甘　肃	1399	1378	36	16	2		
青　海	308	305	3		1	1	
宁　夏	501	497	1	3			
新　疆	1634	1628	13	1	1		

各地区按登记注册类型分的房地产开发单位个数（二）

单位：个

地 区	内 资						
	国有与集体联营	其他联营	国有独资公司	其他有限责任公司	股份有限公司	私营独资	私营合伙
全国总计	**10**	**7**	**1534**	**38212**	**3689**	**267**	**65**
北 京			54	1855	65	1	
天 津			58	541	54	5	2
河 北			15	1591	159	9	1
山 西			31	369	24	1	
内 蒙 古	1		16	983	87	9	1
辽 宁			39	1422	137	18	
吉 林	1		17	835	96	5	1
黑 龙 江			22	996	137	5	2
上 海	1	1	137	1170	53	3	1
江 苏	1		115	2083	281	31	9
浙 江	1		134	2415	97	6	3
安 徽			62	1280	113	19	4
福 建	1		95	1229	66	3	2
江 西			32	881	155	5	5
山 东			93	2759	363	10	1
河 南		1	30	2941	393	17	5
湖 北	1		54	1698	247	11	3
湖 南		2	67	1577	243	18	8
广 东		1	65	2919	138	28	5
广 西		1	32	823	130	15	4
海 南	1		26	614	55	3	
重 庆			80	863	50	2	
四 川			64	1750	220	12	3
贵 州			42	1177	70	4	3
云 南	1		43	1119	102	14	1
西 藏	1	1	4	8	2		
陕 西			46	850	84	5	
甘 肃			16	679	46	3	
青 海			9	73	11	3	
宁 夏			12	116	3	2	
新 疆			24	596	8		1

各地区按登记注册类型分的房地产开发单位个数（三）

单位：个

地　区	内　资			港澳台投资	合资经营	合作经营	独资
	私营有限责任公司	私营股份有限公司	其他内资企业				
全国总计	**37290**	**2697**	**187**	**3391**	**1253**	**352**	**1725**
北　京	602	26		159	60	60	39
天　津	315	18	9	54	27		24
河　北	1306	106	10	33	18		15
山　西	1678	67	1	9	5		4
内　蒙　古	1011	55	3	4	4		
辽　宁	1908	94	6	268	115	10	139
吉　林	665	41	1	21	9	1	9
黑　龙　江	786	78	3	24	11		10
上　海	1051	48	1	296	116	21	158
江　苏	3233	240	21	392	157	15	213
浙　江	2990	66	2	193	83	1	103
安　徽	1594	160	12	59	27	1	28
福　建	1157	58	3	351	96	14	232
江　西	741	96	4	73	32	2	39
山　东	2239	181	16	151	77	12	61
河　南	1620	181	15	78	30	5	41
湖　北	1861	137	3	89	43	2	42
湖　南	1380	217	8	84	39	2	42
广　东	2086	117	11	669	133	192	335
广　西	1353	89	9	76	39	7	30
海　南	207	14	3	56	18		34
重　庆	1320	102	9	82	31	2	49
四　川	1571	116	14	70	22	3	41
贵　州	822	107	1	30	18		12
云　南	1238	103	18	32	20	1	11
西　藏	12	1					
陕　西	528	70	1	17	6	1	10
甘　肃	539	40	1	14	12		2
青　海	188	15	1	2	1		1
宁　夏	339	21		1	1		
新　疆	950	33	1	4	3		1

各地区按登记注册类型分的房地产开发单位个数（四）

单位：个

地　区	港澳台		外商投资	合资经营	合作经营	独资	股份有限	其　他
	股份有限	其　他						
全国总计	51	10	1674	681	149	784	50	10
北　京			104	41	41	19	3	
天　津	3		52	23	3	21	4	1
河　北			25	11	1	13		
山　西			6	3		3		
内　蒙　古			4	1		2		1
辽　宁	4		143	68	6	65	4	
吉　林	1	1	9	7	1	1		
黑　龙　江	2	1	13	6	1	6		
上　海	1		170	64	8	92	6	
江　苏	5	2	228	90	10	124	3	1
浙　江	6		120	61	2	55	2	
安　徽	3		38	14	2	21	1	
福　建	9		111	34	2	70	3	2
江　西			27	14		12	1	
山　东	1		77	40	9	28		
河　南	1	1	42	19	1	20	2	
湖　北	2		39	19	1	16	1	2
湖　南	1		34	20		12	2	
广　东	7	2	206	52	45	100	9	
广　西			52	26	4	21	1	
海　南	2	2	23	4	2	15	2	
重　庆			42	14	2	20	4	2
四　川	3	1	63	27	3	32	1	
贵　州			9	4	2	3		
云　南			7	3	1	1	1	1
西　藏								
陕　西			17	6	2	9		
甘　肃			7	5		2		
青　海			1	1				
宁　夏			3	2		1		
新　疆			2	2				

各地区房地产开发固定资产投资建设规模

单位：万元

地　　区	建设总规模	自开始建设 累计完成投资	在建总规模	在建净规模
全国总计	**4309221521**	**2758812831**	**3785166497**	**1612356363**
北　　京	206688496	145297619	196395190	61951831
天　　津	121650512	70479178	113135817	52758751
河　　北	151217144	100743237	126403939	52559316
山　　西	57892914	36694587	50153951	22041856
内　蒙　古	74421257	44432551	67979187	30412058
辽　　宁	258901273	178526342	216122013	85245389
吉　　林	59340018	39166939	51344918	20421890
黑　龙　江	57810218	39909895	48479618	18898646
上　　海	180887277	124035122	172185575	56852155
江　　苏	397907960	253315828	355125367	148822713
浙　　江	276835922	191619843	236120160	90290725
安　　徽	198409117	125107341	171673975	76393687
福　　建	173419871	120334805	146757576	56348233
江　　西	63078451	39773256	55239770	24386204
山　　东	284007462	172808339	251008323	114131416
河　　南	193264108	100662538	175387434	94618343
湖　　北	144613132	90699249	125639090	56083546
湖　　南	142098246	84959324	124748252	59388965
广　　东	382068080	248550015	337348995	139838385
广　　西	93004966	63733947	74924319	32873749
海　　南	67521371	35633380	62514534	32923976
重　　庆	165391985	106190378	146633715	62308549
四　　川	156433073	115804628	125124535	46112520
贵　　州	90763364	52989609	75757429	39624973
云　　南	100633891	59256412	86896173	42791018
西　　藏	465962	283102	331059	199319
陕　　西	106758193	60457917	96255850	47048473
甘　　肃	29814442	17304716	27124868	12638972
青　　海	11308099	6434648	10424891	4944493
宁　　夏	26313853	14936008	24818614	11538117
新　　疆	36300864	18672078	33111360	17908095

各地区房地产开发投资和新增固定资产

单位：万元

地 区	投 资 额	新增固定资产	固定资产交付 使用率（%）
全国总计	**860133826**	**374005582**	**43.5**
北　京	34834045	11828893	34.0
天　津	14808152	13080423	88.3
河　北	34454155	16272687	47.2
山　西	13086275	5439709	41.6
内 蒙 古	14790074	7444759	50.3
辽　宁	64507513	22124010	34.3
吉　林	12524257	7635088	61.0
黑 龙 江	16048330	8353877	52.1
上　海	28195915	13547473	48.0
江　苏	72414512	42550592	58.8
浙　江	62162493	20477551	32.9
安　徽	39462264	20075451	50.9
福　建	37029727	10923257	29.5
江　西	11745768	5777574	49.2
山　东	54445312	25454296	46.8
河　南	38437590	15729037	40.9
湖　北	32860234	11343063	34.5
湖　南	26283245	14456456	55.0
广　东	64895920	28193318	43.4
广　西	16146322	5584193	34.6
海　南	11967581	4230296	35.3
重　庆	30127838	15232337	50.6
四　川	38529951	18248462	47.4
贵　州	19425435	5117738	26.3
云　南	24883284	6972525	28.0
西　藏	96777	77652	80.2
陕　西	22401692	5134691	22.9
甘　肃	7246490	2991604	41.3
青　海	2476138	1705103	68.9
宁　夏	5589682	3702254	66.2
新　疆	8256855	4301213	52.1

各地区房地产开发投资各种购置费用

单位：万元

地　区	旧建筑物购置费	土地购置费
全国总计	**4922419**	**135017292**
北　京	153703	11594732
天　津	74003	1072489
河　北	302764	2976755
山　西	66494	1079909
内　蒙　古	255024	1772684
辽　宁	407444	5695472
吉　林	122528	1735697
黑　龙　江	78367	1253332
上　海		5888399
江　苏	122301	12627037
浙　江	69309	21217263
安　徽	114496	6514770
福　建	80562	8569064
江　西	32335	1476089
山　东	185488	7579715
河　南	329496	3916993
湖　北	455801	4410076
湖　南	278891	2800672
广　东	381579	9817712
广　西	61135	1890087
海　南	228500	1251889
重　庆	146034	5196470
四　川	144256	6090460
贵　州	238772	1771019
云　南	266039	3747250
西　藏		
陕　西	168167	1169727
甘　肃	40745	630694
青　海	15706	208494
宁　夏	30791	467042
新　疆	71689	595300

各地区按登记注册类型分的房地产开发投资（一）

单位：万元

地　区	合　计	内　资	国有	集体	股份合作	国有联营	集体联营
全国总计	860133826	782517863	18433726	2273469	1186633	49400	6250
北　京	34834045	31828698	1073630	205497	820		
天　津	14808152	13248783	1444717	233561	105000	500	
河　北	34454155	33452892	150870		47949		
山　西	13086275	12906750	782759	180933			
内　蒙古	14790074	14772909	311789		180		
辽　宁	64507513	52571306	834498	29380	216909		
吉　林	12524257	12041482	1469		1750		
黑龙江	16048330	15781482	285380	100			
上　海	28195915	24202798	544218	185294			2000
江　苏	72414512	62449553	4020599	209254	126256		
浙　江	62162493	55215043	337239	58901	25311	47000	
安　徽	39462264	37768016	1065582	4280			
福　建	37029727	33266711	745608	159481			
江　西	11745768	11028610	135869	2070	1320		272
山　东	54445312	51148545	1546990	201300	168921		
河　南	38437590	37321507	591094	62644	122604		
湖　北	32860234	31151096	550729	118601			
湖　南	26283245	24905558	546272	11741	7710		
广　东	64895920	53698415	547512	473681	56715		3978
广　西	16146322	15130060	307813	29750	10211		
海　南	11967581	10269754	98007	10	37704		
重　庆	30127838	26069720	282348	40	5750		
四　川	38529951	34767319	387883	51637	147840		
贵　州	19425435	18901594	86419	65	1950		
云　南	24883284	24003707	402724	1271			
西　藏	96777	96777					
陕　西	22401692	21177709	717668	27769	97403		
甘　肃	7246490	7215670	414168	6841			
青　海	2476138	2471688	98286		4030	1900	
宁　夏	5589682	5445976	11316	19318			
新　疆	8256855	8207735	110270	50	300		

各地区按登记注册类型分的房地产开发投资（二）

单位：万元

地　区	内　资						
	国有与集体联营	其他联营	国有独资公司	其他有限责任公司	股份有限公司	私营独资	私营合伙
全国总计	**15555**	**88541**	**33180818**	**413873374**	**34194290**	**1963065**	**142142**
北　京			1038047	26329650	1342541		
天　津			874120	7525615	731968	36910	560
河　北			351824	17473413	1803104	92986	376
山　西			409616	3054584	386438	90	
内蒙古			394588	6379092	528089	46711	150
辽　宁			1857496	24299274	2640608	164770	
吉　林	15188		163326	6712521	831551	47910	120
黑龙江			1447150	8389288	516523	510	400
上　海			1996801	14486213	359007	91324	
江　苏			2456535	25670518	2363860	348135	51438
浙　江	257		2525656	30408809	928273	15044	7496
安　徽			2330973	18144789	1271064	140231	1791
福　建			2338994	19040816	727571	1852	629
江　西			89649	5545872	850581	5705	10158
山　东			2846599	26792073	3175415	71481	7350
河　南			854836	22781935	2636167	70038	13058
湖　北			1160601	15355965	2957698	30530	
湖　南		78565	646371	13894164	1064321	99340	32177
广　东			714654	31853422	2128903	188188	3679
广　西			617426	6169613	814626	88293	8514
海　南	110		1129790	6550794	605531	145034	
重　庆			2736887	10710200	679919	1953	
四　川			784203	18726908	1705900	98393	
贵　州			418745	12922172	599969	13333	4246
云　南			661007	13002077	1277001	36494	
西　藏		9976	5611	38088	3016		
陕　西			886811	12191573	1050500	70809	
甘　肃			285964	3765984	117688	810	
青　海			267971	618375	28906	19500	
宁　夏			465878	1315836	2253	36691	
新　疆			422689	3723741	65299		

各地区按登记注册类型分的房地产开发投资（三）

单位：万元

地　区	内　资			港澳台投资	合资经营	合作经营	独资
	私营有限责任公司	私营股份有限公司	其他内资企业				
全国总计	257867978	17310966	1931656	51919069	20140165	3275186	27328284
北　京	1743002	95511		1983310	1148186	452810	382314
天　津	2067378	116396	112058	743540	430336		254715
河　北	12161781	1224837	145752	486565	255344		231221
山　西	7927563	161178	3589	39413	14902		24511
内　蒙　古	6856196	253014	3100				
辽　宁	21095856	1370113	62402	8263482	3788895	352205	4031789
吉　林	3921578	346069		454388	185827		258761
黑　龙　江	4880325	253896	7910	205519	172084		33435
上　海	6307812	230129		2335211	1134886	128517	1071808
江　苏	25321612	1633404	247942	6558628	2421924	120986	3825120
浙　江	20464751	378917	17389	5301391	2296844		2872085
安　徽	13348477	1171872	288957	1133085	357395	4905	701502
福　建	9620191	574360	57209	2930605	1454619	27553	1363351
江　西	4002303	363225	21586	516271	273319		242952
山　东	15020936	1191580	125900	2610177	1118533	155143	1334227
河　南	9166191	982253	40687	693051	246159	11062	421376
湖　北	10029297	906390	41285	1212755	189770	5000	999741
湖　南	7634073	847751	43073	1006206	300409		703793
广　东	16847775	847657	32251	7541090	1762997	1861066	3751026
广　西	6567913	403980	111921	726444	250674	69685	406085
海　南	1584413	103647	14714	1289141	338215		761891
重　庆	11042065	540910	69648	2512602	888083	68443	1556076
四　川	11865734	851877	146944	1650617	426368		1077134
贵　州	4335844	518851		490199	227825		262374
云　南	7434439	888446	300248	483206	260637		222569
西　藏	40086						
陕　西	5645599	484707	4870	614601	67689	17811	529101
甘　肃	2549523	52571	22121	9092	6792		2300
青　海	1359679	73041		4450			4450
宁　夏	3341161	253523		74910	74910		
新　疆	3684425	190861	10100	49120	46543		2577

各地区按登记注册类型分的房地产开发投资（四）

单位：万元

地　区	港澳台商投资		外商投资	合资经营	合作经营	独资	股份有限	其　他
	股份有限	其　他						
全国总计	**1032181**	**143253**	**25696894**	**8229264**	**2562896**	**14040975**	**787769**	**75990**
北　京			1022037	545419	225951	242847	7820	
天　津	58489		815829	240762	39315	442913	64011	28828
河　北			514698	68821		445877		
山　西			140112	7848		132264		
内蒙古			17165	4900		8000		4265
辽　宁	90593		3672725	1515345	353982	1694647	108751	
吉　林	9800		28387	10143		18244		
黑龙江			61329	15634		45695		
上　海			1657906	448503	199647	996579	13177	
江　苏	176056	14542	3406331	1183084	142118	2062476	18653	
浙　江	132462		1646059	409919	162112	1074028		
安　徽	69283		561163	144161	49003	349609	18390	
福　建	85082		832411	240083	240	492405	69283	30400
江　西			200887	133764		57123	10000	
山　东	2274		686590	281628	103616	301346		
河　南		14454	423032	82415	3928	333375	3314	
湖　北	18244		496383	167367	56130	262987	9899	
湖　南	2004		371481	198083		166619	6779	
广　东	88604	77397	3656415	1169258	298474	2066490	122193	
广　西			289818	53125	6315	187678	42700	
海　南	165035	24000	408686	41571	164646	185933	16536	
重　庆			1545516	401906	184021	895401	51691	12497
四　川	134255	12860	2112015	651573	248660	1211782		
贵　州			33642	16535	17017	90		
云　南			396371	16935	154864		224572	
西　藏								
陕　西			609382	141092	152857	315433		
甘　肃			21728	18554		3174		
青　海								
宁　夏			68796	20836		47960		
新　疆								

各地区按资质等级分的房地产开发投资（一）

单位：万元

地　　区	投资额	一　级	二　级	三　级
全国总计	860133826	40218674	144562316	159674788
北　京	34834045	4495086	3952569	2069057
天　津	14808152	749662	2186387	1481424
河　北	34454155	2071538	5508078	5765226
山　西	13086275	645501	2406307	2447376
内　蒙古	14790074	758025	2251641	2121152
辽　宁	64507513	1432399	5793131	12649272
吉　林	12524257	241092	3195809	2288582
黑龙江	16048330	1428346	3946526	6567579
上　海	28195915	672669	2708697	1699415
江　苏	72414512	3788211	27751952	5292680
浙　江	62162493	2655583	7745797	11430654
安　徽	39462264	729395	5853291	8212442
福　建	37029727	1245320	3909013	9001515
江　西	11745768	163039	1602494	3097062
山　东	54445312	2712288	5176673	7188509
河　南	38437590	1367134	6773111	4591137
湖　北	32860234	2527905	6504863	5764514
湖　南	26283245	994658	2851398	10409644
广　东	64895920	3702919	4534827	14893121
广　西	16146322	492110	2220871	3287845
海　南	11967581	2667	556775	1338312
重　庆	30127838	1982504	10894353	3222746
四　川	38529951	1808426	7332640	19147433
贵　州	19425435	131490	5889982	2787561
云　南	24883284	1014730	4218675	1987376
西　藏	96777		17000	62574
陕　西	22401692	1013473	3418126	5314033
甘　肃	7246490	139963	1317202	2250286
青　海	2476138	212659	1219529	499432
宁　夏	5589682	701488	1691199	1103274
新　疆	8256855	338394	1133400	1703555

各地区按资质等级分的房地产开发投资（二）

单位：万元

地　区	四　级	暂　定	其　他
全国总计	**91639903**	**379913960**	**44124185**
北　京	8712851	13042339	2562143
天　津	5802952	4218383	369344
河　北	8941177	11524376	643760
山　西	5254072	2277053	55966
内　蒙　古	7159449	2060030	439777
辽　宁	358725	39751383	4522603
吉　林	1487851	5137847	173076
黑　龙　江	330094	3303970	471815
上　海	79687	20301187	2734260
江　苏	222452	32008188	3351029
浙　江	2682541	31640597	6007321
安　徽	1153624	22387224	1126288
福　建	3315017	18924031	634831
江　西	814758	5626007	442408
山　东	6552619	29489854	3325369
河　南	1856324	22539301	1310583
湖　北	3226248	13886170	950534
湖　南	2002113	9368005	657427
广　东	11432926	24758072	5574055
广　西	1123228	8233840	788428
海　南	768625	8193061	1108141
重　庆	354100	13455248	218887
四　川	437595	7896402	1907455
贵　州	2307142	7516937	792323
云　南	5917291	10377194	1368018
西　藏	2566	14637	
陕　西	5755067	4869506	2031487
甘　肃	1494768	1893159	151112
青　海	246098	249314	49106
宁　夏	805677	1259830	28214
新　疆	1042266	3710815	328425

各地区按构成分的房地产开发投资

单位：万元

地　　区	投　资　额	建筑安装工程	设备工器具购置	其他费用
全国总计	**860133826**	**639192473**	**12500312**	**208441041**
北　　京	34834045	15099942	530413	19203690
天　　津	14808152	10668571	133215	4006366
河　　北	34454155	28679609	752836	5021710
山　　西	13086275	11122771	143612	1819892
内　蒙　古	14790074	12067343	199020	2523711
辽　　宁	64507513	53075712	1311337	10120464
吉　　林	12524257	9982382	121506	2420369
黑　龙　江	16048330	13418518	214380	2415432
上　　海	28195915	18906034	139695	9150186
江　　苏	72414512	52488965	1717019	18208528
浙　　江	62162493	33897037	647061	27618395
安　　徽	39462264	30161082	440124	8861058
福　　建	37029727	26096171	287902	10645654
江　　西	11745768	9314812	154348	2276608
山　　东	54445312	43499105	601674	10344533
河　　南	38437590	31329738	572609	6535243
湖　　北	32860234	24261709	757857	7840668
湖　　南	26283245	20915402	443396	4924447
广　　东	64895920	48094914	654736	16146270
广　　西	16146322	12819889	195799	3130634
海　　南	11967581	8959368	146804	2861409
重　　庆	30127838	21064117	415406	8648315
四　　川	38529951	29243793	794281	8491877
贵　　州	19425435	15014269	235627	4175539
云　　南	24883284	19403015	278174	5202095
西　　藏	96777	92731	297	3749
陕　　西	22401692	19348035	278485	2775172
甘　　肃	7246490	6169974	102931	973585
青　　海	2476138	2122436	45261	308441
宁　　夏	5589682	4792522	45617	751543
新　　疆	8256855	7082507	138890	1035458

各地区按用途分的房地产开发投资

单位：万元

地　　区	投资额	住　　宅	办公楼	商业营业用房	其　他
全国总计	860133826	589507627	46524470	119448308	104653421
北　京	34834045	17245610	6117479	3175052	8295904
天　津	14808152	9862785	999098	1652899	2293370
河　北	34454155	25392944	1403944	4569765	3087502
山　西	13086275	9588469	484284	1825554	1187968
内　蒙　古	14790074	10035733	628224	2836742	1289375
辽　宁	64507513	46660308	1557668	10969210	5320327
吉　林	12524257	9114450	418277	1935594	1055936
黑　龙　江	16048330	11247187	311156	2763097	1726890
上　海	28195915	16155060	3771832	3700298	4568725
江　苏	72414512	51714983	3241780	11199460	6258289
浙　江	62162493	40892167	3774281	7175352	10320693
安　徽	39462264	25498814	1661961	8008625	4292864
福　建	37029727	24020834	2702759	4914305	5391829
江　西	11745768	7953764	1007398	1539141	1245465
山　东	54445312	39766293	2878102	7017187	4783730
河　南	38437590	28270863	1753969	4421026	3991732
湖　北	32860234	22515586	1474357	4966951	3903340
湖　南	26283245	18458103	896405	3511544	3417193
广　东	64895920	45306255	3372659	7054675	9162331
广　西	16146322	11666137	516716	1748792	2214677
海　南	11967581	9950886	121807	743916	1150972
重　庆	30127838	20442392	1445592	3774147	4465707
四　川	38529951	25378926	1891148	5786755	5473122
贵　州	19425435	12242284	1320287	3448961	2413903
云　南	24883284	16424032	1174987	4109691	3174574
西　藏	96777	58669	1056	27821	9231
陕　西	22401692	17689545	798458	2240840	1672849
甘　肃	7246490	5398519	193416	986394	668161
青　海	2476138	1597196	167543	444914	266485
宁　夏	5589682	3402650	187933	1271150	727949
新　疆	8256855	5556183	249894	1628450	822328

各地区按隶属关系分的房地产开发投资

单位：万元

地　　区	投资额	中央项目	地方项目	省　属	地市属	县　属	其　他
全国总计	860133826	16476776	843657050	29803732	105500941	77267272	631085105
北　　京	34834045	1524629	33309416	5584147	6173462	9870	21541937
天　　津	14808152	775883	14032269	2426585	3842250	911951	6851483
河　　北	34454155	259985	34194170	469161	3440899	3264522	27019588
山　　西	13086275	67794	13018481	335395	1624421	550662	10508003
内　蒙　古	14790074	28886	14761188	368912	1758216	1660795	10973265
辽　　宁	64507513	745820	63761693	271409	5933024	5429149	52128111
吉　　林	12524257	208758	12315499	59771	1100004	1100198	10055526
黑　龙　江	16048330	876752	15171578	672279	3197614	2392890	8908795
上　　海	28195915	575062	27620853	2572638	3880673	598089	20569453
江　　苏	72414512	507916	71906596	819912	5803503	5808749	59474432
浙　　江	62162493	177620	61984873	575620	3358925	3613247	54437081
安　　徽	39462264	358866	39103398	2006496	6145831	3029524	27921547
福　　建	37029727	95523	36934204	725554	5896269	4833907	25478474
江　　西	11745768	215505	11530263	726040	988564	1349128	8466531
山　　东	54445312	1612964	52832348	1860899	5626389	8289043	37056017
河　　南	38437590	296348	38141242	541970	5910473	4066851	27621948
湖　　北	32860234	1127105	31733129	978846	5378573	2691131	22684579
湖　　南	26283245	337386	25945859	1069771	3590465	2459745	18825878
广　　东	64895920	2203789	62692131	371459	8650025	3901998	49768649
广　　西	16146322	355728	15790594	97377	2615382	1013355	12064480
海　　南	11967581	129401	11838180	764874	2133569	2252419	6687318
重　　庆	30127838	1344636	28783202	2804841	3688800	835599	21453962
四　　川	38529951	423202	38106749	467700	3109262	5693066	28836721
贵　　州	19425435	616514	18808921	233625	1021299	2005333	15548664
云　　南	24883284	101889	24781395	1091094	2455967	4657076	16577258
西　　藏	96777		96777		38025		58752
陕　　西	22401692	592214	21809478	1071601	5852054	2298165	12587658
甘　　肃	7246490	161469	7085021	415366	901728	1159373	4608554
青　　海	2476138		2476138	86241	465285	158286	1766326
宁　　夏	5589682	253381	5336301	194798	240586	188362	4712555
新　　疆	8256855	501751	7755104	139351	679404	1044789	5891560

各地区房地产开发投资财务拨款

单位：万元

地　区	本年实际到位资金合计	上年末结余资金	本年实际到位资金小计	本年各项应付款合计
全国总计	**1535039582**	**313814868**	**1221224714**	**214197586**
北　京	96875708	23873891	73001817	2251187
天　津	35723324	8108605	27614719	7723974
河　北	48351940	7116502	41235438	9806129
山　西	16221188	2449595	13771593	3009281
内 蒙 古	18478707	2098357	16380350	3176247
辽　宁	85851028	11361155	74489873	12730319
吉　林	17736718	2568880	15167838	2675579
黑 龙 江	20920924	2584488	18336436	1758755
上　海	68512930	17586223	50926707	8452021
江　苏	158089682	31269337	126820345	25997658
浙　江	117726276	29143818	88582458	12819867
安　徽	61877475	11105902	50771573	10588841
福　建	68306617	10636244	57670373	4461058
江　西	24149556	5083112	19066444	3202868
山　东	89200028	15486782	73713246	12711448
河　南	51569792	7542761	44027031	8060029
湖　北	50054870	7810062	42244808	7959807
湖　南	44920102	8997417	35922685	8431198
广　东	135702919	30973476	104729443	15879548
广　西	26932028	5379648	21552380	3922281
海　南	23414365	4648811	18765554	4683441
重　庆	58468351	12327702	46140649	10102952
四　川	88247527	35002235	53245292	9849027
贵　州	25005488	3548254	21457234	4538047
云　南	34617583	5373991	29243592	7560199
西　藏	159558	34002	125556	22107
陕　西	32701819	6777900	25923919	4660209
甘　肃	11465562	1832032	9633530	2870363
青　海	3285456	694600	2590856	546716
宁　夏	7755774	814280	6941494	1719760
新　疆	12716287	1584806	11131481	2026670

各地区房地产开发投资本年实际到位资金构成

单位：万元

地 区	本年实际到位资金小计	国内贷款	利用外资	外商直接投资	自筹资金	其他资金
全国总计	**1221224714**	**196726600**	**5341655**	**4671196**	**474249467**	**544906992**
北　京	73001817	18369482	116024	116007	21382276	33134035
天　津	27614719	7652235	162176	104539	8920835	10879473
河　北	41235438	3364016	99786	99785	23946652	13824984
山　西	13771593	657898			7583132	5530563
内 蒙 古	16380350	1132732			11180039	4067579
辽　宁	74489873	8476357	619242	478811	40901661	24492613
吉　林	15167838	1265717	51504	20010	8045892	5804725
黑 龙 江	18336436	1301852			11026235	6008349
上　海	50926707	12923582	381414	373177	15699109	21922602
江　苏	126820345	23739676	1094088	1017780	39329669	62656912
浙　江	88582458	15906485	470329	462518	27650698	44554946
安　徽	50771573	4668745	10000	10000	21436629	24656199
福　建	57670373	7476562	215817	214313	20165142	29812852
江　西	19066444	2366343	8236	8236	5824903	10866962
山　东	73713246	9954081	335110	316879	31490821	31933234
河　南	44027031	3871277	53968	2714	24726702	15375084
湖　北	42244808	7965677			17353291	16925840
湖　南	35922685	5331473	391547	382547	12153919	18045746
广　东	104729443	21435911	362931	318747	27983353	54947248
广　西	21552380	3243473	6150	6150	8156908	10145849
海　南	18765554	3273004	1030	30	7384185	8107335
重　庆	46140649	11122918	441801	441301	12637033	21938897
四　川	53245292	7254508	323252	223252	21508673	24158859
贵　州	21457234	2268249			8771999	10416986
云　南	29243592	4188013	122850		15417636	9515093
西　藏	125556				51017	74539
陕　西	25923919	3260991	74400	74400	11431835	11156693
甘　肃	9633530	1687531			4310787	3635212
青　海	2590856	444349			1179734	966773
宁　夏	6941494	1057417			2476903	3407174
新　疆	11131481	1066046			4121799	5943636

各地区房地产土地开发情况

地　　区	本年购置土地面积 （平方米）	本年土地成交价款 （万元）
全国总计	**388143811**	**99182857**
北　　京	9061745	7840377
天　　津	2106395	821585
河　　北	11273436	2519483
山　　西	8759043	1444124
内 蒙 古	8376279	1292228
辽　　宁	25022721	5668331
吉　　林	11439450	2057201
黑 龙 江	6556746	882284
上　　海	4217440	2791238
江　　苏	42077433	10842075
浙　　江	17607329	10067340
安　　徽	27601817	6416324
福　　建	15911267	5321581
江　　西	8418226	2273671
山　　东	26150734	5528498
河　　南	15015551	2624437
湖　　北	18946777	3917973
湖　　南	13276428	2458650
广　　东	22509647	6814971
广　　西	4319584	1137822
海　　南	3068455	387068
重　　庆	18966454	4487925
四　　川	11427633	3372504
贵　　州	12095247	1605830
云　　南	19740064	3561585
西　　藏		
陕　　西	5034541	1100890
甘　　肃	4217074	672174
青　　海	801273	102315
宁　　夏	4382578	314054
新　　疆	9762444	858319

各地区房地产开发房屋建筑面积和造价

地　　区	房屋施工面积（万平方米）	房屋竣工面积（万平方米）	房屋建筑面积竣工率（%）	房屋竣工价值（万元）	房屋竣工造价（元/平方米）
全国总计	**665572**	**101435**	**15.2**	**268053771**	**2643**
北　京	13887	2666	19.2	7812608	2930
天　津	10892	2805	25.8	7490533	2670
河　北	29949	4437	14.8	11991098	2703
山　西	14040	2285	16.3	4984611	2182
内 蒙 古	18624	2638	14.2	6295327	2386
辽　宁	41626	6152	14.8	14908128	2423
吉　林	12181	2254	18.5	5014080	2225
黑 龙 江	13567	2933	21.6	6423877	2190
上　海	13517	2254	16.7	10527593	4670
江　苏	52574	9712	18.5	29755109	3064
浙　江	37647	4692	12.5	15292537	3259
安　徽	30235	5180	17.1	13418215	2590
福　建	26287	3370	12.8	8155744	2420
江　西	11996	1790	14.9	3862584	2158
山　东	50549	7509	14.9	17313928	2306
河　南	35979	5966	16.6	11178279	1874
湖　北	21866	3041	13.9	7032206	2313
湖　南	25400	4594	18.1	11571564	2519
广　东	46480	6273	13.5	21143801	3370
广　西	16040	1713	10.7	3908901	2282
海　南	6173	609	9.9	2379101	3904
重　庆	26252	3804	14.5	11522457	3029
四　川	32165	5109	15.9	12976225	2540
贵　州	17357	1765	10.2	3564920	2020
云　南	18261	2019	11.1	4736722	2346
西　藏	58	18	31.4	61556	3402
陕　西	17241	1512	8.8	4307322	2849
甘　肃	6848	916	13.4	2082009	2274
青　海	2377	593	24.9	1607565	2713
宁　夏	6043	1104	18.3	3105009	2811
新　疆	9460	1722	18.2	3630162	2108

各地区房地产开发住宅建筑面积和造价

地　区	住宅施工面积（万平方米）	住宅竣工面积（万平方米）	住宅建筑面积竣工率（%）	住宅竣工价值（万元）	住宅竣工造价（元/平方米）
全国总计	486347	78741	16.2	200394205	2545
北　京	7407	1692	22.8	4367252	2581
天　津	7562	2118	28.0	5714232	2698
河　北	23558	3518	14.9	8973706	2551
山　西	10755	1848	17.2	4015974	2173
内　蒙　古	12634	2001	15.8	4666119	2332
辽　宁	31417	5026	16.0	12146000	2417
吉　林	9318	1770	19.0	3801042	2148
黑　龙　江	10241	2344	22.9	5063098	2160
上　海	8126	1417	17.4	6107139	4309
江　苏	38757	7584	19.6	22902384	3020
浙　江	23828	3188	13.4	10358219	3250
安　徽	21531	3919	18.2	9961029	2542
福　建	17835	2338	13.1	5603070	2396
江　西	9019	1428	15.8	3039187	2129
山　东	38572	6063	15.7	13717108	2262
河　南	28114	4916	17.5	8841498	1798
湖　北	16640	2547	15.3	5667090	2225
湖　南	19594	3765	19.2	8895546	2363
广　东	33691	4748	14.1	15365265	3236
广　西	12420	1385	11.2	3101989	2239
海　南	5173	518	10.0	1988583	3842
重　庆	19249	2867	14.9	8677998	3026
四　川	23209	4029	17.4	9700986	2408
贵　州	12316	1352	11.0	2569981	1900
云　南	12969	1576	12.2	3623974	2299
西　藏	39	11	27.2	33411	3137
陕　西	14226	1273	8.9	3485812	2739
甘　肃	5324	769	14.4	1749230	2274
青　海	1748	474	27.1	1257678	2651
宁　夏	4091	861	21.1	2119701	2461
新　疆	6983	1394	20.0	2879904	2066

各地区房地产开发房屋施工面积

单位：万平方米

地 区	房屋施工面积合计	住 宅	办公楼	商业营业用房	其 他
全国总计	**665572**	**486347**	**24577**	**80627**	**74020**
北 京	13887	7407	2114	1233	3132
天 津	10892	7562	841	1159	1330
河 北	29949	23558	659	3091	2640
山 西	14040	10755	327	1648	1310
内 蒙 古	18624	12634	693	3496	1801
辽 宁	41626	31417	796	6230	3182
吉 林	12181	9318	303	1628	933
黑 龙 江	13567	10241	199	1878	1249
上 海	13517	8126	1432	1501	2458
江 苏	52574	38757	1990	6905	4923
浙 江	37647	23828	2477	4227	7115
安 徽	30235	21531	1034	4788	2882
福 建	26287	17835	1363	3003	4086
江 西	11996	9019	424	1515	1038
山 东	50549	38572	1553	6161	4263
河 南	35979	28114	1297	3709	2860
湖 北	21866	16640	596	2584	2045
湖 南	25400	19594	581	2578	2647
广 东	46480	33691	1676	4324	6790
广 西	16040	12420	322	1534	1764
海 南	6173	5173	53	439	507
重 庆	26252	19249	782	2966	3255
四 川	32165	23209	923	3785	4249
贵 州	17357	12316	502	2420	2119
云 南	18261	12969	558	2546	2187
西 藏	58	39	2	13	4
陕 西	17241	14226	501	1448	1066
甘 肃	6848	5324	108	820	597
青 海	2377	1748	75	312	241
宁 夏	6043	4091	171	1142	640
新 疆	9460	6983	225	1545	706

各地区房地产开发房屋新开工面积

单位：万平方米

地　区	房屋新开工 面积合计	住　宅	办公楼	商业营业 用房	其　他
全国总计	**201208**	**145845**	**6887**	**25902**	**22574**
北　京	3578	1737	671	351	819
天　津	2673	1745	174	370	384
河　北	6933	5446	172	705	610
山　西	3673	2723	76	473	401
内　蒙　古	5043	3633	100	879	431
辽　宁	13444	10142	197	1965	1140
吉　林	3746	2858	96	506	286
黑　龙　江	4030	2920	35	734	341
上　海	2706	1643	264	275	524
江　苏	16358	12212	548	2048	1551
浙　江	9315	5788	577	1124	1826
安　徽	10078	7144	246	1625	1063
福　建	7193	4796	382	889	1127
江　西	4139	3051	167	530	391
山　东	15391	11497	567	1977	1349
河　南	12465	10055	330	1186	894
湖　北	8227	6250	201	1022	753
湖　南	8869	6854	150	920	945
广　东	14265	10115	563	1482	2106
广　西	3716	2902	73	331	410
海　南	1735	1472	15	135	114
重　庆	7642	5388	241	1001	1012
四　川	10164	7009	264	1402	1488
贵　州	5628	3974	171	806	676
云　南	6482	4529	171	1003	778
西　藏	28	22		2	4
陕　西	4483	3488	179	475	341
甘　肃	2451	1917	30	301	203
青　海	860	600	44	123	93
宁　夏	2163	1436	60	424	243
新　疆	3730	2499	123	839	269

各地区房地产开发房屋竣工面积

单位：万平方米

地　　区	房屋竣工面积合计	住　宅	办公楼	商业营业用房	其　他
全国总计	**101435**	**78741**	**2789**	**10852**	**9053**
北　京	2666	1692	273	178	523
天　津	2805	2118	189	188	311
河　北	4437	3518	158	502	259
山　西	2285	1848	31	273	133
内　蒙　古	2638	2001	42	391	204
辽　宁	6152	5026	66	716	344
吉　林	2254	1770	26	308	151
黑　龙　江	2933	2344	32	340	216
上　海	2254	1417	176	253	408
江　苏	9712	7584	332	996	799
浙　江	4692	3188	246	472	786
安　徽	5180	3919	132	699	431
福　建	3370	2338	98	405	529
江　西	1790	1428	25	260	78
山　东	7509	6063	127	816	502
河　南	5966	4916	122	621	307
湖　北	3041	2547	43	329	122
湖　南	4594	3765	49	413	366
广　东	6273	4748	265	469	791
广　西	1713	1385	18	175	134
海　南	609	518	1	43	48
重　庆	3804	2867	76	456	405
四　川	5109	4029	101	483	496
贵　州	1765	1352	30	219	164
云　南	2019	1576	41	221	181
西　藏	18	11		7	
陕　西	1512	1273	43	115	81
甘　肃	916	769	3	98	46
青　海	593	474	9	53	57
宁　夏	1104	861	10	134	100
新　疆	1722	1394	25	220	83

各地区房地产开发商品房屋销售面积

单位：万平方米

地　　区	房屋实际销售面积	住　宅	办公楼	商业营业用房	其　他
全国总计	130551	115723	2883	8469	3475
北　京	1903	1364	318	103	119
天　津	1847	1720	23	52	52
河　北	5676	5020	78	405	173
山　西	1643	1484	15	116	27
内　蒙　古	2738	2264	53	272	149
辽　宁	9292	8015	54	859	365
吉　林	2215	1986	21	157	50
黑　龙　江	3340	2944	25	256	115
上　海	2382	2016	161	116	89
江　苏	11455	10192	287	817	159
浙　江	4887	4098	218	344	227
安　徽	6265	5574	95	506	91
福　建	4676	3957	211	243	265
江　西	3167	2846	56	214	51
山　东	10330	9300	189	600	240
河　南	7310	6561	205	445	98
湖　北	5299	4766	93	358	82
湖　南	5952	5411	79	344	119
广　东	9836	8831	257	434	315
广　西	2996	2765	32	135	63
海　南	1191	1155	2	25	9
重　庆	4818	4359	69	244	146
四　川	7313	6505	114	469	225
贵　州	2972	2647	100	199	26
云　南	3309	2856	51	286	117
西　藏	25	23	1	2	
陕　西	3046	2831	45	119	50
甘　肃	1220	1135	6	64	16
青　海	382	370	1	10	1
宁　夏	1048	928	6	103	12
新　疆	2017	1800	17	172	28

各地区房地产开发商品房屋待售面积

单位：万平方米

地 区	房屋待售面积	住 宅	办公楼	商业营业用房	其 他
全国总计	49295	32403	1954	9345	5592
北 京	1861	829	180	400	452
天 津	941	637	106	86	111
河 北	1590	1237	42	213	98
山 西	1058	799	18	173	67
内 蒙 古	1078	721	32	245	80
辽 宁	3427	2591	59	575	201
吉 林	1347	974	23	245	104
黑 龙 江	1777	1263	15	338	161
上 海	1809	807	238	325	439
江 苏	4327	2707	230	1055	335
浙 江	2387	1221	223	654	290
安 徽	1342	867	38	358	80
福 建	1046	460	49	241	297
江 西	928	651	12	221	43
山 东	2802	2079	49	519	155
河 南	2717	2107	54	425	131
湖 北	2202	1543	107	387	164
湖 南	2220	1564	49	385	222
广 东	4470	2845	208	700	716
广 西	1225	858	5	200	162
海 南	786	673	8	56	48
重 庆	1354	558	32	368	395
四 川	1971	1215	34	294	428
贵 州	869	570	22	187	89
云 南	1168	793	46	189	140
西 藏	30	23	0	5	1
陕 西	356	280	7	53	16
甘 肃	465	368	5	72	20
青 海	130	103	2	20	4
宁 夏	881	585	20	199	77
新 疆	732	473	41	155	63

各地区房地产开发商品房屋销售额

单位：万元

地　区	房屋实际销售额	住　宅	办公楼	商业营业用房	其　他
全国总计	814282842	676949367	37473497	82804781	17055197
北　京	35308237	24347058	7447840	2707115	806224
天　津	16154698	14433402	268756	853994	598546
河　北	27796879	23291165	607210	3113922	784582
山　西	7282585	6251438	146378	809052	75717
内　蒙　古	11773618	8744498	404230	1963003	661887
辽　宁	47592106	39418642	363416	6365457	1444591
吉　林	9930394	8397317	137782	1111802	283493
黑　龙　江	15823382	13059034	176126	1968866	619356
上　海	39115659	32640297	3808468	2247139	419755
江　苏	79136995	67777021	2184631	8514738	660605
浙　江	53960320	45138822	3037836	4811812	971850
安　徽	31828650	26620419	691068	4202724	314439
福　建	42320832	34105729	2901417	3737796	1575890
江　西	16478958	13960612	512849	1748974	256523
山　东	52151192	44610664	1761304	4821121	958103
河　南	30741352	25162572	1871592	3345290	361898
湖　北	27903176	23100444	777664	3547276	477792
湖　南	25256439	21149740	867437	2814772	424490
广　东	89410531	74761038	5340643	6798146	2510704
广　西	13757948	11667241	432304	1394664	263739
海　南	10326526	9969951	48830	252090	55655
重　庆	26827626	22835658	780774	2630838	580356
四　川	40202707	33085768	1117458	5143029	856452
贵　州	12766927	9887669	731501	2040983	106774
云　南	14872408	11925532	466239	2074542	406095
西　藏	106023	88458	3992	13573	
陕　西	16081136	14132019	332229	1250981	365907
甘　肃	4740665	4180826	50293	464882	44664
青　海	1588392	1462925	4067	118301	3099
宁　夏	4436951	3636024	45690	706155	49082
新　疆	8609530	7107384	153473	1231744	116929

第三部分
农户固定资产投资

各地区农村农户固定资产投资增长情况

单位：亿元

地　　区	2013 年	2012 年	2013 年比 2012 年增减	
			绝对数	%
全国总计	**10546.66**	**9840.59**	**706.07**	**7.2**
北　　京	49.52	47.51	2.01	4.2
天　　津	27.24	21.52	5.72	26.6
河　　北	564.46	556.65	7.81	1.4
山　　西	286.54	278.41	8.13	2.9
内　蒙　古	144.99	125.97	19.02	15.1
辽　　宁	316.25	300.91	15.35	5.1
吉　　林	253.50	249.30	4.20	1.7
黑　龙　江	331.80	319.30	12.50	3.9
上　　海	3.66	2.98	0.68	22.8
江　　苏	390.81	380.50	10.31	2.7
浙　　江	588.04	553.40	34.63	6.3
安　　徽	530.69	482.02	48.67	10.1
福　　建	281.63	257.42	24.21	9.4
江　　西	415.30	395.79	19.52	4.9
山　　东	913.22	936.21	-23.00	-2.5
河　　南	899.40	891.38	8.01	0.9
湖　　北	510.48	429.58	80.89	18.8
湖　　南	616.21	556.98	59.23	10.6
广　　东	512.87	501.34	11.53	2.3
广　　西	523.74	463.43	60.30	13.0
海　　南	72.34	80.94	-8.60	-10.6
重　　庆	144.28	125.80	18.49	14.7
四　　川	570.82	509.66	61.16	12.0
贵　　州	270.82	212.86	57.97	27.2
云　　南	346.47	277.62	68.85	24.8
西　　藏				
陕　　西	350.63	338.72	11.91	3.5
甘　　肃	120.74	104.99	15.75	15.0
青　　海	75.79	74.76	1.03	1.4
宁　　夏	73.35	63.83	9.52	14.9
新　　疆	361.07	300.80	60.27	20.0

各地区农村农户按构成分的投资

单位：亿元

地　　区	投资额	建筑安装工程	设备工器具购置	其他费用
全国总计	**10546.66**	**8090.19**	**1778.07**	**678.41**
北　　京	49.52	44.16	2.86	2.50
天　　津	27.24	13.77	11.05	2.41
河　　北	564.46	482.59	56.32	25.56
山　　西	286.54	199.33	72.76	14.45
内　蒙　古	144.99	89.29	46.53	9.17
辽　　宁	316.25	207.38	71.52	37.36
吉　　林	253.50	73.23	154.14	26.14
黑　龙　江	331.80	105.46	226.34	
上　　海	3.66	3.54	0.05	0.07
江　　苏	390.81	367.82	12.04	10.94
浙　　江	588.04	553.38	22.10	12.56
安　　徽	530.69	372.17	130.51	28.01
福　　建	281.63	241.08	35.92	4.63
江　　西	415.30	371.88	28.46	14.97
山　　东	913.22	561.64	222.73	128.84
河　　南	899.40	794.84	97.51	7.04
湖　　北	510.48	406.63	74.69	29.16
湖　　南	616.21	524.80	74.87	16.55
广　　东	512.87	392.58	31.44	88.85
广　　西	523.74	387.30	81.12	55.32
海　　南	72.34	69.18	2.83	0.33
重　　庆	144.28	123.74	8.62	11.92
四　　川	570.82	463.91	74.64	32.27
贵　　州	270.82	210.52	26.71	33.59
云　　南	346.47	258.26	47.96	40.25
西　　藏				
陕　　西	350.63	287.10	51.57	11.96
甘　　肃	120.74	89.01	20.67	11.06
青　　海	75.79	61.82	12.17	1.80
宁　　夏	73.35	45.87	24.29	3.19
新　　疆	361.07	287.91	55.63	17.53

各地区农村农户按项目分的投资

单位：亿元

地　区	投资额	房　屋	道　路	桥　梁	设　备	水　利	其　他
全国总计	**10546.66**	**7865.42**	**0.95**		**1717.70**	**34.06**	**928.54**
北　京	49.52	42.69			2.86		3.97
天　津	27.24	13.28			11.05		2.91
河　北	564.46	465.46			45.39	1.40	52.21
山　西	286.54	198.39			72.76	0.17	15.22
内　蒙　古	144.99	81.79			46.53	2.84	13.84
辽　宁	316.25	207.31			70.12	0.07	38.76
吉　林	253.50	62.56			154.14	1.33	35.48
黑　龙　江	331.80	97.51			178.29	1.49	54.51
上　海	3.66	3.53			0.05	0.00	0.07
江　苏	390.81	363.45			12.04	3.91	11.41
浙　江	588.04	544.90			22.10	0.34	20.69
安　徽	530.69	356.49			130.51	0.94	42.75
福　建	281.63	224.51	0.55		35.92	0.41	20.25
江　西	415.30	368.41			28.46	0.36	18.07
山　东	913.22	541.81			222.73	4.50	144.17
河　南	899.40	791.24	0.39		97.51	0.52	9.74
湖　北	510.48	389.46			74.69	2.17	44.16
湖　南	616.21	520.31			74.87	0.82	20.22
广　东	512.87	391.65			31.44	0.07	89.72
广　西	523.74	370.75			81.12	0.52	71.35
海　南	72.34	69.02			2.83	0.11	0.38
重　庆	144.28	120.87			8.62	0.33	14.47
四　川	570.82	449.10			74.64	1.97	45.11
贵　州	270.82	209.20			26.71	0.27	34.64
云　南	346.47	243.08			47.96	5.07	50.36
西　藏							
陕　西	350.63	282.75			51.57	1.92	14.39
甘　肃	120.74	69.93			20.67	0.02	30.12
青　海	75.79	60.93			12.17		2.69
宁　夏	73.35	45.87			24.29		3.19
新　疆	361.07	279.18			55.63	2.52	23.74

各地区农村农户按主要行业分的投资（一）

单位：亿元

地　　区	合　计	农、林、牧、渔业	采 矿 业	制 造 业	电力、燃气及水生产和供应业	建 筑 业	批发和零售业
全国总计	10546.66	2077.58	1.98	120.53	5.81	137.41	119.35
北　　京	49.52	2.04		1.45	0.00	0.38	0.67
天　　津	27.24	3.61		2.04		6.50	0.89
河　　北	564.46	106.61	0.00	0.82	1.22	0.89	6.37
山　　西	286.54	54.01		0.32		0.83	4.43
内 蒙 古	144.99	69.34			0.07	0.17	0.02
辽　　宁	316.25	79.00		3.10		12.25	26.00
吉　　林	253.50	186.70		0.01	0.23	0.12	3.76
黑 龙 江	331.80	158.07		0.06		42.92	4.30
上　　海	3.66	0.44					0.06
江　　苏	390.81	57.59		2.21	0.02	1.58	20.09
浙　　江	588.04	68.46	0.02	16.66	0.08	0.96	8.77
安　　徽	530.69	105.15		3.88		37.34	2.60
福　　建	281.63	28.99	0.01	2.50		3.41	5.86
江　　西	415.30	40.67		2.41	0.17	1.15	1.72
山　　东	913.22	233.53		50.16		2.19	3.32
河　　南	899.40	88.80		5.51	0.70	5.20	3.97
湖　　北	510.48	83.84	0.17	5.25	0.02	12.82	0.82
湖　　南	616.21	75.16		7.67	0.11	0.85	4.88
广　　东	512.87	105.65	0.00	0.27	0.62	0.23	0.06
广　　西	523.74	101.03	1.38	2.89		0.59	1.99
海　　南	72.34	5.13				0.01	0.14
重　　庆	144.28	20.35	0.00	0.00	0.10	0.87	4.09
四　　川	570.82	84.57	0.01	11.31	2.28	0.27	
贵　　州	270.82	40.30		0.17	0.12	0.61	3.64
云　　南	346.47	87.36	0.09	1.30	0.07	1.36	7.62
西　　藏							
陕　　西	350.63	42.01		0.35		0.31	0.78
甘　　肃	120.74	20.37		0.09		3.04	0.02
青　　海	75.79	6.23				0.53	0.27
宁　　夏	73.35	13.02		0.14			
新　　疆	361.07	109.56	0.28		0.01	0.04	2.19

各地区农村农户按主要行业分的投资（二）

单位：亿元

地　　区	交通运输、仓储和邮政业	住宿和餐饮业	信息传输、计算机服务和软件业	金融业	房地产业	租赁和商务服务业	科学研究、技术服务和地质勘查业
全国总计	460.77	28.70			7429.76	18.60	
北　京	3.85	0.05			41.06		
天　津	1.11				13.07		
河　北	13.78	0.42			425.41	3.30	
山　西	27.60	2.01			190.69	2.04	
内　蒙　古	0.32	0.01			74.13	0.00	
辽　宁	5.25				182.10		
吉　林	1.85	0.20			59.78		
黑　龙　江	2.26	0.58			90.88	3.29	
上　海					3.15		
江　苏	0.01	6.31			301.27	0.02	
浙　江	4.36	1.12			485.58		
安　徽	26.20	0.26			352.59		
福　建	12.96	0.97			223.48	2.24	
江　西	4.76	0.15			362.39	0.05	
山　东	72.63	3.51			533.59	2.10	
河　南	32.84	0.27			734.20	2.78	
湖　北	48.30	0.16			358.21		
湖　南	21.08	1.57			497.90	0.41	
广　东	19.11	1.35			378.77	0.12	
广　西	23.39	0.44			371.32	0.37	
海　南	0.91	0.02			66.03	0.02	
重　庆	2.54				114.60	0.81	
四　川	35.05	4.51			428.65	0.05	
贵　州	16.27	3.32			205.03	0.02	
云　南	22.49	0.16			224.44	0.17	
西　藏							
陕　西	31.91	0.74			273.76	0.29	
甘　肃	5.66	0.24			86.15		
青　海	7.42				60.93		
宁　夏	15.22				44.99		
新　疆	1.65	0.34			245.64	0.51	

各地区农村农户按主要行业分的投资（三）

单位：亿元

地　　区	水利、环境和公共设施管理业	居民服务和其他服务业	教　育	卫生、社会保障和社会福利业	文化、体育和娱乐业	公共管理和社会组织
全国总计	1.12	104.87	33.11	1.01	5.64	0.42
北　京		0.01			0.01	
天　津		0.03				
河　北		5.63				
山　西		2.71		1.00	0.90	
内　蒙　古		0.94				
辽　宁		8.27			0.29	
吉　林		0.85				
黑　龙　江		0.14	29.29			
上　海		0.00				
江　苏		1.71				
浙　江		0.86			1.18	
安　徽		2.25				0.42
福　建	0.60	0.16		0.01	0.45	
江　西		1.77			0.05	
山　东		6.58	3.27		2.33	
河　南	0.52	24.61				
湖　北		0.90				
湖　南		6.03	0.55			
广　东		6.69				
广　西		20.33				
海　南		0.07				
重　庆		0.93				
四　川		4.12				
贵　州		1.33				
云　南		1.41				
西　藏						
陕　西		0.25			0.23	
甘　肃		5.07			0.11	
青　海		0.42				
宁　夏						
新　疆		0.77			0.09	

各地区农村农户投资实际到位资金

单位：亿元

地 区	合 计	国内贷款	自筹资金	其他资金
全国总计	**10546.66**	**385.73**	**9848.51**	**312.42**
北 京	49.52		49.52	
天 津	27.24		27.24	
河 北	564.46	2.44	562.02	0.00
山 西	286.54	31.94	252.02	2.58
内 蒙 古	144.99	1.78	143.00	0.21
辽 宁	316.25	1.05	314.52	0.68
吉 林	253.50	3.64	249.86	
黑 龙 江	331.80	95.00	140.04	96.76
上 海	3.66		3.66	
江 苏	390.81	1.78	356.16	32.87
浙 江	588.04	10.69	574.67	2.68
安 徽	530.69	1.06	507.16	22.48
福 建	281.63	2.57	277.05	2.02
江 西	415.30	19.49	395.12	0.69
山 东	913.22	54.84	843.40	14.97
河 南	899.40	5.45	887.68	6.26
湖 北	510.48	3.41	506.65	0.42
湖 南	616.21	15.99	597.25	2.97
广 东	512.87	0.51	510.16	2.19
广 西	523.74	14.01	497.85	11.88
海 南	72.34	0.06	69.61	2.67
重 庆	144.28	1.06	142.30	0.92
四 川	570.82	5.08	544.64	21.10
贵 州	270.82	11.09	247.77	11.97
云 南	346.47	8.17	318.65	19.65
西 藏				
陕 西	350.63	43.50	304.29	2.84
甘 肃	120.74	4.37	112.69	3.67
青 海	75.79	6.88	58.41	10.50
宁 夏	73.35	0.96	68.45	3.95
新 疆	361.07	38.91	286.67	35.48

各地区农村农户房屋建筑面积和投资

地　　区	房屋施工面积 （万平方米）	房屋竣工面积 （万平方米）	房屋建筑面积 竣工率（%）	房屋竣工价值 （亿元）
全国总计	**109241.99**	**92661.67**	**84.8**	**7249.56**
北　京	363.10	348.00	95.8	40.94
天　津	112.10	103.80	92.6	15.15
河　北	5228.59	4502.07	86.1	414.60
山　西	2700.20	2365.10	87.6	190.79
内 蒙 古	914.40	890.00	97.3	80.79
辽　宁	4581.00	4259.00	93.0	202.08
吉　林	804.90	796.30	98.9	61.68
黑 龙 江	941.00	865.00	91.9	91.90
上　海	18.50	15.20	82.2	2.60
江　苏	3248.00	3220.00	99.1	363.45
浙　江	6762.70	4009.60	59.3	503.92
安　徽	4962.10	4114.60	82.9	314.01
福　建	2759.90	1837.00	66.6	167.36
江　西	5806.80	4809.30	82.8	318.31
山　东	10689.70	10125.20	94.7	529.07
河　南	12405.40	10155.30）	81.9	758.92
湖　北	5598.80	4584.50	81.9	386.32
湖　南	5889.40	4951.10	84.1	458.51
广　东	4210.80	3187.60	75.7	369.06
广　西	5668.60	5160.10	91.0	317.78
海　南	644.00	471.30	73.2	58.22
重　庆	1405.00	1211.50	86.2	99.42
四　川	5634.20	4915.10	87.2	409.91
贵　州	2767.00	2452.00	88.6	193.25
云　南	6545.20	5327.30	81.4	228.21
西　藏				
陕　西	3470.80	3140.60	90.5	261.34
甘　肃	1220.00	1159.00	95.0	77.21
青　海	802.20	733.00	91.4	57.78
宁　夏	318.00	318.00	100.0	45.87
新　疆	2769.60	2635.10	95.1	231.09

各地区农村农户住宅建筑面积和投资

地　　区	住宅施工面积 （万平方米）	住宅竣工面积 （万平方米）	住宅建筑面积 竣工率（%）	住宅竣工价值 （亿元）
全国总计	**100043.41**	**85952.98**	**85.9**	**6735.92**
北　　京	343.00	328.60	95.8	39.26
天　　津	104.50	95.70	91.6	14.39
河　　北	4656.61	4038.88	86.7	385.28
山　　西	2531.30	2263.70	89.4	183.24
内　蒙　古	823.80	782.60	95.0	72.81
辽　　宁	4018.60	3747.20	93.2	179.94
吉　　林	754.60	747.80	99.1	58.89
黑　龙　江	856.00	797.00	93.1	85.80
上　　海	17.20	14.20	82.6	2.50
江　　苏	3094.00	2955.00	95.5	344.00
浙　　江	6179.10	3615.60	58.5	474.42
安　　徽	4617.50	3841.50	83.2	296.50
福　　建	2641.60	1777.10	67.3	163.60
江　　西	5628.70	4666.80	82.9	308.70
山　　东	9088.50	9361.90	103.0	482.46
河　　南	11149.70	9572.60	85.9	646.12
湖　　北	5111.90	4219.40	82.5	346.86
湖　　南	5491.00	4686.40	85.3	437.57
广　　东	4048.20	3072.40	75.9	356.74
广　　西	5497.40	4941.80	89.9	311.99
海　　南	596.00	460.50	77.3	55.56
重　　庆	1312.00	1141.40	87.0	92.04
四　　川	5037.20	4148.70	82.4	362.83
贵　　州	2697.00	2381.00	88.3	189.78
云　　南	5821.40	4840.30	83.1	206.93
西　　藏				
陕　　西	3338.60	3075.00	92.1	250.22
甘　　肃	1125.00	1077.00	95.7	70.05
青　　海	724.50	665.40	91.8	55.63
宁　　夏	294.00	294.00	100.0	44.99
新　　疆	2444.50	2343.50	95.9	216.84